RECUEIL DES TRAVAUX

DE

LA SOCIÉTÉ LIBRE

D'AGRICULTURE

SCIENCES, ARTS ET BELLES-LETTRES DE L'EURE

IVe SÉRIE

TOME QUATRIÈME (TRAVAUX DIVERS)

La Société, en insérant dans son Recueil les travaux qu'elle juge dignes d'intérêt, laisse aux auteurs la responsabilité des opinions qu'ils émettent.

CE VOLUME SE TROUVE :

A EVREUX

Chez M. Dieu, libraire.

A PARIS

Chez M. Martin, libraire, 18 rue Séguier.

SOCIETÉ LIBRE D'AGRICULTURE, SCIENCES, ARTS ET BELLES-LETTRES DE L'EURE

L'ART PRÉHISTORIQUE
DANS L'OUEST
ET NOTAMMENT EN
HAUTE NORMANDIE

PAR

LE VICOMTE DE PULLIGNY

OFFICIER DE L'INSTRUCTION PUBLIQUE, COMMANDEUR DE CHARLES III, ETC.
MEMBRE DE LA SOCIÉTÉ LIBRE DE L'EURE

Ignoti UNA *cupido.*

ÉVREUX
DE L'IMPRIMERIE DE CHARLES HÉRISSEY

—

1879

Les personnes qui auraient des communications à faire à l'auteur, sont priées de les lui adresser à Ecos (Eure.)

PRÉFACE

La bienveillance avec laquelle plusieurs savants ont accueilli nos communications sur les âges préhistoriques de la Haute Normandie, nous a décidé à publier le résultat de longues et patientes recherches que nous gardions à titre de documents.

En présentant ce travail au public nous avons eu un double but : appeler l'attention sur des monuments nouveaux, inédits, dont aucun archéologue n'avait jusqu'ici révélé l'existence ; en second lieu, vulgariser une science, bien jeune encore, mais d'un si puissant attrait, le prestige de l'inconnu.

Si nous nous sommes quelquefois écarté de notre cadre, empiétant sur le domaine de l'histoire, de la légende ou de la fiction même, c'était pour mouvementer la monotonie d'un récit qui pèche trop souvent par une grande aridité. Être trop ou pas assez technique sont deux écueils difficiles à éviter dans un travail de cette nature ; aussi nous avons rejeté dans les notes tout ce qui pouvait être d'une lecture difficile.

On voudra bien excuser les citations que j'ai dû faire pour appuyer mon sujet. Moïse, Hérodote, Pline, Diodore ou César sont de ces sources auxquelles il faut savoir puiser, lorsque l'on veut écrire sur les époques lointaines ; car, plus les écrivains sont éloignés de nous, plus ils se rapprochent des vieilles traditions, et s'écartent des légendes du moyen âge si souvent mensongères. Il y a cette différence entre l'histoire et la science, que dans l'une il faut consulter ce qu'il y a de plus ancien, et dans l'autre s'inspirer des découvertes les plus récentes.

Lorsque l'homme, désireux de s'instruire, aura parcouru avec nous ces grands bois encore pleins de mystère ; quand il aura gravi ces collines escarpées où se rencontrent les débris des époques lointaines, interrogé les échos des vieilles traditions, et visité les nombreuses collections qui font de notre Vexin un pays d'érudits, il sera surpris de voir combien est privilégié ce coin de notre belle France, si peu exploré jusqu'ici, et cependant si digne de l'être.

En effet, nous pouvons affirmer que nous possédons tous les échantillons de l'art monumental aux époques dites préhistoriques ; nos menhirs, dolmens, hypogées ou cromlecks représentent à peu près tous les types de ces sortes d'édifices; ils confirment ce que vont nous révéler les âges de la pierre ou du bronze : à savoir que toutes les migrations venues successivement occuper le sol de la Gaule, nous ont laissé quelque souvenir de leur passage.

N'est-ce pas une science du plus grand intérêt, celle qui révèle l'état primitif et social des hommes que nous sommes si fiers d'appeler nos ancêtres; qui recherche leur origine, et surtout les témoignages encore debout de leur force, de leur grandeur, de leur unité !

Cette science a pour seuls et premiers documents ces grands édifices, ces silex éclatés ou taillés, ces bronzes, ces ossements, ces caractères gravés sur les pierres funéraires, puisqu'ils précèdent l'histoire écrite.

Inspirer le goût des études préhistoriques et nationales, et le respect de ces derniers et précieux débris, tel est le but principal de cette publication.

Peut-être un jour lorsque l'Orient, point de

départ de toute migration, sera mieux connu; quand les traditions de ces peuples auront écarté les ténèbres qui entourent ces pays inexplorés, peut-être sera-t-il permis de faire rentrer dans le domaine de l'histoire des époques que l'on s'est bien hâté de nommer préhistoriques, car elles pourraient être moins éloignées de nous qu'on ne le pense généralement.

Nous ne voulons pas terminer ces lignes, sans adresser nos bien sincères remerciements aux personnes ayant bien voulu nous aider de leurs lumières, ou favoriser nos recherches, en nous accueillant avec bienveillance.

Nous citerons en premier M. Charles Blanc, de l'Académie, dont le rapport si élogieux sur notre travail du Chesnay, alors qu'il était directeur des beaux-arts, nous a valu de précieux succès; MM. Léopold Delille, Desnoyers, de Longperrier, de l'Institut; MM. Bertrand, de Mortillet, qui nous ont gracieusement facilité l'accès de leurs précieuses bibliothèques; l'abbé-docteur Lecoq, desservant de Guiseniers, près Andelys, propriétaire d'une riche collection d'objets préhistoriques; notre si dévoué baron de Magrath de Moyecque, peintre et poëte des plus distingué; M. Chassant, conservateur du musée d'Evreux, autre savant aussi désintéressé que modeste; M. Bréauté, collectionneur infatigable; M. Chanoine, de Vernon; MM. Lobrot et Patte, de Gisors; M. le commandant de la Rue, de Mortemer, près Lyons-la-Forêt; M. de la Poterie, maire de Pont-de-l'Arche; MM. Louis et Henri Crochu, d'Ecos; M. le doyen Baudot; M. Boyer, agent voyer; M. Souchet, de Pressagny-l'Orgueilleux; M. Pommeret, de Boury; M. Feuillolay, de Magny; M. le député Besnard, de Guitry; M. Lennier, conservateur du musée du Havre; M. Maillet du Boullay, directeur de celui de Rouen; M. Bourdet et plusieurs autres dont nous regrettons de ne pouvoir rappeler les noms.

Je ne saurais oublier nos fidèles et courageux ouvriers Pierre Massien, de Fours, et Norbert Vasseur, de Civières, qui m'ont si bien secondé dans mes fouilles.

Nous prions également les personnes qui auraient dans leurs collections quelque objet présentant un intérêt sérieux, ou connaîtraient sur leur territoire quelque monument nouveau, de bien vouloir nous en donner connaissance; nous nous empresserons de publier dans une annexe spéciale leur note à laquelle nous joindrons leurs noms, trop heureux de pouvoir, grâce à tant de bon vouloir, concentrer ici bien des richesses éparses et ignorées.

Nous nous ferons un plaisir d'accueillir toute personne désirant obtenir quelque renseignement sur les monuments ou objets de toute nature que nous avons signalés dans notre travail.

Enfin nous témoignerons notre sincère reconnaissance à la Société libre de sciences et belles-lettres de l'Eure, qui a daigné accepter la dédicace de ce travail. En nous faisant l'insigne honneur de voter, dans son assemblée générale du 7 juillet 1878, l'impression, à ses frais, de notre étude sur l'*Art préhistorique en Haute Normandie,* elle a assuré à ce livre un succès de publicité auquel nous étions loin de prétendre; et cette marque d'intérêt sera la plus belle récompense de notre long et pénible voyage à travers les époques si reculées de notre vieille Gaule celtique. Oui, long et pénible, car il fallait s'interdire la douce contemplation de nos fraîches vallées, de ces bois verdoyants où se cachent tant de châteaux, d'églises, de couvents, d'abbayes de tous styles, de tous âges; il fallait négliger ces ravissants paysages, si chers à l'artiste, sites enchanteurs, auxquels notre antique province doit l'aspect féerique de la vieille Angleterre, notre amie, pour se consacrer uniquement à la pénible recherche des débris enfouis sous les sombres forêts, des blocs épars sur les landes arides, des buttes, des tumuli inconnus et vingt fois séculaires, des tombeaux, des galeries ignorées, obscures par leur profondeur et leur origine, premiers asiles des faibles contre un envahisseur jaloux et avide.

Cette lourde tâche, nous l'avons remplie loyalement, et c'est avec confiance que nous venons offrir le résultat de nos longues et pénibles recherches, heureux si nous pouvons réussir à inspirer le goût de toutes ces merveilles jusqu'ici méconnues, et que ce tardif appel pourra peut-être conserver à la science et à l'art.

L'ART PRÉHISTORIQUE DANS L'OUEST

ET PRINCIPALEMENT

EN HAUTE NORMANDIE

CHAPITRE PREMIER

CONSIDÉRATIONS GÉNÉRALES

Tableau de la nature aux époques antéhistoriques — Opinion de Buffon sur l'homme des premiers âges — Découverte de M. Boucher de Perthes — Ce que c'est que l'archéologie préhistorique — M. de Quatrefages — L'homme tertiaire et l'homme quaternaire — Les déluges d'Europe — Les animaux antédiluviens contemporains de la créature humaine — La période glaciaire — Théorie du docteur Agassiz — Déluge asiatique — Date de ce déluge d'après les traditions des plus anciens peuples — Opinion du baron Cuvier — M. de Humboldt — Confirmation des récits de la Genèse — Epoque de l'apparition de l'homme — Système des monogénistes et des polygénistes — Différence entre l'espèce et la race — Les hybrides et les métis — Mutabilité de l'espèce — Causes de la coloration de la peau — Action des milieux extérieurs — Caractères des races fossiles — L'angle facial — Dolycocéphales et brachycéphales — Race de Canstadt — Race de Cro-Magnon — Race de Furfooz — Rapprochement entre les races antédiluviennes et celles actuelles — Conformation du troglodyte — Capacité crânienne — Anciens habitants des cavernes — Opinion de M. Broca — Croyances religieuses — La trépanation — Rondelles enlevées sur le crâne, du vivant de l'homme — Caractères — habitudes — coutumes — usages — industrie — essais artistiques des premiers hommes — Noms des principaux promoteurs de la science archéologique — Exposé du plan de l'ouvrage.

Aussi loin que notre imagination puisse remonter, au-delà de ce que la tradition et l'histoire nous ont fourni de preuves écrites, la science nous fait entrevoir, comme un mirage fantastique, un paysage étrange peuplé de créatures plus étranges encore.

Dans ce riche pays qui deviendra, plusieurs milliers

d'années plus tard, la Haute Normandie, sur l'emplacement de ces plateaux fertiles qui s'appelleront un jour le Vexin, et forment aujourd'hui près de quatre départements, il nous semble voir d'impénétrables forêts où la fougère en arbre, le palmier des zones tropicales mêlent leur poétique feuillage à celui de l'orme, de l'aulne et du bouleau des climats tempérés. Des lianes vigoureuses et souples enlacent les gros troncs à l'écorce rugueuse, s'élancent capricieusement d'une branche à l'autre, grimpent jusqu'aux sommets les plus élevés pour retomber en spirales gracieuses ou se balancer dans l'espace. Tout un monde de bêtes fauves s'abrite sous les profondeurs de ces fourrés inextricables.

Au fond des vallées semées de fleurs, aux couleurs les plus éclatantes, ondulent au moindre souffle les tiges flexibles de bambous aussi hauts que les arbres. Des tapis de mousses et d'hépatiques aux surfaces moelleuses décorent le bord des ruisseaux; dans l'herbe luxuriante paissent, tranquilles et insoucieux, d'innombrables troupeaux de cerfs et de bœufs gigantesques; plus loin, de monstrueux éléphants à la crinière rousse, aux redoutables défenses, s'avancent gravement à travers le marécage, laissant derrière eux un long sillon de roseaux foulés.

Au flanc de la falaise, entre deux énormes rochers écartés par la foudre, apparaît une forme humaine levant fièrement la tête vers le ciel : c'est le troglodyte.

Il saisit une branche à l'extrémité de laquelle est fixée une pierre; en un instant il est descendu dans la prairie, glisse doucement parmi les hautes herbes; puis, s'élançant d'un bond rapide, il fait siffler dans l'air sa massue dont un coup terrible atteint le front d'un bœuf couché paisiblement et ruminant à l'écart du troupeau.

L'animal surpris à l'improviste pousse un mugissement farouche, il veut se relever; mais les coups pressés se succèdent sans relâche et l'énorme bête, roulant à ses pieds, expire avant même d'avoir pu se défendre.

Au bruit de la lutte, les cerfs et les bœufs se précipitent affolés dans les profondeurs des jungles, tandis que l'homme, chassant de la voix des nuées de vautours tournoyant sur sa tête, dépèce, armé d'un silex aigu, sa proie palpitante encore.

La provision faite pour le repas de la famille, il regagne sa caverne lourdement chargé, dispersant du geste de gros ours, des hyènes, des chacals affamés, pressés de se disputer les débris de cette curée fumante.

Comment cet être primitif et dénué de tout a-t-il déjà une arme? Pourquoi est-il le maître, le roi de son empire? Dieu, en le créant faible, l'avait marqué au front de son sceau. Il lui avait donné l'intelligence, et ce souffle divin allait le soutenir, le guider au milieu des épreuves, des dangers de toute sorte dont il devait bientôt triompher.

Mais laissons pour un moment la parole à Buffon qui va nous dépeindre, dans un style plein d'éloquence, les luttes premières de la créature humaine lors de son apparition sur notre globe refroidi :

« Les premiers hommes, témoins des mouvements
« convulsifs de la terre, encore récents, n'ayant que
« les montagnes pour asile contre les inondations,
« chassés souvent de ces mêmes asiles par le feu des
« volcans, tremblants sur une terre qui tremblait sous
« leurs pieds, nus d'esprit et de corps, exposés aux
« injures de tous les éléments, victimes de la fureur
« des animaux féroces dont ils ne pouvaient éviter de
« devenir la proie ; tous également pénétrés du senti-
« ment commun d'une terreur funeste, tous également
« pressés par la nécessité, n'ont-ils pas cherché à se
« réunir d'abord pour se défendre par le nombre,
« ensuite pour s'aider à travailler de concert à se
« faire un domicile et des armes.

« Ils ont commencé par aiguiser en forme de
« haches ces cailloux durs, ces jades, ces *pierres de*
« *foudre* que l'on a cru tombées des nues, et formées
« par le tonnerre, et qui néanmoins ne sont que les
« premiers monuments de l'art de l'homme dans l'état
« de pure nature ; il aura bientôt tiré du feu de ces
« mêmes cailloux en les frappant les uns contre les
« autres, il aura saisi la flamme des volcans, ou pro-
« fité du feu de leurs laves brûlantes pour le commu-
« niquer, pour se faire jour dans les forêts, les brous-
« sailles : car avec le secours de ce puissant élément
« il a nettoyé, assaini, purifié les terrains qu'il voulait
« habiter; avec la hache de pierre, il a tranché, coupé
« les arbres, menuisé les bois, façonné ses armes et
« les instruments de première nécessité; et après s'être
« munis de massues et autres armes pesantes et défen-

« sives, ces premiers hommes n'ont-ils pas trouvé le « moyen d'en faire d'offensives plus légères pour « atteindre de loin un cerf ?

« Un tendon d'animal, des fils d'aloès ou l'écorce « souple d'une plante ligneuse leur ont servi de corde « pour réunir les deux extrémités d'une branche élas- « tique dont ils ont fait leur arc ; ils ont aiguisé « d'autres petits cailloux pour en armer la flèche ; « bientôt ils auront eu des filets, des radeaux, des « canots, et s'en sont tenus là tant qu'ils n'ont formé « que de petites nations composées de quelques « familles ou plutôt des parents issus d'une même « famille, comme nous le voyons encore aujourd'hui « chez les sauvages qui veulent demeurer sauvages et « qui le peuvent dans les lieux où l'espace libre ne « leur manque pas plus que le gibier, le poisson et « les fruits ; mais dans tous ceux où l'espace s'est « trouvé confiné par les eaux, ou resserré par les « hautes montagnes, ces petites nations, devenues trop « nombreuses, ont été forcées de se partager leur ter- « rain entre elles, et c'est de ce moment que la terre « est devenue le domaine de l'homme ; il en a pris « possession par ses travaux de culture, et l'attache- « ment à la patrie a suivi de très-près les premiers « actes de la propriété ; l'intérêt particulier faisant « partie de l'intérêt national, l'ordre, la police et les « lois ont dû succéder, et la société prendre de la con- « sistance et des forces [1]. »

[1] Buffon, *Epoques de la nature*, p. 322.

L'homme primitif dont parle Buffon, les armes ou instruments de toute sorte disséminés sur la terre ou enfouis dans son sein, devaient enfin attirer l'attention des savants.

L'immortel Cuvier venait de créer la paléontologie en reconstituant les animaux d'un autre âge : seul, l'homme fossile lui avait échappé, ou mieux, comme le fait très-bien observer un de nos plus grands naturalistes[1], « Cuvier avait vu trop souvent de prétendus « hommes fossiles se transformer soit en mastodontes, « soit en salamandres, soit même en simples blocs de « grès bizarrement contournés, pour ne pas se tenir sur « ses gardes, et en présence d'un fait jusque-là unique, « c'est-à-dire les ossements humains trouvés en 1823 « dans le loess du Rhin près Bade par Aimé Boué, il crut « plus sage d'admettre un remaniement qui aurait transporté dans ce loess des ossements bien postérieurs à « la formation de cette couche », et de reléguer ces os dans les combles du muséum.

Une découverte de la même nature, mais cette fois sanctionnée par la presque unanimité des savants, allait motiver une science toute nouvelle, l'Archéologie préhistorique, l'Anthropologie, qui n'est pas fille du libre examen et de la libre pensée, comme on a cherché à l'insinuer[2], mais un langage positif confirmant les vieilles traditions, non par des argumentations vaines et stériles, mais avec des ossements, des

[1] De Quatrefages. Bibliothèque scientifique internationale. *L'Espèce humaine*, 1877.

[2] « Avec la révélation », dit M. Thulié dans son rapport sur les Sociétés d'anthropologie, et l'enseignement de l'anthropologie, « l'étude de

silex, des bronzes, des édifices, en un mot des pièces à conviction irrécusables.

En mars 1863, le savant français, M. Boucher de Perthes, recueillit dans les carrières de *Moulin Quignon*, près Abbeville, département de la Somme, une mâchoire humaine gisant à quatorze pieds sous le sol. Bientôt après, d'actives recherches mirent à jour de tous côtés des ossements, débris de poteries, instruments ou armes de pierre ayant appartenu à l'homme.

Trait remarquable : dans ces découvertes, plus les fouilles se multipliaient, et plus on reculait l'âge géologique des terrains dans lesquels apparaissaient clairement les restes de l'homme ou des objets à son usage. Ainsi, après avoir constaté son existence à tous les étages du terrain quaternaire, M. Desnoyers, M. l'abbé Bourgeois, et M. Capellini, de Bologne, ont pensé la reconnaître dans les sables de transition situés à la base du terrain quaternaire, puis dans le pliocène, et jusque dans le miocène, c'est-à-dire au milieu même de l'époque tertiaire. Toutefois, l'existence de l'homme tertiaire, antérieur par ce fait à l'une des plus grandes révolutions du globe, entraîne de telles conséquences que l'on est loin de l'admettre généralement ; il serait possible qu'il y ait eu pénétration d'un terrain dans un autre ; quelques os brisés ou profondément entaillés n'ont-ils pas conservé l'empreinte de la dent de puis-

« l'homme était chose bien inutile, la qualité d'enfant de Dieu pouvant « suffire à tous les amours-propres. »

Cette citation ne donne-t-elle pas la mesure du caractère essentiellement matérialiste et dissolvant, que certains savants ont cherché à donner à cette science ?

sants animaux? Une source thermale venant à jaillir, la foudre même, peuvent avoir noirci et éclaté certains silex tels que ceux de Thenay; l'homme quaternaire est déjà bien loin de nous; le reculer plus loin encore ne semble-t-il pas une grande hardiesse et ne demande-t-il pas une éclatante confirmation? Il est vrai qu'un savant très-autorisé a entrevu le spectre fantastique de l'homme dans un précurseur que lui ont révélé les lois de la paléontologie; mais nous ne saurions le suivre sur ce terrain, et nous lui laisserons toute la responsabilité d'une théorie dont la science lui demandera probablement de faire la preuve.

L'époque tertiaire est séparée de la suivante par des commotions violentes qui ont changé complétement l'aspect de notre planète et rendu ce passage bien difficile à la créature humaine.

L'irruption subite de prodigieuses masses d'eau a, par l'action désordonnée de leur courant, raviné les couches de l'étage tertiaire en les couvrant d'un épais dépôt de limon appelé diluvium. Quelle a été la cause de ces cataclysmes, dont le premier a été le déluge du nord de l'Europe? On suppose généralement qu'une suite d'éruptions volcaniques, en élevant le fond des mers, aurait formé les montagnes de *Norwége*, et, refoulant les eaux de toutes parts, ravagé les parties basses des continents émergés précédemment.

Un deuxième déluge, soulevant la chaîne des Alpes et déplaçant de nouveau les masses aqueuses, aurait déposé les couches plus récentes de sédiment appelé *lehm* ou *loess* si visibles aux environs de Paris et sur certaines parties du pays qui nous occupe, formant les poudingues ou conglomérats, les cailloux roulés, les limons argilo-siliceux, et très-souvent ferrugineux; puis le flot diluvien, se précipitant avec furie dans les crevasses de la terre entr'ouverte, aurait creusé ces profondes cavernes, ces brèches osseuses où des monceaux d'ossements se trouvent accumulés.

Ces débris proviennent des animaux qui peuplaient la terre d'alors et l'habitent encore aujourd'hui, à l'exception, néanmoins, d'une douzaine d'espèces : le mammouth, le rhinocéros à narines cloisonnées, le bœuf ancien et le bœuf primitif, la hyène et l'ours des cavernes, le cerf d'Irlande [1], le mylodon, le megatherium et le megalonix, puis deux oiseaux : diornis et epiornis.

Le plus intéressant est sans contredit le mammouth, éléphant « haut de 15 à 18 pieds, dit Cuvier, couvert « d'une laine grossière et rousse, et de longs poils « raides et noirs, qui lui formaient une crinière le long « du dos ».

Il habitait tout notre hémisphère, où il était très-commun, et se rencontre également en Amérique [2].

[1] Le mammouth *elephas primigenius, le rhinoceros tichorynus, bos priscus et primigenius, hyena spelæa, ursus spelæus, megaceros hybernicus.*

[2] Nous avons eu occasion de visiter, en 1843, les célèbres mammouth'caves, immenses cavernes situées dans le Kentucky (Etats-Unis d'Amérique). Nous y avons même constaté un phénomène très-curieux : c'est que ces grottes renferment un fleuve souterrain, dont les eaux, privées à jamais de la lumière, nourrissent des poissons sans orbite et par conséquent aveugles. Quant au mammouth, il n'y en a pas en Kentucky, par cette raison que les débris de cet animal ne se rencontrent pas au-dessous de la presqu'île d'Alaska, dans l'Amérique ci-devant russe. C'est par figure et pour représenter la majestueuse grandeur de ces cavernes que les Américains les ont désignées sous le nom de « mammouth'caves ».

Fait excessivement remarquable, cet animal étrange se retrouve encore parfaitement conservé avec sa chair dans les glaces polaires, comme l'ont constaté les voyageurs russes *Isbrand-Ides*, *Saris-chew*, *Adams*, dignes émules des *Pallas* et des Kotzbue [1].

On fait même en Sibérie un commerce important de son ivoire fossile, amoncelé sur certains points, comme il l'est dans les cimetières d'éléphants nouvellement découverts au sein de l'Afrique équatoriale.

A quoi donc attribuer la disparition de cette faune que l'on pourrait appeler *mégazoaire* et qui est à la géologie ce que les âges *mégalithiques* sont à l'archéologie ?

On a prétendu qu'à une certaine époque, et par suite d'une cause inconnue, un refroidissement subit avait glacé une partie de l'Europe, et formé ce qu'on appelle la période glaciaire.

« Un vaste manteau de neige et de glace », nous dit *Agassiz*, « recouvrit les plaines, les vallées, les mers et « les plateaux; toutes les sources tarirent; tous les « fleuves cessèrent de couler; au mouvement d'une « création nombreuse et agissante succéda un silence « de mort. »

Ce serait à la suite de cet envahissement des glaces que la nature, souriant de nouveau à la verdure et aux fleurs, aurait été brusquement bouleversée par un troisième et dernier déluge, qui clôt l'ère des cataclysmes de notre planète.

[1] Tout dernièrement, aux environs de Tomsk en Sibérie, on vient de découvrir un de ces mammouths si merveilleusement conservé que l'on a pu envoyer sa dépouille à Saint-Pétersbourg, après avoir toutefois consommé sa chair pendant plusieurs semaines.

Ce déluge appelé Asiatique est celui dont parle l'Histoire sainte ; il fut provoqué par le soulèvement de la chaîne des montagnes du Caucase, et il est assez récent pour que tous les peuples en aient conservé la tradition.

Sans nous arrêter aux fables des Anciens, des Egyptiens qui, d'après Euterpe, montrèrent à Hérodote des registres, non pas seulement du règne des hommes, mais de celui des *dieux*, comptant 17,000 ans depuis *Hercule* jusqu'à *Amasis*, et 15,000 depuis *Bacchus*, nous pouvons rapprocher ces traditions de celles des différents peuples, et en tirer un enseignement sur l'époque de ce déluge. Le Pentateuque, en le fixant à 5,448 ans et la Bible des Septante à 5,398, ne diffèrent que de quelques siècles des textes samaritain et hébreu, 4,917 et 4,222. Varron place le déluge d'Oxygès à 2,376 ans avant J.-C. Platon cite la même date pour celui de *Deucalion*. Apollodore donne à Deucalion un coffre pour moyen de salut. Plutarque parle des colombes à l'aide desquelles il cherchait à savoir si les eaux s'étaient retirées, et Lucien des animaux qu'il avait embarqués. Wichnou se métamorphose en poisson pour sauver les livres saints. Les Indous, d'après les Vedas, indiquent 4,928 ans. Les Assyriens, Chaldéens et Babyloniens ne dépassent pas 4,000. Les auteurs arméniens du moyen âge le rapportent à 4,964.

Le Chou-King, le plus ancien des livres chinois, écrit, dit-on, par Confucius lui-même[1], fixe le règne de

[1] A propos de Confucius, je dois faire cette remarque due aux recherches du savant orientaliste, M. de Rosny : Confucius est universellement

Hoang-Ti vers 2,700 et celui d'Yaô 2,357 ans avant notre ère. Cet empereur est représenté comme faisant écouler les eaux qui baignent le pied des hautes montagnes, couvrent les collines moins élevées et rendent les plaines inhabitables.

Alexandre de Humboldt, dans son magnifique ouvrage sur les antiquités mexicaines, nous montre sur les monuments américains de grossiers hiéroglyphes semblant faire allusion à un déluge.

En comparant ces différents chiffres entre eux, Cuvier avait tiré la conclusion que tous les peuples étaient unanimes à croire au déluge dont ils ont conservé la tradition, et à lui assigner une date variant entre 4 et 5,000 ans, ce qui confirme pleinement les récits de la Genèse [1].

Nous ne dirons rien des *Zodiaques* de Dendara et d'Esné, dont les indications faussement interprétées ont été réduites à néant par cet illustre écrivain.

Quant à évaluer le moment de l'apparition de l'homme à la période quaternaire, et peut-être à la fin de l'époque tertiaire, il a semblé jusqu'ici impossible de fixer un chiffre même approximatif. C'est ainsi que les derniers travaux de MM. Forel et Arcelin sur les atterrissements du lac Leman et les alluvions de la Saône ont donné ce résultat inattendu : que l'âge de la période

considéré, en Europe, comme le plus grand philosophe de la Chine, tandis qu'il ne fut, et ce n'est rien ôter à son mérite, que le grand et patriotique sauveur et compilateur des débris de la philosophie nationale, après la terrible invasion des Tartares qui avaient tout dispersé en Chine.

[1] *Discours sur les révolutions de la surface du globe*, par le baron Georges Cuvier.

actuelle est plus ancien que 7,000 ans et moins reculé que 100,000. L'écart de ces chiffres ne démontre-t-il pas combien cette science est encore à son début, et cette divergence ne fournit-elle pas un argument en faveur des récits bibliques ? Si ce qui est dit relativement au déluge est reconnu vrai et affirmé par les traditions de tous les peuples, il n'y a pas de raison pour que les faits antérieurs à ce déluge ne soient également exacts dans la version de la Genèse. Du reste, l'histoire profane a consacré, aussi bien que le texte de Moïse, le souvenir de la longévité prodigieuse des premiers habitants du globe; la liste des dix patriarches antédiluviens existe dans toutes les anciennes traditions; qu'ils commencent à Adam, pour se terminer à Noé, comme nous le dit la Bible; qu'ils se nomment Protogonus et Aminus Magus, dans le récit de Sanchoniaton; Alorus et Xisuthrus, dans celui d'Apollodore; Hoang-Ti et Tycho, d'après les livres chinois, tous ces peuples sont unanimes pour leur assigner une existence de plusieurs siècles; la question se résume dans l'évaluation des périodes.

La science ne doit chercher de lumière que dans ses propres observations, et le temps seul pourra harmoniser des théories en apparence si disparates.

Cela posé en principe, nous n'hésitons pas à dire qu'il est une difficulté de premier ordre sur laquelle linguistes et ethnologistes ne sont pas encore tombés d'accord, à savoir comment l'homme, issu d'un seul rameau, a donné naissance à trois races, blanche, jaune et noire, caractérisées par les Caucasiens, les

Mongoliens et les Ethiopiens. Il semble démontré que depuis que l'histoire existe, ce qui représente cinq à six mille ans pour l'Assyrie, et près de sept mille pour l'Egypte, en supposant que l'on s'accorde sur les listes de Manethon, données par Mariette-Bey, et au sujet desquelles il fait lui-même des réserves formelles, les dessins, peintures, sculptures, hiéroglyphes, etc., nous montrent les races indoue, chinoise, juive, assyrienne, égyptienne, éthiopique, avec les caractères qu'elles ont de nos jours. Mais il n'y a là qu'une interprétation de dates, de mesure du temps, que la science parviendra à élucider, et cet argument, qui fait la base du système des polygénistes, en établissant selon eux la preuve d'une création multiple sous forme de nations répandues sur toute la surface du globe, est combattu par les monogénistes qui veulent, à juste raison, qu'il n'y ait qu'une espèce humaine, dont les différents groupes forment les diverses races modifiées par les milieux qu'elles habitent ; M. de Quatrefages, le savant le plus autorisé en cette matière, explique dans son dernier et si remarquable ouvrage *de l'Espèce humaine*, qu'il n'a été créé qu'une seule et unique espèce d'hommes qui s'est divisée à la longue en plusieurs races. Il dépeint l'espèce : « l'ensemble des « individus plus ou moins semblables entre eux, qui « peuvent être regardés comme descendus d'une paire « primitive, unique, par une succession non interrompue et naturelle de familles. »

Il n'y a pas d'individus issus d'une même espèce qui ne présentent quelque différence ; si elle est légère, elle caractérise les traits personnels; si elle est exagérée, elle devient une variation. Lorsque l'individu ainsi formé reproduit le type primitif de l'espèce, il n'est qu'une variété; quand, au contraire, la variation persiste dans sa descendance, il constitue une race : chaque fois que l'on a pu réussir à croiser avec succès deux espèces, l'on a obtenu un produit nommé *hybride* qui est stérile; ainsi le cheval et l'âne donnent le mulet qui ne peut se reproduire; si, au contraire, ce sont deux races que l'on cherche à rapprocher, l'on fait naître une créature nommée *métis* qui est féconde; le cheval Arabe croisé avec l'Anglais donne un sujet perfectionné dit : *pur-sang;* de même le croisement du *Blanc* et du *Nègre* produit le *Mulâtre* susceptible de se perpétuer.

Il résulte de ces faits évidents que tous les hommes sont issus d'une même espèce, dont les variations ont donné naissance aux diverses races du globe. Quant aux différences de couleurs, de squelettes, et même de crânes, il en existe plus entre certaines races animales appartenant à la même espèce, telles que le sanglier et le cochon domestique, qu'il n'y en a entre deux groupes humains si différents qu'ils puissent être.

Les variétés dans la coloration de la peau ne sauraient donc être un argument en faveur des polygénistes. Le milieu et l'hérédité ont joué de tout temps un grand rôle dans la création et la distribution des races; il suffit, pour s'en convaincre, d'examiner ce qui se passe de nos jours chez les animaux.

L'espèce chien considérée comme descendant d'une seule origine, le chien loup, présente aujourd'hui soixante-dix-sept races où le lévrier côtoie le terre-neuve ou le bull-dog; « telle est la mutabilité de l'es-« pèce », dit M. de la Blanchère dans son *Traité sur les chiens de chasse,* « que les chiens qui servaient, il « y a trois ou quatre siècles, aux mêmes usages que « nous avons conservés encore, différaient du tout au « tout des nôtres, et que ceux que nous employons « aujourd'hui sont très-loin de ceux dont nos enfants se « serviront[1]. » Or, prenons au hasard une de ces races: nous y voyons le barbet blanc à la peau blanche, et le barbet noir à la noire; il en est de même chez le cheval ou chez la poule; dans ces animaux le mélanisme se propage par hérédité. Lorsque l'on trouve parmi les gallinacées de nos basses-cours un exemple de poule à peau noire, on le détruit; mais aux Philippines, à Java, les poules noires se sont développées et constituent une race locale, quoique venant de souche européenne. La coloration de la peau est due à une sécrétion modifiée par une foule de circonstances comme la lumière, la chaleur, etc. Nous voyons encore quelques types de la race blanche, le Bichari et le Maure, beaucoup plus noirs que certains nègres jaunes dont le Boschiman est un exemple. C'est donc un fait incontestable, les diverses colorations proviennent d'une modification accidentelle dans une paire primitive, accentuée avec le temps chez ses descendants.

Voici comment M. de Quatrefages résume la formation des races humaines:

[1] *Les Chiens de chasse*, de la Blanchère (librairie agricole de la *Maison rustique*. Paris, 1875).

« L'homme a d'abord sans doute peuplé son centre « d'apparition et les contrées immédiatement voisines ; « puis il a commencé l'immense et multiple voyage « qui date des temps tertiaires et dure encore aujour- « d'hui. Il a traversé deux époques géologiques : il en « est à sa troisième. Il a vu le mammouth et le rhi- « nocéros prospérant en Sibérie au milieu d'une riche « faune ; tout au moins, il les a vus chassés par le « froid jusque dans le midi de l'Europe, il a assisté à « leur extinction ; plus tard, lui-même a repris pos- « session des Baren-Lands ; il a poussé ses colonies « jusque dans le voisinage du pôle, peut-être jusqu'au « pôle lui-même, en même temps qu'il envahissait « les sables et les forêts des tropiques, atteignait « l'extrémité des deux grands continents, et peuplait « tous les archipels.

« Depuis bien des milliers d'années, l'homme a « donc subi l'action de tous les milieux extérieurs que « nous connaissons, celle de milieux dont nous pouvons « tout au plus nous faire une idée ; les divers genres « de vie auxquels il s'est livré, les différents degrés « de civilisation auxquels il s'est arrêté ou élevé, ont « encore diversifié pour lui les conditions d'existence. « Etait-il possible qu'il conservât partout et toujours « ses caractères primitifs ? L'expérience, l'observation « conduisent à une conclusion tout opposée.

« En voyant l'Anglo-Saxon de nos jours, bien que « protégé par toutes les ressources d'une civilisation « avancée, subir l'action du milieu Américain et se trans- « former en Yankee, il nous faut admettre qu'à cha-

« cune de ses grandes étapes l'homme soumis à des « conditions d'existence nouvelles a dû s'harmoniser « avec elles, et pour cela se modifier. Chacune de ses « stations principales a nécessairement vu se former « une race correspondante. Les caractères primitifs, « ainsi atteints successivement, se sont inévitablement « altérés de plus en plus en raison de la longueur du « voyage et de la différence des milieux. Parvenus « au bout de leur course, les petits-fils des premiers « émigrants n'avaient certainement conservé que bien « peu des traits de leurs ancêtres.

« Le type humain primitif a probablement présenté « pendant un temps indéfini ses caractères originels « chez les tribus qui restèrent attachées au centre « d'apparition de notre espèce. Quand vint l'époque « glaciaire qui, selon toute apparence, rendit inhabi- « table la première patrie de l'homme, ces tribus durent « émigrer à leur tour. Dès lors la terre n'eut plus « d'*autochtones*, elle ne fut peuplée que de colons. « En même temps l'action modificatrice des milieux « pesa sur les derniers venus qui eux aussi se trans- « formèrent. A partir de ce moment le type primitif « de l'homme a été perdu, l'espèce humaine n'a plus « été composée que de races toutes plus ou moins « différentes du premier modèle [1]. »

L'homme, comme les plantes et les animaux, avait été dès le principe cantonné dans son centre d'apparition, et s'il occupe actuellement à peu près tous

[1] *L'Espèce humaine*, de Quatrefages, 1877.

les points habitables du globe, c'est que son intelligence lui a permis de s'étendre et de s'approprier les rivages les plus lointains, les plus écartés de ce centre. Il est vrai de dire qu'il a usé largement de cette faculté, car dès la période quaternaire on le trouve fréquentant les cavernes du Périgord, de l'Aveyron, de la Lozère, de la Marne, de la Champagne, où l'on a recueilli les preuves de son séjour et les débris des animaux dont il faisait sa nourriture mêlés aux armes et aux objets divers de son industrie rudimentaire.

Les recherches entreprises de tous côtés pour retrouver les restes de l'homme fossile, ont permis de reconnaître près de quarante localités dans lesquelles on a pu établir d'une façon irrécusable la présence de ses ossements, et une étude approfondie de leurs formes les a fait classer en plusieurs groupes, dont le caractère principal réside dans le modèle de la tête.

Chacun sait que l'ouverture plus ou moins étendue de l'angle facial a servi de base au système qui consiste à évaluer le développement de l'intelligence d'après la mesure de cet angle[1].

La tête courte à front élevé serait l'indice de l'esprit

[1] La théorie de l'angle facial mise en lumière par Camper est basée sur deux lignes, dont l'une verticale touche le point le plus saillant du front, et rencontre au bord des dents de la mâchoire supérieure une autre ligne qui part de ces dents, et s'étend horizontalement vers le conduit de l'oreille. Cet angle était déjà remarqué au temps des Grecs comme un signe de haute intelligence, puisque le Jupiter Olympien, qui avec la Minerve guerrière et celle de Lemnos ont fait de Phidias le plus célèbre statuaire de l'antiquité, n'avait pas moins de 90 degrés, proportion supérieure à l'angle facial des Européens qui n'est que de 80 à 85. Celui des Asiatiques qui est moins ouvert, est de 75, et celui des nègres encore plus fermé, de 70 à 72. Quant à l'orang-outang, il ne mesure que 66 à 67 degrés.

supérieur, et le crâne allongé en arrière dénoterait une infériorité dans les qualités intellectuelles. La même observation s'appliquerait à la direction de la mâchoire selon qu'elle est droite ou fuyante[1]. Suivant toute probabilité, si cette théorie était exacte, il y aurait beaucoup moins de têtes pointues parmi nos érudits. Qui de nous n'a observé du haut des tribunes de Versailles de ces beaux crânes dont on peut suivre les contours dans leurs développements les plus capricieux, grâce à leur complète nudité, et à leur poli irréprochable? A côté du front large, ouvert, à la surface puissante qui se perd dans une tête parfaitement sphérique avec laquelle il se confond, est le front bas, déprimé, fuyant sous le contact d'épais sourcils dont la forte saillie abrite un œil profondément enfoncé: dira-t-on que ces têtes essentiellement centrifuges sont moins intelligentes que les autres? Non; car personne ne saurait mettre en doute l'esprit judicieux, le grand bon sens, le savoir, en un mot les hautes capacités qui sont le cachet de nos Assemblées françaises.

Bien que nous ayons tous quelques amis à front fuyant et tête plus ou moins allongée, et qui cependant ne sont pas précisément des idiots, nous devons adopter la classification des savants fondée sur ces bases, et reconnaître avec eux trois variétés dans l'homme quaternaire : celle de Canstadt, celle de Cro-Magnon et

[1] On désigne sous le nom de *brachycéphales* les individus à tête courte, et sous celui de *dolicocéphales*, ceux à tête allongée. La mâchoire droite est *orthognathe* et la fuyante *prognathe*. Nous avons craint que l'abus des mots par trop scientifiques ne nuisît à un texte essentiellement vulgarisateur.

celle de Furfooz. Peut-être s'est-on un peu hâté en les appelant des races, car, d'après ce que nous avons dit de la race et de l'espèce, cette expression appliquée à des corps trouvés jusque dans les plus anciens étages de l'époque quaternaire, est de nature à refouler presque fatalement l'espèce même dans les terrains inférieurs ou tertiaires. La race s'étant produite longtemps après l'espèce, n'est-ce pas s'exposer à une future déception que d'appliquer ce terme à quelques sujets épars dont on n'a recueilli jusqu'ici que de rares échantillons ? Tous les jours nous voyons des exemples de ces têtes excentriques à front déprimé et fuyant, issues d'origines parfaitement normales.

Je connais personnellement un homme d'un mérite incontestable, dont les deux enfants représentent les deux types les plus opposés. L'un a la taille très-exiguë, l'autre l'a très-élevée; le premier a la tête remarquablement courte, le second l'a excessivement allongée ; ils sont néanmoins l'un et l'autre fort intelligents : ces deux frères formeront-ils deux races distinctes dans six mille années d'ici ?

Quoi qu'il en soit de ces trois variétés de l'espèce humaine, il est établi que la plus ancienne, celle de Canstadt, occupait de préférence les bassins du Rhin et de la *Seine*. Son front bas et fuyant, sa voûte surbaissée et ses épaisses arcades sourcilières, lui donnent une ressemblance frappante avec certains indigènes de l'Australie, particulièrement de la province de Victoria. Est-ce un phénomène d'atavisme ou un simple effet du hasard ? On l'ignorera probablement longtemps encore; ce type se retrouve quelquefois pur et souvent modifié à l'époque des dolmens; puis, plus tard chez les Gallo-Romains et même parmi certains corps exhumés des tombes modernes.

L'homme de Canstadt semble avoir mené une vie nomade, car l'on rencontre peu de cavernes à cette époque. Il existait à la période des grands mammifères éteints, disputant sa vie aux éléphants, aux hyènes, aux ours qu'il combattait avec les instruments les plus primitifs, quelquefois même avec les os qu'il arrachait à leurs cadavres, avec leurs propres mâchoires dont les dents tout emmanchées lui fournissaient une arme redoutable. A la suite de l'homme de Canstadt vient celui de Cro-Magnon dont la tête tout aussi allongée en arrière présente néanmoins une voûte d'une belle proportion. Son front large, ses sinus frontaux peu développés, indiquent une intelligence supérieure; sa taille est élevée, ses attaches musculaires sont puissantes, tout son ensemble est fortement charpenté.

La race de Cro-Magnon habitait, comme la précédente, l'ouest de l'Europe; on retrouve sa trace dans les cavernes du Moustiers, des Eyzies, à Solutré, à la Madeleine, où elle a laissé tant d'échantillons de sa primitive industrie. Comme celle de Canstadt, elle vivait au milieu des plus féroces bêtes de la faune quaternaire qu'elle combattait avec des armes perfectionnées; mais ce qui la distingue, c'est une tendance, une première aspiration vers l'art qui se manifeste par la reproduction d'abord grossière des animaux qui l'entourent. Il semble qu'elle ait voulu transmettre une chronique de sa vie sauvage, et les dessins ciselés sur ses armes nous initient aux espèces animales contre lesquelles elle était en lutte perpétuelle.

La troisième variété humaine des âges préhistoriques dans l'Ouest se nomme race de Furfooz ou de la Truchère. Elle porte aussi le nom de Grenelle où elle a été découverte, ainsi que les précédentes, mais à des étages différents; le type de Canstadt occupe les graviers qui couvrent le dessous du bassin; puis, à trois ou quatre mètres de profondeur au milieu des alluvions l'on rencontre l'homme de Cro-Magnon, enfin, à deux mètres cinquante et moins, apparaît celui de Furfooz.

La race de Furfooz, tout en indiquant un degré supérieur d'intelligence dans la forme de son crâne droit et non allongé en arrière, est cependant d'une taille de beaucoup inférieure à celle de Cro-Magnon. Bien que ses armes soient tout aussi perfectionnées, on ne retrouve pas dans les cavernes de dessins ciselés sur les bois de rennes ou sur les dents d'éléphants. Les premières traditions de l'art semblent s'être perdues; néanmoins, on commence à recueillir dans les sépultures certains débris de poterie, vestiges d'une industrie dont on ne rencontrait pas de traces précédemment; peut-être les hommes de Cro-Magnon ou de Canstadt, à l'instar de quelques peuplades de la Sibérie, usaient-ils de vases de cuir ou de bois dans lesquels des cailloux rougis au feu communiquaient à l'eau une chaleur suffisante pour cuire les aliments. L'on a lieu de supposer aussi que ces tribus portaient de grossiers vêtements faits de peaux d'animaux, si l'on en juge par des ossements finement aiguisés en forme d'aiguilles, recueillis au milieu de leurs armes dans les cavernes qu'ils habitaient.

On le voit, d'après cet exposé sommaire, malgré quelques différences entre les trois variétés de l'homme quaternaire, l'ensemble des caractères se rapporte assez exactement à plusieurs races existant encore de nos jours, pour que l'on puisse conclure que l'espèce humaine n'a pas procédé par voie de progression physique ou intellectuelle.

On l'a aussi reconnu, les individus de ces époques reculées étaient aussi élevés, aussi vigoureusement charpentés que ceux existant de nos jours.

Entre le maximum de taille (1^{m} 85) d'un squelette trouvé à Menton et le minimum (1^{m} 50) d'un autre provenant de Furfooz, la différence est moindre que celle des races actuelles dont les hauteurs sont de 1^{m} 90 pour les Patagons du Sud, ou les insulaires de Tongatubon et 1^{m} 40 pour les Boschismans.

M. Broca a démontré que les crânes offraient les plus belles proportions : le front est large, la boîte osseuse vaste, l'une d'eux ne jauge pas moins de 1,500 centimètres cubes, ce qui est, dit-il « un chiffre « supérieur à celui de la moyenne des populations « européennes ».

La tête de vieillard découverte à Cro-Magnon atteint même 1,590, dépassant de 119 centimètres la capacité observée par le savant professeur sur 125 crânes de Parisiens de notre époque.

Le type lui-même s'est conservé intact sur plusieurs points du globe.

MM. de Quatrefages et Hamy s'expriment ainsi dans un des derniers bulletins de la Société d'anthropologie: « L'un de nous a, depuis longtemps, attiré l'attention « sur les rapports qui unissent les anciens troglodytes « du Périgord à certaines populations méridionales. « Non-seulement les Basques du Zarans, mais aussi « les hommes de Roknia, que nous a fait connaître « notre éminent président, et certains Kabyles des « Beni-Menasses et du Djurdjura, signalés par le doc- « teur Guyon, rentrent à bien des points de vue dans « cet ordre d'idées. Mais c'est surtout parmi les « Guanches de Ténériffe que le type de l'antique race « de la Vézère semble s'être le mieux conservé. La « collection recueillie par Bouglinval au Barranco- « Hundo, et que se partagent le Muséum et l'école « des hautes études, contient plusieurs têtes qui ne « peuvent laisser de doutes sur ce point. »

Ces observations ont amené à penser que l'homme préhistorique n'avait pas pour unique mobile le soin de sa conservation, ou celui de l'alimentation de sa famille; l'on a recueilli les preuves matérielles de conceptions morales, d'opérations intellectuelles dénotant que le troglodyte a bien été créé homme et ne descend pas du singe, comme l'ont prétendu quelques auteurs, trop peu soucieux des titres ou alliances de leurs ancêtres [1]; la manière dont ils enter-

[1] « Dolicocéphale ou brachycéphale, grand ou petit orthognate ou pro- « gnate, l'homme quaternaire est toujours homme dans l'acception entière

raient leurs morts, les repas funèbres qui se donnaient dans la grotte sépulcrale, le soin avec lequel on plaçait près du défunt sa hache, sa lance, ses flèches, afin qu'il pût être prêt pour de nouveaux combats, n'indiquent-ils pas la croyance à une autre vie?

Et ces dessins de femme ornée de colliers sculptés sur les parois des cavernes explorées par M. Baye en Champagne, dessins répétés d'une façon identique dans plusieurs grottes différentes, ne sont-ils pas le symbole de l'aspiration religieuse, déjà oblitérée, se traduisant par une grossière image de Dieu sous les traits de la femme?

De récentes découvertes sembleraient confirmer cette hypothèse d'une religion chez les peuplades antiques.

M. Prunières, en creusant dans les cavernes et sous les dolmens, qui, tout en ayant pu servir au culte druidique, sont des tombeaux de l'âge de la pierre polie, a recueilli des crânes sur lesquels une main humaine avait découpé des rondelles d'os de la largeur d'un jeton.

Ces rondelles, enlevées à l'aide d'une longue et patiente incision circulaire, ont été détachées de têtes vivantes, comme le prouve la cicatrisation très-appa-

« du mot. Toutes les fois que ses restes ont permis d'en juger, on a « retrouvé chez lui le pied, la main, qui caractérisent notre espèce. La « colonne vertébrale a montré la double courbure à laquelle Laurence « attachait une si haute importance et dont Serres faisait l'attribut du « règne humain, tel qu'il l'entendait. Plus on étudie et plus on s'assure que « chaque os du squelette, depuis le plus volumineux jusqu'au plus petit, « porte avec lui dans sa forme et ses proportions un certificat d'origine « impossible à méconnaître. » (*L'Espèce humaine*, de Quatrefages. 1877.)

rente sur les crânes ainsi perforés; de plus, elles étaient percées d'un trou, peut-être enfilées en chapelet ou suspendues au cou, en mémoire de la victime de cette opération barbare qui pouvait avoir été un prêtre.

« Un Dieu bien défini, dit encore M. Broca, un « Dieu à forme humaine, doit avoir nécessairement « des prêtres initiés, et l'initiation par le sang, l'ini« tiation chirurgicale, se retrouve, on le sait, chez un « grand nombre de peuples, même civilisés. Objec« tera-t-on que les mutilations crâniennes dont nous « retrouvons les cicatrices étaient trop graves pour « être acceptées dans des cérémonies religieuses? Mais « il ne faut pas croire que la trépanation soit par elle« même une opération bien dangereuse. Si elle est « aujourd'hui très-souvent mortelle, c'est parce qu'elle « est presque toujours pratiquée dans des cas déses« pérés. »

Ces rondelles que l'on restituait aux crânes après l'inhumation, on en a retrouvé l'usage comme amulettes chez les Gaulois de la conquête ; on les suspendait aux torques ou aux colliers. On employait également comme fétiches, dès les époques néolithiques, les os wormiens (*ossa wormiana*), ces étranges concrétions qui se forment dans les sutures du crâne. Au moyen âge même, on s'en servait sous le nom de Momie pour composer des philtres et des médicaments d'un grand prestige. Les amulettes ont été consacrées de tout temps par la superstition des peuples : les Chaldéens et les Egyptiens, comme les Grecs et les Romains, y attachaient une vertu sérieuse ; les sauvages d'Afrique, d'Amérique et d'Océanie ont toujours cru et croient encore à leur pouvoir ; le grand Pascal lui-même en portait constamment. Quant à la trépanation pratiquée par le râclage aux temps de la pierre polie, elle s'est poursuivie jusqu'au moyen âge dans les mêmes conditions pour le traitement de l'épilepsie.

« Tu peux pourfendre jusqu'à la dure-mère, » dit Taxile.

Dans les collections de l'abbé-docteur Lecoq nous avons remarqué une main sculptée dans un fragment d'os et percée d'un trou pour la suspendre. Cet objet, pris à tort pour un peigne, est moitié plus petit qu'une main d'adulte, et fut trouvé dans les tombeaux de Léry. L'on y distingue dix doigts parfaitement détachés, ornés de leurs nœuds et de leurs ongles. J'ai cru voir dans cette image multiple une grossière allégorie et comme un lointain rappel des vieilles croyances religieuses de l'extrême Orient où certaines idoles ont jusqu'à trente-deux mains pour une seule tête.

Un autre fait encore plus important ressort des découvertes de cet infatigable observateur. En effet, toutes les haches ou instruments de silex recueillis par lui dans les sépultures de Léry sont recouverts d'un seul côté, celui-là même en contact avec les corps, d'une substance particulière donnant lieu de supposer que les corps inhumés étaient couverts de cet enduit.

Cette matière est tellement persistante qu'elle résiste au lavage et même au frottement. Nous l'avons traitée inutilement par l'alcool et par l'éther, elle y est complétement insoluble.

Nos préhistoriques auraient-ils donc eu de vagues notions de la conservation des corps par un embaumement tout primitif?

Puisque nous entrevoyons un rapport entre l'homme actuel et le troglodyte dans l'exercice de pratiques religieuses, nous ne serons pas surpris de retrouver chez lui comme chez nous l'empreinte des vices inhérents à notre faible nature.

Gourmand, il aimait à varier sa nourriture; l'on rencontre dans les cavernes reconnues pour avoir servi d'habitation aux peuplades préhistoriques les ossements de plus de vingt mammifères d'espèces différentes ; des os sont refendus pour en retirer la moelle. MM. Lartet et Christy ont même trouvé une sorte de cuiller en bois de renne, à manche très-allongé, qu'ils regardent comme un ustensile fabriqué spécialement pour extraire cette moelle. En outre, la quantité de charbons et de cendres accumulés dans certaines cavernes donne lieu de supposer que le bois servait à la cuisson des aliments.

Colère, jaloux peut-être, il tue son semblable, et l'on reconnaît dans la grotte de Cro-Magnon un crâne de femme dont le front présente l'empreinte creuse d'une hache de pierre ramassée auprès d'elle. Au dolmen de l'Aveyron, M. Labanne découvre un tibia humain dans lequel une flèche barbelée se trouve profondément engagée, enveloppée en partie par une exostose de l'os. M. Piette a recueilli, à Gourdan, des débris de crânes humains portant la trace d'entailles faites avec des haches de silex ; il a présumé qu'une peuplade féroce des âges quaternaires pourrait bien avoir eu l'usage, comme l'ont encore de nos jours certaines tribus des îles Philippines, de scalper la tête du guerrier vaincu et de mêler sa cervelle à quelque breuvage pour en composer un philtre. Cependant, rien n'autorise à croire que ces premiers hommes, ayant déjà bien du mal à sauver leur vie dans ces luttes perpétuelles contre les animaux sauvages, fussent encore anthropophages.

Coquet, il recherche la parure avant même, dit M. Quicherat dans son *Histoire du costume en France*, avant de penser à l'utilité du vêtement le plus indispensable pour couvrir sa nudité.

L'on peut voir sur les ivoires ciselés des époques quaternaires des hommes entièrement nus, poursuivant le bœuf et l'aurochs ; ils portent la barbe en pointe, et leurs cheveux taillés ras conservent une touffe relevée sur le sommet de la tête à la manière de certaines tribus sauvages.

M. de Baye a recueilli dans les cavernes de Champagne une foule d'objets se rapportant à la parure, grains de marbre, pendeloques, petits os de poissons, coquillages variés, tous percés d'un trou, afin de pouvoir les réunir en colliers, en bracelets, en cordelières pour orner les cheveux ou le corps.

M. Lecoq possède une fort belle plaque découpée

dans une large coquille ayant pu s'appliquer soit au cou, soit sur le front.

M. Piette a découvert une amulette percée au centre d'un trou où convergent des lignes en forme de rayons; il a cru voir dans ce dessin répété trois fois sur un bâton de commandement, une image du soleil. Il a même été plus affirmatif et a cherché dans cet emblème le symbole d'un Dieu solaire reproduit plus tard par les Egyptiens et les Gaulois. M. Piette, nous le supposons, a été trop loin, et nous ne voyons là qu'une variété de décoration, qu'un simple ornement ciselé sur une amulette.

Outre les colliers de dents de lion et d'ours, les bracelets en coquilles quelquefois marines et souvent empruntées aux terrains tertiaires, les amulettes de pierre ou d'os, les grains d'argile durcis au soleil figurant les têtes d'épingles de chevelure, on a recueilli dans les grottes de petits dépôts d'oxides colorés de fer et de manganèse dont il semble que les troglodytes aient fait usage pour se tatouer le corps.

Enfin, l'homme préhistorique avait créé les arts, et particulièrement le dessin. et la sculpture. Il occupait ses loisirs à retracer, avec la pointe d'un silex, sur les os d'éléphants, les bois de rennes, les scènes les plus ordinaires de sa vie aventureuse et sauvage.

Ici, c'est un combat de rennes, gravé sur une ardoise; là, un chasseur couché à plat ventre dans les hautes herbes s'apprête à lancer un trait; un éléphant à crinière, le mammouth, est ciselé sur une lame d'ivoire; le grand ours des cavernes est figuré sur un schiste de Massat ; sur un bois de rennes, un homme poursuit un aurochs. Des bœufs, des chevaux, des élans, des cerfs, des poissons même et des plantes sont reproduits avec une vérité permettant de reconnaître de suite l'espèce que l'artiste a voulu représenter.

Toutes ces œuvres, empreintes d'une naïveté charmante, nous avons pu les admirer à l'Exposition universelle de 1867, dans cette intéressante section de l'art rétrospectif où MM. Lartet, l'abbé Bourgeois, Christy, le marquis de Vibray, Peccadeau de l'Isle, de Rochebrune, docteur Garrigou et beaucoup d'autres se plurent à envoyer de précieux spécimens de leurs riches collections; nous avons pu les comparer cette année aux merveilles préhistoriques envoyées à Paris de tous les points du globe, et disposées par suite d'une regrettable dissidence entre les organisateurs, dans deux galeries différentes trop éloignées l'une de l'autre, le Trocadéro et l'Anthropologie. Citons aussi MM. Bertrand et de Mortillet, deux savants des plus distingués, qui ont su réunir dans un de nos plus beaux musées les produits de l'industrie humaine à son berceau.

Ces objets, rangés avec une méthode et un goût remarquables, nous font assister pas à pas aux essais de l'homme préhistorique depuis le temps des premières et plus anciennes occupations jusqu'aux époques de l'histoire proprement dite.

Il serait à souhaiter qu'il y eût dans chaque chef-lieu de canton, ou même d'arrondissement, des collections analogues, de petits musées, d'un accès facile et pratique, où l'on concentrerait toutes nos richesses éparses et perdues ; l'habitant des campagnes se familiariserait avec elles ; il apprendrait à les recueillir ou du moins à les respecter ; l'homme d'étude pourrait les consulter sur les lieux mêmes de leur gisement, et peut-être élucider des questions d'autant plus obscures que l'on manque de documents locaux. Car, que reste-t-il de ces spécimens trouvés chaque jour sur le sol qui nous environne ? Objets de curiosité pendant quelque temps, ils deviennent bientôt le jouet d'un enfant ou un débris jeté au rebut par son oublieux possesseur.

Quoi qu'il en soit, et bien qu'une grande partie de ces précieuses épaves ait échappé à nos investigations, nous avons pu en étudier un nombre assez important, pour établir la présence de l'homme sur notre territoire, aux différentes époques de l'âge de la pierre.

Nous allons les énumérer, en exposant leurs transformations successives, au point de vue de l'art et de la science, nous décrirons ensuite les monuments par nous découverts et qui forment, avec ceux déjà signalés, un ensemble des plus remarquable, qu'il semble permis de désigner sous le nom de *station mégalithique* des rives de l'Epte ; nous indiquerons enfin les édifices se rattachant à un titre quelconque, à ces époques reculées : nous les comparerons à ceux des autres contrées et montrerons que ce pays est, après la Bretagne, un de ceux où se rencontrent encore le plus de vestiges des peuplades préhistoriques, et de restes de nos monuments nationaux les plus importants.

CHAPITRE II

L'AGE DE LA PIERRE EN HAUTE NORMANDIE

Les trois grandes époques de l'industrie humaine — Ages de la pierre — du bronze — et du fer — Différence entre les âges préhistoriques de l'Orient et ceux de l'Occident — Disparition successive des grands mammifères — Système de M. Lartet — Les trois périodes de la pierre — la pierre éclatée — la pierre taillée — et la pierre polie — Types de Saint-Acheul — de Moustiers — de Solutré — de la Madeleine — Caractères propres à chacune de ces époques — Aperçu topographique du Vexin — Distribution locale des produits des trois âges de la pierre — Les deux premiers âges exclusivement composés de silex — Richesse relative des différentes localités — Ateliers préhistoriques — Succession des trois âges dans le même atelier — Absence des cavernes — Objets remontant à l'époque de l'homme des cavernes — Provenance des haches de silex et de celles de roches étrangères — Appréciation des instruments de toute nature recueillis sur le territoire au point de vue de l'art — Proportion des objets de l'âge de la pierre polie à ceux des périodes éclatée et taillée — Rapport entre les haches polies de pierre éclatée et celles de silex — Industrie de la poterie — Poteries durcies au soleil — Poteries cuites à feu nu — Déformations — Le tour du potier remplace l'industrie manuelle — Décorations — Estampages — Poteries des dolmens — Poteries gallo-romaines — Origine du verre — Absence du verre préhistorique dans l'Ouest — Fabrication orientale — Le verre à Ninive, à Memphis et à Thèbes — Le verre chez les Romains — Les vases Murrhins — Le vase de Portland — Verreries gallo-romaines d'Evreux — Grains de colliers émaillés — Enumération des collections particulières des âges de la pierre les plus remarquables de la Haute Normandie — Collections publiques — Musées — Evreux — Rouen — le Havre, etc. — Conclusion.

La science archéologique a divisé les différentes phases de l'industrie humaine en trois grandes sections : les âges de la pierre, du bronze et du fer.

Il est bien difficile aujourd'hui d'assigner une limite quelconque à chacune de ces époques; cependant, on est convenu de ranger dans la première, l'immense période pendant laquelle, les métaux étant inconnus, l'homme a dû faire usage de pierres ou de silex appropriés par la taille ou le frottement à ses divers besoins.

L'âge de bronze succédant à l'âge de la pierre, fait

partie comme lui des temps préhistoriques, c'est-à-dire antérieurs à toute espèce d'histoire écrite.

Enfin, l'âge où le fer vient remplacer le bronze, commence au temps des premiers documents, appelés protohistoriques, et se prolonge jusqu'à nos jours.

Il est bien entendu que ces trois périodes ou âges de la pierre, du bronze et du fer ne s'appliquent qu'à l'occident de l'Europe, les métaux étaient usités en Orient bien avant de l'être chez nous, de même qu'il existe des peuples plus arriérés en civilisation, n'en faisant pas encore usage. L'Orient a quatre mille ans de traditions que nous n'avons pas, et d'après ces traditions les métaux y ont été connus de tout temps.

Pouvait-il en être autrement dans ce pays privilégié où les arts étaient appliqués avant le déluge même?

L'on ne saurait supposer que Noé ait construit l'arche, monument de 300 coudées, avec un couteau de silex; et qu'auraient donc fait les hommes pendant ces dix-sept siècles qui précédèrent le déluge, s'ils n'avaient créé l'architecture, les arts, les sciences?

Noé ne sauva pas seulement la race humaine, il sauva le génie humain, et c'est un point sur lequel les anciennes religions sont toutes d'accord avec la Genèse. Soit dans le déluge hébraïque, soit dans le déluge grec de Deucalion et de Pyrrha, ou dans celui de l'Inde, il y a toujours un couple qui conserve la transmission du principe civilisateur.

Cependant, bien que le bronze et le fer aient été employés dès la plus haute antiquité en Orient, les instruments de pierre étaient encore en usage dix siècles après le déluge, sous Josué[1].

Il ne faudrait pas croire que le silex, même grossièrement façonné, ait été la première arme de l'homme; il est probable qu'il se servit d'abord de la pierre brute, et l'usage de la fronde dut précéder celui de la pierre tranchante. Peu à peu, et après bien des essais, bien des tâtonnements, le choc du silex sur un corps plus dur forma une hache primitive; puis, les éclats furent enlevés méthodiquement et le poli vint enfin donner la perfection à l'arme.

La profondeur des couches terrestres dans lesquelles on rencontre les premiers instruments de l'homme, dénote par la longueur qu'elles ont mise à se former, la distance qui les sépare l'une de l'autre, et cette diversité d'époques correspondant à une différence dans le travail de ces objets, a permis de les classer selon leur degré d'ancienneté et de perfection relative.

L'on avait cru, dans le principe, pouvoir appliquer une classification proposée par le savant M. Lartet, et basée sur la disparition successive de quatre espèces d'animaux : l'ours des cavernes, le mammouth, le renne et l'aurochs, ayant vécu d'abord tous ensemble; mais ce système ne pouvait se rapporter qu'à la France et aux contrées voisines, de même que les belles décou-

[1] « Fac tibi cultros lapideos et circumcide filios Israël. » (*Livre de Josué*, chap. V, v. 2.)
Malgré l'usage des métaux, certaines cérémonies, ayant un caractère religieux comme celle-ci, devaient se pratiquer avec des instruments de pierre chez les Israélites, de même que les Romains étaient tenus d'employer uniquement le bronze pour la confection des instruments du culte, tels que haches, spatules, couteaux, etc.

vertes faites dans les *scovmoses* ou marais tourbeux du Danemarck, ont permis d'assimiler dans ce pays le hêtre existant aujourd'hui à l'âge du fer, le chêne disparu à l'âge du bronze, et le pin également détruit à l'âge de la pierre.

L'on a donc divisé l'âge de la pierre en trois grandes périodes :

Paléolithique[1], ou pierre éclatée ;

Mesolithique[2], ou pierre taillée ;

Néolithique[3], ou pierre polie.

La première, la plus primitive, correspond au silex sur lequel, à l'aide d'un corps contondant, on a pratiqué de petits éclats dessinant la forme d'un outil grossièrement ébauché.

La seconde période renferme les silex taillés à grands éclats, obtenus par un coup sec frappé à l'une des extrémités de la roche, en un point appelé bulbe de percussion. Ces éclats, prolongés par une sorte de clivage, donnent des outils perfectionnés.

La troisième nous présente les pierres taillées, aiguisées et polies par un frottement prolongé dans les rainures d'un bloc appelé polissoir.

La *pierre éclatée* vient après l'éléphant antique et le grand hippopotame ; commençant au-dessus des derniers étages des terrains tertiaires, elle s'étend dans les premières couches des dépôts quaternaires, et se reconnaît à ses outils de forme complétement primi-

[1] Παλαιος λιθος, ancienne pierre.
[2] Μεσος λιθος, moyenne pierre.
[3] Νεος λιθος, nouvelle pierre.

tive, trouvés d'abord dans les alluvions anciennes de Saint-Acheul (Somme), localité dont ils ont conservé le nom.

Ces instruments deviennent rares dans l'époque de Moustiers (Dordogne), qui, venue postérieurement, présente des silex plus finis, tels que racloirs et pointes aiguisées d'un côté seulement, mélangés aux ossements du mammouth, cet énorme éléphant de six mètres de haut; du cerf megaceros, dont le bois gigantesque atteignait trois mètres de long sur quatre d'écartement, du rhinocéros à narines cloisonnées, de l'ours des cavernes, et autres races éteintes.

La *pierre taillée* vient à la suite et se rattache à deux types principaux : celui de Solutré (Saône-et-Loire), caractérisé par les pointes en feuille de laurier retaillées des deux côtés, et les flèches à cran; il est contemporain du renne, ainsi que d'animaux existant encore de nos jours.

Enfin, le type de la Madeleine (Dordogne) correspond aux derniers vestiges de la faune quaternaire et est représenté par les outils en os ou bois de rennes gravés et ciselés, les bâtons de commandement et les flèches barbelées.

Nombre d'instruments se rattachent à ces époques; l'on y trouve en profusion enclumes, percuteurs, écrasoirs, ciseaux, couteaux, scies, casse-têtes, silex hachettiformes, pointes de lance, pierres de frondes, harpons, poinçons, etc.

A la période suivante ou *néolithique* se rencontrent les haches polies supérieures au sol quaternaire dans lequel on cesse de les recueillir. Elles existaient aux époques des premiers monuments dits celtiques, et des premières cités lacustres. Elles correspondent aux grottes sépulcrales et aux plus primitifs essais de poterie, faite à la main, mal cuite et essentiellement grossière. Elles coïncident aussi avec la présence des animaux domestiques joints à d'autres tels que chamois, bison, renne, qui, fuyant plus tard devant l'homme, au berceau de la civilisation, se sont trouvés déplacés de la Gaule, et refoulés dans les contrées lointaines.

Nous allons reconnaître ces différentes périodes dans notre région normande, et établir ainsi une priorité d'occupation sur certains pays qui, tels que la Scandinavie, ne possèdent que l'âge de la pierre polie.

On savait, il est vrai, que les alluvions quaternaires récentes du département de la Seine, aux gisements de Clichy, Levalois, Grenelle, et tout dernièrement de Champigny; celles de Seine-et-Oise, au Pecq, et les dépôts anciens de Sotteville-lès-Rouen, dans la Seine-Inférieure, avaient donné, par leur exploration, des résultats très-concluants.

Tout faisait donc supposer que si l'homme préhistorique avait habité ces diverses localités, il avait dû occuper la position intermédiaire, c'est-à-dire l'emplacement qui s'étend sur les deux rives de la Seine jusqu'à la mer et porte le nom de Haute Normandie.

En effet, des fouilles récentes, exécutées dans le diluvium ancien de Vaudreuil près Louviers, à un endroit appelé Léry, ont mis à jour des squelettes auprès desquels se trouvaient des haches de silex, des os ouvragés, recueillis par l'abbé-docteur Lecoq, desservant de Guiseniers.

Ce savant, aussi modeste qu'érudit, s'est livré depuis plusieurs années à l'étude des antiquités préhistoriques; il possède une magnifique collection de nombreux instruments des trois âges de la pierre, et vient confirmer ce fait résultant de nos recherches personnelles: qu'il y a bien peu de communes de nos environs, où l'on n'ait recueilli quelque silex travaillé de la main de l'homme.

Le territoire qui nous occupe particulièrement aujourd'hui, correspond à cette partie de la France appelée Vexin, s'étendant de l'Oise à la mer et dont une région, circonscrite dans un triangle ayant Noyers à Gasny pour base et Guitry pour sommet, a reçu, à cause de son escarpement, le nom pittoresque de Petite-Suisse[1].

Situé à une altitude variant de 5 à 207 mètres[2], il renferme tous les terrains compris entre le dernier étage de la craie et les couches les plus récentes des alluvions contemporaines; mais, par suite des déchirements désordonnés de la période glaciaire qui a constitué les coteaux en creusant les vallées, les différentes formations tertiaires et quaternaires affleurent le sol en maint endroit, et permettent de rencontrer

[1] Le *Vexin bossu*.

[2] Quelques chiffres feront juger les écarts d'altitude de cette contrée singulièrement mouvementée : Montjavoult, 207, et Rouen, 5 mètres au-dessus du niveau de la mer, sont les limites extrêmes; Nezey, 162; Fourges, 26; Villers, 135; Bray, 29; Dampmesnil, 145; Aveny, 30; Mezières, 158; Pressagny, 19; le Chesnay, 152, sont les termes moyens.

à nu des silex de tout âge qu'en d'autres circonstances l'on ne découvre qu'en procédant par fouilles.

C'est ainsi qu'une magnifique tête de lance de la période de Saint-Acheul, provenant de l'endroit dit Cave-du-Diable, sur notre terre du Bois-Gautier, deux lames à usage de couteau, de l'âge du silex éclaté, trouvées sur les pentes du parc du Chesnay bordant la rivière, trois haches néolithiques dont une de silex jaune très-remarquable par sa largeur et son poli, l'autre retaillée; la troisième entière et fort belle, de silex rose passant à l'agathe, ayant 20 centimètres de longueur; une quatrième en pierre grisâtre étrangère au pays, ont été ramassées au pied même du château du Chesnay-Haguest et déposées dans nos collections; plusieurs autres recueillies dans le bourg d'Ecos, trois au bois d'Hallot ou ses environs, et une au Plix-Aubin, au-dessus d'un tumulus; six à Civières, la plupart retaillées et en partie repolies; une à Saint-Rémy, parfaitement tranchante, exhumée d'une sépulture celtique dont nous parlerons plus loin.

A Guitry, dans une collection de plus de soixante pièces trouvées par l'honorable et savant député M. Besnard sur les terres de la commune, nous remarquons en première ligne une énorme hache de pierre éclatée pesant plusieurs kilogrammes; elle est en silex de 28 centimètres de long sur 13 de large. Tout en formant le coin, elle est méplate, c'est-à-dire plus bombée d'un côté que de l'autre, et caractérisée par de grossiers éclats de forme conchoïde.

Cette pièce remarquable se rapproche, par ses dimensions, de celles de la station d'Olendon près Falaise, où les silex taillés à grands éclats, les couteaux, les grattoirs indiquent des ouvriers d'une force physique exceptionnelle.

Aucune station de France n'a, en effet, fourni jusqu'ici des haches d'un poids si considérable et surtout retouchées d'une façon aussi vigoureuse.

Peut-être étaient-elles fabriquées spécialement pour l'usage des bouchers ou des bûcherons, de même que certaines stations produisaient uniquement les outils nécessaires à la préparation des peaux, à la trituration des grains, etc.

Nous voyons également un silex éclaté plat, mais qui fut tranchant sur toute sa circonférence, il est en forme de palette de 12 à 13 centimètres; puis, parmi une quantité de haches variant dans leur taille et leur coloris, nous en distinguons cinq en granit dont les trois éléments, mica, quartz et feldspath, ont résisté au frottement.

Citons encore plusieurs couteaux, des nucléi, une pointe de flèche et un silex brut présentant par un bout une extrémité conique très-polie, en forme de pivot.

C'est en donnant à la terre un labour profond, et faisant suivre la charrue de fouilleuses qui pénètrent plus avant encore dans le diluvium récent de Guitry, que M. Besnard a recueilli tous ces objets.

A Mézières, nous trouvons une hache de pierre polie, de nature rougeâtre très-remarquable; plusieurs autres fort belles, dont une de plus de 20 centimètres, extraites du bois du Bucquet; et six sur un tumulus des environs, appelé Butte-de-la-Bucaille;

A la Villeneuve, près Bus-Saint-Rémy, une hache très-rare en grès dur, méplate et imparfaitement polie, provenant du cromlech dont nous donnerons la description dans un autre chapitre; une de silex rose à Coupigny;

Dans les champs qui avoisinent Tilly, Tourny et Fontenay, ce sont de superbes échantillons de silex éclatés et taillés, des trois périodes de l'âge de pierre;

A Fontenay, particulièrement une forte hache de 22 centimètres, et de nombreux fragments;

A Bois-Jérôme-Saint-Ouen, une de silex polie; une autre en pierre, avec un trou arrondi de 3 centimètres, percé dans le milieu du morceau;

A Cantiers, plusieurs en pierre polie.

Heubécourt nous fournit une hachette dont l'extrémité perforée donne un précieux indice de la manière dont ces sortes d'armes devaient être fixées à un manche solide.

Corbie nous en montre une d'une rare élégance.

A Giverny, l'on en rencontre à chaque pas.

A Fourges, c'est un très-remarquable racloir de la période de Moustiers, recueilli par notre excellent ami le marquis de Flamarens sur l'emplacement de l'ancienne ville de Thoisy [1].

[1] Cette pièce a fait partie de notre exposition préhistorique à la section d'anthropologie de l'Exposition universelle (1878); d'autres, silex choisis parmi les plus intéressants de ceux que nous venons d'énumérer, figuraient dans la galerie rétrospective du Trocadéro.

A Gasny, ce ne sont que des fragments; mais, près de Guitry on trouve, parmi quinze silex de différentes formes et de couleurs variées, une forte hache non polie, mais éclatée, de la période paléolithique, dite de Saint-Acheul, découverte dans les démolitions d'un puits entre Guitry et Tourny.

A Forêt-la-Folie, on en ramasse une trentaine en pierre polie, dont la grosseur et la nature varient; il y en a de cinq et six roches différentes, et beaucoup de fragments.

Il existe encore, sur notre territoire, des couteaux, des grattoirs, des nucléi, des percuteurs, dont un bien curieux recueilli par nous au dolmen de Dampsmesnil. Enfin, si nous nous écartons de deux à trois kilomètres de la commune de Forêt-la-Folie, nous voyons, dans un triége portant le nom caractéristique de *Pavé*, une telle profusion de silex taillés que tout ferait supposer qu'il y eut, sur ce point et jusqu'au village d'Harquency, un de ces ateliers préhistoriques semblables à celui du Bois-du-Rocher près Dinan [1].

Bien que l'arrondissement des Andelys, et particulièrement les cantons d'Ecos, de Gisors, de Lyons-la-Forêt et de Fleury-sur-Andelle, soient de ceux où l'on rencontre le plus de débris des âges de la pierre, nous ferons remarquer que l'arrondissement de Bernay, au

[1] Il ne faut pas confondre les ateliers préhistoriques, tels que celui découvert au Bois-du-Rocher par M. Fornier, président du congrès scientifique de France, tenu à Saint-Brieuc en 1872, ainsi que par M. Micault, avec les carrières où l'on taillait au siècle dernier les silex dits pierres à fusil, et dont les éclats si nombreux n'ont aucun rapport avec ceux des âges de la pierre. L'on peut voir, au Val-Corbon, un de ces chantiers couvert encore aujourd'hui de silex façonnés et d'autres prêts à ouvrager.

canton de Brionne; celui de Louviers, à Amfreville-la-Campagne et au Neubourg; celui de Pont-Audemer, à Routot et à Montfort; enfin, celui d'Evreux, à Evreux, Vernon, Pacy et autres lieux, en ont signalé en plusieurs communes. A Neuilly près Bueil, en particulier, non loin de la rivière d'Eure, on a trouvé en 1856 un magnifique couteau de silex noir, déposé au musée d'Evreux. Cet outil, de 25 centimètres sur 2 1/2, fut découvert sous une roche crayeuse qui recouvrait 13 squelettes rangés sur des pierres plates; il était accompagné de débris de poterie très-grossière et de trois hachettes de différentes roches. Ce couteau, presque identique à celui de Fourges, a cela de notoire qu'il ressemble à une grande lime ou râpe de serrurier[1]. Dans la même fouille était une dent canine percée d'un trou, et polie en forme de brunissoir.

J'ai cherché longtemps quel avait pu être l'emploi des couteaux de Fourges et de Neuilly. En étudiant les opérations de l'art du chamoiseur, j'ai appris que, parmi les différentes préparations que subissent les peaux, effleurage, confit, foulage, remaillage, dégraissage, une appelée pelage, se pratique encore aujourd'hui avec une pierre à affiler. Peut-être cependant ces instruments ont-ils pu servir de rasoir; peut-être aussi de lime pour s'aiguiser les dents, à la façon de certaines tribus sauvages qui se nourrissent de la chair de leurs ennemis. Deux pièces, non moins rares que les couteaux

[1] Voir l'*Archéological*, journal sur les antiquités primitives de la Normandie, l'article de M. Lecointre, dans les *Antiquités de la Normandie* et la notice de M. Izarn, inscrits au *Recueil de la Société de l'Eure*, 1856-57, tome V, 3e série.

de Neuilly et de Fourges, sont le marteau et la masse d'arme à pic de la belle collection du docteur Lecoq.

Un grand nombre de localités ont fourni des spécimens des âges de la pierre, et si nous nous sommes borné à détailler ceux de notre canton d'Ecos, c'est que nous les avons tous examinés *de visu*, avant de les décrire.

Nous avons cru, par suite de cette étude, pouvoir émettre l'opinion que les instruments des époques de la pierre éclatée ou taillée, étant seuls en silex, ont dû appartenir à des populations fixées depuis longtemps dans nos contrées, puisque notre sol fournit cette roche, tandis que ceux en granit, grès, diorite, jadéite, serpentine, ou autres matières étrangères à la localité viennent de peuplades qu'il serait intéressant de classer d'après la provenance géologique de leurs armes. L'on pourrait arriver ainsi à des similitudes d'expéditions, de races, d'âges ou d'époques. Il en est de même pour les colliers trouvés dans les tombeaux, et dont il serait aisé de connaître l'origine par l'étude des dents ou des coquilles perforées qui les composent.

Il n'est pas admissible que ces haches exotiques aient été l'objet d'un trafic dans notre pays, et leur présence pourrait indiquer le point de départ d'invasions successives et distinctes qui chassèrent ou détruisirent les peuplades de la première migration. Nous ferons observer toutefois que le fait de ne pas trouver ici de pierre exotique de l'époque éclatée ou taillée coïncide avec l'absence de ces périodes paléolithique et mésolithique chez les peuples scandinaves.

En décrivant les silex d'un canton en particulier, nous avons également voulu démontrer dans quelles proportions se trouvent les instruments des âges de la pierre par rapport au nombre des communes de ce canton. Or, ce nombre étant ici de 24 dont 15 renferment des silex ouvragés, nous pensons pouvoir établir cette différence de 15 à 24, c'est-à-dire des trois cinquièmes, comme la moyenne des communes où se rencontrent des spécimens de l'art celtique.

Cette moyenne, résultat de nos très-nombreuses observations, s'applique principalement aux localités situées dans le voisinage des rivières ou cours d'eau, sur le Vexin français comme dans la province normande; nous dirons même que tous les cantons ou arrondissements placés dans ces conditions, renferment plus des trois cinquièmes de leurs communes dotées d'instruments des époques préhistoriques; ce fait sur lequel nous reviendrons, prouve que l'occupation de notre territoire a eu lieu par les eaux et s'est étendue de proche en proche aux pays environnants.

C'est pourquoi nous citons seulement en note les noms des lieux les plus connus ou les plus intéressants, nomenclature forcément sommaire puisque, chaque jour, de nouvelles découvertes signalent de nouveaux gisements [1].

[1] Voici les noms des principales localités de la Haute Normandie dans lesquelles on a découvert des objets des âges de la pierre :

Abancourt — Andelys — Amfreville-la-Campagne — Alizay — Arques — Aubermesnil — Auquemesnil — Aveny — Angerville-la-Martel — Ambleville — Aulage — Aumale — Bacqueville — Baillolet — Bailleul-

En outre de ces innombrables débris abandonnés sur le sol par les populations qui s'y sont succédé pendant des siècles, il existe des dépôts nommés ateliers, où se confectionnaient spécialement les instruments de silex.

Nous mentionnerons, parmi les plus remarquables, celui de la commune de Goincourt dans le Vexin français (Oise), localité déjà célèbre par la découverte faite, en 1839, d'un four à poterie renfermant environ soixante vases, d'une argile mal cuite, très-communs, remplis de terre et de charbons, attribuables à l'époque gauloise.

Là, sur une forte éminence appelée le *Mont-Guillain* non loin de la *Pierre-Nant*, une tranchée du chemin de fer de Beauvais à Gournay mit à jour quatre ateliers

Neuville — Baubec — Baumont — Beaumont-le-Hareng — Bellencombre — Bernouville — Bernay .— Bellengreville — Belleville-sur-Mer — Bezu-Saint-Eloi — Blangy-sur-Bresles — Blosseville — Bois-Jérôme — Bondeville — Bonsecours — Bosc-Geffroy — Boudeville — Boury — Breuil — Brionne — Bracquemont — Bremontier-Merval — Bus-Saint-Remy — Bully — Bertrimont — Boos — Canteleu — Cantiers — Caudebec — Caudebec-lès-Elbeuf — Caudecôte — Caumont — Cideville — Civières — Charleval — Cherence — Clais — Claville — Clères — Colmoulins — Coudray-Saint-Germer — Coquereaumont — Croix-des-Trois-Frères — Crosville-sur-Scie — Corneville-sur-Risle — Dampsmesnil — Dangu — Delincourt — Dieppe — Doudeville — Duclair — Ecos — Elbeuf-sur-Andelle — Essarts-lès-Varimpré — Eu — Evreux — Falaise — Fallencourt — Fécamp — Fontenay — Forêt-la-Folie — Fourges — Fours — Foucarmont — Fréauville — Fresles — Fresnoy-Folny — Fresques — Gasny — Gisors — Giverny — Gournay-en-Bray — Glos-sur-Risle — Grand-Bruneval — Grand-Pressigny — Grandes-Ventes — Grancourt — Graval-la-Chaussée — Gravel — Granville — Guiseniers — Guitry — Guiry — le Gros-Theil — Hautot-de-Mer — Hérulé — Heubecourt — Houlbec-Cocherel — Illeville-sur-Eure — Illeville-sur-Montfort — Ivry-la-Bataille — le Chesnay-Haguest — la Boissière — la Chapelle — la Garenne — la Justice-de-Bracheux — la Neuville-du-Bosc — Lammerville — Launoy — Campigny — le Havre — le Neubourg — Thuit-Signol — le Tremblay — les Authieux — les Maunies — Léry — Limes — Limezy — Londinières — Louviers — Luneray — Lyons-la-Forêt — la Bouille — les Baons-le-Comte — les Landes (vieilles et neuves) — Marettes —

superposés, correspondant aux quatre périodes de l'âge de la pierre. Rien de plus extraordinaire que cette persistance des populations à former une station sur ce point culminant. Ce sont d'abord, à trois mètres sous le sol, des échantillons en très-grande quantité de silex éclatés de toutes catégories, de toutes grosseurs, dispersés au milieu de sables, galets et cailloux roulés; les haches sont elles-mêmes roulées.

A un mètre au-dessus, se trouvent des silex taillés, des haches de forme triangulaire; puis enfin, immédiatement au-dessous de la terre végétale, des instruments de l'âge de la pierre polie, haches et autres, dont beaucoup de fragments.

Les silex de la première station sont tellement oxidés qu'on les croirait en agathe. Ceux de la seconde sont

Magny — le Mesnil-Esnard — le Mesnil-Verclives — Melamare — Mezières — Menerval — Montagny — Mont-aux-Malades — Mont-Guillain — Montjavoult — Maulévrier — Montrôty — Mortagne — Mortemer-en-Bray — Moray — Morette-les-Fossés — Montfort — Molincourt — Motteville — Menonval — Mentheville — le Mesnil-David — le Mesnil-Lieubray — Montivilliers — le Mesnil-Mauger — Nesle — Neubourg — Neufchatel — Neuilly — la Neuville-Ferrières — Nesle-Normandeuse — Neufmarché — la Neuville-Champ-d'Oisel — Neuville-sur-Eaulne — Notre-Dame-de-Gravenchon — Parmes — Pavilly — Pont-Audemer — Pitres — Pont-de-l'Arche — Preuseville — la Poterie — Quatremarre — le Quesnay — Rocher-Condé — Romilly-sur-Andelle — Roncheville-le-Vivier — Rouen — Routot — Richemont — Rieux — Saint-Aubin — Saint-Aubin-Epinay — Saint-Aubin-Jouxte-Boulleng — Saint-Antoine-la-Forêt — Sainte-Beuve-Epinay — Saint-Crespin — Saint-Denis-le-Ferment — Saint-Foy — Saint-Gervais — Saint-Etienne-du Vauvray — Saint-Jacques-d'Aliermont — Sainte-Hélène-Boudeville — Saint-Martin-en-Campagne — Sainte-Marguerite-sur-Duclair — Saint-Nicolas-d'Aliermont — Saint-Saens — Saint-Léger-du-Bourg-Deny — Saint-Léger-de-Rôtes — Saint-Valéry-sous-Bures — Cérifontaine — Sommery — Sommesnil — Sotteville-lès-Rouen — Saint-Saire — Saint-Grégoire-sur-Vièvre — Saâne — Saint-Just — Saint-Germain-d'Etables — Saint-Wandrille-Rancon — Sainte-Adresse — Tilly — Tourny — Tréport — Trye-Château — Val-de-Gland — Valmont — Varengeville — Vassenville — Vaudencourt — Vernon — le Vieil-Evreux — Villers-sous-Foucarmont. — Verneuil — Wanchy-Capval. — Ymare — Yvetot.

recouverts d'une patine jaune couleur d'ocre. Les plus récents sont gris-blanc, comme s'ils avaient vu la lumière.

Un second atelier se trouve à la Justice-de-Bracheux : il est distant d'un kilomètre de Beauvais; l'on y rencontre une seule époque : silex taillés et très-peu ouvragés. Ces instruments se trouvent à une profondeur de 70 centimètres à un mètre, dans l'argile glauconneuse.

En-dessous des objets préhistoriques est un banc de sable glauconnieux inférieur possédant quantité de fossiles.

Sur la frontière du Vexin, au Grand-Brunneval, près Rocher-Condé, vallée du terrain, existe un troisième atelier. L'on y trouve des silex grossièrement taillés en forme de hache, et quelques couteaux travaillés. Ce gisement est situé dans l'alluvion récente, à cinq ou six mètres de profondeur, au milieu de sables et de cailloux roulés.

Cet endroit est la balastière de la ligne de Beauvais à Creil. Près le château de la Plaignes, au sommet de la côte et à peu de distance de Mantes, est un atelier dans lequel les instruments ou objets de toute nature, éclatés ou polis, sont tellement nombreux qu'on peut les recueillir par centaines.

Citons encore l'atelier de Cérifontaine, et un autre près la limite de la forêt de Thelles; on y trouve beaucoup de silex de la période éclatée.

Dans le département de l'Eure, à Garennes près Ivry-la-Bataille, au canton de Saint-André, sur un plateau calcaire bordant la rivière d'Eure, existent trois emplacements ou stations préhistoriques, renfermant un grand nombre de silex taillés, haches entières et autres à moitié polies, racloirs, couteaux, grattoirs, perçoirs, flèches, et quantité de menus objets.

La première station, dans laquelle les éclats et les déchets abondent, commence au village de Garennes; la deuxième vient à la suite, occupant un espace d'environ cinq cents mètres en tous sens; puis la troisième se prolonge jusque sous les ruines du château d'Ivry. L'on y rencontre beaucoup de pièces, surtout des percuteurs.

Sur les anciens communs d'Alizay et d'Ymare, on trouve, dans une étendue de trois kilomètres, quantité de haches éclatées et taillées. Cependant on ne voit pas d'éclats, ce qui semble indiquer que l'atelier était dans les environs. Toutes ces celtæ sont de silex : une seule de grès a été recueillie en la commune de Pont-de-l'Arche, non loin d'Alizay. Au contraire, sur le versant qui borde Molincourt, Dampmesnil et Aveny, dans un terrain dénudé où le calcaire grossier se traduit par des amas de pierres, on recueille à chaque pas des éclats de silex. Sur cette vaste étendue dont j'ai découvert le gisement, je n'ai trouvé qu'un percuteur.

Le département de la Seine-Inférieure possède aussi quelques stations importantes : en outre de celle de Sotteville-lès-Rouen, nous citerons la station de Marettes près Londinières, découverte par M. Cahingt, propriétaire à Londinières. Ce fut un centre important où l'on fabriquait particulièrement des armes de combat ou hachettes pour les divers usages de la vie. On y a trouvé une quantité incalculable de haches ébauchées ou achevées; on peut encore les y recueillir par milliers. La station de Bernouville près Dieppe, reconnue par M. Michel Hardy, de Dieppe, renferme de beaux spécimens assez semblables aux objets de celle de la Croix-Rouge près Honfleur (Calvados), trouvée par M. Bourdet, du Havre. L'atelier de Blangy, au lieu dit le Campigny, d'où M. Morgan qui l'a exploité le premier, a extrait en 1869 plus de trois cents objets divers mêlés à des cendres et à des charbons. Enfin, la station de Lammerville près Bacqueville, arrondissement de Dieppe, découverte par M. Levezier, instituteur à Lammerville; elle offre cet intérêt tout particulier que les instruments usuels y sont extrêmement rares, tandis que les outils pour préparer les peaux et pour écraser le grain y sont excessivement communs.

A la suite des ateliers préhistoriques, nous voudrions pouvoir citer quelques grottes sépulcrales, ou de ces cavernes découvertes dans plusieurs départements, et où les ossements des grands tigres, des hyènes, des ours d'une race éteinte se trouvent mélangés à ceux de l'homme des premiers âges. Jusqu'ici aucun gisement de cette nature ne nous a été signalé dans notre contrée.

Nous avons cependant lieu de penser que des fouilles entreprises dans les carrières de Baudemont pourraient y révéler la présence du troglodyte. Ces excavations sont fort anciennes, puisque l'on y tirait de la pierre avant le xe siècle : l'une d'elle renferme un sol argileux qui, par un phénomène géologique d'une date incertaine, mais non récent, a rempli toute la cavité jusqu'au faîte. Cette terre semble n'avoir pas été remaniée; elle est de nature à motiver une exploration sérieuse.

La carrière de Bapaume près Arnières est dans le même cas. Ses vastes chambrées, sa source intérieure où l'on allait laver et jusqu'aux processions que l'on y faisait chaque année et qui pourraient être un reste d'anciennes traditions, la désignent à l'attention des archéologues. Elle fut exploitée dès les premiers siècles de notre ère ; on a lu même sur son ciel des noms gallo-romains, et le numéro de la 13e légion. La procession avait un caractère particulier : elle ne se pratiquait pas par l'entrée, mais bien par une sorte de fissure en forme d'entonnoir, dans laquelle on descendait avec des torches sur les genoux et à reculons. Elle fut supprimée en 1820, sous le prétexte que la caverne était hantée par les loups. Pendant la Révolution, elle avait servi de local à un club. Nous citerons aussi certaines grottes sur la rive droite de la Seine, creusées dans les falaises dominant le fleuve aux environs des Andelys ; si ces grottes n'ont pas une origine préhistorique, elles ont du moins tout le caractère d'excavations gauloises.

En rapprochant l'absence de cavernes et le petit nombre de sépultures de l'âge de la pierre découvertes jusqu'ici, de la prodigieuse quantité d'instruments recueillis sur notre sol, on se demande ce que sont devenues les générations dont on ne retrouve pas de traces.

Les corps des chefs se sont-ils mieux conservés dans leurs sépulcres de roches que ceux des guerriers inhumés à même la terre, ou ces derniers ont-ils été volontairement détruits par l'incinération ? la poussière sur laquelle nous marchons aurait-elle étéjadis vivante?

« *The dust we tread upon was once alive ?* »

(LORD BYRON.)

Mais comment admettre la destruction des corps par le feu, lorsqu'on les recueille si parfaitement conservés dans les grottes du Périgord, de la Champagne, et d'autres lieux de France et de l'étranger. L'homme des cavernes finit au commencement de la pierre polie; il a donc existé pendant les périodes précédentes, et si ses armes sont dispersées sur tous les points de notre sol, c'est qu'il ne vivait pas ici dans ces abris naturels; car il faudrait supposer des grottes presque dans chaque commune, et nous n'en retrouvons nulle part.

Ainsi, d'un côté, profusion d'objets de la pierre éclatée et taillée, associés aux ossements des grands mammifères de l'âge des cavernes; de l'autre, absence de ces cavernes, ou des débris de l'homme. Le troglodyte n'a évidemment pas vécu ici par petits groupes, ou bien il faut admettre que quelqu'une des périodes éclatée ou taillée est contemporaine de la pierre polie. Rien ne saurait mieux confirmer cette hypothèse que plusieurs haches polies trouvées à Guiseniers et ailleurs, dont le taillant, probablement à la suite d'une brisure, a été retravaillé par éclats et livré à l'usage sous cette forme rudimentaire; autrement dit, la même hache est polie par une extrémité et éclatée par l'autre.

De même, les instruments de l'époque néolithique sont tellement communs que certains triages en fournissent par centaines; tandis que les sépultures fort rares où se retrouvent les ossements de l'homme des dolmens, renferment seulement les armes ayant appartenu aux corps inhumés.

Nous rappellerons aussi que les objets antérieurs à la pierre polie sont exclusivement de silex, au contraire, ceux de cette période sont très-mélangés.

Quelle que soit la théorie adoptée pour expliquer la présence, dans nos contrées, des roches ouvragées, exotiques et indigènes, on le doit reconnaître, la période néolithique est pour la Normandie, aussi bien que pour les contrées limitrophes, une phase excessivement agitée où l'on rencontre des instruments de toute nature, disséminés sur tous les points du sol : preuve que ce pays a été bien longtemps et généralement habité; c'est aussi l'avénement d'une ère de progrès; nous dirons même qu'elle nous fait assister aux premiers débuts de l'art.

Les haches sont polies pour un autre motif que celui de les rendre plus pénétrantes ou plus faciles à manier dans des mains qui devaient être rudes; il y a évidemment une tendance vers le beau, non pas seulement considéré comme aptitude d'un objet à remplir sa destination, mais bien comme manifestation d'une perfection relative.

Les formes sont légères, presque gracieuses ;

quelques-unes ont le cachet d'une véritable élégance; certaines haches sont biseautées sur les deux arêtes avec une grande précision, la ligne est ferme et accuse une netteté qui exclut toute hésitation dans l'outil de l'ouvrier. Des poinçons, des aiguilles, des plaques d'ornement sont artistement découpés dans des fragments d'os de coquilles, puis repolis avec l'intention évidente d'obtenir un effet.

Les objets destinés à la parure sont très-remarquables par leur agencement, le choix de la matière et la façon dont ils sont appropriés à cet usage. De plus, cette époque succède à celle des os, des ivoires, des bois d'animaux ciselés, gravés sans recherche, il est vrai, mais avec un sentiment juste de la forme.

Si le dessin manque quelquefois de perfection, il reproduit un ensemble de lignes donnant une idée exacte de l'animal ou de l'objet représenté.

Il n'y a donc, selon nous, aucune exagération à dire que l'on a travaillé la pierre avec art aux époques néolithiques; les ateliers étaient des écoles où chaque ouvrier s'exerçait à tirer le parti le plus heureux d'un morceau de silex. Ils le ciselaient avec goût, le polissaient avec tout le fini possible, et donnaient même à leur œuvre un certain caractère qui semble varier d'un atelier à un autre.

Bien que nous ne supposions pas qu'il ait pu y avoir trafic à l'égard des haches exotiques, qui devaient être les armes des envahisseurs étrangers, celles de silex étaient probablement fabriquées par des hommes spéciaux, puis vendues ou échangées contre d'autres objets de première nécessité. De plus, si les dolmens ou certaines allées couvertes ont servi de sépulture aux chefs, les armes que l'on y rencontre leur ont appartenu : il y a, dès lors, lieu de présumer que celles disséminées sur le sol proviennent de simples guerriers, des habitants même de la contrée ; or, nous ne trouvons aucune différence appréciable entre elles quant au travail : il n'y a pas ici de ces splendides lances, de ces ravissants poignards à manches finement guillochés, trouvés sur d'autres points et qui égalent tout ce que le Danemark a fourni de plus merveilleux : en un mot, des armes de luxe, quoique l'on en rencontre dans presque toutes les civilisations même naissantes ; au contraire, parmi les haches exotiques on observe que celles des chefs, et en particulier les petites celtæ de serpentine, percées d'un trou, recueillies dans les tombeaux de Boury, d'Hérulé, de Léry, sont toutes d'une finesse de forme et d'une élégance exceptionnelles.

Elles se ressemblent tellement entre elles, malgré l'énorme distance qui sépare ces localités, qu'elles semblent ciselées par le même artiste.

En les retrouvant ainsi dans les sépultures monumentales, on serait tenté de voir dans ces pierres un emblème réglementaire, obligatoire; impliquant l'idée de commandement ou de respect ; peut-être une croyance superstitieuse attachée à la pierre comme amulette et transmise hiérarchiquement, représente un symbole ou l'article de foi d'une religion inconnue.

Et ce n'est pas la première fois que l'on rencontre ici ces précieuses amulettes percées dans le but de les suspendre en collier. On lit dans l'excellent ouvrage de Lebrasseur[1] une notice pleine d'intérêt insérée par l'abbé de Cocherel, concernant le tombeau celtique découvert en 1685 en cette localité[2].

Après avoir décrit et même reproduit par la gravure les squelettes, les os aiguisés en pointe, les haches emmanchées dans des ossements creux ou des bois de cerf provenant de ce tombeau de Cocherel, le docte abbé signale une certaine pierre polie évidée en fuseau, acérée à ses deux extrémités : « D'un vert brun qui « touche l'or et l'argent comme la pierre de Lydie; « quelques-uns disent que c'est une pierre de foudre, « de celles qu'on nomme céraynie[3] ; on dit qu'elle est « souveraine pour l'hémorragie; mais, à dire la vérité, « on n'en a pas jusqu'ici fait l'expérience. » Il cite encore une petite hache percée de jade d'Orient : « qui a des effets merveilleux pour la néphritique et

[1] *Histoire du Comté d'Evreux*, par Le Brasseur, 1722, p. 174.

[2] Ce tombeau, considéré généralement comme appartenant à l'époque celtique, pourrait bien n'être autre qu'une sépulture étrangère indéterminée. En effet, s'il est établi, comme le prétendent certains auteurs, que les Anglais se servaient encore d'armes de pierre vers la fin du XIe siècle, il n'y aurait rien de surprenant qu'ils en eussent fait usage au XIVe ; or, le tombeau de Cocherel était situé sur le versant sud de l'Eure, non loin de l'emplacement de la célèbre bataille (mai 1364); il contenait une vingtaine de corps couchés parallèlement, les têtes tournées vers le midi, recouvertes de grandes dalles de pierre du pays.

Du reste, si ces ossements ne sont pas ceux d'Anglais ou de Navarrais tués pendant le combat, ce sont peut-être les dépouilles de quelque sauvage contingent à leur service; toutefois, la découverte d'ossements brûlés et de petits vases de terre grossière remplis de charbons de bois déposés auprès des corps inhumés, pourrait être de nature à élucider la question.

Voir la note au chapitre du bronze.

[3] Les Anciens nommaient *céraunite* des minéraux qu'ils croyaient formés par la foudre, tels que les pyrites de sulfure de fer radié (pyrite martiale globuleuse).

« même pour l'épilepsie, ce qui fait qu'on l'a mise en si « grande réputation et on la nomme pierre Divine[1]; « on l'a éprouvée plusieurs fois pour l'épilepsie : elle « fait revenir le malade en peu de temps, et on voit, « l'ayant appliquée au front, que le sang qui était « monté à la tête dans la chute du malade descend « visiblement ; le malade ouvre les yeux, et la connais- « sance lui revient. »

Quel profond enseignement pour la thérapeutique de nos allopathes modernes, et n'est-ce pas une précieuse occasion de joindre un article nouveau au codex ?

L'étude de toutes les roches ayant fourni les instruments de l'âge de la pierre disséminés sur le sol de la Haute Normandie, présente un intérêt tout particulier, car si l'on parvient à établir que tel échantillon ne se trouve que dans certaines contrées lointaines, il y aura quelque présomption pour que les individus qui se servaient de ces objets vinssent eux-mêmes de ces contrées ; de plus en excluant, comme nous l'avons expliqué plus haut, l'idée de trafic à l'égard de ces pièces généralement rares, et comparant leur forme à celle des objets de silex, cette présomption se change presque en certitude. Cependant, grâce au puissant appui que vient nous prêter la minéralogie, nous sommes obligé de reconnaître qu'il existe quantité de roches semblables sur les différents points du globe ; aussi ce travail, fort délicat, demande-t-il à se compléter des données de

[1] Le jade vert que l'on nommait aussi *pierre divine*, *pierre néphrétique* (de νεφρος, rein) était fort estimé des Anciens; ils lui attribuaient des propriétés souveraines contre le mal de reins, et le portaient en amulettes dans le but de s'en préserver.

l'ethnologie et de la linguistique. N'est-ce pas la comparaison des mots d'une langue qui nous a prouvé que les sauvages de l'Afrique, contrairement aux assertions généralement admises, auraient eu comme les autres peuples un âge de pierre?

A côté des instruments de silex, pierre toute locale, l'on en trouve ici de six à huit roches différentes n'existant qu'incidemment en Normandie ou dans les contrées limitrophes. On a recueilli à Canteleu une hache de jade; on en connaît de quartzite, de schiste, imitant l'ardoise d'Angers; il en existe en serpentine, en diorite, en granit, et l'on sait que l'on rencontre, en maint endroit de la vallée de la Seine, des blocs erratiques provenant du Nord. Le granit même des côtes de l'Océan pénètre jusqu'à Elbeuf.

Comment donc expliquer que, parmi le nombre considérable de haches par nous examinées, cinq seulement soient en granit, celles de M. Besnard, de Guitry? De même, M. Dolfus en possède une en grès, et bien que le grès se rencontre en abondance dans notre sol, nous ne connaissons que la sienne et la nôtre, preuve de leur grande rareté.

Toutes ces haches diffèrent généralement de celles taillées dans le silex: les unes sont plus cylindriques; d'autres ont leurs extrémités plus allongées, ou leurs arêtes remplacées par un méplat; en un mot, leurs caractères permettent de les rattacher à une provenance étrangère; et ce qui nous confirme dans cette idée, c'est l'absence absolue d'instruments fabriqués en roche exotique aux époques de la pierre éclatée et taillée.

Les blocs erratiques existent néanmoins dès la fin de la période glaciaire; c'est à cette phase des révolutions du globe qu'ils doivent leur transport sur notre sol; s'ils n'ont pas été exploités avant les époques néolithiques, il n'y a pas de raison pour qu'ils l'aient été depuis.

Certes, l'analyse chimique pourrait nous aider à déterminer la nature de telle ou telle roche; mais que nous importe plus ou moins d'amphibole, l'absence de feldspath lamellaire ou la prédominance du mica, si des roches semblables entre elles se trouvent sur plusieurs points opposés.

Il me souvient à ce propos que, témoignant un jour à un savant quelque hésitation sur la nature d'un certain lot de haches polies fort rares provenant de nos collections, celui-ci nous répondit tranquillement: « Mais comment donc? confiez-moi tout cela: je les « ferai casser pour les essayer au chalumeau. »

« Ah! mais non, mon cher monsieur, j'aime autant conserver mes haches: reprenez votre chalumeau. »

— « Mais je vous décomposerai le cacholon, base de la patine; puis, il y a le vernis, résultat de l'action du temps. »

— « Non, non, cassez vos cailloux, monsieur H..., et laissez-moi mon lot de haches. Que diriez-vous d'un médecin entr'ouvrant discrètement son malade pour consulter son intérieur, et voir la lésion dont il souffre? »

Nous persistons donc à le croire : les haches taillées dans des roches autres que le silex proviennent de régions lointaines, bien que ces pierres existent au milieu de nous; les chefs apportaient leurs armes, et les guerriers taillaient les leurs dans le silex du pays; si quelques-uns de ces objets se rapprochent de la fabrication scandinave, plusieurs rappellent, par leur nature et leur usage, les contrées de l'Orient. J'ai rencontré moi-même dans les montagnes de France, d'Ecosse, de Suisse, d'Italie, d'Autriche, la plus grande partie des roches composant les haches exotiques en ma possession, je les crois néanmoins franchement étrangères à ces contrées; de même, quoique M. le comte de Limur affirme qu'il existe un gisement de jade à Vannes, j'estime que l'on peut rapporter la hache de Canteleu à l'Orient, comme toutes les amulettes de serpentine ou autre pierre exotique. L'usage de suspendre au cou une pierre taillée provient de ce pays; il est aussi ancien que le monde; on en retrouve la trace dans les ruines de Ninive comme au sein des plus vieilles populations, ayant laissé quelque monument, ou de simples vestiges de leur existence; et de tous les peuples sauvages de l'Afrique, de l'Amérique et de l'Océanie; il n'en est pas qui, plus que les Orientaux, aient gardé la coutume de porter un talisman. Les amulettes dont ils s'ornent de nos jours sont, il est vrai, perfectionnées; elles représentent certains signes cabalistiques, des figures étranges ou quelque parole du Coran ; mais elles ont conservé la matière première, la pierre artistement ciselée. L'enfant arabe, dès l'âge le plus tendre, a la tête entourée du hamsâh protecteur, la femme porte la petite main fermée dont deux doigts dirigés en formes de cornes vers le mauvais esprit, cherchant à le conjurer; le cheval même, cet ami de la famille, tient, suspendu au cou par une cordelière faite du poil du chameau, un verset du Coran cousu dans un petit sachet de cuir, les riches émirs y joignent la généalogie de leurs fiers Kochlani. Les Juives de distinction portent encore de nos jours, en pendant de collier, les Tables de Moïse, renfermées dans un riche étui d'or, et, bien que les chrétiens du moyen âge aient perdu peu à peu les légendes rapportées de l'Orient par les Croisés, les Italiens ont conservé l'usage de la main cornue de corail contre la *jettatura*[1].

Des instruments, autres que les amulettes et les haches de combat, se rencontrent encore dans les sépultures de l'âge des dolmens : ce sont des armes plus petites que ces dernières, peut-être des pièces votives. Quelquefois ces haches sont brisées et la cassure semble intentionnelle; nous croyons devoir mentionner cette hypothèse, afin d'appeler l'attention sur les débris de haches disséminés avec tant de profusion sur notre sol.

On sait que cette coutume de détruire avec le défunt non-seulement ses armes mais tous les objets à son usage, exista au temps des Gaulois. Pomponius Mela qui écrivit à l'époque de Tibère, nous le dit[2]; César

[1] Autre exemple de conjuration d'une haute antiquité : les Arabes d'Asie et d'Afrique ont adopté des Juifs l'usage de marquer les murailles nouvellement peintes, et même la couverture des arabâs, lourdes voitures destinées aux femmes, de l'empreinte d'une main trempée dans le sang d'un agneau (tradition de l'agneau pascal), ou même dans de l'ocre rouge.

[2] « Cum mortibus cremant ac defodiunt apta viventibus olim. » (Pomp. Mela, lib. III, c. II.)

ajoute qu'ils plaçaient sur le bûcher, avec leurs armes, les esclaves ou les affranchis qu'ils avaient aimés[1]. On est encore dans l'usage, en certains pays, de casser des cierges sur la tombe des morts.

Nous terminerons en disant que le grand nombre d'objets que nous avons étudiés, nous a permis d'établir la proportion suivante : sur cent dix haches de l'âge de la pierre polie, il y en a cent de silex, et dix de pierre exotique.

Quant aux pièces de toute destination, l'on en compte dix de la même période contre soixante des deux époques éclatée et taillée.

Une autre industrie parallèle à celle de la taille des instruments de pierre, est la fabrication des vases nécessaires à l'homme pour cuire ou conserver ses aliments. Il est bien probable que dans le principe ces récipients étaient de terre pétrie à la main, et durcis en les exposant à la chaleur du soleil, et il faut le croire, cette méthode dura longtemps, car c'est seulement à l'âge de la pierre polie que l'on rencontre la poterie cuite au feu. L'homme de ces époques tout en reconnaissant que la flamme du foyer donnait à l'argile une plus grande dureté, continuait à confectionner les vases avec sa main, comme le montrent les nombreuses empreintes

[1] Les funérailles des Gaulois, eu égard à leur civilisation, sont magnifiquement somptueuses (*magnifica et sumptuosa*) ; tous les objets qu'on pense avoir été chers aux morts, même les animaux, sont jetés dans le bûcher funèbre. A une époque qui n'est pas éloignée de nous, les esclaves et les clients qu'ils avaient aimés (*servi et clientes quos ab iis dilectos esse constabat*) étaient brûlés avec eux, quand les formalités des funérailles étaient accomplies (César, *Comment.*, lib. VI, 19).

Il est certain que cette formalité était un peu dure, et devait même rendre les esclaves particulièrement attentifs à protéger la vie du maître.

de doigts imprimées sur ces pièces primitives ; il ne les isolait pas même pendant la cuisson, et l'on retrouve la trace des coups de feu, des brulûres inévitables dans les céramiques exposées à feu nu. L'invention du tour à potier remonte à la fin de l'âge du bronze.

Les premières poteries avaient pour tout ornement, lorsqu'elles n'étaient pas lisses, des suites de lignes brisées en forme de zigzags gravées avec un corps pointu et anguleux ; plus tard, apparaissent les étoiles, les dents de loup, les combinaisons de la ligne droite et de l'angle, les cercles concentriques ; mais on le reconnut bientôt, ces ciselures pouvaient s'obtenir plus rapidement et surtout d'une façon plus régulière. Le temps avait déjà une valeur ; il fallait faire vite et bien, l'on imagina les estampages à l'aide d'un moule, puis la peinture en ocre jaune ou noir, et enfin les dessins variés obtenus par l'application de feuilles d'étain qui se changèrent plus tard en filigranes, révélant ainsi une origine franchement orientale.

Les Gaulois de nos contrées avaient deux qualités de poteries : l'une, fort grossière, mal cuite, dans laquelle se rencontrent des débris de pierre et des parcelles de silex ; elles n'ont pour tout ornement que des traits ou quelques points imprimés en creux ; c'étaient les vases funéraires déposés dans les tombeaux ; l'autre, la poterie à usage domestique, est beaucoup plus rare. Composée d'une pâte plus fine, mieux cuite, elle est quelquefois vernissée et même ornée de fleurs d'un dessin primitif empreint de naïveté.

Quoique les collections de céramique anciennes ne

soient pas communes en Normandie, l'on a retrouvé ici à peu près toutes les séries de poterie depuis les grossiers et informes récipients de Léry jusqu'aux magnifiques vases des cimetières gallo-romains de Brionne[1], de Cany, de Neuville-le-Pollet, de Fécamp, de Lillebonne. Mais il ne faut pas se le dissimuler, le vase, objet d'art, ne se rencontre qu'à cette dernière période, les ouvriers modeleurs étant venus de Rome à la suite des légions victorieuses. Jusque-là, la cuisson présente un tel obstacle à la réussite des pièces soumises au feu qu'elles sont presque toujours déformées ou d'une exécution imparfaite. A parité d'époque, l'homme travaillait mieux le silex qu'il ne modelait ou cuisait l'argile. Ce qui s'explique par ce fait que dans la première industrie il se trouve en rapport direct avec l'objet qu'il se propose d'ouvrager, tandis que dans la seconde il a recours à un intermédiaire, le feu, agent essentiellement intraitable particulièrement sur un corps mou comme est la terre du potier, et qu'une longue et pénible expérience a pu seule maîtriser et diriger selon ses désirs. Nous croyons donc inutile d'insister sur une fabrication ne présentant aux âges dits préhistoriques aucun des caractères que nous retrouvons dans les objets de silex ou de bronze de ces époques.

Le verre, comme la poterie, fut employé dès l'anti-

[1] Parmi les poteries découvertes à Brionne se trouvent des lampes excessivement remarquables par les animaux ou autres types qu'elles représentent, et surtout de charmants petits biberons richement décorés qui prouvent que l'usage, de même que l'expression, d'élever les enfants *au petit pot* remontent à l'antiquité.

quité la plus reculée. Pline l'explique dans son *Histoire naturelle*[1] : l'homme observa aux premiers âges l'effet du feu sur certaines roches attachées à son foyer primitif.

Nous ne possédons pas de verre préhistorique, mais bien des siècles avant notre ère l'Orient connaissait l'usage du verre, et les explorations récentes des ruines de Ninive ont reculé de beaucoup l'époque de sa découverte. Tout le sol de la Syrie jusqu'à l'Euphrate étant un terrain d'alluvion absolument dépourvu de pierre, on comprend l'application générale, non-seulement de la terre cuite aux édifices, aux tombeaux, aux vases, aux armes même, telles que cuirasses et boucliers, mais encore du verre employé dans les instruments les plus usuels.

Le verre dont on a retrouvé ainsi la trace aux temps des civilisations assyriennes, se rencontre à Memphis, cette vieille nécropole, immense cité, centre du vieux monde, plus étendue que nos trois plus vastes villes de l'Europe moderne; de Memphis il passe à Thèbes, et, si l'on s'est demandé longtemps où cette industrie prit naissance, dans la ville aux cent portiques, ou à Sidon ; en Phénicie ou en Phrygie, c'est que les fouilles ne s'étaient pas étendues aux fameuses buttes voisines du Tigre, exploitées depuis peu par Raulinson, par Layard, par Smith.

Palissy[2] attribue la découverte du verre aux fils d'Israël, qui auraient cherché à obtenir d'une façon

[1] *Hist. nat.*, lib. XXXVI, cap. LXV.
[2] *Traité des eaux et fontaines*, p. 156.

régulière ce que le feu produisait accidentellement sur les sables brûlants du désert. Il est certain qu'il ne fallut pas grand effort pour atteindre ce résultat, car il suffit d'une chaleur de douze à quinze cents degrés pour mettre en fusion les roches vitrifiables.

L'on a découvert, dans les ruines de Thèbes, des débris de verre travaillé avec beaucoup d'art, et le célèbre grain de collier recueilli par le capitaine Hervey, porte une inscription hiéroglyphique le faisant remonter à la XVIIIe dynastie[1]. Du reste, les tombes de Beni-Hassan, encore plus anciennes, puisqu'on leur suppose de quatre à cinq mille ans, représentent des Thébains accroupis sur le sol, occupés à souffler, avec de longs tubes, du verre en fusion dans un four.

A Rome, le verre était très-répandu; il y fut importé par des artistes grecs, tenant des Egyptiens, les procédés des verreries de Tyr et Sidon tant vantées par Pline, Hérodote et Théophraste. On a retrouvé quelques-uns de ces merveilleux vases Murrhins, délices des patriciens raffinés, et riches ornements de leurs festins, coupes gracieuses où ils savouraient le vin aromatisé de myrrhe, et contre lesquels Néron offrait d'échanger tous les trésors du monde connu. Au grand règne des Antonins remonte le vase de Portland, véritable triomphe de l'art antique, tellement remarquable par le blanc mat de ses figures se détachant sur un fond bleu, qu'on le prit longtemps pour un camée.

Le verre disparaît complétement de l'Orient, et

[1] Wilkinson : *The manners and customs of the ancient Egyptiens*, t. III, p. 88.

passe à l'Occident après la chute des Kalifes ; il change subitement de mains de même que le feu grégeois, qui, après avoir sauvé Constantinople pendant deux ou trois siècles, s'abat tout à coup sur les croisés, dont il cause la ruine.

La Haute Normandie a fourni de jolis vases de l'époque gallo-romaine. Nous citerons, en particulier, les charmantes verreries découvertes à Evreux, propriété de la Société libre des sciences de l'Eure; nous avons plusieurs fois trouvé nous-même, dans nos fouilles, des débris de verre d'une finesse extrême, et des grains de collier en terre cuite émaillée, de l'effet le plus séduisant.

Mais revenons aux instruments des périodes de la pierre : l'on a recueilli dans ce pays tant d'échantillons remarquables que nous croyons utile et agréable d'indiquer les principales collections. Les grands musées de la métropole présentent un intérêt incontestable pour l'étude de l'archéologie en général ; mais combien les petits musées de province, les collections particulières sont plus pratiques, lorsqu'il s'agit d'approfondir les questions de provenance ou de distribution locale. Et c'est à ce point de vue que nous engageons les gens spéciaux à visiter ces précieux dépôts.

Nous citerons en première ligne la collection de M. l'abbé-docteur Lecoq, desservant de Guiseniers près Andelys, qui est la plus belle et la plus complète du Vexin. Non-seulement tous les âges y sont représentés, mais les spécimens aussi beaux que rares nous montrent toutes les formes d'instruments ainsi que toutes les natures de roches ; celle, moins importante, de M. Besnard, de Guitry, néanmoins plus locale que la précédente ; celle de M. Loberet, de Gisors ; de M. Patte, où, parmi plus de cent pièces, nous signalons un couteau de pierre taillée et différents silex éclatés très-remarquables ; M. Rustique (Henri), également de Gisors, qui a plus de mille objets de silex, pointes de flèches, haches, percuteurs, etc., provenant tous des environs de la ville; M. Harel, de Mantes, qui a exploité la station de la Plaigne conjointement avec MM. Haffner et Tessier. Cet atelier, situé sur les limites du Vexin français, se poursuit sur une très-grande étendue. M. Harel y a recueilli une quantité de silex des trois âges et principalement de la période taillée, dont il a déposé au musée du Havre de nombreux échantillons. Sur la surface même du sol, on rencontre ces objets en profusion, surtout vers les Mauduits, localité où existait une allée couverte dont les murailles de calcaire, provenant d'une distance de deux kilomètres, renfermaient plusieurs corps, les uns couchés, les autres assis. Auprès des corps se trouvait une hache de silex, un ciseau et une flèche de bronze. La pièce la plus intéressante de M. Harel est un fragment de bois de cerf poli et percé d'un trou extrait de la rivière.

Nous pourrions encore mentionner M. Lebert, à Pîtres, près Pont-de-l'Arche ; sa collection renferme, en outre d'instruments de silex, haches, lances, etc., deux bracelets de jade dont un en particulier, cité par l'abbé Cochet, qui a écrit à ce sujet :

« J'ai été fort surpris de rencontrer parmi les mille « produits de la civilisation romaine un bracelet en « jade gaulois sorti des ruines de Pîtres. » Le célèbre abbé donna au musée de Rouen un bracelet semblable trouvé aux Chenets, près Bernay, par M. A. Le Prévost, dans une sépulture gauloise; deux autres, encore plus rares, en jais, furent recueillis dans les tombeaux de Quatremares, près Rouen, en 1863. Nous nommerons aussi M. de la Poterie, maire de Pont-de-l'Arche; M. Goujon, médecin du Vaudreuil, M. Lalun, à Louviers ; M. le baron Pichon, de Tournedos, qui fit pratiquer, il y a deux ans, des fouilles à Léry et trouva des corps, des haches celtiques envoyés en Suède à un congrès de savants.

M. Leharivel, de Cormeilles, à la recherche, depuis quarante ans, des silex de sa contrée ; M. l'abbé Saint, curé de Vesly, dont la remarquable et toute locale collection paléontologique renferme plusieurs débris d'ossements de l'époque du mammouth et de l'aurochs.

Si le département de l'Eure possède, comme on le voit, une quantité notable de collections privées, dont jusqu'ici nul ne soupçonnait l'existence, celui de la Seine-Inférieure n'est pas moins riche en objets préhistoriques, et la belle exposition du Havre, placée sous le patronage et la présidence de M. Lennier, nous a exhibé tout ce qui a été recueilli de plus curieux sur son territoire. M. Lennier est un homme aussi aimable qu'intelligent. Ses relations comme conservateur du musée du Havre, ses études comme géologue des plus distingué, lui ont permis de réunir en quelques jours, à l'occasion du congrès scientifique (1877), un choix de minéraux et de silex spéciaux à la Normandie qu'un palais entier suffisait à peine à contenir.

Cette contrée, une des plus intéressantes de la France sous le rapport géologique, présente tous les étages de la croûte terrestre depuis les terrains primitifs des granits, des quartz, des micas, des schistes jusqu'aux dernières couches des alluvions contemporaines. La paléontologie y est représentée d'une façon exceptionnelle par des sujets de toute nature ; on y trouve les plus monstrueux reptiles du Kimméridgien, l'ichtyosaure, ou poisson-lézard, dont la longueur établie d'après les restes trouvés dans le lias de Lyme-Regis atteignait vingt-quatre pieds ; le plésiosaure, de plus de dix mètres, contrastant par sa petite tête fixée à l'extrémité d'un cou immense avec celle volumineuse de l'ichtyosaure, dont l'œil seul était aussi gros que le crâne de l'homme ; le mégalosaure, de cinquante pieds de long ; les ammonites, simples limaçons, gros comme les roues d'une voiture, aussi bien que les plus modestes coquilles de nos terrains tertiaires.

A la suite des salles renfermant toutes les merveilles minérales des trois règnes de la nature, figuraient les objets préhistoriques au nombre de cinq à six cents pour les régions de la Haute Normandie. Leur classement par ordre chronologique nous a permis d'apprécier la progression de l'industrie quaternaire, et la proportion (six contre un) de ses débris comparés à ceux de la pierre polie.

La collection de M. Michel Hardy, de Dieppe, est une des plus importantes; on y remarque un très-rare couteau venant de Coquereaumont qui se rapproche de ceux de la station du Grand-Pressigny, des poinçons recueillis à huit mètres de profondeur; une belle tête de lance, finement retaillée, provenant du diluvium du coteau de Caudecôte au-dessus de la ville de Dieppe; une autre, du val de Gland; une hache en forme d'amande, de l'époque acheuléo-moustérienne, trouvée à Arques; trois têtes d'épieux, fort belles, extraites du diluvium des plateaux au Mesnil-Besnard, près Saint-Saëns, ainsi qu'un grand nombre de silex éclatés. L'époque néolithique ou robenhausienne y est également représentée par les fouilles du camp de César ou de Limes, près de Dieppe, habité successivement par les Gaulois et les Romains; le camp de Mortagne, Bernouville, le Campigny ont fourni plusieurs pièces dont une belle hachette et un percuteur sphérique couvert d'une riche patine.

M. Bucaille, de Rouen, a exposé plusieurs échantillons provenant de Londinières, de Sotteville-lès-Rouen, Bellencontre, la Boissière, Rouen, Roncheville-le-Vivier; deux magnifiques haches amygdaloïdes méritent de fixer l'attention. M. Parisy, du Manoir, nous montre une quinzaine de pièces parmi lesquelles une tête d'épieu de la belle époque du Moustiers.

Un lot fort rare, dû à l'obligeance de M. Nourry, d'Elbeuf, consiste en une très-remarquable série de hachettes polies en diorite, en jade et en silex, et surtout en un beau marteau semblable à celui du docteur Lecoq, provenant de Saint-Aubin-Jouxte-Boulleng, près Elbeuf.

M. Lennier, du Havre, présente une hache en silex d'Augeville-le-Martel, un percuteur et quelques fragments du Mesnil-Verclives-sur-Andely (Eure).

M. Bourdet, de Sainte-Adresse, expose plusieurs pièces provenant de la station de Lammerville près Bacqueville; ce sont des percuteurs au nombre de onze et soixante-quinze couteaux, racloirs, nucléi, tous en silex.

MM. Morgan, de Blangy, qui ont recueilli une collection très-intéressante dans les fouilles du camp de Mortagne, n'ont rien envoyé au palais de justice du Havre; l'on a lieu de le regretter en examinant les échantillons extraits de cette localité et présentés par MM. Dumanoir, Bucaille et Hardy.

Nous remarquons encore la petite hache en serpentine de Gournay-en-Bray, exposée par M. Dubois; celle de jade de Saint-Aubin, à M. Pin; sept pièces dont un marteau également de Saint-Aubin, à M. Cacheleux; les couteaux éclatés de M. Lecureur, du Havre; les haches polies de M. Deschamps, de Mélamare; le gros nucléus, de Varengeville-sur-Mer, à M. Drouaux, du Havre.

Nous nommerons aussi MM. le docteur Gueroult, de Caudebec-en-Caux, propriétaire d'une belle collection de haches polies, et auquel on doit la revendication du mont Calidu comme ancienne cité des Calètes; Duboc, du Havre; Biochet, à Caudebec; Beaugrand, au Havre; Varambeau, à Eu, qui ont présenté d'intéressants échantillons de Frileuse, Maulévrier, Yvetot, Eu, Colmoulins, Saint-Antoine-la-Forêt. M. Léon Cahingt, élève du collége de Chartres, propriétaire à Londinières, nous montre environ soixante pièces : couteaux, ciseaux, haches polies, provenant toutes de la célèbre station de Marettes, découverte par lui, et de laquelle il a été extrait tant d'objets, pour la plupart haches, ciseaux ou instruments tranchants, qu'on la considère comme une des plus importantes de la Normandie. Les collections des Marettes garnissent toute une vitrine, de même que les spécimens de l'atelier de Lammerville, près Bacqueville, en occupent une autre. Cette station, découverte par M. Lévézier, instituteur de la commune, est représentée par une série nombreuse comprenant en majorité les instruments tels qu'écrasoirs, couteaux, racloirs propres à triturer le grain ou à apprêter les peaux. M. Lévézier y expose environ cent pièces, non compris un lot remarquable de poteries primitives; et les instruments de MM. Hardy et Bourdet complètent cette intéressante exhibition.

Mais ce ne sont pas seulement les collections particulières qui étalent à nos yeux surpris les trésors renfermés dans les gisements féconds de la Haute Normandie; plusieurs villes de la Seine-Inférieure, et jusqu'à de simples chefs-lieux de cantons, possèdent des musées où sont recueillis avec soin les précieux débris des époques éteintes.

Plus favorablement dotées que le chef-lieu même de l'Eure, ces localités se disputent à l'envi les richesses que d'importantes stations mettent à leur portée sans autres frais que le bon vouloir de leurs intelligents donateurs.

Les musées, comme les bibliothèques, sont les archives de l'histoire de l'homme ; ils renferment les œuvres du passé, c'est-à-dire ce qui a été trouvé ou écrit concernant la religion, les arts, les sciences, les lettres, en un mot tout ce que le génie humain a créé, tout ce qu'il a découvert. L'homme cherche à connaître son point d'arrivée ; il a le droit de savoir quel est son point de départ : pour atteindre ce but, il doit recueillir et classer avec méthode ce que le passé lui a légué sous quelque forme que ce soit.

Les musées ont encore un autre but. En nous montrant les diverses phases, les différentes évolutions du travail de l'homme, ils élèvent son âme, développent son intelligence, élargissent ses idées, forment son goût, et sous ce point de vue multiple ils sont la gloire des nations qui savent les créer et les comprendre. Le musée mène à la connaissance du beau ; l'étude du beau, c'est l'art.

Autrefois, le musée n'avait pas de raison d'être ; il suffisait de parcourir les rues de la Grèce pour rencontrer les manifestations de l'art sous toutes ses formes. Dans cette atmosphère de grand et de beau, on naissait avec le sentiment du beau. Dès la plus tendre enfance, on maniait le crayon ou l'ébauchoir, avant même de savoir écrire, et lorsque l'enfant de Sparte, d'Athènes ou de Corinthe représentait un homme, il était dans ses aplombs, il avait une attitude ; le palais révélait la noblesse des lignes ; l'étoffe, les plis ; le cheval, une allure; l'arbre, son caractère. Donnez aujourd'hui un charbon à l'enfant de Paris, que dessinera-t-il sur le mur ?. .

Les musées sont donc comme les bibliothèques, des établissements fort utiles ; aussi ne pouvons-nous comprendre l'abandon dans lequel on laisse notre musée départemental, malgré le zèle trop peu apprécié de son savant conservateur. Certes, on ne saurait arguer de l'absence de l'élément artistique dans les conseils de haut lieu. Peut-être serait-il permis de regretter qu'à une époque où toutes les conceptions intellectuelles se concentrent vers le progrès, on laisse les enfants de nos écoles dans l'ignorance absolue des données les plus élémentaires des arts et des sciences. Ces enfants pourront-ils, lorsqu'ils seront grands, apprécier un langage auquel on ne les aura pas initiés ?

Les tendances vers l'étude du passé, les aspirations vers le sentiment de l'art, semblent complétement opposées sur les deux rives de la Seine ; et cependant ne furent-elles pas fécondées autrefois l'une et l'autre par le souffle puissant des maîtres du monde ! La rive des Eburoviques qui vit fonder Médiolan, Uggade, Condate, Breviodure, peut-elle être inférieure à celle des Véliocasses qui élevèrent Rotomage, ou des Calètes qui bâtirent Juliobone ? On pourrait le croire par ce fait que nous avons observé plusieurs fois : à savoir l'empressement des populations, à l'heure de l'ouverture des musées de la Seine-Inférieure, Rouen, le Havre, etc. Les portes sont trop étroites pour laisser écouler un flot de curieux, de connaisseurs, de gens désireux de s'instruire en se récréant; à Evreux, l'herbe pousse dans la rue solitaire et jusque sur le seuil du sanctuaire des arts.

Il ne faut pas s'étonner, avec cet amour du beau, cette soif de science, de rencontrer tant de musées sur la rive droite de la Seine[1]. Des villes de trois à quatre mille âmes, comme Gisors, Montivilliers; de moins même, comme Neufchâtel, l'ancienne capitale du pays de Bray, en possèdent; Dieppe a son musée; aussi n'avons-nous pas eu de peine, par l'examen de leurs collections toutes locales, à compléter notre étude sur les richesses préhistoriques de la Haute Normandie.

On trouve à Rouen de fort remarquables échantillons de ces monstrueuses haches éclatées qui ont valu une certaine célébrité à la station d'Olendon; puis, d'autres provenant des sablières de Sotteville-lès-Rouen; des silex taillés de la station des Marettes; une belle hache polie extraite de la sépulture de Cocherel, et des pièces de toutes sortes provenant d'Auquemesnil, Baillolet, Blosseville-Bonsecours, Préauville, Grancourt, Launoy, Luneray, Mont-aux-Malades, Sainte-Foix, Saint-Martin-en-Campagne, Saint-Léger-du-Bourg-Deny, Saint-Nicolas-d'Aliermont, Blangy-sur-Bresle, Illeville-en-Eure, Cérifontaine dans l'Oise.

[1] Nous devons, cependant, mentionner sur la rive gauche : Elbeuf qui, bien que l'une des trois villes de France les plus célèbres pour ses manufactures, a un musée qui est même très-bien tenu; Louviers, dont la bibliothèque publique renferme, entre autres, les vases de poterie grossière, les hachettes de silex emmanchées dans des bois de cerf, provenant du tombeau découvert, en 1842, à Saint-Etienne-du-Vauvray, etc.

Le beau musée du Havre renferme une collection aussi nombreuse que variée d'éclats de silex préhistoriques ; puis quelques haches, des outils taillés, dont un grand couteau semblable à celui de M. Hardy.

Ceux de Dieppe, de Montivilliers, ont chacun quelque pièce digne d'attirer l'attention ; celui de Neufchâtel doit, à la proximité de la station qui porte son nom, différents objets très-remarquables, des haches de serpentine, de riches nucléi et une pièce unique, fort enviée par le musée de Saint-Germain, que l'on croit avoir été un grand bloc à entaille dans lequel on fixait les silex pour les façonner par la taille. L'on voit encore, dans ce musée, une hache polie recouverte d'une puissante patine, elle vient de Gravel ; une de la même époque, de Foucarmont ; plusieurs outils de Presles, de Préauville, et de précieux échantillons de la station de Marettes, de Campigny, la Crique-Moray, les Authieux, Abancourt, Quesnay, Saint-Saëns, Beaumont-Baubec, Moret-les-Fossés, Sainte-Beuve-Epinay, Bellencombre, Croix-des-Trois-Frères, Menerval, Mortemer, Saint-Saire, etc., etc.

Evreux possède aussi quelques types intéressants des époques préhistoriques. Grâce au concours si éclairé de M. Chassant, j'ai pu créer tout nouvellement (janvier 1878), dans le musée une section normande des âges de la pierre, où les trois époques, éclatée, taillée et polie, sont représentées par plusieurs échantillons provenant des stations de Laplagne, de Dampsmesnil, du Chesnay-Haguest, de Civières, d'Ecos, d'Heubécourt, etc. D'ici à peu, j'espère agrandir cette collection à laquelle le savant conservateur a bien voulu affecter une vitrine entière.

Enfin, si nous ne craignions de commettre un gros anachronisme, nous rappellerions que le célèbre docteur Auzoux posséda longtemps, à sa propriété d'Ecrosville, la hache de pierre avec laquelle un naturel de l'île Hawaï fendit la tête du capitaine Cook, qu'ils avaient jusque-là vénéré comme un Dieu, en lui disant : « Tu as peur, donc tu n'es pas Dieu[1]. »

Il nous semble superflu de nous étendre davantage sur l'examen de toutes ces collections si précieuses ; nous pensons avoir suffisamment établi l'existence de l'industrie humaine sur notre territoire, aux époques les plus reculées des temps préhistoriques.

Certaines haches en pierre éclatée trouvées à Guiseniers, par leur forme biconvexe et la manière dont elles sont taillées en amande, sur les deux faces ; les silex de Guitry, la lance de Bois-Gautier et autres, nous autorisent à faire remonter l'occupation du Vexin aux premiers âges de l'ère quaternaire, époque caractérisée par la présence des os d'éléphant trouvés à Romilly-sur-Andelle, Gisors, Cérifontaine, Gaillon, Neufchâtel, Elbeuf, Saint-Aubin-Jouxte-Boulleng ; de rhinocéros, provenant de la même localité ; de

[1] Dumont d'Urville, mal renseigné, a écrit dans son *Voyage pittoresque autour du monde* (t. Ier, p. 446), que Cook avait été frappé d'un coup de *pahoa* dans le dos pendant qu'un fer de lance lui traversait la poitrine. Le récit est complétement controuvé par l'aveu de l'insulaire meurtrier au missionnaire, qui a rapporté ce fait au docteur de qui nous le tenons.

De plus, l'illustre navigateur a dû faire erreur en attribuant une lance de fer à des peuplades qui en sont encore aujourd'hui, pour la plupart, à l'âge de la pierre.

baleine, découverts à la presqu'île de Jumiéges; du bos primigenius, à Vesly; de l'aurochs, à Pîtres; de bois de cerf, etc. [1]

Les couteaux du Chesnay, si accentués par la saillie de leur bulbe de percussion; le racloir de Fourges, les ciseaux à carène, nous représentent les époques suivantes dites de Moustiers, de Solutré, de la Madeleine, qui embrassent la période du renne; enfin, les haches néolithiques ou de la pierre polie nous mènent aux temps des animaux domestiques, aux dolmens, menhirs et autres monuments mégalithiques.

Ajoutons, en terminant, que tous ces objets, qu'ils soient de quartzite, de granit, de diorite, de grès, de jade, de serpentine, de trapp ou de silex, sont revêtus d'une couche plus ou moins épaisse de cette patine qui leur donne le précieux cachet d'une authenticité irrécusable.

[1] Des ossements antérieurs à cette époque ont été recueillis à Saint-Prest, localité de l'Eure-et-Loir très-rapprochée du Vexin; ce sont des restes de l'*elephas meridionalis*, le plus ancien de tous, antérieur même à l'*elephas priscus*, et du *rhinoceros etruscus*.

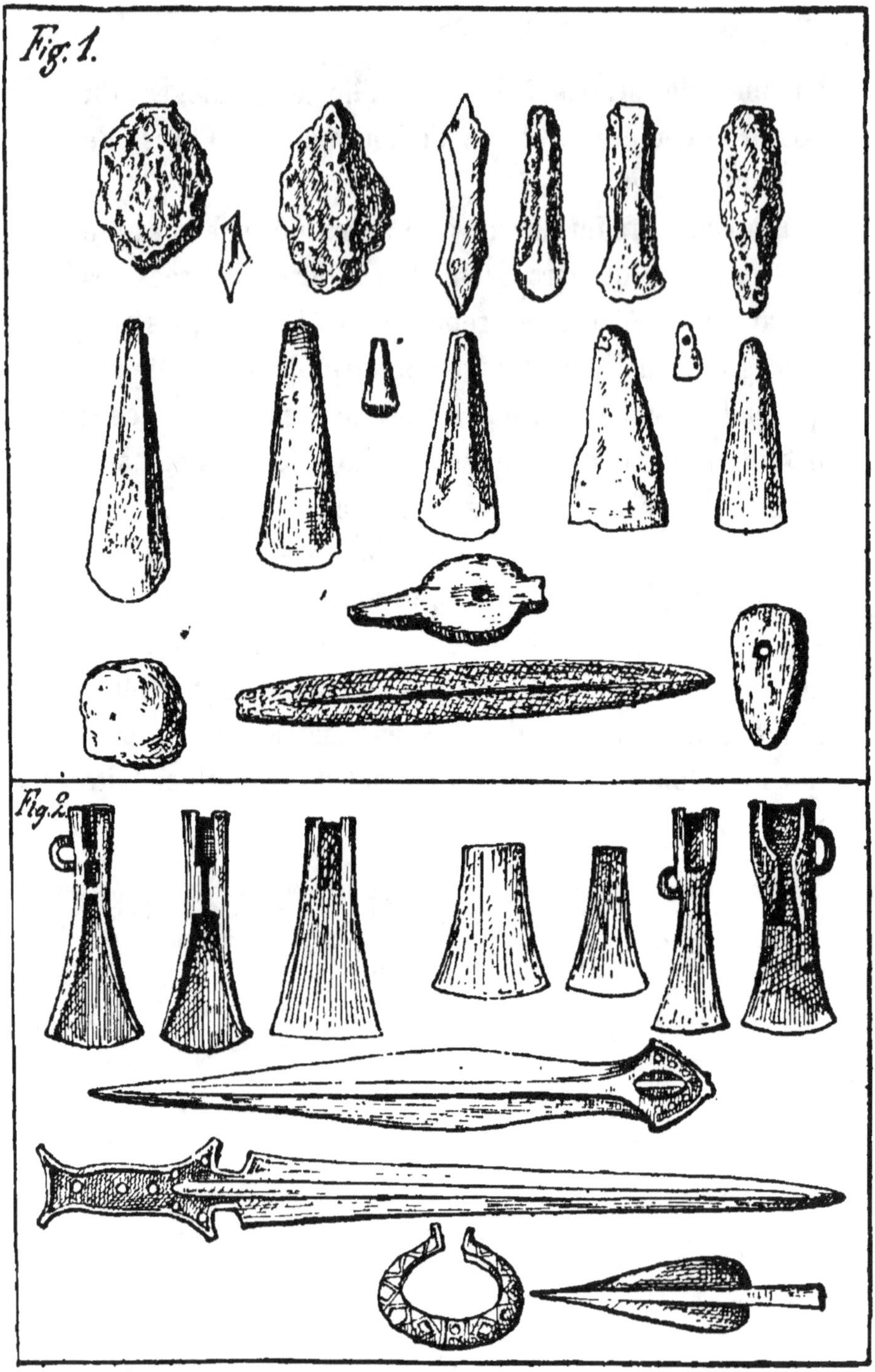

PLANCHE I. *Fig. 1.* Age de la pierre en Haute-Normandie :
1. Période paléolithique, 1, 3, 7, échantillons de silex éclatés; période mésolithique, 2, 4, 5, 6, échantillons de silex taillés; **2**. Période néolithique, 1, 2, 4, 5, 7, échantillons de silex polis; 3, 6, amulettes recueillies dans les tombeaux; **3**, marteau-pic; **4**, 1 percuteur; 2, grattoir pour le pelage des peaux; 3, masses d'armes.
Fig. 2. Age du bronze en Haute-Normandie :
1. 1, 2, 3, 6, 7, haches de bronze à ailerons et à douilles; 4, 5, haches de bronze à cassures intentionnelles; **2** épée de bronze trouvée à Vernon; **3** épée de bronze trouvée à Pressagny-l'Orgueilleux, surmoulée au musée de Saint-Germain; **4** torque de bronze; pointe de javelot.

CHAPITRE III

L'AGE DU BRONZE ET LES MÉTAUX PRÉCIEUX

Apparition du bronze — Différence entre l'âge du bronze en Gaule et en Orient — Ce que l'on doit entendre par préhistorique — Les périodes du bronze — Période dite de transition — Les instruments de bronze contemporains de ceux de la pierre — Classification de M. de Mortillet — Epoque de Morges ou du fondeur — Epoque de Larnaud ou du marteleur — Description de quelques-uns des plus beaux types découverts en Haute Normandie — Haches d'Heubécourt — de Giverny — de Bordeaux-Saint-Clair — de Lhébécourt — de Gasny — de la Vieuxville — de Flipou — d'Annebault — Dépôts de haches de bronze — Opinion de M. Chantre — Courtiers du commerce du bronze— Les Bohémiens— Leurs légendes— Leur origine— Découverte de M. de Ujfalvy Objets d'échange — Localités de production du métal — Stations et fonderies de bronze — Armes — Outils — Parures — Gisements apparents — Grottes — Dolmens — Cités lacustres — Gisements cachés — Fonderies — Tombeaux souterrains — Cimetières — Trésors — Lit des fleuves — Composition du bronze — Groupes de provenance — Ouralien — Danubien — Méditerranéen — Produits de la Haute Normandie — Le Val-d'Airain — La Cave-du-Diable — Progression de l'art dans la substitution du bronze à la pierre — Invasion du bronze oriental — Opinion de M. Bertrand sur l'époque de l'apparition du bronze — Influence des stations Romaines des rives de la Seine sur la production du bronze en Haute Normandie — Les métaux précieux — Casque d'or d'Amfreville — Bracelets — Torques — Chaînes — Colliers d'or — Vases d'argent ciselé de Villarez — Trésors de monnaies précieuses — Grands — moyens — et petits bronzes — Objets d'art gallo-romains — Collection des musées — L'âge du fer — Son antiquité — Le fer chez les Egyptiens — chez les Grecs — chez les Gaulois ou Gallo-Romains.

A la suite des instruments de silex éclatés, taillés, puis polis, viennent se ranger les objets de l'âge de bronze, deuxième étape des temps préhistoriques à laquelle, pas plus qu'aux précédentes, il ne paraît possible d'assigner une date certaine. Il est vrai que quelques archéologues ont cherché à établir que le bronze avait fait son apparition en Suède environ dix siècles avant J.-C.[1]; mais il n'y a rien de positif dans

[1] *La Suède pittoresque*, par Oscar Montelius.

cette date qui, du reste, ne concerne ni la Gaule, ni la contrée qui nous intéresse ici ; la seule chose incontestable, c'est que les Gaulois se servaient encore des armes de bronze au temps de César.

Il est peu probable qu'ils en aient fait usage bien des siècles auparavant, et cependant Tubal-Caïn, qui était petit-fils de Caïn et vivait 3,000 ans avant J.-C., eut « l'art de travailler avec le marteau, et fut habile « en toutes sortes d'ouvrages d'airain et de fer[1] ».

Le mot préhistorique est une dénomination aussi arbitraire que provisoire, car, d'un côté, ce qui est préhistorique aujourd'hui pourra ne plus l'être lorsque la science aura dit son dernier mot ; de l'autre, l'Occident de l'Europe était encore à l'âge de la pierre quand l'Orient connaissait le bronze et même le fer. Ces deux métaux ont marché conjointement pendant des siècles ; on se battait avec le bronze au siége de Troie, et cependant Priam est mort plus de 1,200 ans avant J.-C. En armant ses héros d'épées de fer, bien qu'ils fussent seulement à l'âge du bronze, Homère leur appliquait les choses de son époque, de même que les peintres du moyen âge voyaient les épisodes de la Bible avec les yeux de leur propre temps, et représentaient leurs personnages avec les costumes et ornements dont ils étaient eux-mêmes revêtus.

C'est donc bien entendu, il doit être ici question seulement de notre pays, et même bien longtemps après César, au milieu du onzième siècle, dans la célèbre ba-

[1] *Genèse*, IV, 22.

taille de Hastings (1066), ou Guillaume le Conquérant battait Harold II, et enlevait aux Saxons la couronne d'Angleterre pour la donner aux Normands, les Anglais, d'après Guillaume de Poitiers, avaient conservé l'usage des haches de pierre:

Jactant Angli cuspides et diversorum generum tela, sævissimas quoque secures et lignis imposita saxa[1].

L'âge de bronze, représenté par des outils très-perfectionnés, tels que haches, épées, pointes de javelots, dagues, têtes de flèches, poignards, couteaux, instruments divers, paraît avoir eu, comme l'âge de pierre, plusieurs périodes très-distinctes. La principale, celle dite de transition, nous présente des objets de bronze, mêlés à d'autres de pierre, et renfermés dans la même sépulture ou sous le même dolmen; à la seconde, le bronze seul existe, et jusqu'ici l'on n'a pas observé que l'une ou l'autre de ces périodes ait été précédée d'une époque d'instruments en cuivre[2]. L'on n'a que de très-rares échantillons de ce métal à l'état pur. Et cependant depuis quarante ans à peine donnés à l'étude sérieuse du bronze, l'on a exploré tant de localités différentes et découvert un si grand nombre de pièces de métal, que l'on peut être fixé sur la production et la circulation, tant aux âges de la pierre polie qu'aux époques qui leur succédèrent. Le savant M. Worsaë

[1] M. de Caumont rappelle également cette citation dans son *Cours d'Hist. mon.*, III, page 221; mais nous pensons qu'il s'agit plutôt de catapultes lançant des quartiers de roches que de haches de pierre fixées à des manches de bois. (Voir la note du chapitre précédent.)

[2] Dans aucun auteur latin, soit poëte, soit prosateur, nous ne nous souvenons avoir trouvé le mot *cuprum*, cuivre, employé pour *æs*, airain, qui était le terme usité.

attira le premier l'attention sur le bronze préhistorique danois[1]. En 1836, M. Thomsen fonda le musée des antiquités du Nord, renfermant les armes, instruments, objets de toute nature tirés des tumuli des tourbières du Danemark. C'était alors la plus belle collection préhistorique de l'Europe.

Une science d'un grand avenir vint à ce moment apporter à l'archéologie un précieux contingent d'observations, et éclairer d'une lumière toute nouvelle les questions si obscures des origines de l'humanité. C'était l'ethnologie créée par le Suédois Nilson en 1840. L'ethnologie est le rapprochement des différents types des races humaines comparées entre elles. Déjà l'ethnographie nous avait initiés aux religions, aux mœurs, aux usages, aux langues des diverses nations qui habitent le globe. Elle nous avait donné leurs caractères, leurs rapports entre elles et leurs filiations, en les suivant pas à pas depuis les migrations les plus lointaines. La nouvelle science, basée principalement sur l'observation des formes comparées de l'homme successivement modifiées par les milieux d'habitations, par les différences de climat, a donné les résultats les plus inattendus; il faut visiter la belle section d'anthropologie fondée au muséum de Paris par le docteur Serres, pour comprendre le haut intérêt attaché à ces études; et nous ne saurions parler de cette collection sans rappeler la galerie organisée au Trocadéro, par les soins de la Société anthro-

[1] Les temps anciens du Danemark.

pologique de France, à l'occasion de l'exposition universelle (1878). C'est, en effet, la plus complète exhibition de tout ce qui touche, de près ou de loin, à l'histoire de l'homme. L'appel adressé aux savants du monde entier par MM. de Quatrefages, Gabriel de Mortillet, docteur Topinard, etc., a été entendu, et de toutes parts sont arrivés des silex, des bronzes, des ossements, des gravures, des plans, des moulages ; en un mot, un ensemble de documents dépassant toutes les espérances.

A mesure que les éléments se groupaient, des fouilles entreprises de tous côtés venaient confirmer les premières découvertes, en ajoutant des faits nouveaux ou rectifiant les erreurs des précédentes recherches. Le docteur Keller trouva les cités lacustres ou palafittes des lacs de Suisse, en 1853. Neuf ans après, en 1862, Napoléon III créa le musée de Saint-Germain ; depuis ce moment, les études sur le bronze ont pu suivre une marche régulière qui a permis de le faire rentrer dans le cadre d'une classification méthodique et normale.

L'âge de bronze correspond à la seconde période des cités lacustres.

Le mode de fabrication de ses outils l'a fait diviser en deux époques : la première, celle dite de Morges (Vaud, Suisse) ou du fondeur :

M. de Mortillet y range les objets « simplement « fondus, généralement grêles, le métal étant encore « rare ; les haches dites à main, à partie supérieure « étroite et à rebords non élevés ; les épées courtes, « sans encoche vers la poignée ».

Dans la seconde, celle de Larnaud (Jura) ou du marteleur, l'on rencontre les objets d'un travail supérieur, fabriqués au marteau :

« Les haches à ailerons et à douilles, les grandes « épées à encoche à la base, boutons, larges agrafes, « feuilles de bronze diverses, enfin apparition de la « croix comme emblème. »

Les pièces de métal, fondues d'abord, puis coulées, sont communes dans les régions du Nord ; au contraire, l'airain martelé, c'est-à-dire d'un travail plus fini, appartient au Midi ; à mesure que l'on approche du Levant, en Italie, dans la Grèce, on ressent l'influence de cette civilisation puissante, qui poussa si loin la perfection de l'art dont l'Orient fut le berceau.

Plusieurs des instruments de bronze trouvés sur notre sol paraissent devoir être attribués plutôt aux Romains ou Gallo-Romains qu'aux Celtes ; les plus remarquables de ces objets semblent provenir spécialement des peuples scandinaves chez lesquels on les retrouve en abondance.

Bien que notre Vexin soit moins riche en armes de bronze qu'en instruments de l'âge de pierre, nous pouvons citer le hameau de Lhébécourt près Forêt-la-Folie, où un gisement, une cachette explorée fortuitement, mit à jour un dépôt de 20 haches de bronze si bien conservées qu'elles semblaient n'avoir point servi. Elles appartenaient à l'époque de Larnaud ; à Heubécourt, on en a recueilli 18, et une à Giverny, toutes de la même période, mais de formes différentes ; une autre au Bordeaux-Saint-Clair ; deux semblables provienneut des friches de Gasny, remarquablement belles : elles sont déposées au musée d'Evreux; quarante autres, d'une fouille exécutée près la Vieuxville, au pays de Guiseniers; trente pesant environ une livre chaque, d'Annebault près Montfort-sur-Risle. Pareille découverte, signalée dans l'excellent ouvrage de M. Passy, avait été faite à la commune de Flipou près Pont-Saint-Pierre, où un amas représentant vingt-cinq décimètres cubes de haches de bronze fut déterré par des enfants qui gardaient un troupeau au bord d'un fossé creusé depuis peu. Il présentait cette particularité remarquable : toutes ces armes étaient liées ensemble par lots de chaque espèce.

M. Chantre, dans son grand et savant travail sur l'âge du bronze [1], explique l'origine de ces dépôts de haches en les attribuant à des courtiers qui faisaient le commerce du bronze et le déposaient dans des cachettes creusées en terre désignées sous le nom de trésors. Ces hommes tenaient le métal de fondeurs qui le recevaient d'Orient, à l'état de lingots, et le fondaient sur place dans les différentes contrées de l'Occident qu'ils parcouraient en tous sens. On suit leur trace jusqu'à Pesth, en Hongrie, où leur chef distribuait le bronze provenant de Temesvar. Ce sont les industriels dont parle Hérodote vivant en corporations à son époque, et exerçant leur profession sur divers points de l'Europe; il les considérait comme appartenant à une race asiatique. Ces nomades ont

[1] *L'Age de bronze. Recherches sur l'origine de la métallurgie en France* (Chantre, Paris, Baudry, 3 vol.).

conservé pendant tout le moyen âge leur religion, leur langue, leurs mœurs, et, bien qu'ils fussent poursuivis et torturés comme païens, ils revenaient chaque année dans nos contrées, et se sont ainsi perpétués sans se mésallier jusqu'à nos jours. Ils portent des noms différents selon les pays qu'ils habitent : tantôt Bohémiens en France, Gypsies en Angleterre, ou Gitanos en Espagne, tantôt Egyptiens en Grèce, Zingaris en Italie ou Tziganes en Hongrie, et se livrent encore au commerce et à la fonte du cuivre et de l'étain. On ne sait rien d'exact sur leur origine, qui peut aussi bien remonter aux anciens Tzinganes expulsés autrefois des bords de l'Indus par Tamerlan[1], qu'aux Egyptiens qu'ils rappellent en se nommant eux-mêmes Pharaons.

On retrouve la trace des Bohémiens dans une légende d'Orient, datant de la fuite en Egypte. Suivant elle, saint Joseph rencontra dans le désert une tribu inconnue, dont le chef lui refusa de l'eau; de là, malédiction divine et condamnation de la tribu entière à mener une vie errante.

D'où émigraient ces nomades inconnus? Bien probablement de l'Asie, et les relations d'un de nos derniers et plus célèbres voyageurs viennent dissiper tous les doutes et confirmer les vieux récits d'Hérodote. M. de Ujfalvy, en découvrant ce peuple au sein de ces contrées lointaines, a constaté qu'il diffère absolument de tous ceux qui l'entourent. Il a observé sa taille élevée, qui atteint la moyenne de 1m80, et a de plus

[1] Timour-Ling, c'est-à-dire Timour le Boiteux, appelé par corruption Tamerlan.

reconnu que c'est la seule population de l'Asie centrale qui ne soit pas brachycéphale, c'est-à-dire à front droit et élevé.

Nous avons souvent rencontré de ces Tzinganes nomades dans ce beau pays de Normandie qui a toujours eu pour eux un attrait particulier. Il me souvient qu'un jour, passant près de la rivière de Pont-Audemer, je fus frappé à la vue d'une grande bande de ces Bohémiens campés le long de la route sous des tentes à piquet, à la façon des tribus du désert. Ils étaient bien cent cinquante, et, comme on leur avait interdit la rivière, le délai de vingt-quatre heures de séjour dans chaque commune, accordé par l'administration, étant expiré, ils se disposaient à lever leur camp improvisé. Les hommes, de haute taille, au teint fortement cuivré, couraient en tous sens dans la plaine pour ramener de petits chevaux vifs et alertes, à la croupe ronde, à l'encolure disgracieuse, rappelant cependant par certaines allures le cheval arabe et même celui de sang. La tenue de ces hommes au visage énergique, encadré dans de longs cheveux noirs tombant en boucles sur leurs épaules, contrastait par la propreté et la teinte sombre de leurs vêtements avec les robes courtes des femmes dont les couleurs voyantes rouge et jaune faisaient ressortir le teint mat de la chair, et la langueur de grands yeux au regard profondément rêveur. Elles portaient des cheveux nattés, semés de pièces de monnaie, et les derniers rayons du soleil brillant dans toutes ces chevelures d'ébène produisaient l'effet le plus fantastique.

Quelques-unes allaitaient à la manière des Indiennes, c'est-à-dire au-dessus de l'épaule, de petites créatures attachées solidement sur leur dos. D'autres plus âgées, accroupies au fond de la tente, attiraient par leurs gestes de jeunes paysannes de passage sur la route, cherchant à leur prédire l'avenir qu'elles lisaient dans les lignes de leurs mains. Çà et là de grandes jeunes filles, belles, étranges, assises dans une pose nonchalante, semblaient rêver, cherchant à l'horizon le ciel et l'abri du lendemain.

Cette bande paraissait obéir à des chefs armés d'une longue canne à pommeau métallique semblable à celles des suisses de nos églises. Au moment où le signal du départ fut donné, quelques femmes plus grandes, plus soignées dans leur mise, se dirigèrent vers le bord de l'eau, faisant sortir de jeunes enfants complétement nus, et tandis qu'ils se frottaient le corps d'une sorte d'huile avant de remettre leurs vêtements, elles rajustèrent à la hâte leurs beaux cheveux, découvrant leur cou bronzé sur lequel ondulait un collier de sequins d'or, alternant avec des amulettes en ossements et en dents d'animaux.

Quand toute la tribu fut rassemblée; quand les chevaux furent attelés à ces longs chariots à quatre roues, plus légers que ceux d'Alsace, les chefs donnèrent dans une langue inconnue l'ordre de ployer les tentes; puis, le convoi commença à défiler lentement, laissant derrière lui un large espace complétement dépouillé par les chevaux pour lesquels on n'achète jamais de fourrage.

Il y avait bien là trente chariots dans lesquels les hommes montèrent les derniers. On leur avait vu beaucoup d'or qu'ils montraient volontiers comme caution et donnaient en échange du peu de denrées achetées pour la tribu.

Peu à peu le convoi s'éloigna et disparut derrière les arbres de la route, emportant un de ces rares vestiges d'une race sauvage qui a su se conserver dans toute sa primitive pureté, avec sa langue, son costume, ses mœurs et surtout ce caractère nomade qui l'entraîne éternellement d'un climat vers un autre.

Ces hommes ont donc succédé aux anciens Tzinganes fondant le bronze en plein champ et rapportant en échange dans leur pays des objets de commerce européen que l'on suppose avoir été des fourrures ou bien de l'ambre, *ces larmes des sœurs de Phaëton*, comme les nommaient les Grecs qui le tiraient de la Baltique. Toutefois, il n'est pas présumable que l'ambre vînt exclusivement de cette localité ; d'autres régions en ont fourni et en produisent encore aujourd'hui. On a pu voir un magnifique morceau d'ambre nuageux, trouvé à la surface du sol, dans la Seine-Inférieure, auprès de la ville d'Eu; on en rencontre souvent de semblables. L'abbé Cochet en voyait encore extraire en 1847, à Incheville, au canton d'Eu; l'on prétend même qu'au siècle dernier les bergers l'employaient en combustible tant il était commun.

On a tout lieu de le supposer, les haches de Flipou comme celles de Lhébécourt faisaient partie d'une cachette renfermant de nombreux échantillons tirés de plusieurs moules et auront été abandonnées à la suite de quelque désastre. L'absence de fonderie ou de station dans les environs prouve qu'elles étaient un objet de trafic.

A la Madeleine (arrondissement des Andelys), une drague ramène du fond de la Seine une superbe épée complétement intacte. Elle est à deux tranchants, et la poignée conserve encore les rivets qui retenaient le bois ou l'os. La petitesse de cette poignée qui n'a que dix centimètres pour soutenir une lame de cinquante de long sur trois de large, confirme l'opinion des archéologues qui, reconnaissant ces poignées trop courtes pour des mains comme les nôtres, attribuent à des peuples d'origine asiatique l'introduction de ces armes en Europe.

Du reste, cette importation du bronze est confirmée par César, qui dit en parlant des Bretons :

Ære autem utentur importato.

Preuve à l'appui du récit de César : l'on n'a trouvé nulle part en Europe de traces d'extraction ; partout, au contraire, l'on rencontre des lingots, sortes de barres de métal amincies, percées d'un trou pour les suspendre et les transporter. Ce bronze devait être importé par les Phéniciens, peuple essentiellement commerçant, qui le tirait de Chypre. En effet, cette île dont le nom de Chypre (*Cuprum*, *cuivre*) rappelle la richesse métallique, était encore soumise aux Phéniciens six siècles avant J.-C. ; cette dépendance remontait probablement aux temps les plus reculés; quant à l'étain, ils devaient le rapporter des Cassitérides (en grec, κασσιτερος, étain), placées par Strabon au nord de l'Espagne, et qui, par leur proximité du célèbre gisement de Cornouailles, pourraient bien avoir été les îles Sorlingues situées au sud-ouest de la Grande-Bretagne. Il est, du reste, beaucoup plus rationnel de fixer à l'île de Chypre la production du bronze que de la rattacher aux gisements de Malacca ou de Banca dont le métal eût eu à traverser toute l'Inde, la Perse et l'Asie-Mineure pour pénétrer en Europe.

Quoi qu'il en soit, ce bronze était fondu ou martelé par les nomades dont nous avons parlé; ils élevaient sur leur passage des stations situées souvent sur le bord des rivières, telles que la Saône ou la Meuse, et quelquefois isolées comme celle de Saint-Pierre dans la forêt de Compiègne. M. Chantre qui a pu étudier plusieurs milliers d'échantillons de bronze sortis des mains des fondeurs ou des marteleurs, les a rangés en trois groupes principaux : les outils, les armes, les parures; puis, il établit deux grandes divisions correspondant aux gisements de ces objets : les gisements apparents et les gisements cachés.

Dans les premiers se placent les grottes, les dolmens, les cités lacustres; les seconds renferment les fonderies, les tombeaux souterrains, les cimetières, les trésors ou le lit des rivières. Les cavernes se trouvent, comme les stations, presque toujours sur le bord des fleuves; elles occupent différents niveaux en rapport avec le retrait successif des eaux, et s'en éloignent d'autant plus qu'elles sont plus anciennes.

C'est une succession analogue à celle qui s'observe dans les palafittes où les trois âges se trouvent quelquefois superposés, d'abord le fer mêlé au bronze, puis le bronze mêlé à la pierre, et enfin la pierre seule; il y a cependant des cités lacustres uniquement de l'époque du fer au lac de Neufchâtel, d'autres de celle du bronze au lac de Genève, ou de l'époque de la pierre à celui de Zurich; la même remarque peut s'appliquer aux dolmens, tumuli, cimetières. Ainsi après avoir exploré un grand nombre de sépultures de l'âge de la pierre ou du bronze, on découvrit en 1853 le cimetière de Villanova près Bologne, et l'on y constata le premier âge du fer, celui qui suivit immédiatement le bronze. Ce fer préhistorique aurait précédé, en Italie, la période Etrusque qui touche presque à l'histoire et coïncide avec les palafittes de l'âge de fer découverts au lac de Neufchâtel.

Parmi les gisements cachés, les plus intéressants sont les fonderies, sortes d'excavations creusées sous terre et ne laissant quelquefois aucune trace sur le sol. Ces emplacements toujours isolés sont situés dans le voisinage des stations ; ils renferment une multitude d'objets qui révèlent jusqu'aux plus petits détails de l'industrie du bronze préhistorique. L'on y rencontre des lingots, des scories, des masselottes, des débris d'instruments jetés au rebut, des creusets pour fondre le métal et des moules pour le couler.

Les creusets de formes et de dimensions identiques dans toute l'Europe étaient faits de terre et de quartz broyé, intimement mélangé à l'argile; les moules, tantôt de bronze, de grès, d'ardoise ou de terre cuite. Quantité d'objets en fabrication et d'autres complétement achevés se trouvent amassés dans ces ateliers, véritables usines métallurgiques. La fonderie de Larnaud, découverte en 1865, ne renfermait pas moins de quinze cents pièces toutes de la fin de l'âge du bronze, et cette trouvaille est peu de chose auprès de celle faite tout récemment sous la ville même de Bologne. Là, dans un vaste dolium caché à quelques pieds du sol, on a recueilli 14,000 pièces de bronze du poids total de 1,500 kilogrammes.

L'on a reconnu également quelqu'un de ces emplacements, quoique plus modeste et peut-être plus récent, dans notre Vexin normand. En 1820, on a trouvé, au milieu de la forêt de Brotonne, plusieurs hachettes de bronze mêlées à des lingots, des cendres et des charbons enfouis auprès d'un fourneau primitif fait de tuiles gauloises.

Les tombeaux, les tumuli, les cimetières et le lit des grands cours d'eau sont pour les collectionneurs une mine féconde d'objets de bronze aussi curieux que variés et, nous le dirons en passant, lorsque l'on a la bonne fortune de rencontrer un de ces gisements, on ne saurait trop étendre ses fouilles de façon à ne laisser un coin inexploré. C'est ainsi que M. Viollet-Leduc a recueilli, dans la seule localité de Saint-Pierre, plus de cinq cents objets attribués d'abord aux Gaulois, mais reconnus depuis comme bien antérieurs à César.

Les outils de la période du bronze, en se substituant à la pierre, empruntèrent d'abord à celle-ci ses formes toutes primitives; les haches de la première époque ont les mêmes contours et le même galbe que certaines celtæ de silex; elles furent également fixées au manche par un tendon d'animal ou quelque liane souple, à la manière des armes océaniennes; puis, on les fit à ailerons ou à douilles, car il était plus pratique de réserver une cavité dans le métal que de la creuser dans un bois de cerf, ou d'adapter à la hache un manche d'os, matière essentiellement friable et de peu de résistance. Plus tard, on les perfectionna en élargissant la tranche; puis, on fondit des ciseaux, des scies finement dentées, des faucilles, des rasoirs simples et doubles : en un mot, on appropria le métal à tous les besoins, à toutes les nécessités; on créa le mors pour dompter le cheval, qui jusque-là ne servait qu'à la nourriture de l'homme, et les milliers de squelettes trouvés à Solutré prouvent assez que cet animal ne fut pas toujours attaché à son service comme bête de trait.

Passons des outils aux armes. Les premiers produits furent des épées à soie, c'est-à-dire à prolongement recouvert de bois ou d'ivoire, et rivé à cette matière, de façon à former une poignée. On les fit après d'une seule pièce; puis, on fondit des pointes de flèches, semblables à celles de l'âge de la pierre et emmanchées par un tenon dans une hampe légère; on les perfectionna en leur réservant, comme aux haches, une cavité ou douille.

Bientôt l'art du marteleur vint contourner l'airain en cuirasses défensives, le façonner en boucliers, ou le bomber en casques aux formes les plus variées.

Enfin, les bijoux compléteront cette fabrication à laquelle il ne manquait que ces objets de luxe pour répondre aux exigences d'une civilisation bien proche de son apogée. Ce sont d'abord les bracelets et les colliers, les torques, les amulettes; les sistres, tiges creuses garnies de neuf à douze anneaux emmanchés à un bois et rappelant les instruments des prêtres de l'Inde; puis les bagues, les fibules, les épingles, les chaînes, les agrafes, les boutons. Rien de plus complet que ces assortiments d'objets de toilette ou de parure, auxquels nos artistes modernes sont encore heureux d'emprunter des modèles renouvelés des préhistoriques. Les découvertes les plus récentes ont démontré que toutes ces applications, tous ces perfectionnements du bronze ne paraissent pas avoir été séparés par de bien longues périodes.

La fonderie bolonaise, à elle seule, contenait plus d'objets qu'aucune de celles découvertes en Italie, en Saxe, en Hongrie, en Autriche, en Prusse, en Suède, en Danemark, en Angleterre; plus même que les soixante fonderies de France, et les six de Suisse; elle renfermait, parmi des masses de javelots, poignards, lances, flèches, couteaux; de faucilles, rasoirs, ciseaux, goujes, limes, scies, mors de cheval; de bracelets, fibules, clous, phalères, même de pièces rajustées, car on ne connaissait pas la soudure à ces âges reculés; des haches à douilles et à ailerons de toutes les variétés, établissant, sinon une similitude d'époques, du moins que les temps qui séparèrent ces divers modes de fabrication, furent peu éloignés les uns des autres; l'on y a retrouvé également des traces de cette rupture intentionnelle, signalée dans les haches de pierre et semblant correspondre au fractionnement monétaire dont parle César à propos de la nation gauloise.

On peut voir, par cet exposé rapide, le rôle que jouait le bronze aux âges des tumuli et des cités lacustres, et l'on se demande comment, en présence de tels avantages, l'âge de la pierre a pu subsister si longtemps encore. Il faut le croire, dans le début, le mélange du cuivre et de l'étain a demandé bien des essais, bien des épreuves pour arriver à une matière si supérieure qu'elle n'a pas subi d'altération sensible après trois mille ans de séjour dans la terre.

Cet airain reconnu par les Egyptiens si résistant qu'ils l'adoptèrent pour leurs armes comme les Grecs; ce bronze employé par les Romains non-seulement pour leurs monnaies, leurs statues, leurs bas-reliefs, mais même pour les revêtements de leurs plus somptueux édifices, on a voulu connaître sa nature, on l'a décomposé et voici ce que l'analyse a démontré : dans tous les objets énumérés ci-dessus, la proportion d'étain mêlée au cuivre est uniforme; un dixième contre neuf, de cuivre; seuls les ciseaux à froid qui réclament une grande résistance, sont formés d'un quart d'étain et de trois quarts de cuivre ou 25 p. 100. Or, la comparaison de quelques-uns des chiffres des bronzes modernes les plus usuels donne ce résultat :

	Cuivre	Etain
Médailles	88 à 92	12 à 8

	Cuivre.		Étain.	
Canons.	90	»	10	»
Statues.	91	10	9	90
Cloches.	78	»	22	»
Timbres.	71	»	27	»
Miroirs métalliques . .	67	»	33	»

Les préhistoriques avaient donc un mélange uniforme pour leurs instruments, leurs armes, leurs bijoux, et ce fait s'est confirmé partout. Quel que soit le point de l'Europe que l'on ait exploré, l'analyse du bronze a toujours présenté un produit identique. On en est arrivé à conclure que ce bronze venait d'une source commune qui se divisa plus tard en différents groupes de provenance désignés sous le nom d'ouralien, danubien, méditerranéen.

Le Danube, en particulier, semble avoir tracé les principales étapes du trafic métallique dans le Nord, comme le Rhône l'aurait fait pour le Midi ; le Danemark, la Suède, l'Angleterre, l'Ecosse, l'Allemagne, la France se rattachent à ces deux voies. L'Italie, au contraire, et les contrées environnantes auraient été approvisionnées par la Méditerranée; d'où l'Italie tirait-elle l'airain? Probablement de la Grèce; quant à la Grèce, elle devait le recevoir de Chypre, mais ce fait n'est pas établi d'une manière positive. Du reste, l'on n'a opéré jusqu'ici aucune fouille sur l'autre rive de l'Adriatique, et il y a tout lieu d'espérer que l'on y retrouvera tôt ou tard la trace de ce métal.

Malgré la rareté des objets attribuables aux âges primitifs en Haute Normandie, nous citerons encore quelques pièces intéressantes, afin de relier complétement les périodes de la pierre aux premiers bronzes de l'industrie gallo-romaine.

Parmi les curiosités de M. Bréauté, très-intelligent collectionneur de Vernon, nous avons admiré une dague semblable à notre épée de Pressagny par la lame qui a la même longueur, mais dont la soie beaucoup plus large indique un montage tout différent. Il possède aussi des têtes de javelots droites et recourbées de l'époque du fondeur, caractérisées par un prolongement de la douille en arête arrondie ; elles ont été comme la dague et un col d'amphore, orné de lignes brisées gravées en creux, recueillies dans la Seine à Vernon, et elles ont un très-grand rapport avec les pointes de javelots que l'on rencontre en Sibérie, dans l'Altaï, au lac Onega, parmi des mors simples ou filets, des torques, des marteaux d'armes.

Au canton de Chaumont, près la ferme dite du Chêne-d'Huys, M. Pomeret a trouvé, en 1845, de très-curieuses spatules en bronze, à long manche, chargées de dessins grossiers ; elles sont déposées au musée de Beauvais ; celui de Rouen possède aussi plusieurs cuillers d'argent et de bronze qui servirent probablement pour les parfums : elles proviennent de Neuville-le-Pollet, de Lillebonne, etc.

Des pièces d'un autre caractère, mais également en bronze, ont été découvertes en différentes localités ; tels sont les bracelets ou chaînons trouvés à Montfort-sur-Risle ; les viroles en forme de bourrelets, bracelets militaires gaulois, provenant de Jouy-sur-Eure. Au même lieu, on a recueilli un rare bracelet en bronze creux de très-forte dimension, il fut donné au musée de Rouen par M. Passy, ainsi qu'un autre trouvé au Hanouard, arrondissement d'Yvetot, en 1841, et donné par M. Fortin ; puis, les armilles de Tourville-sur-Seine, et les deux bracelets à ressort de Lillebonne et de Caudebec-les-Elbeuf, découverts en 1865 et 1867. Ces bracelets, que nos intelligents artistes parisiens ont imités dans ces charmants bijoux d'or appelés porte-bonheurs, ont conservé une élasticité qui leur permet de s'ouvrir jusqu'à laisser passer la main. Les bracelets formant ressort ont été découverts plus particulièrement en Hongrie.

M. Hampel, en exposant au congrès scientifique tenu au Havre en août 1877 ses intéressantes considérations sur l'âge du bronze en Hongrie et sur les rapports qui relient la région italienne à celle du Nord, a fait circuler un grand nombre de photographies déposées sur le bureau et représentant les objets de bronze existant au musée de Buda-Pesth au nombre de plusieurs milliers. Parmi les groupes spéciaux à ce pays : haches triangulaires à ailerons rapprochés de la base, autres ornées d'une pointe, faucilles à crochet, épées à poignées pleines terminées par un disque arrondi formant pommeau, marteaux, pics et haches d'armes à douilles transversales, nous avons remarqué plusieurs bracelets dont les extrémités se dévoloppent en gracieuses spirales lorsqu'ils sont fixés au bras.

Déjà, dans le cromlech de la Garenne on avait

recueilli, au milieu de cendres et de charbons mêlés d'ossements d'hommes et d'animaux, de haches, de silex, des débris de colliers, de bracelets et d'anneaux ayant pu, d'après M. Cassan, servir de monnaie commune. Il est probable que c'est celle dont parle César dans ses commentaires :

Utentur (Galli) aut œre, aut annulis ferreis ad certum pundus examinatis pro nummo.

Cette monnaie était employée en Gaule comme en Bretagne.

M. de la Poterie, que nous avons déjà nommé, possède également des bracelets, les uns d'une seule pièce, d'autres avec anneaux ciselés, des fibules, des agrafes de bronze en forme de serpent, provenant des Damps, de Pîtres, de Léry, et beaucoup de monnaies de grands, moyens et petits bronzes. M. Gaillard conserve à Louviers un lot de bijoux précieux très-artistement ouvragés, qui furent trouvés à la Haye-Malherbe, en 1848. Dans les superbes collections du musée de Rouen que MM. Maillet du Boullay et Le Breton ont mises si gracieusement à notre disposition, nous avons pu étudier plus de cent cinquante haches de bronze, depuis le coin le plus primitif à un seul anneau, jusqu'aux plus belles haches à ailes et à talons pour recevoir la fourche du manche. De ce nombre, quelques-unes à double emboîtement et à anneaux de suspension proviennent de Tourville-les-Grandes-Ventes, Clères, les forêts de Brotonne et de Roumare ; des pointes de lance, venant de Lillebonne ; une belle épée, trouvée à Oissel en 1853, plus longue que la nôtre de quelques centimètres ; une, découverte dans la Seine, à Rouen, en 1860, très-fortement oxidée, et une autre, plus courte, trouvée sur la commune de Pîtres en 1867 ; un lot de quatorze haches déposées au musée du Havre, dont une de la forêt de Cawy, trois de la Hève; trois de la chapelle de Notre-Dame-des-Bois, à Honfleur, et sept de Gonfreville-l'Orcher, à peu près entières, quoique fortement oxidées, représentent assez complétement les principaux types d'armes des premières périodes du bronze, recueillis dans nos contrées.

La forêt de Brotonne a fourni un masque en bronze d'un haut intérêt. Dans celles de Gréges et d'Archelles, on a trouvé des hameçons ; quant aux objets de parure, on ne saurait compter la quantité d'épingles, aiguilles, dés, boutons, chaînettes, pinces à épiler, colliers, recueillis dans une multitude de localités. Parmi ces ornements, des fibules plutôt romaines que gauloises, et dont plusieurs sont décorées d'émail, ont été trouvées à Fécamp, Orival, Lillebonne. Un miroir a été également recueilli à cet endroit. Dans un tombeau d'enfant on a découvert à Rouen, en 1827, une amulette dont M. Langlois a donné la description ainsi que celle de la sépulture [1].

Enfin, parmi les mille objets divers que l'infatigable zèle des chercheurs a extraits de notre riche sol normand, nous citerons les lampes de Lillebonne, de Denestanville, près Longueville ; le vase en forme de

[1] Langlois. *Mémoire sur un des tombeaux gallo-romains découverts à Rouen dans le cours des années* 1827-1828. Baudry, 1829.

coquille, trouvé à Orival, à côté de Fécamp, en 1864; des poids; une belle balance romaine, découverte à Archelles, près Dieppe, en 1863, et sur laquelle M. Pottier a écrit une notice[1]; des clochettes, des grelots, des anses de vases, des patères, des sympula, des plateaux, des bassins, des ollas, des canthares, des strigiles, des anneaux, un beau trépied trouvé à Sainte-Beuve-Epinay, et jusqu'à un pied à mesurer en bronze, représentant 292 millimètres. Il fut recueilli, en 1834, dans les fouilles de la forêt de Maulévrier près Caudebec, et M. Deville a publié à cette époque une intéressante dissertation sur cette précieuse découverte[2].

Entre Panilleuse et Pressagny-l'Orgueilleux, non loin de la route qui mène à cette commune, se trouve un triége dont le nom significatif du Val-d'Airain doit être mentionné ici. On y découvrit, il y a quelques années, sous une éminence de terre, une sépulture très-remarquable, dans laquelle les corps étaient disposés comme les rayons d'une roue, les pieds au centre et les têtes formant le cercle. Une auge de pierre intercalée parmi tous ces corps inhumés à même la terre occupait dans le circuit l'emplacement de l'un d'eux qui était déposé dans ce tombeau; à ses pieds, on trouva un petit vase de dix centimètres renfermant un objet de fer ayant la forme d'une flèche percée d'un trou vers le milieu et armée, sur le côté, d'un cran très-saillant; elle avait cinq à six centimètres de long. Une

[1] *Revue de Normandie*, 1862, t. II.

[2] Deville. *Notice sur un pied à mesurer en bronze. Mémoires de la Société des antiquaires de Normandie*, t. IX.

rangée circulaire de pierres indiquait la place de chacune des têtes. M. Souchet, de Pressagny, de qui je tiens ces détails, m'a affirmé que le vase funéraire était rempli de cendre. Il suppose que la flèche a occasionné la mort du personnage inhumé dans l'auge de pierre.

Il existe une analogie frappante entre cette sépulture et le tombeau de Saint-Etienne-du-Vauvray, dans lequel un triple rang d'ossements se succédait, séparé par des moellons, comme le feraient trois grandes roues superposées, formées de corps humains; des fragments de bois de daim et une hachette de jade emmanchée à un bois de cerf, servaient de complément à la sépulture. L'identité d'inhumation entre Pressagny et Saint-Etienne-du-Vauvray donne lieu de penser que quelque tribu a pu conserver un rite funéraire particulier pendant l'âge de la pierre ainsi que durant la période qui le sépare de l'époque du fer.

J'ai trouvé moi-même, près de Grimonval, les vestiges d'un cercle de fosses dont le centre avait été détruit et enlevé en tirant de la marne. Cette enceinte, beaucoup plus vaste que celle du Val-d'Airain de quatre mètres de diamètre, était remplie de fragments de poterie. Chose surprenante : j'étais resté quatorze jours à faire fouiller la Cave-du-Diable dont je n'ai pu découvrir l'emplacement, et j'avais à dix pas de moi cet immense tombeau que personne ne remarquait.

Avec l'âge de bronze, l'art entre dans une phase nouvelle; aux haches pesantes de pierre succèdent des armes offrant autant de résistance, tout en ayant plus de légèreté, et une pénétration d'autant plus grande que le métal est plus aminci.

La lame des épées est étirée avec grâce, les congés qui simulent une garde sont évidés avec élégance ; certaines courbures sont heureuses de galbe, et l'arête centrale est aménagée de façon à renforcer le taillant sans choquer l'œil par une brusque saillie. Les glaives, les poignards étaient fixés à des montures solides sans être massives. Leur ornementation devait en rehausser la valeur. Les dagues, les pointes de lances, de javelots recevaient des hampes légères destinées à diminuer le poids tout en imprimant au trait une portée plus étendue.

L'on sent que le goût s'épure, c'est déjà de l'art, et vers la fin de la période du bronze cet art atteint presque la perfection. A ce moment, apparaissent les casques aux formes altières, dont les contours se recouvrent d'ornements qui en relèvent l'éclat.

Quelquefois, ils modèlent sur le devant le masque de la figure humaine de façon à protéger les saillies du visage tout en conservant un caractère sévère que n'ont pas les masques scéniques ; souvent aussi leur sommet se couronne d'un cimier qui accentue énergiquement la silhouette du guerrier qui le porte. De gracieuses volutes, des entrelacs d'une heureuse combinaison, des dentelés, des lignes de saillie méthodiquement espacées, estampent les cuirasses ou festonnent les boucliers. Les bracelets, les colliers sont ciselés avec un charme particulier. Des cantonnements de stries, séparées par des bandes étroites, font valoir l'effet de pointillés dispersés en semis et formant le fond de la tapisserie. Les amulettes quelquefois symboliques, les épingles à chevelure, les colliers, les fibules, les boucles, les anneaux offrent un assortiment de dessins dont l'harmonie charme autant que l'imprévu. Cependant, la difficulté de déterminer la limite du bronze préhistorique dans nos contrées oblige à une grande réserve dans l'appréciation des formes au point de vue purement artistique.

L'on ne saurait retrouver dans les périodes de Morges et de Larnaud, essentiellement primitives, le caractère de bronze que nous rencontrons dans les époques postérieures.

Le métal du Levant, apparaissant ici dès les âges de la pierre polie, porte avec lui l'empreinte de cette civilisation orientale qui contraste d'une façon si frappante avec la rudesse des monuments qui lui sont contemporains. Nous n'avons pas, comme dans les objets de silex, d'industrie proprement nationale ; mais bien un style commun à l'Italie, au Danemark, à la Grèce, aussi bien qu'à la Gaule ou à la Grande-Bretagne.

Quantité de fouilles, et particulièrement celles du Vieil-Evreux, ont fait découvrir des haches d'airain que l'œil le moins exercé ne saurait hésiter à reporter aux époques primitives, et néanmoins elles étaient mêlées à des objets gallo-romains d'un fini merveilleux et d'une grande valeur; aussi croyons-nous que les époques dites préhistoriques ne sont pas si loin de l'histoire qu'on le pense généralement. C'est également l'opinion de M. Bertrand, l'homme le plus compétent dans la matière.

« L'âge de la pierre polie, dit le savant conserva-
« teur du musée gallo-romain, fut de très-bonne heure
« pénétré par l'invasion restreinte d'abord, puis bien-
« tôt très-sensible, de bronze oriental ; or, ces objets
« de bronze que nous recueillons, que nous touchons,
« dont nous pouvons analyser le métal et étudier les
« formes, il nous est aisé de déterminer approxima-
« tivement la date initiale de leur importation en
« Europe. Cette date ne peut dépasser le xxe siècle
« avant notre ère, 1,900 ans environ avant Jésus-
« Christ. Elle doit descendre au xiie ou xe siècle pour
« la Gaule. »

Et plus loin :

« Accordons à la pierre polie, période à laquelle
« personne n'assigne une très-longue durée, 1,500 ans
« d'existence, cela nous reporterait à peine à l'époque
« du deuxième empire égyptien. L'âge de la pierre
« polie aurait donc commencé en Gaule longtemps
« après Ménès et n'aurait pris fin qu'à peu près à
« l'époque de Salomon ; ne sommes-nous pas là en
« pleine histoire, et n'est-ce pas trop isoler la Gaule
« du reste du monde que de donner à ces temps rela-
« tivement si rapprochés de nous le nom de temps
« antéhistoriques[1]. »

S'il est permis à la science de fixer approximativement la date de l'introduction du bronze, il est plus

[1] Alex. Bertrand. *Archéologie celtique et gauloise*, 1876.

difficile d'établir le moment où notre propre industrie s'est substituée à l'élément étranger. La fabrication a dû probablement continuer après l'invasion romaine, puisqu'on en retrouve la trace dans les établissements gallo-romains. Mais, quelle que soit l'origine des bronzes recueillis autour de nous, il est peu de provinces où l'on ait trouvé plus d'objets d'art de cette époque gallo-romaine que dans la Haute Normandie. L'importance des stations établies sur les rives de la Seine ou dans leurs environs s'est affirmée de tout temps par la découverte de pièces tellement précieuses que les musées de Paris, Saint-Germain, Rouen, Evreux passent à juste titre pour renfermer des collections hors ligne.

Et puisque nous parlons objets d'art, nous devons bien une mention aux métaux précieux dont l'emploi est contemporain du bronze et même de l'âge de la pierre. Sans remonter aux sépultures des dolmens renfermant quelquefois l'or à l'état natif ou de pépite simplement façonné au marteau, et nous tenant dans la limite des époques anciennes de la Gaule, nous rappellerons que notre Vexin a fourni plus d'un spécimen d'une richesse et d'une élégance exceptionnelles. Nous citerons le casque de bronze, lamé d'or, offert par l'empereur Napoléon III à l'Etat et déposé au musée du Louvre. Il fut découvert d'une façon fort étrange :

Depuis bien des années déjà l'on apercevait un objet dont le brillant éclat tranchait, à certaines époques, sur la couleur sombre des eaux de la Seine à Amfreville-sous-les-Monts. Un jour de grande sécheresse, un ouvrier dit à M. Bizet, propriétaire voisin : « Voyez donc, voici « encore le caillou qui brille; l'eau ne remontera pas « de sitôt en Seine. » — « Ah ! reprend celui-ci, il « y a assez longtemps qu'il m'intrigue ce caillou, lors- « que je passe ! je donnerais volontiers dix francs à qui « voudrait me le chercher. » L'homme ne se le fit pas répéter et, saisissant un longue gaule, il s'engagea résolûment dans l'eau ayant de la vase jusqu'au cou, et finit avec bien de la peine par attirer à lui cet objet alors absolument terne et, de plus, d'un poids énorme. Après l'avoir débarrassé de la boue qui le couvrait, M. Bizet reconnut une superbe bosse de casque qu'il garda quelque temps, puis envoya à Rouen où il figura à une exposition d'objets d'art. L'Empereur ayant fait compliment à son propriétaire de cette belle trouvaille, celui-ci la lui offrit immédiatement avec la plus grande courtoisie, et voilà comment le casque d'Amfreville se trouve maintenant déposé dans le musée du Louvre, salle des bijoux antiques.

Sur l'arrondissement de Pont-Audemer, au Landin, on découvre des bracelets en or massif larges de huit centimètres, découpés à jour, d'un travail merveilleux; d'autres, à la Londe près les Andelys, recueillis dans une villa et exposés également au Louvre. Du côté d'Ivry-la-Bataille, ce sont des torques, sortes de bracelets gaulois, faits d'une seule barre d'or tordue en spirale striée, mais sans ciselures : chacun pesait quatre-vingts francs d'or; puis, les bracelets et les anneaux gaulois provenant de la vallée d'Eure; une chaîne en or du type de Caracalla, déposés au musée d'Evreux.

En 1833, des ouvriers de Beaumesnil près Saint-Jouin-sur-Mer trouvent par hasard, en fouillant la terre, une chaudière d'airain oxidée par le temps; ils la secouent avec empressement, et quelle n'est pas leur stupéfaction, en reconnaissant un son métallique autre que celui de l'airain, un de ces sons auxquels l'oreille se méprend bien rarement. C'étaient cinq superbes vases d'argent que le bronze avait eu pour mission de garantir. L'artiste les avait dédiés à Mercure, car ils portaient sur leurs contours le nom ainsi que l'effigie du Dieu des Gaulois. Au lieu de se renseigner, ces hommes avides courent sans perdre un instant chez un sieur Mezaize, orfévre à Bolbec. Celui-ci prend les vases, les brise froidement à coups de marteau, puis les place dans le plateau d'une balance, et remet en échange 1,800 francs de monnaie d'argent correspondant au poids des débris du métal. Au même instant, entrait un monsieur qui proposait au marchand interdit le centuple de la valeur vénale pour de pareils vases intacts. Nous laissons à deviner la mine piteuse de cet orfévre qui ignorait encore que Mercure était le Dieu des affaires et du gain, et non celui du lingot.

A Villeret (Villa-Raza), hameau de Berthouville près Bernay, un nommé Thaurin, cultivateur, voit un jour avec surprise son charretier abandonnant chevaux et charrue sous prétexte qu'ils sont buttés contre une forte pierre. C'était un *heurteux* sur lequel on brisait généralement chaque année un soc. Impatienté, Thaurin va chercher un levier, soulève la pierre, et demeure stupéfait à l'aspect inattendu d'un trésor inestimable. En effet, il ne contenait pas moins de 50 livres de vases grecs et gréco-romains en argent massif, d'un travail si remarquable qu'on ne possède rien de plus beau comme ciselé. Il y avait des patères, des præfericula, des amphores, des masques scéniques, avec inscriptions faites au pointillé. Le roi Louis-Philippe, informé de cette découverte, fit proposer 40,000 francs de ce trésor. Raoul Rochette en offrit 20,000, il en valait bien 300,000 et plus. Actuellement, on peut admirer toutes ces richesses à la Bibliothèque nationale, et dans cette même salle du Louvre à laquelle le Vexin a fourni un si précieux contingent.

L'on a pratiqué depuis des fouilles sur l'emplacement du Villeret; l'on y a retrouvé l'enceinte d'un vaste temple dédié à Mercure DEO MERCVRIO CANETONNENSI, et l'on a supposé que les prêtres païens de ce temple avaient caché leurs vases sacrés au moment de la grande invasion de 405. A Hacqueville, le sieur Denesle, cultivateur, trouva sur une aire de ciment couverte de tuiles romaines un lot composé de divers objets d'or dont un collier, deux bagues avec chaton, un bracelet, une médaille de Vérus, une autre de Néron, une tasse d'argent, le tout renfermé dans un vase de cuivre. Il y avait, en outre, une trentaine de livres de médailles de bronze dont un Quietus et une multitude de pièces rares. Denesle qui pouvait tirer un grand prix de sa découverte, préféra la convertir en un maigre lingot d'or.

Sur la terre du Landin, près a forêt de Brotonne,

on a trouvé également, contenu dans un vase de cuivre, un superbe bracelet d'or déposé à la Bibliothèque nationale, un collier, une bulle, une chaîne d'or, deux bagues, un anneau, et plus de quatre cents médailles en argent. Une partie de ces objets précieux a été offerte par M. le marquis de Sainte-Marie à la bibliothèque de Caen. Le beau musée de Rouen possède un splendide collier en or découvert, en 1821, sur la commune de Cailly : ce bijou, formé de 36 amandes chaînées avec soin, pèse 23 grammes ; il était renfermé dans un pot de terre qui contenait, en outre, 27 médailles d'or, Antonin, Faustine, Aurélien, Commode, etc., de la famille des Antonins. Neuf de ces pièces sont jointes au collier, et consacrent la mémoire de M. Esnault, leur donateur.

A côté de ce riche ornement, nous avons remarqué deux bracelets en or dont un trouvé aux environs d'Yvetot en 1843, et l'autre en métal tordu, découvert à Boisemont, localité des Andelys que l'on suppose avoir été fondée par un Scandinave du nom de Bosou ; un pendant d'oreille en or provenant de l'ancienne église Saint-Jean, à Rouen, et que sa forme de poisson pourrait assigner à l'art chrétien du IVe siècle ; un autre collier recueilli à quelques lieues du Vexin français dans un tombeau antique de la commune de Marseille (Oise) : il est formé d'une série de pendants en or espacés de perles et terminée par un petit phallus d'or ; une monnaie d'argent de Lucile y est fixée ; un bracelet de petite dimension et un lingot d'or, trouvé en 1873 dans la forêt d'Eu, complètent le trésor du musée de Rouen.

La bibliothèque de Dieppe possède également un bijou assez remarquable pour que nous le citions ici. C'est une magnifique bague d'or pesant 8 grammes et demi, qui supporte en chaton une onyx gravée avec autant d'art que de goût, dans le style romano-grec. Le sujet est un petit personnage nu; une jolie feuille de fougère dont le relief orne le tour de la bague, enchâsse ce ravissant travail.

Les numismates ont aussi recueilli leur part dans ces richesses enfouies sous notre sol normand. Nous ne rappellerons que les 196 médailles d'or découvertes à Ambenay, canton de Rugles. Elles étaient de coins romains dont beaucoup inédits et fort rares. Ces médailles, toutes du haut empire, pesaient 5,000 francs d'or, et furent vendues 8,000 à M. le marquis de Lagrange. Celui-ci en garda une fort belle collection composée des pièces les plus rares, ou de celles qui étaient en double exemplaire. Plus tard, le reste fut recédé à l'État moyennant 20,000 francs. Elles sont déposées à la Bibliothèque nationale.

Les médailles d'argent sont plus communes, et l'on en a rencontré à peu près partout; dernièrement encore, en juin 1876, on trouva sur la terre de M. Matheus, à Musegros près Ecouis, commune de Gaillardbois, un grand vase de terre qui ne renfermait pas moins de 80 kilogrammes de pièces cuivre et argent parfaitement belles. Il ne faut pas s'étonner de rencontrer à Brémulle la caisse d'une légion romaine, on peut le dire : les plaines du Vexin ont été à la France ce que les campagnes de Lombardie furent pour le Piémont. Théâtre de luttes perpétuelles pendant les siècles de barbarie, elles deviennent au moyen âge l'arène sanglante sur laquelle le sort de la France et de l'Angleterre se joue si souvent; et le nom de *Musse-Gros!* rappelle encore à nos souvenirs cette trop célèbre année de 1119 où Louis le *Gros* fut mis en fuite, *démussé* par Henri Ier d'Angleterre. De tous les trésors de ce genre, un des plus beaux sans contredit est celui trouvé à Romilly-sur-Andelle, il se composait de 900 médailles d'argent de l'époque romaine[1].

Le Champ-d'Argent est encore le nom d'une pièce de terre de la commune de Coudres, au canton de Saint-André, où l'on a recueilli, non loin des restes d'une voie romaine allant d'Evreux à Dreux, une quantité de médailles du IVe siècle.

Le musée d'Evreux a su réunir sous l'habile direction de M. Chassant un médaillier contenant toute la série des monnaies impériales du haut et du bas empire; plusieurs sont en or, et beaucoup en argent; il y a de plus un grand nombre de grands, moyens et petits bronzes[2]; des échantillons de monnaies fausses, de monnaies coupées, de monnaies percées et de mon-

[1] Parmi ces médailles, recueillies par M. Lebrun, directeur de la fonderie de Romilly, se trouvaient quelques Sabine, Antonin Pie, Marc-Aurèle, Lucile, Pertinax, Albinus; beaucoup de Septime-Sévère, de Julia Pie, Caracalla, Geta, treize Plautilla, treize Macrin, quatre Diadumenien, des Julia Mœsa, Julia Mammea, Julia Sœmia, Julia Paula, Elagabale, Alexandre Sévère, Barbia-Orbiana, Julia-Aquilia Severa, Maximin, Maxime, Paulina femme de Maximin Pupien, Balbin, et Gordien Pie.

[2] En numismatique, les petits bronzes sont les monnaies de la dimension de nos centimes. Celles de la grandeur d'un sou se nomment moyen bronze. Au-dessus de cette grandeur, ce sont les grands bronzes.

naies fourrées. Quelques-unes sont en airain de Corinthe, ce métal qui passait pour contenir de l'or et de l'argent.

Les monnaies gauloises n'ont commencé à circuler qu'après l'introduction des statères de Philippe de Macédoine, père d'Alexandre; bien différentes des sicles des Juifs et des Egyptiens, elles sont plus rares. Il existe aussi plusieurs imitations des pièces gauloises et romaines.

Le musée de Rouen possède une des plus belles séries de monnaies gauloises qui existent: l'on n'y compte pas moins de 100 pièces en or ou électrum, mélange d'or et d'argent; 300, en argent haut et bas titre, et 300 en bronze, plomb et alliage; près de quarante villes ou communes ont envoyé leur contingent à cette riche collection. Les plus importantes sont Evreux, Louviers, Andelys, déjà célèbre par la découverte du trésor celtique de Bourg-Beaudouin près Fleury-sur-Andelle; de celui du Bucaillet dont nous reparlerons, Brionne, Lyons-la-Forêt, Lillebonne, l'antique cité des Calètes qui partage avec le Vieil-Evreux le titre d'Herculanum normand; Neufchâtel, forêt de Brotonne, Bellencombre, Caudebec-lès-Elbeuf, Roncherolles, Yquebeuf, Normanville, Fécamp, Aumale, Bois-l'Abbé et tant d'autres.

Près de deux cents médailles en argent représentent plus de cent vingt familles consulaires; une suite de médailles romaines, haut et bas empire, composée de 180 pièces or et argent comprend, en outre des douze premiers Césars et de plusieurs de leurs femmes, des personnages rares parmi lesquels figurent : Tibère, Agrippine, Caligula, Pertinax, Diadumenien, Gordien père et fils, Carausius, Maximin, Constantin le Grand, Justin, Anastase, Julia, Domitia, Aquila-Severa, Cornelia Supera. Cette série va de César à Honorius. Cent bronzes représentent la suite des empereurs et impératrices, de César à Posthume. On y distingue des Othon, Vitellius, Plautine, Mariana, Dide Julien, Didia Clara, Manlia Scantilla, Aquila-Severa, Pauline, Emilien, Salonin, etc. Ce fut encore ce musée qui se partagea avec celui de Neufchâtel la belle trouvaille faite à Sainte-Beuve-Epinay en 1809, et consistant en 4,000 monnaies de bronze contenues dans des vases que l'on s'empressa de briser. Tous les empereurs depuis Auguste jusqu'aux deux Philippe y étaient représentés; il y avait de plus les impératrices Sabine, Faustine, Lucile, Julia Domna, Julia Severa, et Julia Mammea; du reste, ces terres d'Epinay contiennent tant d'objets précieux que plusieurs proprotopriétaires se sont enrichis avec les monnaies d'or trouvées à profusion dans leurs champs.

Mais nous craindrions de faire une incursion dans le domaine de l'histoire, si nous nous étendions davantage sur ces bronzes ; aussi nous ne citerons que pour mémoire les objets d'art provenant des fouilles du Vieil-Evreux, presque tous du haut empire, par conséquent antérieurs au IVe siècle.

Le Jupiter Stator tient sans contredit le premier rang. La beauté de ses proportions, l'étude de ses formes anatomiques en font une statue d'un grand mérite; l'Hermaphrodyte plus rond, moins modelé; un Bacchus, un Sylvain, un Amour ailé, le bras d'un jeune enfant décoré de la chlamyde ou sagum, une chevrette, un cheval aux yeux incrustés d'argent provenant d'un quadrige, un masque scénique trouvé dans un tombeau, des vases à long col, une cloche recueillie dans les bains, une inscription fragmentée sur une table de bronze. Lorsqu'il s'est agi d'organiser le palais du Trocadéro, j'ai pu obtenir d'y faire installer ces bronzes gallo-romains; c'est un grand succès pour la science et pour l'art, et nous en sommes d'autant plus fier que le Jupiter Stator d'Evreux est le chef-d'œuvre de l'exposition rétrospective de 1878.

Ce superbe modèle qui n'a pas de prix, bien que nous ayons estimé le lot 150,000 francs, est, depuis l'ouverture de la section, visité chaque jour par une moyenne de trente mille personnes. Atteint-il ce chiffre à Evreux en dix ans ? Il est permis d'en douter.

Les fouilles de Lillebonne avaient déjà mis au jour, en 1823, une bien rare statue en bronze doré, accompagnée de deux dieux lares. L'abbé Rever, chargé par l'Etat d'exécuter les fouilles, la prit pour un Bacchus, et Langlois pour un Apollon. Guilmeth en fit un Auguste, Smith y vit un Antinoüs; puis, comme elle avait été trouvée à côté du terrain concédé, elle s'en fut en Angleterre, en attendant sa place dans les salles du Louvre ; on y a recueilli encore un vase à parfums d'une rare elégance, des cuillers pour le même usage, des anses et des clefs de coffrets en bronze et mille autres curiosités artistiques. A Cuverville près les Andelys, on a trouvé un joli Bacchus de 15 centimètres dans un sarcophage de pierre, et, à Daubeuf, un remarquable flambeau porté sur le dos d'un cerf. A la Haye-Malherbe, on a recueilli, en 1848, un trésor de bijoux romains présentant un grand intérêt. Il appartient à M. Guillard, de Louviers.

Le musée de Rouen renferme aussi quantité de bronzes précieux des mêmes époques, parmi lesquels nous signalerons le splendide Mercure aux yeux incrustés d'argent; il est couronné de roses et assis sur un rocher. Il fut trouvé à Epinay près Neufchâtel, en 1842, accompagné de deux bustes de Silènes, statuettes reproduites dans le *Magasin Pittoresque* de 1865; le Gladiateur combattant, découvert à Lillebonne en 1841, sur la route de Bolbec, et au sujet duquel MM. de Boutteville et Deville écrivirent deux savantes dissertations [1]. Un taureau, aux yeux incrustés d'argent, de près de trente centimètres de long et de la plus belle époque de l'art. Une tête d'homme recueillie à Lillebonne en 1846 et dont le corps, qui devait mesurer plus d'un mètre, n'a pu être retrouvé. Deux jolis Mercure, l'un provenant de Rouen et l'autre de Saint-Pierre-sur-Dives. Un Mercure de Lillebonne et un de Rouen, et une foule de statuettes, bustes de divinités ou personnages antiques; enfin, des pièces de toute nature, des coupes, des bijoux, et quantité de ces objets que l'on retrouve au sein des civilisations

[1] De Boutteville. *Figurine casquée de Lillebonne, Revue de Rouen*, février 1842. — Deville. *Sur une statuette en bronze, découverte à Lillebonne en septembre* 1841. Rouen, Périaux, 1841.

puissantes, et qui font du musée Borbonico, à Naples, une des plus complètes exhibitions des remarquables produits de l'art chez les Grecs et chez les Romains. Cependant, nous ne voudrions pas laisser ignorer qu'entre Saint-Germain et Borbonico il y a cette différence que l'un représente l'art antéhistorique en Gaule, tandis que l'autre réunit l'art historique romain, grec et même étrusque.

Du moment où les Romains apportèrent en Gaule leur merveilleuse industrie de l'airain, qu'ils tenaient des Grecs, l'ère du bronze préhistorique fut close; et si nous citons quelques-unes des richesses métalliques de nos musées, c'est que la plupart, à l'exception des monnaies, rentrent dans des époques qui ne sont pas absolument certaines, ou qui dans notre pays étaient antérieures à l'histoire proprement dite [1]. Il en est de même de l'usage du fer que l'on considère très-improprement comme étant d'une origine postérieure à l'histoire, et qui se rattache, ainsi que le bronze, aux âges antéhistoriques.

[1] Parmi les principales localités de la Haute Normandie, dont l'exploration a amené la découverte d'objets de bronze préhistorique, nous citerons :

Andelys — Appeville dit Annebault — Archelles — Arques — Aumale — Auberville-les-Etables — Barentin — Bellencontre — Bellengreville — Bernay — Bazancourt — Berthouville — Boisemont — Bois-l'Abbé — Boury — Bourg-Beaudoin — Bracquemont — Brionne — Brotonne — Bucaillet — Bully — Bordeaux-Saint-Clair — Cailly — Caudebec — Caudebec-lès-Elbeuf — Cawy — Chaumont — Clères — Colleville — Cormeilles-sur-Risle — Doudeville — Denestanville — Dieppe — Evreux — les Essarts-Varimpré — Fécamp — Flipou — Forèt-la-Folie — Fesques — Gasny — Gaillardbois — Gonfreville — Gonfreville-l'Orcher — Grèges — Guiry — Guiseniers — Giverny — Haissez — Hanouard — Harfleur — Heubécourt — Honfleur — Heurtauville — Jouy-sur-Eure — Jumiéges — la Bouille — la Bucaille — la Garenne — la Madeleine — la Hève — le Câtillon — le Chêne-d'Huys — les Damps — Lhébécourt — Léry — les

La Bible attribue à Tubal-Caïn, comme nous l'avons rappelé au commencement de ce chapitre, la découverte du bronze et du fer ; il est vrai qu'un savant allemand, M. Reimann[1], a prétendu que la tradition hébraïque était vicieuse, et qu'il fallait lire que Tubal-Caïn avait enseigné à graver le bronze et le fer. Nous n'avons pas à apprécier ici si le fils de Sella et de Lamech fut simplement un artiste graveur, ou si l'assertion de M. Reimann est de nature à faire naître, dans quelques esprits faibles, un doute sur les époques qui précédèrent Tubal-Caïn, et ne seraient plus suffisamment éloignées de la création, pour permettre d'y placer la découverte des métaux ; nous croyons à la date fixée par l'Ecriture, telle qu'elle a été vérifiée depuis des siècles, et malgré son éloignement elle ne semble pas exagérée lorsqu'on la rapproche des dernières et plus récentes relations des voyageurs qui ont pénétré dans l'Afrique centrale. Il résulte de leurs rapports que la tradition de l'emploi du fer remonte chez ces sauvages à la plus haute antiquité.

Habitant un sol riche en minerai d'une réduction

Grandes-Ventes — le Tilleul — la Vieux-Ville — Lillebonne — Londinières — Longueville — Louviers — Lyons-la-Forêt — la Haye-Malherbe — la Feuillée — le Havre — Maulévrier — Montfort-sur-Risle — Montivilliers — Neufchâtel — Neuville-le-Pollet — Normanville — Notre-Dame-des-Bois — Oissel-sur-Seine — Orival — Petit-Couronne — Pîtres — Pont-de-l'Arche — Pont-Saint-Pierre — Pressagny-l'Orgueilleux — Quatremare — Roncherolles — Rouen — Roumare — Routes — Rosendal — Saint-Adresse — Sainte-Beuve-Epinay — Saint-Georges-sous-Vienne — Saint-Grégoire-du-Vièvre — Sainte-Opportune — Saint-Pierre-sur-Dives — Saint-Saëns — Serquigny — Saint-Valéry-sous-Bures — Tourville-sur-Seine — Tilly — le Tilleul — Tourville-la-Chapelle — Trouville-la-Haule — Val-de-la-Haye. — Vernon — Vieil-Evreux — Yvetot — Yport — Yquebeuf.

[1] *Histoire antédiluvienne*, sect. I, § 4, p. 39.

facile, ils ont pu conserver l'usage d'un métal que quelques rares tribus ont seules utilisé à l'état de fer météorique. Il est bien probable qu'ils tenaient cette industrie de l'Egypte où le fer est consacré à Typhon, le roi des déserts et des hommes noirs, ce même Typhon qui chez eux représente le génie du mal.

Après les Egyptiens, les Grecs sont les plus anciens peuples qui aient fait mention de l'usage du fer. Leurs auteurs attribuent à Minos Ier l'introduction de ce métal environ 1,500 ans avant J.-C. D'autres ont cité les Pelasges qui peuplèrent la Grèce et l'Italie et donnèrent naissance à la fable des Cyclopes.

Vulcain, leur chef, glorieux époux de Vénus, fut le premier forgeron. Ses forges, installées aux îles Lipari et sous l'Etna, virent éclore de nombreux chefs-d'œuvre, entre autres la foudre de Jupiter qui causa la mort d'Esculape, crime qui ne resta pas impuni puisque Apollon vengea le Dieu-médecin en tuant les Cyclopes à coup de flèches pendant que Vulcain était monté à l'Olympe exhiber Mars et Vénus, capturés dans un filet.

Le nom de Vulcain, dieu du fer chez les Grecs, se rapproche d'une façon frappante de celui de Tubal-Caïn en Orient.

En Gaule, nous n'avons aucune donnée précise sur l'introduction de l'industrie du fer; l'on n'en retrouve, du reste, que fort peu de préhistorique en Normandie, et ce qui a été recueilli est plutôt gallo-romain et postérieur à notre ère. Nous devons cependant faire une réserve au sujet de la sépulture que nous avons signalée au Val-d'Airain, près de Pressagny-l'Orgueilleux, et qui contenait un objet de fer; nous en reparlerons en détail au chapitre des tumuli.

Parmi les pièces de fer les plus curieuses, découvertes dans les contrées environnantes, on remarque les marteaux et les belles enclumes d'Escoville en Calvados; elles faisaient partie d'un atelier de martelage où l'on a rencontré le fer mêlé au bronze, et plusieurs haches de ce métal réparées par ce procédé.

Du reste, malgré la présence de l'airain, l'époque de ces pièces est fort incertaine; aussi ne nous étendrons-nous pas davantage sur ce sujet, et nous renverrons le lecteur aux études spéciales sur les cités lacustres de l'âge du fer.

CHAPITRE IV

LES MONUMENTS ANTÉRIEURS A L'HISTOIRE

Tendance des différentes migrations à occuper le bord des eaux — Situation de la vallée de l'Epte et des pays environnants — Le séjour de domination — Importance des monuments nouvellement découverts — Groupes concentriques d'édifices mégalithiques — Ce que l'on doit entendre par monuments mégalithiques — Leur distribution sur tous les points du globe — Des menhirs ou peulvens — Menhir de Lock-Maria-Ker — Pavé des géants — Des lichavens ou trilithes — Des dolmens et demi-dolmens — Dolmen, pierre de douleur — Dolmens du Nord et du Midi — Dolmens de l'âge de la pierre polie et de la période du bronze — Des allées couvertes ou grottes des Fées — Allées à vestibule — à chambre funéraire — Palais des géants — Tables du diable — Rite de l'inhumation et de l'incinération — Sépultures simples — multiples — successives — Des cromlechs ou enceintes sacrées — Stone-Henge de Salisbury, cor gour ou danse des Géants — Des alignements ou avenues — Le grand mallus de la Bretagne — Des pierres branlantes ou tournantes — La pierre d'Uchon — Le Rocking stone de West-hoad-ley — Légendes païennes et chrétiennes des monuments antérieurs à l'histoire — Chaussées de pierre — Murailles de blocs monolithes — Fosses de justice — Opinion de l'abbé Cochet — Tables des forêts — La table de marbre — Le droit de gruerie — Tables féodales, pierres d'acquit — Juridictions d'Evreux et de Rouen.

La tendance des différentes migrations humaines à se fixer sur les bords des eaux est un fait suffisamment acquis, il est inutile de le développer ici; aussi ne doit-on pas s'étonner du rôle important que les fleuves ou leurs affluents, les lacs, les rivages même de la mer, ont joué dans la vie des peuples. Première source d'alimentation des tribus riveraines, ils deviendront ensuite la défense naturelle; et s'ils servirent souvent à amener le conquérant, ils lui procurèrent aussi le moyen de maintenir sa prépondérance.

C'est ce qui explique le puissant intérêt que nous présente le cours de la rivière d'Epte[1]. En effet, dès

[1] L'Epte, que les plus anciennes chroniques appellent ITTA, ETTA, et

les âges préhistoriques, une suite non interrompue de monuments celtiques couronnent les falaises qui la dominent, nous prouvant l'importance que les peuplades primitives attachaient à ces situations élevées; plus tard, avant même que ses rives ne deviennent la limite de la province normande, une ligne de châteaux, d'églises, de couvents, occupera les emplacements des dolmens ou leur voisinage; car si les chefs et les hommes puissants venaient s'établir de préférence aux endroits déjà consacrés par la tradition, c'était pour en appliquer le culte à la réalisation de leurs projets, et parce qu'ils trouvaient dans les idées superstitieuses attachées à ces lieux le prestige nécessaire à leur domination politique.

Si donc l'arrondissement des Andelys et les arrondissements voisins sont de ceux dont le sol a conservé le plus de vestiges des temps passés; si leur étude offre un attrait particulier, au point de vue de leur ancienne importance, c'est parce que, bordant cette rivière dont le cours dépasse 80 kilomètres, ils ont été mêlés à toutes les luttes qui en ont ensanglanté les rives, depuis tant de siècles, et, plus que toute autre contrée, subi les vicissitudes auxquelles ce voisinage direct les a si longtemps exposés [1].

dont on disait qu'elle demandait chaque année une victime humaine, prend sa source dans la Seine-Inférieure, à trois kilomètres de Forges; elle passe à Gisors où elle reçoit le ruisseau nommé Réveillon, connu au loin par ce dicton : « Quand on a bu de l'eau du Réveillon, on peut revenir mourir à Gisors; » puis traverse Saint-Clair, célèbre par le traité de Rollon, et vient se perdre dans la Seine, à quatre kilomètres au-dessus de Vernon.

[1] De même que l'Epte, la Bresle, la Bethune 'Eaulne, la Scie, la

En examinant une carte où se trouvent figurés les quatre départements de Seine-Inférieure, Eure, Seine-et-Oise et Oise, l'on remarque une longue ligne sinueuse représentant le cours de la rivière d'Epte à travers les quatre arrondissements de Neufchâtel, Andelys, Beauvais et Mantes.

Si l'on pointe scrupuleusement chacune des localités signalées par un édifice celtique, on observe avec surprise que ces monuments forment plusieurs tracés circulaires autour d'une région dont le canton d'Écos, et plus particulièrement la commune de Dampsmesnil, serait le centre. Ces considérations jointes aux résultats de nos recherches sur les instruments de l'âge de pierre nous déterminèrent à étudier plus particulièrement ces parages.

Dampsmesnil, situé sur un plateau élevé, faisant face à la rive française, dominant au loin les falaises normandes, à l'endroit même que l'histoire devait assigner pour limites aux Véliocasses et aux Bellovaces, Dampsmesnil ne présentait-il pas dans son nom même toute une révélation ?

Dam' d'où *dominus*, maître ; *Man*, *maën*, maison, séjour de domination.

Il est entouré de bourgs et de villages dont les étymologies sont, comme la sienne, d'origine celtique : Ecos, *Es Scod*, sur des collines échelonnées ; Tourny,

Varenne, la Durdent, la Risle, l'Iton, la Yère, la Saâne, etc., ont subi les occupations successives des Celtes, des Romains, des Barbares, et les ruines ou les sépultures accumulées sur leurs rives témoignent encore de l'importance que ces positions eurent dès les époques les plus reculées.

Thorniac, pointe de Thorn; Fours, *Foër*, *Forum;* Cahaignes, *Caër Gai*, place de l'enceinte.

Tout indiquait donc que ce lieu avait pu être consacré autrefois, et, s'il en était ainsi, l'on devait y retrouver quelque vestige de son antique puissance.

Neuf monuments entièrement nouveaux ont répondu à nos prévisions, reproduisant un exemple bien rare des cinq types mégalithiques : *dolmens*, *menhirs*, *cromlechs, allées couvertes, avenues*, réunis sur un espace relativement restreint.

Ce sont : *le menhir d'Aveny*, *le cromlech de la Pierre-pétrie*, *les dolmens du Chesnay et du Bus*, *le tombeau de Saint-Rémy*, *les allées couvertes de Dampsmesnil*, *le cromlech et l'alignement de la Villeneuve*, *la pierre tournante de Baudemont,* qui se trouvent disposés en cercle, et comme groupés autour du village de Dampsmesnil, dans un rayon de 2 à 3 kilomètres.

Nous ne rechercherons pas ici quel lien peut rattacher les édifices celtiques des environs à cette station; nous exposerons simplement que, traçant un second cercle de 5 à 6 kilomètres dont le village sera le centre, nous rencontrons : au nord, la *pierre d'Authevernes;* au nord-ouest, le *dolmen de Cahaignes;* au sud-est, celui d'*Omerville*.

Figurant enfin une troisième enceinte de 12 à 20 kilomètres autour de ce même point de Dampsmesnil, nous voyons : au sud-ouest, le *dolmen de Giverny;* à l'ouest, le *menhir* et le *dolmen de Port-Mort;* au nord-ouest, celui des *Andelys;* au nord, la *pierre tournante de Bézu-la-Forêt;* au nord-ouest, le *dolmen de*

Trye-Château, le *dolmen de Boury*, la *Pierre-aux-Fées;* puis, le *menhyr de la Charte*, le *cromlech des Pierres tournantes;* à l'est, la *Haute-Borne-sur-Vaudancourt,* et le *dolmen de Montjavoult;* au sud, le *dolmen de Chérence.*

Le *dolmen d'Omerville*, appelé *Croix-quatre-pieds*, formé d'une pierre plate posée sur quatre supports; celui de *Boury*, situé dans le bois de la *Belle-Haye*, près du *Chêne-d'Huy*, composé de deux lignes de pierres dressées, recouvertes de fortes et larges dalles placées horizontalement; le *menhir de la Charte*, de 2 mètres de haut et renversé sur le côté, près l'ancien chemin de *Magny;* celui de la *Haute-Borne-sur-Vaudancourt;* les *pierres tournantes;* la *Pierre-aux-Fées*, détruite il y a longtemps; le *dolmen de Montjavoult;* celui de *Chérence,* de huit pierres d'environ 2^{m} 33, formant un groupe de 9 mètres de long sur 3 de large, ont été décrits ou signalés ainsi que les monuments du Vexin français dont ils font partie. Celui de Trye-Château a été plusieurs fois cité comme un *dolmen type*. Néanmoins, nous y reviendrons plus tard, car ce qui a été dit de ces édifices est le résumé de rapports aussi incomplets qu'inexacts.

Nous désirons appeler tout particulièrement l'attention sur nos nouveaux monuments qui ont pu échapper aux recherches des archéologues, et nous allons essayer de les décrire avec tout le soin que comporte leur haute importance; toutefois, ceux de nos lecteurs peu ou point familiarisés avec les constructions de ces époques reculées pourront nous savoir gré de leur rappeler en quelques mots les caractères généraux de cette architecture primitive, précieuse empreinte que les peuplades préhistoriques nous ont laissée de leur passage.

Les édifices mégalithiques [1] ont été divisés en sept classes, représentant autant de types différents. Ce sont : les *menhirs*, les *lichavens*, les *dolmens,* les *allées couvertes*, les *cromlechs*, les *alignements* et les *pierres tournantes*.

L'on observe que souvent les blocs qui les composent, ne proviennent pas de la localité où ils ont été élevés, et que, quelle que soit la nature de la roche mise en œuvre, l'homme n'en a fait que la pose. Si son outil a pu quelquefois y graver des dessins ou autres signes, il ne les a jamais taillés ni ébauchés. Pouvait-il, en effet, espérer obtenir quelque résultat du choc ou du frottement de ces minces haches de silex contre des masses gigantesques formées le plus souvent de granit ou de diverses natures de pierres non moins résistantes [2] ? Il y avait, en outre, une considération d'un ordre supérieur qui faisait une loi de ne pas tailler la pierre : nous voulons parler de la religion même des peuples qui élevèrent ces édifices, et qui nous est révélée, ainsi que leur origine, par cet usage de ne point se servir de l'outil pour les ouvrager [3].

[1] Μεγας λιθος, grande pierre.

[2] A Edimbourg, comme en Bretagne, on est cependant parvenu à graver sur les granits d'Aberdeen, comme sur ceux du Morbihan, des signes circulaires ou en spirales à l'aide de ciseaux de silex et de percuteurs de bois; mais, en outre que cela ne prouve pas que ce fût le moyen employé pour les sculptures lapidaires, nous dirons qu'il y a loin de la sculpture à la taille.

[3] « Vous élèverez au Seigneur un autel de pierres brutes et non polies. » (*Deutéronome*, XVII, v. 5.)

L'on en rencontre à peu près partout, aussi bien en France, en Angleterre, en Allemagne, en Espagne, en Suède, en Danemarck, qu'en Asie, en Afrique, en Amérique même, et l'on a pu voir dernièrement, à Paris, les images de ces colossales idoles de l'île de Pâques, en Océanie, grossièrement sculptées, indice d'une religion différente et peut-être aussi d'une époque postérieure, mais monolithes de la plus haute antiquité.

Aussi, faut-il bien se garder de confondre les monuments dits celtiques avec d'autres moins anciens comme ces pierres scandinaves couvertes de caractères runiques, ou celles des Etrusques, des Grecs, des Romains, qui, tout en étant également brutes, portent des signes, lettres, chiffres, pattes ou têtes d'animaux, destinés à indiquer des chemins, à retracer la mémoire de quelque fait historique.

Tous ces édifices ont été élevés par des peuples arrivés à des degrés différents de civilisation, et les plus récents sont contemporains de l'âge du fer, et probablement postérieurs aux époques préhistoriques.

Les premiers, les plus primitifs de tous les monuments, sont les menhirs [1], sortes d'obélisques grossiers fichés en terre dans une position verticale, quelquefois simplement élevés sur le sol, on les appelle également peulvens [2], c'est-à-dire pierre longue ou pilier de pierre. Bien que les menhirs se terminent ordinairement en pointe ou en dôme irrégulier, il en existe dont le sommet présente une surface presque

[1] *Men, mean* pierre; *hir, hyr*, longue.
[2] *Peul, paol*, pilier; *men* ou *mean*, pierre.

plane comme ceux de Silli (Orne) et de Condé-sur-Laizon (Calvados); il en est d'autres qui se développent en vaste plate-forme beaucoup plus large que le menhir lui-même, tel que la *pierre branlante* d'Aveny. Le plus beau menhir qui ait été élevé dans la Gaule, est l'aiguille de Lock-Maria-Ker, qui avait 66 pieds de hauteur et pesait 250,000 kilogrammes; elle fut renversée, dit-on, par la foudre, et brisée en trois morceaux gisant sur les bruyères.

On désigne, sous le nom de *Pavé des géants,* des menhirs d'un caractère inférieur, rangés sans ordre ni symétrie, au nombre de 30 ou 40.

Dupinay de Vorepière rattache à ce genre un ensemble de roches éparses situées aux environs de Maintenon.

Les lichavens [1] que l'on nomme aussi trilithes [2], ne sont autres que deux menhirs d'une hauteur égale, sur le sommet desquels repose une pierre plate en forme de sommier. Les trilithes isolés sont rares; ils ont souvent été pris pour des dolmens dont ils diffèrent essentiellement.

Les dolmens sont le plus généralement composés de deux quartiers de roche en supportant une troisième, soit horizontale, soit légèrement inclinée en forme de table ou d'autel, comme l'indique leur étymologie celtique : *Tol* table, *Man*, *Mean* pierre.

Quelquefois, les blocs qui servent de base sont recouverts d'un côté par une ou plusieurs roches lais-

[1] *Lichaven* pour *Leck-a-ven*, table de pierre.
[2] Trilithe, τρεις λιθος, *trois*, *pierre*.

sant entre elles une ouverture qui semble avoir servi de passage ; souvent aussi, l'édifice comporte de trois à quatre pierres volumineuses, surmontées d'un énorme roc. Cette dernière forme est la plus commune en Normandie ; on la retrouve aux beaux dolmens de Jurques, dit pierre dialan en Calvados, de Rugles, et de la pierre courcoulée dans l'Eure. Elle se reproduit avec quelque différence à ceux de Saint-Sulpice-sur-Risle et du bois de Remalard, en Orne. L'on rencontre des dolmens formés de douze à quinze blocs placés verticalement, recouverts de larges dalles ; d'autres ont un étage souterrain, sorte de sous-sol qui forme répétition du monument.

Quelques-uns sont fort bas ; il y en a de très-élevés, et il est rare d'en trouver de semblables, même parmi ceux qui sont les plus rapprochés les uns des autres.

On a donné le nom de demi-dolmens à des édifices dont les tables reposent d'un seul côté sur leurs supports, et de l'autre sur le sol, comme le ferait un toit incliné ou un abri ; dans ce cas, on doit les ranger parmi les allées couvertes. En effet, le dolmen implique l'idée de table, de pierre de sacrifice, d'autel, et peut-être l'étymologie de pierre de douleur, pierre expiatoire, dolens man (dolmen) serait une juste application du principe de l'autel ; quant au nom de monuments druidiques, qui rappelait la même idée, on a abandonné ce terme par la raison que les Druides étaient les pontifes spéciaux de l'Occident, tandis que les dolmens se rencontrent en toutes les parties du monde. Ayant tous une même origine, comme nous le démontrerons, ils peuvent avoir servi à des prêtres ne portant pas le nom de Druides et, néanmoins, avoir été une manifestation d'un rite religieux puisé à une source commune.

Les dolmens ont varié dans leur forme selon les races qui les ont élevés, de même que de la tige d'un arbre sortent des feuilles qui diffèrent toutes plus ou moins entre elles. Ceux que l'on rencontre dans le Nord paraissent être les plus anciens, et ceux du Midi plus récents; cependant, on ne saurait en déduire la preuve que les migrations sont venues du Nord au Sud; il est plus probable que les objets qui ont été enfouis au pied de ces monuments et sur lesquels on s'est basé pour supputer leur date, ont une origine différente.

Les dolmens de la Bretagne et de la Normandie recouvrent plutôt de la pierre polie, tandis que ceux du Midi renferment plus d'objets de bronze. Ce métal issu de l'Orient a pénétré d'abord par le Sud et n'est remonté que peu à peu vers le Nord.

Contrairement aux dolmens, qui sont presque toujours construits sur terre à découvert, comme le seraient des autels, les *allées couvertes* sont de longues galeries formées de deux rangs de dalles dressées debout, supportant une série de larges tables; elles aboutissent presque toutes à une chambre mortuaire et sont souvent abritées sous une forte butte de terre destinée à les dissimuler ; tantôt creusées au niveau du sol ou à moitié enfouies dans une pente à mi-côte. Quelquefois elles sont simples, c'est-à-dire que les corps sont inhumés dans l'allée même précédée ou non d'un vestibule et l'on en rencontre également dont les dalles sont accotées avec absence de tables formant plafond.

Le mystère qui entoure ces édifices les a fait surnommer *Grottes aux Fées*, *Palais des Géants*, *Tables du Diable;* rien, en effet, n'est plus saisissant que ces longues salles souterraines, quelquefois régnant parallèlement sur deux et trois rangs, ou disposées en cercle et montrant leurs ouvertures sur les flancs de l'éminence.

Plusieurs allées couvertes, dégagées depuis longtemps de la terre qui les dérobait aux regards, ont été prises pour des dolmens: ainsi l'allée de Dampsmesnil dont nous parlons plus loin, celle de Bretteville dans la Manche, et tant d'autres, portent improprement le nom de dolmens. Il en est également dont les dalles se coudent à angle droit, mais celles-ci sont plus particulières à l'Aveyron et à la Lozère.

L'immense intérêt que présentent les allées couvertes s'explique par les renseignements qu'elles nous fournissent sur les coutumes, les usages, la race même des hommes de l'âge des dolmens. L'art funéraire a été plusieurs fois modifié, et ses deux grands rites, l'inhumation et l'incinération, offrent un vaste sujet d'étude dans les tombeaux de ces époques lointaines. Il est donc de la plus haute importance, lorsque l'on fouille une allée couverte qui n'a jamais été remaniée, d'examiner la position, l'orientation du corps, la forme de la boîte crânienne qui mène à la connaissance de la race, la disposition et la nature des objets déposés dans la sépulture. Si celle-ci est multiple ou successive, on doit tenir compte de l'ordre dans lequel les corps ont été placés, et classer avec soin les armes, ustensiles ou poteries qui les accompagnent.

C'est par suite de cet examen attentif que le docteur Prunières a découvert les étranges rondelles dont nous avons parlé. Plusieurs allées couvertes de l'Aveyron et de la Lozère lui ont donné de précieux indices sur la crémation. Ainsi le tombeau de la Marconnière, exploré tout dernièrement, a présenté ce singulier phénomène d'os n'ayant jamais subi l'action du feu et d'ossements noirs entièrement carbonisés. Ce fait prouve que le rite de l'incinération succèdant à celui de l'inhumation a été pratiqué dans le même monument. Sous une allée voisine, M. Prunières avait recueilli des pointes de flèches en silex, des débris de poterie et de bronze, réunis dans la sépulture, ce qui démontre la simultanéité à une certaine époque de l'usage de la pierre et du bronze.

La coutume d'enterrer sous les allées couvertes se retrouve parmi plusieurs peuples, particulièrement chez les Egyptiens, et les campagnes qui environnent la célèbre ville de Thèbes, dans la haute Egypte, nous montrent, par la profusion des hypogées nouvellement découverts, le respect que les anciens professaient pour leurs morts. Cet hommage est une preuve irrécusable de la vie future et de l'immortalité de l'âme, le corps n'ayant droit à ce respect que parce qu'il est le vase de l'âme immortelle.

Si les *allées couvertes*, aussi bien que quelques espèces

de menhirs et de dolmens, offrent presque toujours un caractère éminemment funéraire, il n'en est pas de même des *cromlechs* et des *alignements* qui représentent le culte de l'idée religieuse, contemplative ou guerrière, et qui même ont pu servir à observer le cours des astres.

Les *cromlechs*, ou cercles sacrés[1], sont de véritables temples, et plusieurs d'entre eux ont égalé par le grandiose de leurs proportions les plus célèbres monuments de l'antiquité païenne.

Ce sont, en général, de vastes enceintes tracées sur un plan circulaire, elliptique, carré et quelquefois irrégulier; des pierres dressées, ou simplement posées, occupent le tour de la circonférence. On a appliqué le nom de cromlechs à la tombe d'un chef recouverte d'une éminence décorée de roches dont la disposition circulaire était destinée à rehausser l'éclat de la sépulture; la véritable enceinte semble avoir été un lieu de réunion dont la dimension varie selon l'importance de la situation qu'occupent ces sortes d'ouvrages.

Dans les édifices ordinaires, les roches sont placées sur une seule ligne, autour d'un bloc élevé soit au centre, soit sur le côté; dans ceux de premier ordre, les rangs circulaires sont doubles et triples; des menhirs alternent avec des trilithes en donnant au temple un aspect d'une imposante majesté.

Les cromlechs sont rares en France; mais l'Angle-

[1] *Cromm*, *crowmm*, courbe, et *lech*, *leac'h*, pierre plate, c'est-à-dire cercle de pierres.

terre en possède encore plusieurs, dont quelques-uns ont trois enceintes concentriques de roches régulièrement espacées ; tel est le stone-circle de Kingcausie, comté de Kincardine, sur les bords de la mer du Nord en Ecosse. L'on en rencontre aussi en Espagne, en Portugal, en Norwége, en Algérie, au Mexique, dans l'Amérique du Nord, dans l'Inde. Le plus remarquable est le stone-henge de Salisbury, qui porte aussi le nom de Cor-gour ou Danse-des-Géants.

Sur les trente monolithes qui formaient la galerie extérieure de ce superbe édifice, dix-sept seulement sont encore debout ; il en subsiste également vingt sur quarante de la seconde enceinte ; quant au portique intérieur, il est en partie renversé, et l'on peut reconnaître sous les ruines onze des dix-neuf pierres qui décoraient le sanctuaire du temple. Tous ces débris, parfaitement conservés, ont permis aux archéologues anglais de reconstituer le plan primitif sur lequel nous nous proposons de revenir.

Les alignements sont des lignes de menhirs élevés sur le sol dans une direction voulue. Généralement, de simples bornes indiquant la route à suivre pour arriver à un cromlech ou autre monument celtique, sont considérées comme alignements ou avenues. Mais c'est surtout à un ensemble de monolithes des plus étranges, et dont la destination n'a pu être expliquée, que ce terme s'applique. Nous voulons parler du grand Mallus de la Bretagne.

Là, sur une vaste lande qui domine au loin l'Océan, dans un pays appelé Erdeven, dans un autre nommé

Carnac, le sol, sur un espace de plusieurs kilomètres, est couvert de rangées de menhirs [1].

Ces blocs, dont les plus élevés mesurent jusqu'à six et sept mètres, sont au nombre de douze à quinze cents, dressés sur onze fils parallèles. A la fin du siècle passé, on en comptait encore plus de trois mille debout.

Il n'existe pas en Europe un exemple d'un aussi gigantesque travail, et ce n'est qu'à l'extrémité du globe, dans l'archipel de la Polynésie, que l'on retrouve ce remarquable appareil de menhirs dressés sur de longues lignes parallèles comme à Carnac.

Il serait intéressant de rechercher quel incident de migrations a pu valoir aux îles Mariannes le privilége des alignements préhistoriques, et surtout quel rapprochement peut exister entre ces édifices semblables élevés sur deux points aussi diamétralement opposés [2].

L'on a donné le nom de pierres branlantes ou vacillantes à certains menhirs qui, au lieu d'être fichés en terre, sont placés en équilibre sur une assise de roches, ou même sur le sol, de telle façon qu'ils oscillent sous l'effort de la main, ou tournent sur eux-mêmes lorsqu'on les pousse d'une façon particulière.

On a voulu voir dans les pierres branlantes un instrument judiciaire destiné à reconnaître la culpabilité des accusés. Ceux-ci étaient proclamés innocents lorsqu'ils parvenaient à déplacer la roche mobile, tandis

[1] Dans un article de l'*Archeologica Britannica*, il est dit que les allées d'Erdeven étaient autrefois réunies à celles de Carnac.

[2] A l'île Timian, il existe des ruines sur plus de 400 pieds d'étendue; à celle de Rota, la *Maison des Antiques* est plutôt une enceinte sacrée, circulaire de près de 250 mètres de circonférence.

qu'on déclarait convaincus du crime ceux qui ne réussissaient pas à l'ébranler.

La pierre tournante ou mouvante d'Uchon, dans l'arrondissement d'Autun, est la plus belle qui soit en France. En Angleterre, l'on rencontre quelques monuments de cette espèce, élevés dans des conditions d'équilibre telles qu'un enfant peut les faire mouvoir d'un seul doigt, toutefois lorsqu'il en connaît le *secret.* La plus remarquable de ce pays est le Rocking stone de West-Hoad-Ley, comté de Sussex. Le peuple la désigne sous le nom de *petit-porte-grand* (great upon little). Elle a sept mètres de haut et l'on peut juger, par son élévation, du poids de cette masse énorme.

De tous les édifices mégalithiques, les menhirs, les dolmens et les pierres oscillantes sont ceux dont les formes étranges ont le plus frappé l'imagination des différentes peuplades qui succédèrent aux hommes de la pierre polie et du bronze ; aussi plusieurs portent-ils des noms de personnages fabuleux ou consacrent des légendes remontant aux païens, quelquefois aux chrétiens, souvent même au moyen âge.

Parmi les noms, celui de Roland, le paladin de Charlemagne, est général dans le Midi ; Gargantua, le personnage de Rabelais, a la préférence dans l'Ouest, et le Dauphiné a adopté celui de Lesdiguières, le célèbre connétable à qui Henri IV dut le trône de France. Quant aux légendes, les unes sont païennes et se rapportent presque uniformément aux anciennes prêtresses des druides dont le moyen âge a exalté le prestige et poétisé le caractère, en leur appliquant le rôle de ces êtres fantastiques doués d'un pouvoir surnaturel désignés sous le nom de fées.

La roche percée de Trye fut apportée par les fées dans les plis de leurs tuniques; puis, l'on trouve la *Pierre aux Charmeuses*, la *Pierre merveille*, la *Pierre qui vire*, le *Temple des Fées* qui se change en *Palais de la Vierge*, la *Pierre aux Dames*, le *Lit des Fées*, la *Pierre des Druides*, la *Pierre de Justice*. D'autres légendes sont chrétiennes et traduisent dans leur âpreté la crainte salutaire inspirée par le démon. Ici, c'est la roche hantée par un personnage qui dévore la nuit ceux qui tentent de s'y réfugier; celle où le diable démolit à la clarté de la lune ce qui a été élevé pendant le jour. C'est la *Chaire du Diable*, la *Table du Diable*, la *Mauvaise Pierre*, la *Cave du Diable*. Quelquefois le nom s'est modifié, mais il recèle dans sa racine une trace de son origine légendaire. La *Pierre Gante*[1], roche suspendue au coteau qui regarde le vieux château de *Tancarville* dans la Seine-Inférieure, doit désigner la *Pierre Géante*, et la *Pierre Dialante* du Calvados est bien une pierre *endiablante*.

Un grand nombre de rocs monolithes qui n'ont pas été des pierres oscillantes, se nomment néanmoins pierres tournantes, branlantes ou mouvantes; on raconte qu'elles ont tourné ou même tournent encore à certaines heures ou à une époque fixe de l'année; nous voyons dans cette légende une allusion au cours

[1] D'après la légende, cette pierre naturelle qui a la forme d'un vaste parasol, aurait servi de siége à un géant qui se lavait les pieds dans la Seine. (Deville, *Hist. du château de Tancarville*, p. 36.). Voir chapitre VII du présent livre.

des astres et une tradition d'un rôle astronomique que ces pierres auraient joué au temps des druides. Après les avoir fait tourner, l'imagination, la crédulité ont cru à leur déplacement, on les a vues marcher. La pierre de la fosse du Clos-Blanc, hameau de Vauville, fait trois fois le tour de cette fosse durant la messe de minuit à Noël. Celle du Pivallet, à Gerponville, écarte les tempêtes ; celle des Monts-Raz, à Saint-Aubin-le-Cauf, détourne la foudre. Autour de la pierre de Way, près la route de Pont-Audemer, l'on voit courir les fées et les géantes ; au-dessus de celle de Saint-Cyr-sur-Chars, on aperçoit des apparitions fantastiques sous la forme de colombes blanches (autre souvenir des druidesses) ; le lichaven de la limite d'Ymare et de Pîtres guérit la fièvre ainsi que la rage, lorsque l'on passe sous sa dalle ; la roche naturelle de Villequier en forme de chaire à prêcher recouvre d'immenses trésors gardés par des monstres et des femmes vêtues de blanc (les druidesses). Près de la fontaine est la pierre qui va boire la nuit à la source ; non loin de l'église, celle qui tourne pendant la nuit sombre. La *Table des Fées* se rencontre le plus communément dans les dolmens, et tous, quelle que soit la localité où ils sont élevés, renferment un riche trésor.

Ces diverses légendes demandent à être recueillies avec soin, car ce sont de précieux souvenirs qui survivront aux monuments que l'on arrache de toutes parts.

Nous noterons donc avec la plus grande exactitude, dans le cours de notre ouvrage, toutes celles qui nous sont parvenues en respectant scrupuleusement la tradition locale et en l'appliquant aux différents édifices que nous décrivons.

D'autres monuments antérieurs à l'histoire, ou appartenant aux premières époques des temps écrits, doivent également appeler notre attention ; mais leur importance, jointe à l'incertitude de la période à laquelle on peut les rattacher, en feront l'objet d'un chapitre spécial sous le titre de « monceaux de silex ».

Nous devons mentionner aussi des chaussées de 4 à 5 mètres de large, en pierres mêlées de terre, s'élevant en dos d'âne au-dessus du sol et s'étendant souvent à de grandes distances. Ces chaussées, qui remontent à l'âge des dolmens, avaient pour but de conduire à l'entrée des édifices. L'on rencontre quelquefois encore certains ouvrages qui semblent se rapporter aux temps celtiques ou même gaulois, on les désigne sous le nom de Fosses-de-Justice. C'est ainsi que suivant le chemin des Chênes-Verts au bois de Pîtres (Pont-de-l'Arche) jusqu'à la grande avenue des Charmonts, et pénétrant dans le taillis par le chemin de la Pensée, on arrive au pied d'une fosse large et profonde appelée Fosse-à-Juman. Cet ouvrage de 70 mètres de long sur 30 de large et de 8 à 10 de creux fut considéré par l'abbé Cochet comme une fosse gauloise où l'on rendait les jugements qui ont pu se dire autrefois jurement ou juman.

Le célèbre abbé a cru devoir assigner la même origine à des excavations en forme de cônes réguliers de

5, 7 et 8 mètres de diamètre sur 2 ou 3 de profondeur. Ces ouvrages auraient servi d'emplacement à des habitations celtiques. Quoique cette hypothèse paraisse douteuse, nous citerons plusieurs de ces cônes dans la forêt de Lyons. M. de Chênedollé, inspecteur des forêts, attaché à cette localité depuis plus de vingt ans, a bien voulu nous en signaler sur différents cantons. L'on en rencontre encore de semblables, mais plus vastes (10 et 12 mètres de large et 4 à 5 de profondeur), dans la forêt de Brotonne.

Enfin, nous noterons pour mémoire les murailles de blocs monolithes plantés debout l'un contre l'autre, sans se toucher. Ces enceintes, qui ne sont pas celtiques, datent cependant d'une époque fort reculée, et présentent tous les caractères de l'architecture cyclopéenne.

Nous en signalerons une fort remarquable entourant le cimetière d'Haricourt (Andelys, Eure). Elle se compose de plus de cinquante tables de calcaire dur ayant 1 mètre à 1 mètre 50 de long sur une hauteur uniforme de 70 centimètres, et 30 d'épaisseur. L'on en rencontre encore plusieurs en dehors de la limite du Vexin français.

A côté des monuments préhistoriques, il est un autre ordre d'édifices qui, tout en étant plus ou moins modernes, ont continué une tradition et à ce titre méritent une mention particulière. Ce sont les pierres qui, sous forme de table ou de banc, décorent d'une façon pittoresque certaines parties de nos forêts, où ils ont remplacé l'ancienne roche celtique.

Ces pierres se nommaient tables de marbre, et Joseph de Ferrières va nous expliquer pourquoi :

« La table de marbre au palais se prend pour deux « juridictions.

« L'une est la connétablie et maréchaussée de « France, l'autre le siége de la réformation générale « des eaux et forêts qui juge au souverain. Ce nom « est donné à ces deux juridictions à cause d'une « grande table de marbre qui occupait autrefois tout « le travers de la grande salle sur laquelle ils tenaient « leur juridiction[1]. »

Cette table, véritable monument, était si longue, si large, si épaisse que jamais, au dire des anciens chroniqueurs, on ne vit au monde pareille tranche de marbre; au moyen âge, on représentait, à certaines fêtes, des mystères sur sa vaste surface dont le poli tout rayé des clous et talons de la basoche servait de parquet au théâtre improvisé.

Il y avait aussi à Rouen, au palais de justice, la juridiction de la table de marbre ; elle se tenait d'ordinaire, comme à Evreux, sur une large pierre au milieu de la forêt pour y connaître des délits forestiers, et était représentée au palais par une réelle table de marbre. Elle connaissait, comme à Paris, des affaires de connétablie, de l'amirauté et des eaux et forêts, et avait pour siége la salle dite des procureurs[2]. Cette table autour de laquelle on rendait la

[1] Joseph de Ferrières. *Dict. des Termes de pratique.*

[2] Construite en 1473 pour servir de salle commune aux marchands qui, auparavant, s'assemblaient dans l'église Cathédrale pour traiter de leurs affaires, au grand dommage de la décence du lieu sacré.

justice, fut portée ainsi qu'une autre plus petite dans la salle des Pas-Perdus, après l'acte de 1790 abolissant les parlements.

On vient de retrouver la table de marbre de Rouen en la possession d'un mégissier de cette ville, et il est question de la rétablir en la place qu'elle n'eût jamais dû quitter.

L'habitude de trôner sur une pierre pour rendre une juridiction forestière provient évidemment des druides, tout comme le mot *gruïer*, *gruerie* qui dérive de *drus*, chêne. « Le nom duquel aulcuns dérivent du « grec δρυς, chêne[1]. » — « Le gruïer est l'officier qui « a soin des bois; il juge en instance des délits, des « malversations qui se commettent dans les forêts. Le « droit de gruerie est aussi un privilége de moitié, « que le roi prend en quelque forêt de son royaume[2]. » La table de marbre remplace la pierre de justice des forêts ou dolmen; quelques-unes, telles que la pierre de Darnétal, servirent sous le régime féodal à recevoir les plaids et les hommages des vassaux; sur d'autres nommées pierres d'acquit, se concluaient certains marchés; la grande pierre carrée qui existait encore à Caudebec-en-Caux, près la porte d'Harfleur en 1827, et sur laquelle, d'après l'abbé Cochet, les Jouanne, bourreaux de Normandie, percevaient les droits sur le bois de chauffage, et ceux de boisselage sur les grains[3], devait être autrefois une pierre de justice.

[1] Miraumont. *Traité de l'Origine des juridictions de France.*
[2] *Dictionnaire de Richelet*, 32.
[3] *Répertoire archéologique du département de la Seine-Inférieure.* Abbé Cochet, Paris, 1872, imprimerie nationale.

Cet usage de monter sur la pierre consacrée, on le retrouve aux époques les plus reculées. La Bible nous dit qu'*Abimélech* fut proclamé roi sur une pierre, et nous voyons encore de nos jours les officiers ministériels qui remplacent les tabellions, les tabularii, faire signer sur une pierre limitant leur juridiction un acte de vente concernant une juridiction voisine.

Un roi sémite et un notaire, Abimélech et le fonctionnaire normand, ont donc usé de la pierre pour exercer leur pouvoir, pour proclamer leur juridiction. Ce sont les extrémités d'une chaîne, tradition et histoire, et le druide montant sur la pierre sacrée, comme le roi franc élevé sur le pavois, sont deux anneaux de cette chaîne.

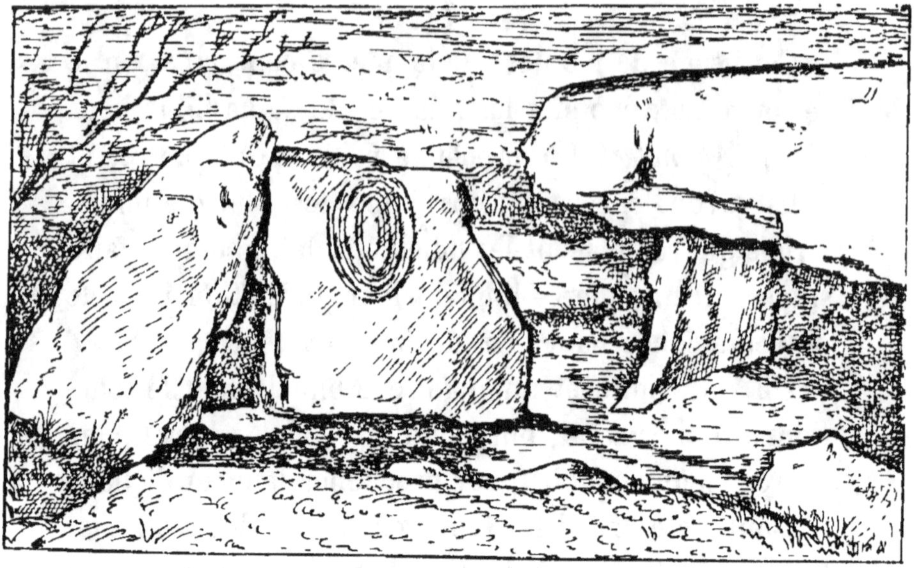

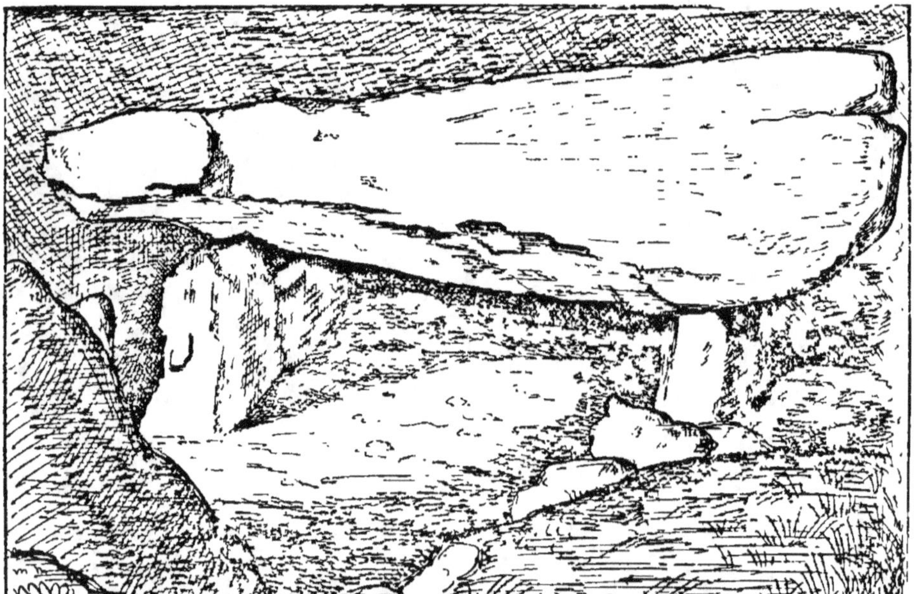

PLANCHE II. Entrée actuelle du grand dolmen de Dampsmesnil-sur-Ecos. Eure :
Fig. 1. Blocs précédant l'entrée.
Fig. 2. Première table du dolmen.

CHAPITRE V

STATION MÉGALITHIQUE DES RIVES DE L'EPTE

Allée couverte de Dampsmesnil — Son étendue actuelle — Ce qu'elle était dans le principe — Figures étranges ciselées sur l'un de ses jambages — Leur rapprochement de sculptures semblables trouvées sur d'autres monuments — Comparaison des différentes sculptures découvertes en plusieurs localités sur les édifices dits celtiques — Signes cryptographiques de Bretagne — d'Angleterre — d'Ecosse — d'Irlande — de Suède — Leur rapport avec ceux de Dampsmesnil — Le docteur Wilson — Classification adoptée par M. de Closmadeuc — Nomenclature de M. Simpson — Combinaisons des lignes — droites — brisées — courbes — circulaires — hexagonales concentriques — Elliptiques concentriques — Signes cupuliformes — pédiformes — jugiformes — pectiniformes — celtiformes — scutiformes — asciformes — Ensemble de dessins imitant des plans topographiques en creux — Système de M. de Vesly sur l'origine des arts graphiques — Similitude entre les signes de Dampsmesnil et les tatouages océaniens — Opinion de M. Mérimée — Le serpent indien et égyptien — Analogie avec certain passage de la Genèse — Tradition arabe — Hypothèse de M. Fergusson — Conclusion de M. Simpson — Parallèle entre les monuments mégalithiques de l'Ouest — La pierre percée — Ce que l'on peut supposer concernant l'ouverture — De Cambris — Ouvertures rondes — Ouvertures ovales — Rapport entre la pierre percée et la destination de certaines allées couvertes.

ALLÉE COUVERTE DE DAMPSMESNIL

Lorsque quittant Molincourt, petit village situé sur la commune de Berthenonville, on se dirige vers le sud, l'on rencontre une plaine étroite mesurant cent à cent vingt mètres de large, bordée à l'est par un bois assis sur le même plan que la plaine, et à l'ouest par un autre bois dont la pente excessivement abrupte aboutit à une vallée en contre-bas de plus de soixante pieds. Dans cette plaine, et à onze cents mètres du village, se trouve l'édifice celtique, élevé sur la crête du bois rapide et se dirigeant du sud-ouest au nord-est, c'est-à-dire vers le premier bois.

Malgré ses mutilations successives, ce monument se compose encore aujourd'hui de deux rangs comprenant chacun huit pierres dressées formant les deux murailles d'un passage ou corridor de un mètre quatre-vingts centimètres de large sur un d'élévation; cette hauteur, qui oblige à se courber en deux pour le parcourir, n'est pas sa primitive dimension : étant élevé à mi-côte, il a été comblé à la longue par les terres environnantes, depuis longtemps en culture; de plus, les fouilles pratiquées à différentes époques dans le but d'enlever des pierres, ont eu pour résultat d'obstruer cette allée, très-facile à déblayer et à rétablir sur sa hauteur première de deux mètres. La galerie est recouverte de blocs posés à plat, joint contre joint; chacun a trois mètres quatre-vingts de long sur une épaisseur de soixante-dix à quatre-vingts centimètres.

Ces dalles sont au nombre de cinq; la première, renversée et brisée, avait deux mètres de large; la seconde a un mètre soixante; elle est écartée de la troisième par un arbre poussé fortuitement dans le joint, ou plutôt par la main de l'homme, qui l'a déplacée; la troisième a deux mètres; la quatrième, glissée sur la cinquième, un mètre soixante, et la cinquième, deux. L'édifice, terminé par un bloc planté debout, mesure huit mètres de long de l'entrée jusqu'au bloc; plusieurs débris de dalles et des restes des parois latérales encore fichées en terre indiquent qu'il se prolongeait beaucoup plus en arrière, sur l'emplacement des dix-sept mètres séparant son entrée actuelle de la crête du bois.

M. le marquis de Fayet, propriétaire de ce superbe édifice celtique, nous a affirmé de la manière la plus positive avoir vu dans son jeune âge un grand nombre de tables occupant l'emplacement de ces dix-sept mètres et s'être promené debout dans la galerie. Les plus anciens habitants de Dampsmesnil confirment ce fait, et ajoutent que le premier des blocs de l'entrée était percé d'une ouverture circulaire; les tables ont été brisées par eux-mêmes il y a cinquante à soixante ans.

Cette allée couverte mesurait donc de vingt à vingt-quatre mètres de long; de plus, en étudiant le terrain avec attention, il semble avoir existé autrefois, de chaque côté, deux autres galeries parallèles : celle de droite a dix mètres, celle de gauche en a sept. Quelques blocs, des tablettes à fleur de terre et des dépressions du sol correspondant à celles extraites ou brisées, en indiquent suffisamment la direction.

Le sol de ces galeries devait être creusé au-dessous de celui de l'allée principale, si l'on en juge par une dalle disposée sur le versant du bois, et peut-être le sommier de l'une des entrées. L'on retrouve également sur la pente plusieurs des larges blocs ayant formé la couverture de l'allée, avant d'y être précipités. Plus loin un vaste creux, fouillé de main d'homme, correspond à l'axe du dolmen; à quarante mètres de celui-ci, et à la même orientation sud-ouest-nord-est, l'on remarque une énorme table renversée donnant accès sur le côté à un passage fort étroit.

Etait-ce une chambre mortuaire dont les murailles se sont effondrées, ou une pierre d'un volume trop considérable pour pouvoir être déplacée de la fouille? Il est difficile de le reconnaître au milieu du chaos que forment ces ruines; toutefois, l'ouverture étroite paraît avoir communiqué par un passage souterrain avec l'une des galeries, celle située à gauche de l'allée couverte. Nous tenons le fait de l'ouvrier de Dampsmesnil qui a obstrué ce passage, il y a quelques années, en y tirant de la pierre.

Même détérioré comme il l'est, notre monument de Dampsmesnil serait encore assez imposant pour nous dispenser de toute appréciation, si l'intérêt qu'il présente ne se trouvait augmenté par l'existence, sur l'un de ses jambages, d'un signe particulier, empreinte mystérieuse dont nous laisserons à la science le soin de déchiffrer le sens.

Sur le premier support de gauche, et en dedans de l'allée, on remarque deux figures ovales à quatre lignes concentriques, dont la grande ellipse mesure quarante centimètres de haut sur vingt de large.

Ces images, en tout semblables à celles du dolmen de Gavr'inis (Morbihan), sont ciselées en relief. L'une, celle d'en haut, est parfaitement distincte ; l'autre, plus effacée, demande à être observée au crépuscule, ou mieux le soir avec une lumière ; elles sont d'autant plus précieuses qu'un savant très-autorisé a dit dans un remarquable travail : « En dehors du Morbihan et « de quelques endroits de la Bretagne, il ne paraît « pas qu'on ait authentiquement signalé en France

« des sculptures lapidaires sur les monuments méga-
« lithiques[1]. »

Or, ces dessins nous suggèrent les réflexions suivantes : Tout d'abord, ils réduisent à néant les arguments de certaines personnes voyant, comme l'abbé Manet : « dans les griffonnages baroques gravés à la « pointe du marteau sur les lourds jambages des dol- « mens de Lock-Maria-Ker, l'œuvre de bergers cher- « chant un abri dans les mauvais temps[2]. »

Si ce sont des signes purement capricieux, ils ne sauraient se reproduire sous une forme identique aux édifices de Bretagne, de Normandie, d'Ecosse, d'Irlande.

Il est plus probable qu'ils font partie d'un système d'épigraphie hiératique appliqué à des monuments funéraires et rappellent soit des idées, des croyances ou des faits relatifs aux personnages inhumés.

Peut-être pourrait-on dire que chaque dolmen représente un dialecte différent; ainsi nous ne trouvons à Dampsmesnil ni les écussons de Mané her Hroek, de Mané lud ou de Keryaval, ni les cupules de Kervérès, ni les celtæ du Petit-Mont ou les singulières figures de Men er Rethual[3].

[1] De Clomadeuc. *Sculpture lapidaire et signes gravés des dolmens.* Vannes, 1873.

[2] Abbé Manet. *Petite Bretagne.*

[3] M. de Clomadeuc qui a étudié particulièrement les sculptures des dolmens du Morbihan, les divise en plusieurs catégories dont les noms rappellent les formes :

1° Signe cupuliforme : représente une petite coupe en creux. Les Anglais le nomment *the cup ;*

2° Signe pédiforme : est un bâton recourbé en forme de houlette ou de crosse; il se rapproche du pedum égyptien ou du bâton augural ;

3° Signe jugiforme ou en forme de joug;

4° Signe pectiniforme ou en forme de peigne;

Peut-être même pourrait-on les rapporter à une assimilation de race, d'époque ou de migration, et nous tenons encore à noter ici cette particularité : le monument de Dampsmesnil, le seul de Normandie sur lequel on ait découvert des caractères sculptés préhistoriques, est situé sur le bord d'un cours d'eau, de même que les édifices ciselés de la Bretagne se rencontrent sur la bande maritime et non ailleurs. Serait-ce donc un symbole mnémonique, un emblème de ralliement affectés spécialement aux tombeaux de chefs, marins illustres dont la mission aurait été de conduire de grandes expéditions à la terre étrangère.

« Dressez-moi un tombeau sur les rivages de la mer
« afin de transmettre à la postérité le souvenir de nos
« infortunes, » dit un marin à Ulysse[1].

Nous avons vu de ces signes en Angleterre ; il en existe en Suède, en Danemarck ; ils se reproduisent tous avec des règles et des types spéciaux, mais identiques. Tantôt ce sont des circonférences concentriques à un, deux, trois et quatre cercles, comme à High-Hicklow en Devonshire, et aux pierres du Cairn de Raven Hill en Yorkshire ; tantôt des ellipses également concentriques, comme à Carlowrie près Edimbourg. A

5° Signe celtiforme : représente les haches de pierre celtæ. Il ne faut pas le confondre avec le caractère cunéiforme venu de Chaldée, qui est l'entaille du bois par un poinçon ressemblant à un fer de flèche ;

6° Signe scutiforme, écusson, cartouche ou bouclier ;

7° Asciforme est la hache emmanchée. Les autres formes de lignes droites, courbes ou brisées, de même que les caractères bizarres des pierres de l'île de Man, n'ont pas reçu de dénomination particulière.

[1] Σήμα τ'έροι χεῦαι πολιῆς τινι θαλάσσης
Ανδρός δυστήνοιο καὶ εσσομένοισι πυθέθαι.
(*Odyss.*, liv. II, v. 75.)

Llambedr dans le comté de Merioneth, ce sont des spirales rondes ; dans celui de Stirling, des séries d'anneaux et de spirales doubles accouplées deux par deux; il en est de même à la pierre de la Mancha en Publeshire, et à la roche de la Pict's House dans l'île d'Eday; à l'allée couverte de la Grange-Neuve en Irlande, ce sont encore des suites de spirales et d'ovales. Nous retrouvons les mêmes enroulements circulaires et en hélice, dans un dessin de Annan Street Stone, publié par le docteur Daniel Wilson[1]; un autre à six cercles concentriques copiés sur le menhir de Asige Moor Halland en Suède, par M. Simpson[2].

Ce savant archéologue anglais a donné dans les comptes rendus de la Société des antiquaires d'Ecosse une série très-intéressante de différents dessins divisés en catégories. Il représente les combinaisons circulaires, spirales, carrées et hexagonales concentriques. Il retrace aussi les cupules de l'île de Man, de Guernesey et de Falköping en Suède; mais il semble avoir confondu dans sa nomenclature les formes circulaires avec celles elliptiques qu'il ne classe pas séparément, quoiqu'étant essentiellement différentes.

En rapprochant ce travail de celui non moins remarquable de M. de Closmadeuc sur les sculptures du Mor-

[1] *Prehistoric annals*, chap. *Archaic or bronze period*.

[2] Nous pourrions citer encore des dessins identiques à ceux de Dampsmesnil que nous avons relevés à Robin Hood's bay en Yorkshire; à Ruthwen, Forfarshire, sur les bords de la mer du Nord en Ecosse; d'autres complétement annulaires aux rocs de Chattonlaw en Northumberland et à ceux d'Auchnabreach en Argylshire; des anneaux doubles, et de doubles volutes aux pierres de Toppock dans le Torword, d'autres dans le Lancashire; mais il nous semble inutile de multiplier ces exemples.

bihan, nous observons que les seuls signes communs aux deux pays sont les cupules, et principalement les ovales concentriques, c'est-à-dire ceux de Gavr'inis et de Dampsmesnil ; nous remarquons aussi que, comme en Bretagne et en Normandie, les localités où on les rencontre, soit en Angleterre, en Ecosse ou en Irlande, aux îles de la Manche, sur la mer du Nord ou sur l'Océan, se trouvent situées dans le voisinage des eaux.

Nous rappelons, enfin, que les dessins de quelques blocs du Morbihan ornés de crosses, de celtæ, de grossiers serpents, de lignes géminées et coudées à angle droit, aussi bien que les cercles, les ellipses, les cupules et les spirales d'une certaine pierre de Carnban en Argylshire, sont groupés de telle façon qu'on serait tenté de les prendre pour signes cabalistiques s'ils n'étaient les emblèmes cryptographiques des peuplades antéhistoriques.

Au congrès scientifique du Havre, août 1877, M. Prunières nous a présenté un fragment de crâne néolithique de Bonjussac portant sur sa surface interne des empreintes de ronds gravés en creux et disposés d'une façon absolument identique à celle des cupules de divers monuments mégalithiques de l'Angleterre ; or, quand l'on rapproche entre eux les plans des dolmens à enceintes existant dans les pays les plus éloignés les uns des autres, on est frappé de leur analogie avec certaines figures gravées sur les édifices celtiques.

Les monuments si intéressants, découverts par M. Féraud aux environs de Constantine, se composent de dolmens entourés de plusieurs lignes de menhirs disposés sur un plan carré ou circulaire; le « sjohorg » de Danemarck, comme les « barrows » anglais et autres édifices semblables de France, ont également des enceintes concentriques; or, les signes lapidaires reproduisent des carrés, des cercles et des ovales enroulés l'un dans l'autre, qui semblent être l'image fidèle de ces ouvrages. Il y a certaines pierres en Angleterre qui représentent, à s'y méprendre, un plan topographique en creux. On y voit des cupules qui seraient les simples tombelles, mêlées à des cercles concentriques pouvant être les buttes à cromlech à une, deux ou trois enceintes, coupées par des lignes indiquant les chaussées. De savants Anglais, tels que M. Greenwell, sir Gardner Wilkinson, docteur Graves, se sont demandé si les cupules et cercles concentriques n'étaient pas des plans de vieux camps, de villes ou bourgades disparues. L'on a condamné leur système; mais a-t-on examiné l'hypothèse que nous soumettons aujourd'hui ?

Il n'y aurait pas loin de ce souvenir posthume, représenté par ces séries de signes au champ d'action et de gloire figuré par les autres emblèmes, notamment les celtæ qui impliquent l'idée de luttes.

Tous ces caractères doivent être examinés dans leur rapport entre eux, et il nous semble qu'une étude sérieuse basée sur leur rapprochement et sur celui de dessins analogues pourrait peut-être en donner la signification.

Nous croyons savoir que des recherches en ce sens

se font en ce moment. Déjà M. Léon de Vesly vient de lire à la réunion des Sociétés savantes à Paris un travail sur l'origine des arts graphiques et en particulier de l'art celtique.

De l'examen des quipos ou nœuds de laine des Péruviens, des wampous et tatouages des tribus américaines, de l'étude des tresses, des entrelacs et de diverses ornementations des Chinois, Egyptiens et Etrusques, il semble conclure que l'art dit celtique n'est pas autochtone ni originaire des îles Britanniques; mais qu'il appartient au tronc byzantin dont il est un rameau fortement accentué par les influences arabe, chinoise et égyptienne.

Nous nous rappelons nous-même avoir noté, dans nos nombreux et lointains voyages, certains tatouages dont les lignes circulaires et concentriques sont en tout conformes aux dessins de Gavr'inis et de Dampsmesnil[1].

Qui sait si quelque tribu indienne du nouveau monde n'a pas conservé la clé de ces caractères lapidaires comme les outils de l'âge de pierre dont elle fait encore usage? Signe de la divinité ou emblème de commandement, l'homme préhistorique l'aurait transmis d'âge en âge! Vivant, il le portait sur la poitrine en forme de blason; mort, on le gravait sur sa tombe. Que de conséquences à tirer du rapproche-

[1] Pour qui désire se rendre compte de ces images, nous citerons au hasard le muséum de Rouen qui possède une idole et une proue de pirogue en bois rapportées de la Nouvelle-Zélande par l'amiral Cécile, et sur lesquelles on peut apprécier le rapport d'un dessin spirale avec ceux que nous avons cités.

ment de ces trois points résultant d'une observation positive : alignements de pierres aux îles Mariannes, tatouages des Néo-Calédoniens analogues aux signes de Gavr'inis, et usage des instruments de l'âge de la pierre conservé jusqu'à nos jours chez ces peuplades ainsi que d'autres de l'océan Pacifique.

Faut-il, avec M. Mérimée, voir dans ces dessins les différentes couches concentriques de l'œuf cosmogonique du dragon, image du monde, copié par les druides dans leur fameux talisman « qui n'était autre qu'une échinite ou pétrification d'oursin de mer[1] ».

Ces séries progressives de cercles, symboles des cycles sans fin de l'existence et de la transmigration des âmes, correspondraient aux replis circulaires du serpent infini, qui, d'après les doctrines bardiques, représente le déroulement régulier de la vie dans l'immortalité.

M. Stevens, savant anglais, dit, à propos du cromlech d'Ahury dont le plan figure des lignes concentriques analogues à la coupe de l'œuf et aux images de Dampsmesnil et d'autres en forme de serpent roulé, que ces emblèmes font partie du système théogonique des Indiens, et permettent de supposer un rapprochement entre l'origine des monuments indiens et ceux de Gavr'inis et de Dampsmesnil[2]. La mythologie indienne présente beaucoup d'analogie avec celle des Egyptiens. Certaines traditions renfermées dans les

[1] *Pline l'Ancien*, liv. XVI, chap. XLIV.

[2] Nous retrouvons cette association du serpent et de l'œuf chez les druides qui avaient une grande foi dans la vertu des œufs de serpent.

écrits primitifs des uns se retrouvent dans les emblèmes hiéroglyphiques des autres.

Les sectateurs de Brahma prétendent que le monde est sorti d'un œuf; ils croient à l'immortalité qu'ils représentent sous la forme d'un serpent qui se mord la queue; ce cercle non interrompu est l'image de Dieu qui n'a pas eu de commencement, et n'aura jamais de fin.

De leur côté les prêtres de l'Egypte ont tracé, en maint endroit de leurs temples, la figure du serpent indien, l'*Oubai,* le serpent dont la queue est cachée, d'après l'explication d'Harrapollon.

« Voulant décrire l'éternité, nous dit cet auteur, « ils peignent un serpent ayant la queue cachée sous « le reste du corps; les Egyptiens appellent ce serpent « *Oybaion* (Oubai), et les Grecs *Basilic*; ils le mettent « sur la tête des dieux. »

L'oubai était pour les prêtres l'emblème de la distinction du bien et du mal.

THoN, l'un des noms du serpent, est encore celui du dragon céleste de la tradition.

Ajoutons que, sous la forme orbiculaire, l'oubai, imitant celle du disque solaire d'Isis, image de la nature avant la création par le développement, l'éclosion de l'œuf (CNEPH), portait le nom de E-CNé et devenait le symbole du monde créé.

Certains auteurs ont cherché une analogie entre les serpents gravés sur les monuments égyptiens et la tentation d'Adam et d'Eve racontée par Moïse. Moïse, il est vrai, vécut quarante ans à la cour du roi

Pharaon (Amenophis), et y fut instruit avec le plus grand soin[1]. Lorsqu'à sa sortie de l'Egypte il écrivit la Genèse, il résuma dans ce livre sacré les traditions des premiers âges du monde, pieusement conservées parmi les Hébreux, et cette première partie du Pentateuque doit être considérée comme l'œuvre d'un historien inspiré de Dieu, de même que le texte de la loi sacrée lui fut dicté par Dieu lui-même sur le mont Sinaï.

« La main qui avait gravé les tables du Sinaï et « écrit cette vaste législation comprise dans le Pentateuque, s'est trouvée assez forte pour asseoir à jamais tout un peuple, quelque temps qu'il pût durer, « et trois mille ans passés sur son ouvrage ne lui ont « pas donné une seule fois le moindre démenti[2]. »

Les récits bibliques tellement attaqués par l'école allemande se trouvent confirmés d'une manière bien remarquable par les traditions du peuple arabe. En effet ce peuple, étant un rameau de la race d'Abraham, a pour lui une antiquité aussi respectable que celle de la mythologie égyptienne ; or, depuis que la Syrie et l'Arabie sont assez paisibles pour que les investigations de la science puissent avoir lieu d'une façon sérieuse et suivie, un grand nombre de traditions arabes sont rapportées par les derniers voyageurs anglais, et toutes concordent d'une manière surprenante avec les vérités bibliques. Ainsi les cérémonies religieuses du pèlerinage de Mecca (la Mecque) comprennent une visite

[1] « Eruditus est Moyses omni sapientia Ægyptorum. » *Act. Apost.*, cap. VII.

[2] Lacordaire. *Conférences*, t. II, 375.

au mont Arafa, en commémoration de la rencontre d'Adam et d'Eve.

Selon la tradition arabe, Adam et Eve n'auraient pas été seulement chassés de l'Eden; mais séparés par comble de châtiment durant une année entière, année d'angoisse, à la fin de laquelle se cherchant tous les deux, ils se retrouvèrent au mont Arafa et y vécurent longtemps unis.

Cette tradition si touchante ne semble-t-elle pas désigner aux yeux de tout observateur impartial le chemin des Indes et de la première migration humaine? On a dit, il est vrai, d'Adam et d'Eve qu'ils n'étaient autres qu'un: « mythe agréable emprunté peut-être « à la Perse, au temps de la captivité ».

Certes, on ne saurait être plus courtois et l'on doit savoir gré à M. Emile Burnouf, d'employer un terme aussi mesuré, pour renier une parenté d'autant plus compromettante que certains rationalistes la regardent comme postérieure à Chephrem et à Mycérinus. Mais il existe encore quelques bibliques endurcis pour qui la paternité d'Adam est un titre suffisamment reculé, et qui se contentent de son authenticité irrécusable.

Quant au serpent, on ne le rencontre pas seulement sur les antiques monuments des Egyptiens l'ayant adoré de tout temps et le vénérant encore aujourd'hui dans plusieurs de leurs temples, on le retrouve également en Grèce enlacé aux emblèmes d'Apollon et d'Esculape, comme il le fut au sceptre d'Osiris; il eut un temple chez les Romains; la plupart des anciens peuples du Nord en ont fait l'objet d'un culte spécial. Syva et

Caly sont les deux figures du serpent indien, si redoutable par le mal qu'il fit à la création, que Vichnou fut obligé de s'incarner pour délivrer l'espèce humaine de son influence. En Afrique, plusieurs peuples l'adorent aussi et lui consacrent même des jeunes filles comme prêtresses, et jusqu'en Amérique on le reconnaît, dans les adoratorios des anciens Andaquiès de la Colombie, où la chouette sacrée, le lechuza, déchire du bec et des ongles le reptile venimeux, comme dans les hiéroglyphes de la plus haute antiquité gravés sur les monuments du Mexique où le grand esprit met en pièces le serpent tentateur.

A la galerie des Missions du Champ de Mars on a pu, sans aller dans l'Inde, admirer le beau modèle réduit d'une porte de citadelle au Cambodge (à Pontéay Préakan), avec les parapets formés du serpent mythologique soutenu par quatorze Indous.

Une section, grandeur nature de ce curieux travail, déposée au Trocadéro, permet d'apprécier les colossales proportions du Naga à quatorze têtes.

Moïse n'avait donc pas à emprunter aux Egyptiens un symbole commun à toutes les religions, et l'unanimité avec laquelle tous les peuples ont introduit le serpent dans leurs théogonies primitives, prouve une fois de plus la véracité du récit de la Genèse.

Pour revenir à notre sujet, et malgré les présomptions d'origine semblable entre les sculptures des monuments mégalithiques et les détails de l'ornementation indienne, il a été jusqu'ici impossible de formuler une théorie de ces emblèmes.

On ignore encore si l'on se trouve en présence d'un appareil décoratif ou d'un mode d'épigraphie raisonnée, et il est aussi aisé de reconnaître dans les cercles répétés l'image des différentes décades de l'âge d'un chef à la manière des couches concentriques de l'arbre, ceux interrompus figurant les existences brisées par une mort violente, que d'y distinguer un simple bouclier, comme l'a fait Fergusson. Cependant, nous préférons encore au bouclier l'explication des gens de Dampsmesnil, qui voient dans la sépulture du *Trou aux loups* (nom donné au dolmen), l'empreinte de la griffe du diable, bien curieuse légende, remontant au moyen âge.

La seule conclusion à déduire, dans l'hypothèse de signes graphiques, c'est que les édifices celtiques sont antérieurs aux druides, et s'ils s'en sont servis, et ce n'est pas douteux, ils ne les ont pas élevés. (Nous parlons ici des pontifes au temps de la conquête.)

César nous dit dans ses *Commentaires :* « Les Gaulois n'avaient pas d'écriture ; les druides possédaient seuls la connaissance des lettres grecques, dont ils se servaient pour correspondre entre eux ; leurs élèves apprenaient durant de longues années des pièces de vers qu'il leur était interdit de retracer[1]. » Les caractères grecs et égyptiens étaient des symboles secrets, l'un pour les druides, l'autre pour les prêtres de l'Egypte[2].

[1] César. *De Bello Gallico,* lib. VI, cap. XIV.

[2] Rappelons à ce propos que ce fut la fameuse inscription de Rosette, rapportée d'Egypte par les Français, en 1799, qui donna à Champollion la clef des hiéroglyphes. Elle était en effet gravée en trois langues : grec, égyptien vulgaire et hiéroglyphique.

Il est bien probable que les druides du temps de César, sacrifiant avec le fer, succédaient aux druides des dolmens immolant leurs victimes avec la hache de silex.

Les pontifes gaulois approprièrent à leur culte les monuments mégalithiques, de même qu'après eux les chrétiens les surmontèrent de croix[1].

Ainsi les « barrows » ou tombeaux druidiques de la Grande-Bretagne sont devenus les autels de la foi.

A Rome, Jupiter Olympien prenait le nom de saint Pierre.

Le cirque de Vespasien était couvert encore, il y a dix ans, de pieuses stations rappelant les martyrs.

Les statues de saint Pierre et saint Paul ont décoré les colonnes Trajane et Antonine! et l'obélisque des Pharaons, actuellement consacré au Christ, avait été primitivement dédié à Auguste.

Quant aux caractères gravés sur les pierres de Gavr'inis et de Dampsmesnil, nous espérons que, quelque jour, il sera permis de les lire aussi couramment que ceux des granits égyptiens; il faut donc se garder de dire avec M. Simpson : « Ornements, symboles, hiéro-« glyphes, l'on a perdu la clef de leur sens mystérieux, « et elle ne sera probablement jamais retrouvée [2]. »

Un dernier mot sur ce sujet :

M. Rivière vient de rapporter de la province de Coni, en Italie, toute une série de caractères inconnus,

[1] Aux environs de Launion, on trouve encore le menhir associé à l'emblème chrétien.

[2] « Lapidary hieroglyphics and symbols, the key to whose mysterious import has been lost and probably may never be regained. » (Simpson. *Proceding of the Society of antiquaries of Scotland*, app., to vol. VI, 1867.)

observés par M. Maddrige sur les rochers bordant les lacs des Merveilles au Val-d'Enfer. Parmi ces signes étranges, au nombre de 400, présentant une certaine analogie avec les gravures découvertes sur quelques points du Maroc et des Canaries, se trouvent comme à Gavr'inis des images de haches emmanchées, et de plus, des dessins de pointes de flèches.

Sur l'inscription de Pandi en Colombie, copiée par M. André et dont les groupes de caractères diffèrent complétement de ceux de Gavr'inis et de Coni, est figurée une grossière reproduction des signes de Dampsmesnil et de Boury. Or, voilà trois inscriptions préhistoriques prises sur les points les plus opposés du globe; elles ne représentent absolument rien ayant un rapport quelconque avec l'un des trois règnes de la nature; leurs dessins n'ont aucune analogie entre eux, à l'exception de trois signes : haches et flèches de pierre, ovales concentriques.

Tous ces peuples dont le langage écrit différait essentiellement, avaient donc des symboles communs, certains signes identiques, propres à traduire une même idée, et il est probable que les autres emblèmes sont tout aussi primitifs ; la forme seule diffère, comme la race qui a gravé ces caractères. Les haches, qui semblent jouer un grand rôle dans ces inscriptions, diffèrent également entre elles, et les celtæ de Gavr'inis ne sont pas identiquement semblables à celles de Coni.

Ces indications sommaires nous ont paru de nature à mettre sur la voie d'une méthode de recherches

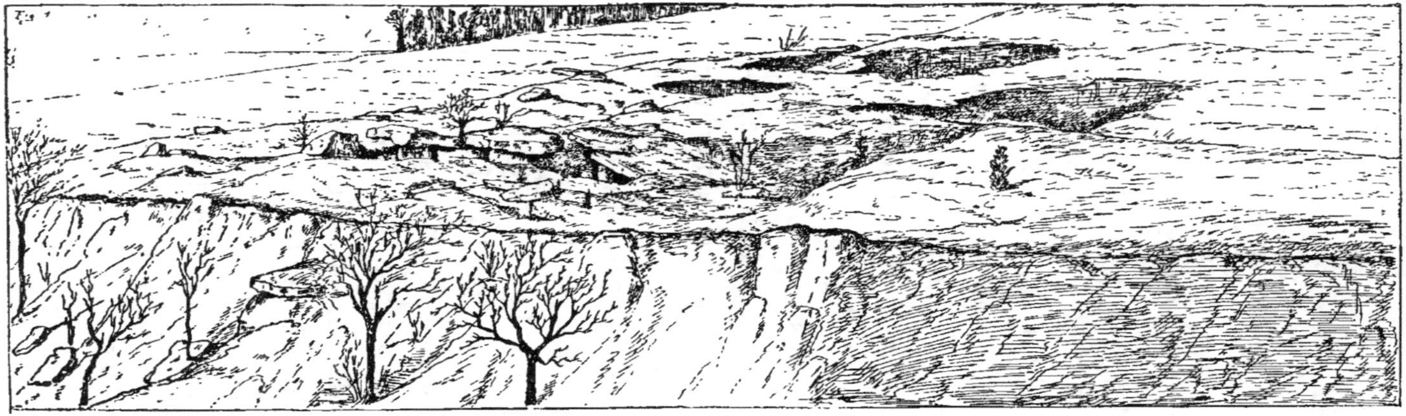

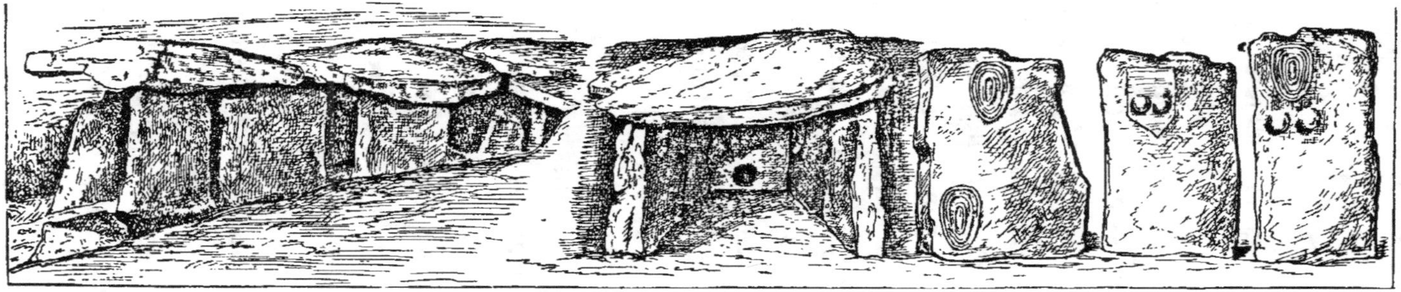

Planche III. *Fig.* 1. Vue perspective du dolmen de Dampsmesnil avec les dépressions de terrain correspondant aux roches extraites.

Fig. 2. 1, Elévation du même; 2, Dolmen à pierre percée de Cahaignes, (détruit); 3, 4, 5, Caractères cryptographiques découverts en Haute-Normandie; 3, à Dampsmesnil; 4, 5 à l'allée couverte de Boury.

que les gens spéciaux pourraient entreprendre avec fruit.

Toutes ces considérations précédentes, nous le reconnaissons volontiers, ressortent peut-être de l'enthousiasme spontané causé par la découverte de ces signes cryptographiques si curieux parce qu'ils sont rares; elles n'ont pas la puissance d'un fait corroboré par des exemples nombreux; mais, qu'on pardonne ce léger entraînement à notre vif désir de voir des spécialistes, surtout ceux envoyés en missions savantes par l'État, se livrer à l'étude comparative de tous les caractères épigraphiques, avant que la marche envahissante de la civilisation n'ait effacé sous sa déplorable uniformité tous les signes de tatouages, tous les ornements des costumes emplumés, des poteries antiques et des monuments mégalithiques épars; enfin qu'il nous soit permis, dans notre amour désintéressé pour toute science qui s'attache aux origines nationales, d'exprimer aussi notre impatient désir de voir les études sur la langue celtique, si bien commencées par Mac Pherson en Ecosse, et par M. le comte de La Ville-Merqué en Bretagne, se poursuivre avec le même empressement avant que la centralisation administrative et le commerce avec les sillons si nombreux des chemins de fer ne viennent supprimer entièrement les derniers vestiges des traditions celtiques orales et monumentales.

Nous avons visité un grand nombre d'édifices celtiques, et il nous a paru intéressant de les comparer à celui de Dampsmesnil.

A part les ruines si célèbres de la Bretagne, cette

terre classique sur laquelle les menhirs en nombre fabuleux forment ces mystérieuses avenues de Carnac où nous nous égarâmes bien jeune, avec stupeur, tout frissonnant d'épouvante [1]; à part encore cet obélisque de Lock-Maria-Ker [2], de 22 mètres de haut, aujourd'hui renversé et brisé; celui de Plouarzel, de 12 mètres, et quelques-autres non moins célèbres, il nous semble que notre monument ne le cède en rien à ceux de la vieille Armorique.

Et pourtant, n'était-elle pas la terre privilégiée, la contrée sainte par excellence? le Morbihan et le Finistère, depuis cette pointe du Raz, à la fois si grande et si redoutée; avec son île de Sein, l'ancienne Sena, au collége des neuf vierges terribles, dont les marins avaient seuls le droit d'entendre les oracles; la chaussée de Sein, les rochers de la Chèvre, le bassin d'Audierne, la baie des Trépassés [3], où le matelot ne passe jamais sans implorer la pitié du Très-Haut; la pointe de Pen'march; enfin, tout ce coin de terre frémissant encore du voisinage des prêtresses gauloises et du séjour des vieux druides, ces lieux où l'imagination fébrile des anciens plaça les bouches de l'enfer, les gouffres du Ténare transportés par erreur dans l'Italie, que la

[1] « Rudes et informes Saxorum compages. » (Tacite.)

[2] « Mirifica moles. » (Cicéron).

[3] D'après Procope et Strabon, les anciens Gaulois plaçaient là le séjour des bateliers qui transportaient « trespassaient » les âmes dans le séjour des îles fortunées de la Grande-Bretagne, comme les Grecs et les Romains passaient les leurs au-delà du Styx et de l'Achéron, les Egyptiens sur l'autre rive du lac Mœris. C'était l'image de la marche des peuples venus d'Orient à l'Occident, à l'exemple des astres qui semblent naître au levant, et mourir « occidere », s'éteindre au couchant.

Grèce ignorante a vingt fois confondue avec l'occident de l'Europe.

L'île de Jersey et même toute l'Angleterre étaient pour les Gaules ce que Sion était aux Mosaïstes, ce que Rome est pour les chrétiens.

L'Angleterre était la fameuse île de Philoe sur le Nil, la Tachompso des Pharaons, île sacrée avec ses palais, ses sphynx, ses propylées, la Rome des Egyptiens : c'était la montagne de Sainte-Geneviève à Paris, c'était Jérusalem pour les Juifs. Elle était le conseil de guerre, le conseil religieux de toutes les Gaules. Là, il y avait plus de bowing-stones et de peulvens que de dolmens et de menhirs sur le continent, et nous savons que le stone-henge, en Wiltshire, est la plus sublime expression de l'art, au sein de l'Occident préhistorique. Aussi, irons-nous aux îles Britanniques pour admirer les différents types de l'architecture celtique. Nous y avons vu de fort beaux dolmens souterrains; quelques-uns même, comme celui de de Wellow dans le comité de Sommerset, présentent un rang imposant de quatre trilithes, donnant accès à autant de galeries reliées entre elles par une longue allée centrale.

Mais c'est encore la Bretagne qui nous offre le plus de rapprochement quant à la forme et l'étendue des allées couvertes. Ainsi l'hypogée de Plouharmel présente cette singulière coïncidence avec le nôtre de trois galeries parallèles et d'écartement inégal :

Les murs latéraux sont sous terre, et la ressemblance entre les deux monuments serait frappante si l'étendue de celui de Dampsmesnil n'avait été beaucoup plus considérable et si la disposition du sol ne nous donnait lieu de penser que l'allée centrale n'a pas été entièrement couverte d'une butte tumulaire, mais que les blocs de l'entrée étaient élevés en dehors de cette butte, comme le serait un autel servant de porte à un tombeau. Nous retrouvons cet appareil à Trye-Château, à Boury et autres lieux, où l'entrée en forme de pylone est un trait d'union entre le dolmen, monument élevé au grand jour, placé en évidence, et l'allée couverte, édifice funéraire, souterrain, dissimulé sous une masse de terre.

A ce propos, il nous paraît difficile de s'expliquer pourquoi les Celtes ou autres races préhistoriques, plaçant leurs sépultures à un point presque inaccessible, dans les portions les plus retirées et les plus épaisses des forêts, avec l'intention évidente de les dérober aux regards indiscrets des masses ignorantes et profanes, avaient choisi pour ce travail un style d'architecture nécessitant, par ses formes cyclopéennes, l'emploi de milliers de bras; il était de plus inutile de mettre en œuvre des blocs d'un maniement si pénible, car voulant les recouvrir de terre, des morceaux moins volumineux, mais tout aussi résistants, eussent pu remplir le même but. Nous le supposons donc, les allées n'étaient point toutes à l'état de souterrain, ou du moins, quelquefois une partie de l'allée formant entrée monumentale aussi bien que dolmen n'était pas recouverte de terre et pouvait se prêter à l'exercice des céremonies funéraires ou expiatoires.

Nous pourrions, à l'appui de cette assertion, rappeler cette ouverture circulaire qui existait à l'entrée de l'allée couverte de Dampsmesnil, comme à celle des dolmens de Cahaignes, de Trye-Château, de Boury; quelle pouvait être sa destination?

Si les dolmens étaient des autels, a-t-on dit, les animaux destinés à être offerts en holocauste, peut-être même les prisonniers, ont pu avoir été renfermés dans la chambre formée par l'ensemble des tables.

L'ouverture aurait servi à passer la nourriture ou à accomplir le sacrifice, en présentant la tête de l'animal en dehors au-devant de l'autel. Si certains dolmens ont été, comme notre allée couverte, percés d'un trou circulaire sur le devant, ils étaient destinés aux mêmes usages.

Serait-ce la fenêtre de la cellule d'un grand prêtre? L'on rencontre encore dans quelques allées un bloc de pierre séparant la salle mortuaire d'une première chambre où pouvait se tenir le prêtre ou même un gardien des tombeaux.

Les Gaulois qui vinrent après les Celtes, vivaient dans des grottes l'hiver, et l'été, dans des maisons d'osier : c'était un souvenir des grottes célèbres de l'Orient.

Peut-être passait-on les enfants par cette ouverture, pour les préserver des maléfices. Au dolmen de Trye, on fait encore passer les enfants par le trou, pour les guérir de la fièvre ou les en préserver. Ou y figurait-on le symbole de la lune? Peut-être aussi servait-elle à s'exercer au tir, à l'arc, ou bien à rendre des oracles qui se prononcèrent plus tard par des caveaux pratiqués dans les pierres.

« Diane fut longtemps représentée par une bouche, « par un trou fait dans une pierre [1]. »

Ces diverses suppositions nous font vivement regretter de n'avoir point vu la pierre de Dampsmesnil; elle eût pu nous aider par quelques rapprochements à découvrir le but des pierres percées.

Dans les sépultures simples, c'est-à-dire de un à trois corps, ces corps étaient probablement inhumés avant la pose des énormes dalles destinées à les recouvrir. Au contraire, dans les sépultures multiples ou succesives, c'eût été un travail très-pénible et de nature à compromettre la solidité de l'édifice de lever une dalle à chaque inhumation. Or, dans un dolmen de cette catégorie, c'est-à-dire à l'allée de Boury où l'on a trouvé une multitude de corps, nous avons pu le constater, le trou avait la mesure suffisante pour laisser pénétrer un homme; il y a plus : à celle de Trye-Château, l'ouverture est ovale, et nous l'avons observé, en y passant nous-même, cette forme coïncidant avec la saillie des épaules facilitait singulièrement le passage.

A l'appui de ces faits, nous citerons l'allée couverte de Conflans-Sainte-Honorine, installée aujourd'hui dans les fossés du château de Saint-Germain, et sous laquelle on trouva, au pied de la pierre percée, un morceau cylindrique s'adaptant parfaitement à l'ou-

[1] De Cambris. *Recherches sur le culte des pierres.*

verture circulaire et destiné à la fermer; n'était-ce pas évidemment pour empêcher la transmission des miasmes qui eussent rendu le vestibule inabordable !

L'on rencontre des dolmens à pierre percée en Angleterre, tels sont ceux de Rodmarton, et d'Avening au comté de Wiltshire [1], dont les ouvertures ovales sont creusées dans deux blocs différents. Il y en a en Syrie, au Caucase et jusque dans l'Inde [2].

Tous ces dolmens sont funéraires et plusieurs ont la trace d'entailles pratiquées des deux côtés de l'ouverture et destinées à recevoir une porte de bois.

Le soin de fermer la chambre mortuaire et l'existence de chaussées empierrées qui y conduisent, semblent désigner ces sépultures comme successives, peut-être était-ce le caveau de famille de quelque chef puissant, dont le monogramme était gravé sur une des pierres du monument, et reproduit sur les tombeaux de la même race. Il serait intéressant d'observer si, dans les édifices ayant des signes identiques, les corps sont inhumés d'une façon semblable; la position assise et celle allongée représentent bien probablement deux différents rites de sépultures, et non deux époques néolithiques, puisque l'on retrouve chez les uns comme chez les autres les armes de silex de la même taille et du même poli.

[1] Voir les dessins publiés par M. Thurnam dans l'*Archeologia britannica.*

[2] M. Bertrand, dans l'*Archéologie celtique*, donne une curieuse reproduction du dolmen de Nilgherris au Sorapour dans l'Inde.

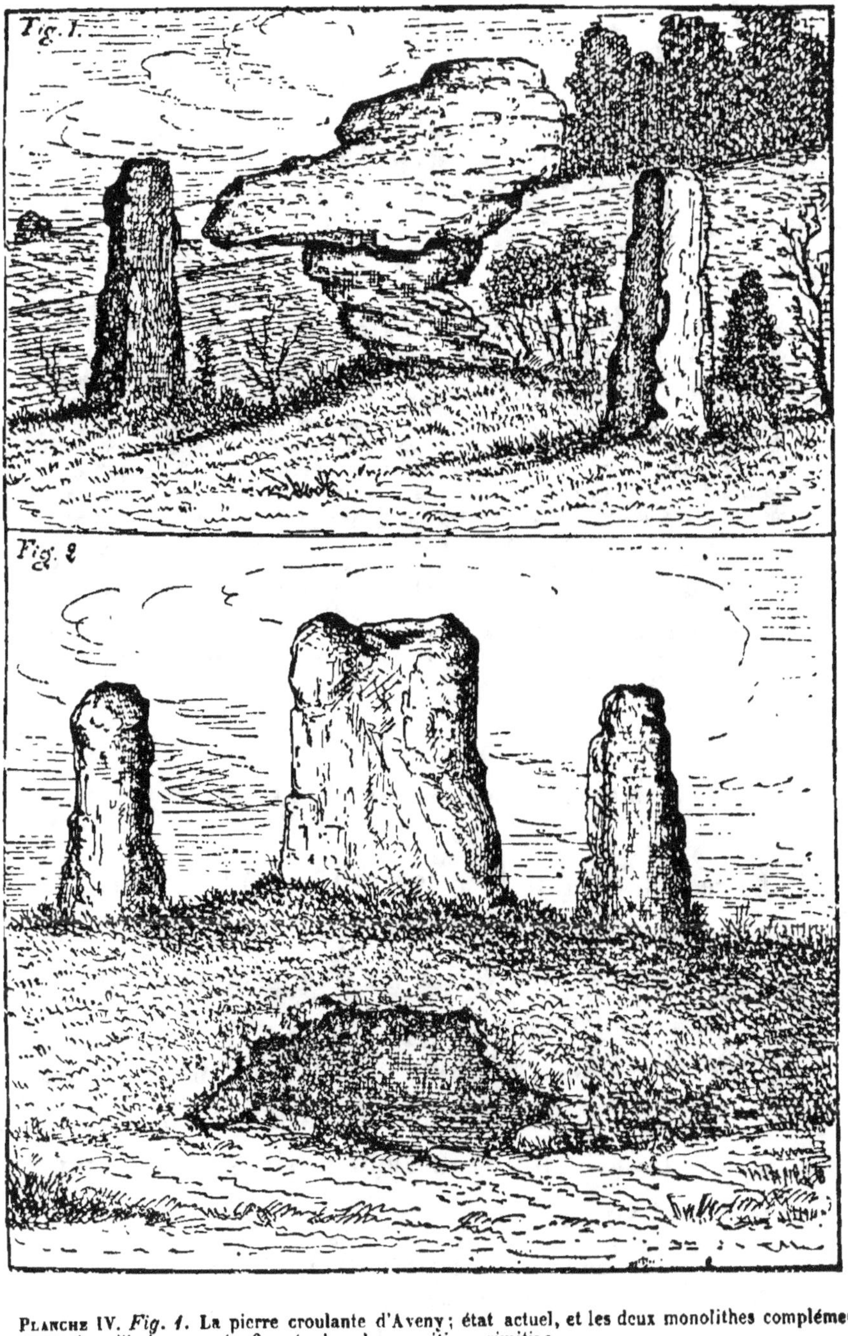

Planche IV. *Fig. 1.* La pierre croulante d'Aveny ; état actuel, et les deux monolithes complémentaires aujourd'hui renversés, figurés dans leur position primitive.

Fig. 2. La pierre tournante de Baudemont (détruite).

CHAPITRE VI

COMPLÉMENT DE LA STATION DES RIVES DE L'EPTE

Menhir d'Aveny — Sa ressemblance avec une pierre oscillante — Les deux monolithes qui forment son complément — Où l'on retrouve la combinaison trinaire des anciens temples — Le nombre fatidique trois — Les triades de l'antiquité — Le taureau trigarane — Rapport des trois pierres levées d'Aveny avec le taureau aux trois grues et certains monuments égyptiens — Origine commune des diverses triades — Tradition de l'Orient — La pierre pétrie — Vaste cromlech entouré d'un fossé — Opinion de M. de Caumont sur les rocs naturels consacrés par les Celtes—La fontaine de Madame-de-Cacaux-Rouges— Tombeau celtique à Saint-Remy— Similitude avec quelques dolmens souterrains de la Bretagne — Dolmen du Chesnay-Haguest — Sa réédification — Manière dont on procédait à la mise au levage des monolithes — Système des anciens Assyriens — Ouvrage du docteur Layard — Cromlech de la Villeneuve — Détails rappelant les Standing-Stones sur la mer d'Irlande — Comment il serait aisé de le restaurer — Les mountains-rocs de l'Ecosse — Différence d'époque entre le cromlech de la Villeneuve et celui du Wiltshire — Evaluations diverses de l'âge du monument — Alignement de la Villeneuve — Les avenues et les alignements — Pierre tournante de Baudemont.

MENHIR D'AVENY. — LA PIERRE PÉTRIE

Le second monument celtique du groupe des rives de l'Epte est le menhir d'Aveny; par sa proximité du dolmen à allée couverte de Dampsmesnil, il en forme le complément obligé.

Situé à 800 mètres environ, dans la direction du sud-est, il se dresse fièrement à mi-côte au bord d'un bois dont les arbres ne sauraient dissimuler son imposante majesté.

Qu'on se figure une roche ayant à peine 1 mètre d'épaisseur à sa base, sur trois mètres de hauteur, élargie subitement, et sans transition, à son sommet, en sorte de table, donnant une surface de 4 mètres sur 3. C'est un menhir finissant en plate-forme de dolmen, au lieu de se terminer en pointe comme le sont les pierres levées.

Ce bloc qui semblerait un de ces jeux hardis de la nature, soutenant, par un prodige d'équilibre, une masse monstrueuse sur une base infime, porte encore le nom de pierre croulante ou branlante, et ce nom, il a dû le conserver de la tradition.

Le druide, en le façonnant à grand'peine, avait sous cette apparence sauvage, menaçant toujours et toujours debout, défiant la tempête, la foudre même, avait voulu représenter l'arbre, le chêne, objet du culte sacro-saint.

Nous avons pu croire longtemps à une pierre vacillante, comme son nom semblait l'indiquer; mais l'inutilité de nos efforts pour la mettre en mouvement, jointe à sa constitution géologique, établissant la solidarité entre la base et le sommet, nous pensons devoir la classer parmi les menhirs. Les gens d'Aveny, appliquant comme tant d'autres les légendes du moyen âge aux monuments druidiques, disent que la pierre va boire, une certaine nuit, à la fontaine de Madame-de-Cacaux-Rouges, comme celle de Pont-Levoy, *pierre de minuit*, tournant sur son pivot unique, une fois par an, pendant la nuit de Noël.

Bien que le menhir d'Aveny soit encore parfaitement intact, il était accompagné autrefois de deux monolithes dont les blocs énormes, renversés sur le sol, de chaque côté de sa base mais non brisés, formaient avec lui, quand ils étaient debout, un ensemble dont le sens mystique n'est point parvenu jusqu'à nous.

Peut-être à ces âges reculés le menhir, édifié sur une éminence et flanqué de ces deux pyramides plus basses, indiquait-il le symbole de domination opposé à l'idée de soumission, de déchéance, comme pourrait être le rameau sémitique, berceau de civilisation, mis en présence des branches de Japhet et de Cham. On retrouve cette disposition dans le trilithe sous un autre aspect, et il se nivelle tout en conservant sa combinaison trinaire dans les colonnes des temples égyptiens disposées trois par trois sur les quatre faces correspondant aux points cardinaux, ainsi qu'aux douze signes du zodiaque; trois colonnes à l'est, pour le printemps; trois au midi, pour l'été; trois à l'ouest, pour l'automne; et trois au nord, pour l'hiver. Dans la commune de Saint-Antoine-du-Rocher, aux portes de Tours et près de la colonie de Mettray, nous avons pu admirer un magnifique temple celtique composé de douze pierres rangées par quatre fois trois, également dans le sentiment des douze constellations du zodiaque, divisées en quatre groupes de trois chacun, par les quatre points solsticiaux et équinoxiaux. C'est encore un rappel de l'Orient où nous voyons, dans le fameux temple de Salomon, la mer d'airain supportée sur douze bœufs regardant trois par trois le levant, le couchant, le midi et le nord[1].

Ce nombre *trois*, principe de l'origine des races, s'est

[1] Cette mer était posée sur douze bœufs, trois desquels regardaient le septentrion, trois l'occident, trois le midi, et trois l'orient, et la mer était

poursuivi à travers les âges avec des chances diverses, bien ou mal noté, selon les milieux où il s'est implanté, selon les époques ou les contrées qu'il a traversées, et nous est arrivé entouré du prestige des traditions. Tantôt, comme en Egypte, il s'associe à la dualité de Typhon et de Nephté, ténèbres, stérilité, combattant Osiris, Isis et Horus, dieux de lumière, de fécondité, de vie.

Tantôt, trinité redoutable de Knef, dont la bouche tient l'œuf, principe du monde; de Phta, qui vivifie; de Phré, sphinx.

Ici Trimourti indienne sortie du sein de Brahma, image des dieux Khaméfis d'Egypte : Brahma crée, Vichnou conserve, Siva détruit. Elle est copiée par les Grecs dans les Parques inflexibles : Clotho donne la vie; Lachésis la file; Atropos, la coupe, la détruit.

Dans la secte des bouddhistes, c'est Adi-Bouddha, Darma et Sanga; dans celle du vieux Lao-Tsée, antérieur à Confucius même, ce sont : Ki, Hi, Ouei. En Grèce, c'est encore le puissant trio des grands dieux : Jupiter, Neptune, Pluton; l'air, l'eau, le feu.

Et les terribles furies! Tisiphone, Alecto, Mégère, qui avaient remplacé la primitive et trop complaisante Erinnys.

Et les trois grâces : Aglaé, Thalie et Euphrosine, ces charmantes filles de Bacchus et de Vénus.

portée sur ces bœufs dont tout le derrière était caché sous la mer. (*Les Rois*, chap. VII, 25.)

Il plaça (Salomon) ces dix socles, savoir : cinq au côté droit du temple et cinq au côté gauche, et il mit la mer d'airain au côté droit du temple, c'est-à-dire entre l'orient et l'occident. (*Les Rois.*)

Et la triple Hécate : Lune, au ciel ; Diane, sur terre ; Proserpine, aux enfers.

Au nombre trois se rattache la trilogie : triomphe d'Eschyle, dans Agamemnon, les Chœophores, les Euménides; les disciples de Pythagore l'appelaient l'harmonie parfaite ; la triade de Platon en dérive comme tant d'autres créations trinaires appliquées aux diverses superstitions des peuples, comprimées, anéanties par notre sublime religion chrétienne dont le dogme de la *Trinité sainte* est devenu le fondement immuable.

Le nombre trois aurait-il donc été une formule dès les temps préhistoriques ? Il apparaît encore dans les trois mètres séparant chaque pyramide du menhir d'Aveny, car le mètre a dû exister de tout temps, puisqu'il représente le pas de l'homme composé lui-même de trois fois la longueur de son pied.

Ce nombre fatidique trois, dont nous constatons l'application aux trois pierres levées d'Aveny, nous le retrouverons plus loin, à la pierre branlante de Baudemont ; il nous rappelle un monument dont les sculptures allégoriques ont excité la plus vive polémique au moment de sa découverte. Nous voulons parler d'une stèle trouvée, en 1711, dans des fouilles exécutées à la cathédrale de Paris, où cette colonne avait été élevée, sous Tibère, par les *Nautæ Parisiaci*, les bateliers parisiens, en l'honneur de Jupiter. Nous n'énumèrerons pas les sujets sculptés sur chaque façade de la stèle, parmi lesquels trois personnages sous les noms d'Evrices, Senani et Veilo, égarèrent à cette époque tant d'érudits[1], et auxquels le savant conservateur du musée d'Evreux, M. Chassant, rendit leur véritable sens. En effet, on a lieu de s'étonner que des hommes de la valeur de Lenoir, de Moreau, de dom Martin, se soient fourvoyés au point de ne pas reconnaître, dans les noms gravés : les Eburoviques, les Senonais et les Véliocasses, trois peuples riverains de la Seine essentiellement intéressés à maintenir la navigation libre sur le fleuve.

Or, la stèle représentait, en outre des trois personnages, un quatrième motif qui mérite de fixer notre attention, car il rentre intimement dans notre sujet. C'était un taureau orné d'une longue bande d'étoffe et surmonté de trois grues, avec cette suscription :

TAVRVS TRIGARANVS

Que peut désigner ce taureau et surtout que signifient ces trois grues ? En remontant aux origines, nous lisons dans Pline : la grue est un oiseau représenté, une patte dressée, dans laquelle est une pierre, symbole de vigilance[2] :

« *Nocturnis temporibus excubias agit lapillum pede* « *sustinens, qui laxatus humo et decadens indulgentem* « *arguit.* »

[1] D'après eux *Evrices* serait venu d'*ebrius* (ivre) ; *Senani*, de *senex* (vieux), et *Veilo*, de *viscus* (gui). L'on voit à quel point l'imagination peut égarer même des savants.

[2] Le blason s'est emparé de cette allégorie ; exemple : Suin : d'azur à la grue d'argent, tenant dans sa patte levée sa vigilance d'or, à deux étoiles d'or posées en chef.

Si l'on admet (ce qui ne saurait faire un doute) l'analogie qui existe entre le gamma (γ) et le delta (δ), grue (*grus*) dériverait de *drus*, chêne qui a donné son nom au druide. Nous avons donc, sur une stèle gallo-romaine, l'association de la triple image de la grue, synonyme de l'arbre consacré aux druides, et des trois pierres dont l'ensemble figure ici dans un monument attribué à ces prêtres.

Quant au taureau orné d'une bandelette sacrée, étole du prêtre, signe de consécration, on ne peut se refuser d'y voir un rapport avec le bœuf Apis, et qu'il soit égyptien, celtique ou gallo-romain, c'est bien certainement une tradition asiatique, un rappel du culte du veau d'or.

Le casque d'Alexandre était à deux cornes; les cornes sont emblème de puissance remontant à la plus haute antiquité.

La bête cornue se reconnaît encore dans le dieu Cernunnos aux oreilles ornées d'anneaux de bronze, autre personnification du veau sacré; dans le taurobolle, sacrifice fait à Diane; consécration d'un pontife par l'holocauste d'un taureau, au-dessus même du prêtre salué du *Salve, pontifex maximus!* Le taureau, Diane Cernunnos, en grec Κεραυνιος, le foudroyant; Cervulus, dont les conciles ont si souvent interdit le culte en Gaule; Esus, à la main armée de la serpe, et tous les dieux forestiers, sont les éléments de cette religion druidique basée sur le culte même de la nature.

Il faut croire que cette tête du taureau avait encore un grand prestige au commencement de notre histoire, puisqu'on la retrouve ciselée en or dans le tombeau de Chilpéric. Quant aux trois grues de la stèle de Notre-Dame, je les ai vues sculptées sur la base d'un monument égyptien, qui représente un personnage assis, couvert d'une étole sacrée, tenant chaque main appuyée sur la tête d'un lion drapé dans les extrémités de l'étole. C'est une manifestation égyptienne du taureau trigarane gaulois ou celtique[1], de même que la Vierge de Kinipini sur le Blavet, non loin de Pontivy, objet d'une grande vénération dans toute la Bretagne, était une Isis en pierre, représentée assise, les mains placées hiératiquement sur les genoux.

Le nombre trois est aussi symbolisé dans le dieu breton Boulianus, du monument de Vitré, figuré assis, sur une sphère, portant ces trois lettres : **A.N.Ω.** désignant le commencement, le milieu, et la fin, ce qui a fait croire que l'on révérait autrefois, en Bretagne, le dieu Trinn.

Il est inutile d'insister sur le rapport des trois pierres d'Aveny avec les sculptures du taureau trigarane et des monuments d'Egypte.

Nous y voyons une preuve de plus de l'origine commune de toutes ces allégories.

La parenté entre les religions de Chaldée, de Babylone et d'Assyrie et celle du peuple juif, a été également confirmée par les découvertes de Smith; il a trouvé, dans les tablettes cunéïformes du British-

[1] Ces lions et ce taureau semblent rappeler le lion dévorant le taureau, scène symbolique des religions de l'Orient, et dont on vient de trouver, à Spata près Athènes, un dessin bien intéressant gravé sur des plaques d'ivoire.

Museum, les récits de la création, de la chute originelle, du déluge et de Babel. L'on y voit encore le nombre trois sous la forme de trois triades chaldeo-babyloniennes composées du père, premier principe; de la puissance et de l'intelligence :

Pater potentia et mens,

ainsi que les douze grands dieux de l'obélisque de Salmanassar, à Nimroud.

Mais nous nous sommes assez étendu sur ces rapprochements, et nous terminerons en disant qu'un travail de quelques heures à peine suffirait pour relever ces deux stèles et obtenir ainsi un monument absolument intact; nous avons tout lieu de le supposer, les blocs n'ont jamais été dérangés de la place où nous les trouvons couchés; par conséquent, leur orientation fut nord à sud par rapport au monolithe dont la plate-forme se dirige nord-est sud-ouest. Nous ajouterons qu'ils ne furent pas établis en ligne, mais qu'ils formaient un triangle dont la pierre branlante était un sommet présentant un mètre de flèche sur la ligne nord-sud des stèles; quant à l'élévation, le menhir ayant trois mètres de hauteur devait dépasser d'un mètre les blocs secondaires qui n'en avaient que deux.

Expliquons maintenant pourquoi le menhir d'Aveny est intéressant par la manière dont il a été établi, de même que le dolmen de Dampsmesnil était un monument précieux à cause de sa grande étendue.

Les menhirs connus jusqu'ici se composent d'un bloc implanté verticalement, soit sur une roche, de manière à former la pierre tournante, soit dans le sol même, comme le serait une haute borne.

Ici, au contraire, le terrain a été enlevé sur une très-grande superficie, autour d'un roc affleurant probablement le sol d'alors, et présentant dans sa position et sa pente les conditions requises par les préhistoriques pour élever un menhir; cette façon très-singulière de procéder leur a permis de disposer en terrasses la terre de la falaise formant avant ce travail un rapide talus jusqu'à la vallée de l'Epte.

Les assises inférieures du bloc, enlevées en arrachis, ne peuvent laisser subsister aucun doute, il n'existe aucune solution de continuité artificielle entre la masse de la table et la base du monolithe. Ce sont bien les couches de calcaire grossier, terminées par un banc plus épais, comme nous le voyons dans les environs.

De plus une suite de pierres naturelles, quoique moins élevées, aboutissent à une plate-forme rocheuse également naturelle, d'une nature étrange et d'une forme plus primitive que ce que nous avons décrit jusqu'ici.

Au milieu de la lande désolée de Dampsmesnil, sur le sommet du coteau abrupt au pied duquel s'étend le petit village d'Aveny, à 300 mètres environ du menhir et à 800 de l'allée couverte, se trouve un banc de roche calcaire dont la bizarre structure frappe encore plus que sa destination inconnue.

La tradition le désigne sous le nom de *pierre pétrie*, et ce terme tout imagé reproduit assez l'impression ressentie à son aspect.

Qu'on se représente une banquise, émergeant de l'herbe desséchée de la lande inculte, se développant en hémicycle sur une étendue de 27 mètres et sur une largeur de 6.

Les rocs tourmentés, qui l'entourent, mêlent leurs ombres noires à celles de chétifs genévriers épars çà et là sur le sol. La pierre est mamelonnée, striée, minée de trous profonds, espacés par des intervalles irréguliers, hérissée de crêtes, de pointes, d'aspérités, qui la rendent inabordable.

Comme au menhir, la terre, fouillée sur toute la largeur du plateau, forme autour de ces dalles une éminence dont elles occupent le sommet, et tandis que la partie convexe de l'hémicycle fait face à la pierre levée d'Aveny, la portion concave est disposée en gradins formés de deux rangs de pierres plates ayant 3 mètres de large sur $0^{m},50$ d'élévation.

Chose plus surprenante, ces roches se trouvent placées au centre d'un cercle assez régulier, représenté par neuf pierres distantes les unes des autres de 16 à 20 mètres. En tenant compte des blocs enlevés de cette vaste enceinte, et dont la place est indiquée par une dépression du sol, on reconnaît un immense cromlech entouré d'un fossé dont on retrouve la trace sur la moitié de sa circonférence. Ce cromlech paraît avoir eu 30 mètres de rayon, et cette mesure, par une singulière particularité, coïncide exactement avec celle de l'enceinte de Beaujardin (180 mètres de tour); nous y reviendrons plus loin.

Bien que l'amphithéâtre et l'enceinte paraissent composés de pierres naturelles dont la disposition fortuite dans la forme circulaire avait été complétée par les blocs détruits, les druides avaient dû tirer parti de cette situation en l'adaptant à leur usage ; ils l'avaient consacrée à leur culte, en en faisant une enceinte sacrée entre le menhir et les tombeaux antiques.

Ils pouvaient en outre, de ce point culminant, se livrer à l'observation des astres, leur science de prédilection, et, comme la position domine la vallée de l'Epte, s'en servir également pour signaler l'approche de l'ennemi et transmettre au loin les signaux.

Nous nous appuyons sur l'autorité de M. de Caumont[1] pour dire que « les rochers dont la cime proé« minente et les formes bizarres étaient propres à « exciter l'étonnement, ont aussi quelquefois été pour « les Gaulois un objet de vénération et quoique ce « soient des monuments de la nature, plutôt que des « monuments celtiques, je ne dois pas les passer sous « silence, puisqu'ils ont été appropriés et consacrés au « culte druidique ».

Ne reconnaît-on pas là tous les caractères de la *pierre pétrie?*

Nous le répétons : si cette roche eût été trouvée ailleurs que dans un endroit ayant un caractère celtique, on eût pu la passer sous silence; mais sa position entre le menhir et les allées couvertes, le prestige de ce nom de *pierre pétrie*, transmis d'âge en âge, comme celui de la *pierre branlante*; sa situation

[1] De Caumont. *Cours d'antiquités*, p. 112.

dominante, identique à celle du cromlech de Beau-Jardin, son isolement au milieu d'une lande environnée de bois épais, la quantité d'éclats de silex semés sur le sol, et sur celui qui entoure l'allée couverte de Dampsmesnil, nous font un devoir de la signaler à l'attention des archéologues; ils n'hésiteront pas, nous en avons la conviction, à la classer parmi les monuments des époques préhistoriques.

Il existe encore dans le bois des Grandes-Aulnaies, à 500 mètres de la pierre branlante, et à 150 de l'antique fontaine de *Madame-de-Cacaux-Rouges*, deux larges pierres calcaires dressées l'une au bout de l'autre, dans la direction de nord-est sud-ouest; elles ont 3m 20 et 2m 50 de large sur une épaisseur de 1m 40, et une hauteur de sept à huit pieds. Elevées sur une crête rocheuse, elles semblent posées par la main de l'homme et pourraient se reporter aux autres édifices de cette riche localité. Cependant, l'absence d'un nom particulier ou d'une tradition locale nous fait un devoir de ne rien affirmer de positif.

Il n'en est pas de même de la fontaine de *Madame-de-Cacaux-Rouges;* placée au milieu d'un cercle druidique, elle a dû être autrefois une source consacrée.

La légende du moyen âge attribuait à ses eaux le pouvoir merveilleux de changer les hommes en bêtes, ajoutant que quiconque en rirait, ne s'en moquerait pas deux fois. C'est bien probablement une allusion à la magicienne Circé, dont les breuvages enchantés changèrent en animaux un peu parents du sanglier les infortunés compagnons d'Ulysse.

Il est présumable qu'en donnant à cette source le nom de *Madame-de-Cacaux-Rouges,* on a voulu rappeler quelque belle prêtresse d'Esus ou de Cernunnos, dont les charmes auraient eu la puissance magique de ceux de la célèbre fille du soleil, et de la nymphe Persa.

TOMBEAU CELTIQUE A SAINT-RÉMY

Non loin du village de Saint-Rémy, et sur le bord de cette charmante route qui côtoye la rivière d'Epte, on découvrit en 1872 un tombeau celtique.

Il avait été creusé à une faible profondeur dans le sol d'alluvions séparant la route de la rivière, en un point situé à égale distance de Saint-Rémy et d'Aveny, sur le territoire du clos de Gisors.

Ce monument n'était, à vrai dire, qu'une allée couverte à dimensions restreintes, et se composait de deux fortes tables de grès de vingt-cinq centimètres d'épaisseur posées debout parallèlement.

Entre les deux tables, une grande dalle de roche, de deux mètres de long sur un mètre de large, formait le fond de la fosse ; le tout était recouvert d'un quatrième bloc de grès, des pierres dures terminaient les extrémités de la tombe ; elle renfermait trois squelettes ; une hache de pierre se trouvait du côté des têtes. La particularité la plus saillante de cette sépulture est, sans contredit, la présence des trois blocs de grès, associés à une dalle de calcaire ; le grès n'existe pas dans les environs; il faut parcourir plus de quatre kilomètres pour en rencontrer de semblable; la pierre calcaire, au contraire, se trouve à moins de deux cents mètres de ce point; de plus, la table recouvrant les corps, était tellement pesante que le propriétaire, M. Mariage, a dû chercher un cric à la fabrique de Pontru, afin de la soulever : elle était assez large pour qu'il en ait fait à Saint-Rémy un pont subsistant encore.

On pourrait établir un rapprochement entre ce tombeau et celui du MANÉ EN HOECK, en Morbihan. Tous deux sont sous terre, et d'une étendue peu considérable. Il est, de plus, certain que si celui de Saint-Rémy eût été creusé à six mètres de profondeur, comme l'autre, il eût pu être préservé. Du reste, nous ne l'indiquons que pour mémoire. La charrue de l'homme, si intelligent surtout quand il s'agit de supprimer ce qui peut nuire à ses avides convoitises, avait signalé cet édifice souterrain; il fut immédiatement fouillé, puis impitoyablement brisé.

Nous regrettons d'avoir été prévenu trop tard, car nous aurions certainement sauvé ce tombeau d'une destruction inutile.

Les ossements eux-mêmes nous ont échappé, et nous n'avons pu recueillir que la hache de pierre polie déposée dans nos collections; le reste n'est plus qu'un souvenir.

DOLMEN DU CHESNAY-HAGUEST

Le Chesnay était autrefois pour les druides un bois sacré. Nous avons lieu de le supposer, les populations lui donnèrent le nom de Haguest par corruption du mot *Haguignest*, en mémoire des haguignettes ou branches de gui, cueillies sur les chênes à la nouvelle année, et distribués au peuple par les prêtres des Gaulois. Nous reviendrons sur ce nom.

Des fouilles récentes, exécutées dans la partie druidique de l'ancien bois[1], nous ont fait découvrir plusieurs blocs d'un dolmen; quoique renversés et enfouis depuis des siècles, ils se sont trouvés admirablement conservés, étant formés d'un grès inaltérable à l'air et à l'humidité.

Après avoir réuni ces roches éparses, nous avons pu reconstituer le monument ou, du moins, donner un spécimen de ce qu'il a dû être.

Cet édifice se compose de trois larges blocs, le troisième incliné jusqu'à terre, posés sur six autres dressés debout. L'ensemble des tables développe une longueur de 5 mètres sur 2^{m} 50 de large, et pèse 16,000 kilos; le poids total est de 32,000.

Une galerie de 1^{m} 40 sur 5 règne à l'intérieur. Ce

[1] Actuellement parc du Chesnay-Haguest, le même qui a motivé notre rapport sur les plantations et semis de conifères, lu à la séance solennelle de la Société d'acclimatation, en 1875, et qui nous a valu le premier grand prix.

dolmen empruntant un puissant coloris à la nature des rocs qui le constituent, présente, en outre, un certain intérêt par la manière dont les tables semblent suspendues dans l'espace, tant les points de contact sur leurs supports sont exigus.

Nous avons, du reste, observé plusieurs fois ce phénomène, particulièrement à l'allée couverte de Vauville, dans la Manche, ou aux pierres plates de Lock-Maria-Ker.

Le principe de l'adhérence, en raison directe de la pesanteur des masses, quel que soit le peu d'étendue de la surface de pose, était parfaitement connu des peuplades primordiales, appliquant rigoureusement cette loi de l'équilibre sur trois ou quatre points au plus, avec exclusion absolue de calage[1], ce qui les aidait à simplifier le travail de la mise en place, tout en assurant une plus grande stabilité.

Du reste, quand nous cherchons à nous rendre compte de la manière dont les monuments celtiques ont été érigés, et des moyens employés pour les extraire du sol, il nous semble reconnaître que ces diverses opérations sont plus simples qu'on ne se l'est figuré jusqu'ici.

En effet, étant donnée une carrière peu profonde, il était possible de dégager la terre autour d'un bloc

[1] A l'allée couverte de Kercado en Carnac, nous avons remarqué des piles de petites cales placées entre les gros blocs, et d'autres occupant les vides formés par l'inégalité des pierres sous le plafond de l'allée couverte. Le but de ces remplissages qui ne sont pas des calages, était simplement de préserver la galerie de l'envahissement ou de l'éboulement des terres environnantes.

à l'aide d'instruments de bois durcis à la flamme du foyer, ou de silex tranchants et de pelles grossièrement façonnées, car ces roches sont généralement juxtaposées, et les Celtes n'auraient pas attaqué des masses dans le franc banc, puisqu'il eût fallu, pour les détacher, faire usage de la tranche, du pic, des coins de fer, et nous savons que leurs édifices sont antérieurs à l'âge du fer. Quant aux rouleaux, chacun connaît la patience et la tenacité du sauvage qui veut réussir, soit en s'aiguisant les dents en pointe s'il s'agit d'être cannibale, comme le font encore de nos jours les naturels du centre de l'Afrique, soit en s'aidant tour à tour de la hache et du feu, quand c'est un arbre qu'il faut abattre; puis, chaque section s'obtenait en pratiquant une large entaille peu profonde, à l'aide du ciseau de silex et du percuteur. L'on enlevait ainsi, en répétant l'opération, une suite de bagues de bois de plus en plus étroites, formant sur le tronc une gouttière circulaire allant de l'écorce au centre; un coup sec frappé sur la bille détachait alors les deux rouleaux.

Supposons maintenant deux cents hommes dressés militairement à obéir à la parole, groupons-les par vingt-cinq autour de huit leviers formés chacun d'un arbre de dix mètres de long; plaçons-en cent à un bout de la pierre, et cent en face à l'autre extrémité; espaçons-les de manière à ce qu'ils ne soient pas gênés dans leurs mouvements: au commandement d'un chef habile, peut-être même au son de puissants instruments marquant la cadence, comme firent les Egyptiens pour dresser leurs monolithes, les cent premiers abattent en mesure les quatre arbres engagés sur leurs points d'appui, et la pierre se soulève de quelques centimètres; aussitôt, les autres hommes frappent des cales solides sous le bloc; à son tour, la seconde équipe fait une manœuvre pareille suivie d'un second calage. Répétant ce travail et plaçant des éclats de plus en plus forts, on parvient à gagner la surface du sol, on dépasse même ce niveau; garnissant alors le dessous d'un solide plancher de terre et de pierres plates, on substitue aux cales de forts rouleaux à lumières, c'est-à-dire dans l'extrémité desquels on a creusé de grossières mortaises propres à recevoir les leviers, et l'on arrive à force d'abatage, avec beaucoup de mal, beaucoup de temps, mais enfin on arrive à pied d'œuvre, ce n'est plus qu'une question de patience.

Là on recommence la première opération, et l'on remplace définitivement les cales par les blocs destinés à former les supports du dolmen. Si cependant les supports présentaient une hauteur trop grande, on les élèvera d'abord à leur place respective, on remplira provisoirement l'entre-deux destiné à la galerie, et l'on contrebuttera les parois du dehors pour empêcher le quillage; puis, formant un plan incliné très-allongé, on amènera les tables sur les montants, et l'ouvrage sera terminé.

Quand, au lieu d'un dolmen, c'est un menhir qu'il s'agit de dresser, la manœuvre est différente. Les leviers seront établis en batterie sur un seul côté du bloc, celui qui formera le sommet du monument. On le mettra au levage en s'aidant de forts cordages confectionnés de lanières en cuir d'animaux, ou même de branches d'osier ou de lianes tressées, enroulées d'un tour aux arbres de la forêt; d'autres cordes destinées à maintenir un écart possible au moment où le pied du roc glissera dans le trou destiné à le recevoir, passeront posées sur une fourche par-dessus les têtes des travailleurs, et iront se fixer à de solides pieux fichés en terre derrière eux. Pour calculer leur longueur, et c'est le point capital, car, trop courtes, le menhir ne se dresserait pas, et, trop longues, il dépasserait le but et retomberait en avant, on a construit un triangle rectangle, dont la hauteur de la pierre, déduction faite de la portion enterrée, forme un côté; sa distance aux pieux, l'autre côté; l'intersection du bloc et du sol donne l'angle droit. Or, comme il est probable que de tout temps on a dû savoir trouver le côté inconnu (hypothénuse) d'un triangle rectangle dont on connaissait un angle et deux côtés, l'on a obtenu une mesure exacte et très-précise.

Au commandement que nous avons traduit par ces mots : hô! hisse! des centaines de bras hâlent sur les cordages enroulés aux arbres, d'autres font abatage sur les leviers en répétant tous en chœur et en cadence : hô! hisse! le bloc se soulève, on le cale d'un côté, on rehausse les points d'appui; l'effort des travailleurs redouble; les hommes sont suspendus dans le vide; ils se pendent, ils s'accrochent aux leviers, pensant être plus lourds; la tête renversée en arrière, les bras tendus, les jambes arquées, les pieds crispés autour de l'arbre, ils tirent du dos, des reins, des genoux, du torse, du cou; tous leurs muscles se raidissent, le moment est solennel.

Le bloc monte majestueusement, il monte, monte toujours et bientôt les cales deviennent impuissantes ; on les remplace par des étais et les efforts redoublent en raison de la résistance. Tout à coup, un étai cède, il tombe, puis un autre ; les cordages de retraite s'allongent et se tendent ; alors une clameur immense sort à la fois de toutes ces poitrines oppressées, haletantes ; le grand œuvre est terminé, le monolithe est debout.

Certes, l'on pourrait nous taxer de fantaisiste si l'on ne retrouvait aujourd'hui des exemples frappants de travaux analogues chez des peuples contemporains de l'âge du bronze en Orient.

Dans l'intéressant ouvrage anglais du docteur Layard, on peut suivre les opérations des anciens Ninivites et étudier les manœuvres successives employées par les Assyriens pour disposer au-devant de leurs temples ces bœufs ailés, colossaux, que nos voisins ont été obligés de scier en trois parties pour les mener au British-Museum. Sur ces splendides bas-reliefs, gravés à l'aide des acides végétaux, l'on voit des centaines d'ouvriers surveillés par des soldats casque en tête, sortir des carrières et traîner les grands blocs sur des rouleaux de bois; d'autres les secondent avec des leviers formés d'un immense tronc d'arbre. Ils savent si bien que la puissance de l'effort doit être proportionnée à la résistance, que lorsque celle-ci devient trop considérable, on représente les hommes hissés sur les épaules les uns des autres pour arriver à la vaincre et à mettre le monolithe en mouvement.

C'est ainsi que sans pioches ni crics, sans palans ni chèvres, ni cabestans, nos ancêtres ont pu élever ces édifices qui, à première vue, semblent tenir du prodige, et dont la pose n'est cependant que le résultat de l'obéissance passive sous le système hiérarchique, stimulé par le désir commun de transmettre à la postérité un monument impérissable; c'est aussi une application judicieuse du levier, ce qui faisait dire à Archimède : « Donnez-moi un point d'appui, et je soulèverai le monde ! »

CROMLECH ET ALIGNEMENT DE LA VILLENEUVE.

Voici un monument que nous pouvons classer au nombre de nos plus intéressantes découvertes, et nous ne saurions nous expliquer comment il a pu échapper si longtemps à l'investigation des savants, placé en évidence comme il l'est.

Il se trouve situé au triége des Grosses-Pierres près d'un hameau dépendant de Bus-Saint-Remy, appelé la Villeneuve, à cent cinquante mètres au sud de ce point et à huit cents au nord-ouest de Beaudemont, sur un terrain communal. Cet édifice si précieux, quoique fortement détérioré, est un cromlech qui se composait de douze pierres dressées autour d'un bloc n'en occupant pas le centre. L'enceinte sacrée, parfaitement circulaire, mesure 48 mètres de circonférence en dehors et 42 en dedans; huit morceaux subsistent encore aujourd'hui, et, bien que renversés, ils ont conservé leur place primitive.

Voici leur dimension : tracez une ligne partant du bloc de l'intérieur et se dirigeant vers le nord, vous remonterez à 4 mètres la première pierre de l'enceinte. Elle a 1 mètre 50 de long sur 1 mètre 40 de large ; un éclat de 80 centimètres sur 40 en provient; marchez vers l'est, c'est-à-dire à votre droite, le numéro 2 a 2 mètres sur 2; le numéro 3, 2 sur 1. Continuez la ligne circulaire, en observant qu'il manque deux morceaux dont la position coïncidait avec une fouille encore reconnaissable. Le numéro 4, 1 mètre sur 60 cent., le numéro 5, 70 cent. sur 70 ; ici, nouvelle interruption, le numéro 6 tombe sur le côté, 1 mètre 80 sur 1 mètre 10; un vide, puis numéro 7, aiguille 2 mètres 35 sur 55 cent., et numéro 8, 1 mètre 50 sur 1 mètre. La présence de l'aiguille ne doit pas surprendre, car l'on intercalait quelquefois dans les cromlechs des pierres levées avec d'autres couchées ou simplement posées sur le sol; c'est ce qui existe aux Standing Stones at Shap en Westmoreland sur la mer d'Irlande.

Entre 6 et 7, deux blocs se trouvent en dehors, à 4 mètres du cercle, 1 mètre 50 sur 1, et 80 centimètres sur 50. Ils semblent provenir de l'enceinte ; néanmoins ils peuvent aussi avoir été élevés en cet endroit ; et l'on a plusieurs exemples, particulièrement en Angleterre, de pierres ou de dolmens érigés en dehors d'un cromlech[1].

Il est à supposer que dans les localités d'un intérêt secondaire l'on groupait autour du même monument tous ceux accessoires aux cérémonies religieuses ; ainsi dans l'église du village, ici le temple, là le calvaire, là les tombeaux. C'était la différence de l'église à la cathédrale, et nous avons déjà cité le stone-henge de Salisbury comme étant le modèle de ce qui a été fait de plus complet en ce genre.

Même dans l'état où il se trouve aujourd'hui, il suffirait de bien peu de frais pour rendre à notre cromlech de la Villeneuve sa physionomie primitive.

Il se rapprocherait alors sensiblement de l'enceinte de Gellinville près Chartres, dans l'Eure-et-Loir, composée de douze pierres brutes disposées en cercle, et mieux encore du cromlech de Tourlaville dans la Manche, où l'aiguille est remplacée par deux pierres superposées figurant assez bien le menhir d'Aveny; de plus, trois blocs juxtaposés de hauteur inégale se répètent deux fois dans ce même cercle.

L'on retrouve encore quelquefois de ces temples, témoin celui découvert en 1859 près de Paris, à la Varenne-Saint-Hilaire, et qui entourait le tombeau d'un chef gaulois ; mais ils sont rares en France. En Angleterre, on attribue généralement ces monuments à la race celtique.

Les Celtes viennent d'Orient, d'où ils emportent

[1] Norris Brewer. *Introduction to the beauties of england and Wales.*

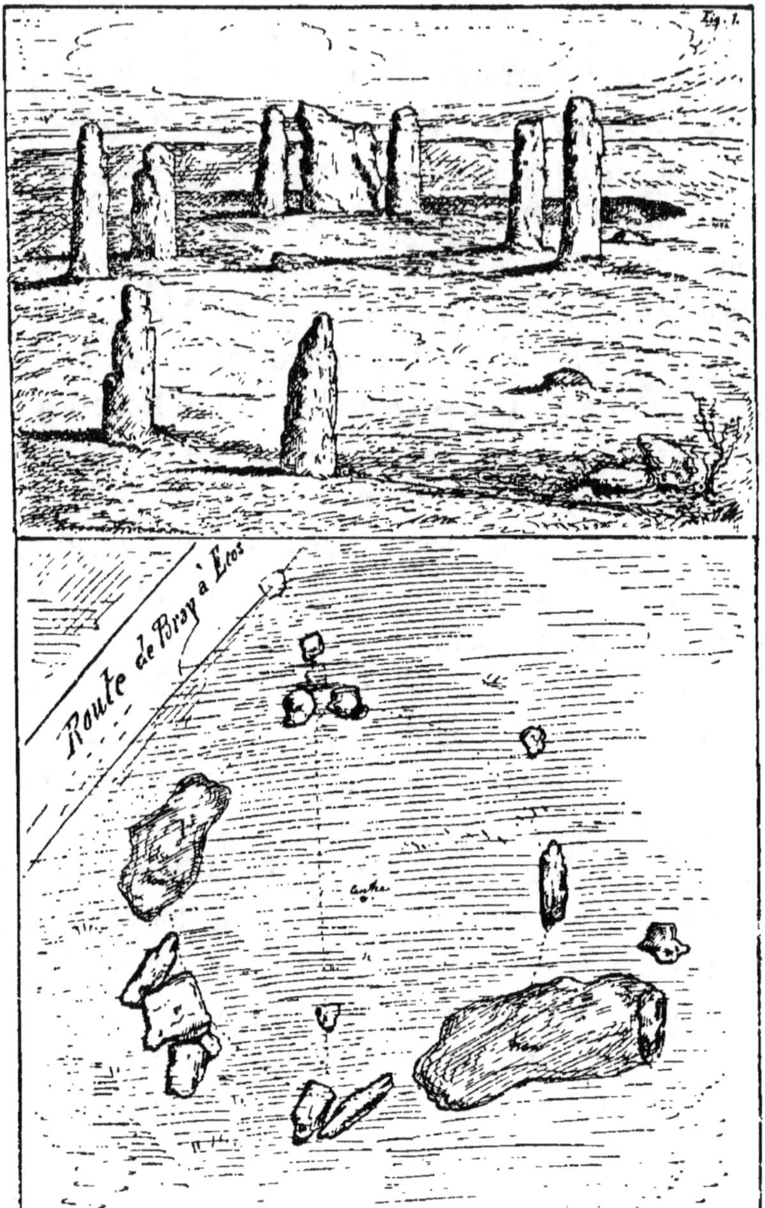

Planche V. Cromleck de la Villeneuve :
Fig. 1. Position primitive des blocs actuellement renversés.
Fig. 2. Plan de l'enceinte figurant les deux premières pierres de l'alignement.

leurs traditions et leur dieu, emprunté à la mythologie égyptienne. Ils quittent le bassin de la Caspienne, mer hyrcanienne des anciens, le plus grand des lacs salés du globe (nommé par Lamartine une pépinière d'hommes); passent en Occident par le Danube, gagnent le Rhin, l'Escaut, la mer Baltique et peuplent le Danemarck, la Suède, l'Ecosse, l'Irlande, la grande et la petite Bretagne, contrées où ils deviennent préhistoriques: telle est l'origine de la confédération des Gaules que César trouva tout organisée, et c'est cette admirable unité qui fit la force de ces peuples dans leur résistance contre l'empire romain. S'ils furent vaincus, c'est qu'ils se divisèrent. En envahissant l'Europe, les descendants des Scythes, les Kimris, venus du nord du Pont-Euxin, introduisirent le druidisme, et de cette époque, remontant à plus de douze siècles avant notre ère, commença une unité religieuse dont la particularité remarquable fut de ne pas entraîner le sacrifice de la liberté nationale.

De la province romaine à l'Escaut, nous voyons un grand nombre de petites nations parfaitement indépendantes[1], mais reliées avec les clans de l'Ecosse, avec les cavaliers de l'Angleterre, ou les marins de Cornwailles et des côtes de notre Bretagne, par la même foi, le même culte et les monuments semblables.

Un autre lien, base d'union et de rapports communs entre les peuples, est le langage; c'est ainsi qu'il reste

[1] Les Gaulois du temps de César, c'est-à-dire de la décadence des Gaules, étaient une masse de peuples confédérés; Vercingétorix signifie le peuple aux cent têtes.

encore aujourd'hui, après deux mille ans d'invasion de la race latine, assez de racines communes dans la langue des Hyght-Lands de Cornwailles, de Wales et de la basse Bretagne, pour que l'on y reconnaisse les principes d'une même origine. C'est ce qu'on retrouve dans les poëmes d'Ossian [1] : l'idiome vulgaire s'abandonne, mais le poétique reste, et ces vers, empreints d'une naïveté touchante, sont encore chantés en celtique, en gaélique dans l'Ecosse et dans la Bretagne par les colporteurs bretons [2].

Evidemment cette langue a eu ses grammairiens et ses lois comme tout idiome, et les Anglais, en fondant une chaire publique de celtique et de gaëlique à Edimburg, ont montré quelle importance ils attachaient à la propagation d'un langage éminemment national pour l'Ecosse. Lorsque les Celtes, attaqués dans leur foi ainsi que leur nationalité, furent partout envahis et transformés; quand les druides furent chassés des Gaules et de l'Angleterre même par les progrès de la civilisation et de la religion nouvelle, ce fut sur les hauts plateaux de l'Ecosse qu'ils se réfugièrent.

Nous y avons souvent admiré les restes de ces grandes enceintes circulaires de pierres rangées symétriquement

[1] Ce célèbre barde écossais, fils de Fingal, roi de Morven, vivait au IIIe siècle. Mac-Pherson, fils d'un farinier de Kingensie, est le premier qui ait fait connaître, en 1762, les poésies de cet Homère de l'Ecosse, et lorsque l'Europe étonnée eut eu connaissance de ces chants qui pendant quinze siècles étaient restés confinés sur les plateaux des Hight-Lands, l'enthousiasme fut à son comble, et chaque langue voulut avoir son traducteur.

[2] Le bas-breton est un dialecte de la langue celtique, comme le gaëlique ou gadhélique parlé en Ecosse et en Irlande, le kymri cambrien dans le pays de Galles, et le cornique, ancien langage des Cornwailles.

et entourées de sorbiers que le temps n'a pu détruire. On les appelle « mountains'rocks ».

Comme le gui, le sorbier était sacré chez les druides, et l'on voit encore aujourd'hui les bergers écossais faire passer leurs moutons par un cerceau de sorbier lorsqu'arrive le 1er mai, afin de les préserver des maléfices.

Il y a même en Ecosse un proverbe qui dit :

« Le sorbier et le fil rouge sont un préservatif contre les sorciers : »
« *Roan tree and red thread : put the witches to their speed*[1]. »

L'Angleterre, nous l'avons déjà dit, a possédé le plus beau cromlech. Le stone-henge du Wiltshire était le mallus du continent, et si nous en parlons ici, c'est pour expliquer qu'il ne peut entrer en comparaison avec nos enceintes sacrées, dont la forme abrupte et rudimentaire semble indiquer une époque bien antérieure à la sienne.

En effet, il n'avait pas moins de 300 pieds de circonférence, et les grands blocs 9 mètres de haut sur 2 de large ; il se composait de quatre enceintes concentriques, deux rondes, et deux en fer à cheval. A la première, 30 pierres debout, recouvertes deux par deux d'un large bloc formant sommier (trilithon) ; à la seconde, 38 bornes basses ; au premier fer à cheval,

[1] C'est encore un reste des coutumes et superstitions que les races sémitiques avaient rapporté de Syrie, et nous voyons, à une autre époque, saint Chrysostôme reprocher aux habitants d'Antioche de couvrir les bras des enfants de fil rouge, afin de les préserver des sortilèges.

Rappelons en passant que, d'après Pline et Apulée Lucius, la Thessalie était le pays des sorciers.

10 monolithes, deux par deux en soutenant un troisième (trilithon); au second, 19 bornes, et enfin, au centre, la pierre du sacrifice « the slaughtering stone ». Selon la tradition, il a été construit par Merlin après la mort du roi Vortigern (485) : « Triads of the welh bards [1]. »

Geoffroy de Monmouth qui vivait au XIIe siècle, confirme cette légende. Il ajoute que cet enchanteur employait des moyens surnaturels pour déplacer les blocs de Kildare en Irlande et les apporter à Salisbury.

« Merlin employed supernatural agency to remove « the stones from Kildare in Irland, and placed them « upright on Salisbury plain. »

Giraldus Cambresis (1187) appuie cette légende et mentionne un monument pareil qu'il dit avoir vu dans les plaines de Kildare; cependant Diodore de Sicile, vivant au temps de César, parle d'un temple rond existant en Bretagne et dédié à Apollon (Diod., 47). Etait-ce le même monument? On se demande comment Diodore a pu voir un temple dédié à Apollon, puisque n'ayant été en Bretagne qu'après la conquête des Gaules, la première expédition de César ayant échoué, Diodore, visitait cette contrée avant que le paganisme eût envahi les populations. Il aura remarqué un temple (*templum et non altare*) élevé par la garnison romaine à l'usage des troupes.

Il y en avait, du reste, de semblables en d'autres

[1] C'est aussi d'après la tradition que la demeure de l'enchanteur Merlin était située à l'ombre des grands chênes d'Hamilton en Ecosse, de même que les chênes-nains des pentes des collines de Dartmoor abritaient les mystérieuses retraites des druides.

contrées, et le professeur Nilsson lisait, en juillet 1865, à « l'Ethnological society of London », un rapport où il compare cet édifice à ceux de Syrie et de Phénicie, et en particulier à celui de Kivik en Suède, d'une époque différente.

Si nous remontons le cours des migrations, nous retrouvons en Orient comme en Occident les traces de ces anciens temples auprès desquels nos modestes enceintes semblent les restes d'une architecture rudimentaire, probablement parce qu'ils sont antérieurs à ces édifices. C'est ainsi qu'un célèbre voyageur, M. Textor de Ravisi, en étudiant les environs de Karikal dans l'Inde française, a suivi le cours supérieur du Cavery, et découvert aux monts Kasias, dans la portion la plus méridionale de l'Hindoustan, un superbe dolmen de trois pierres, parfaitement conservé, et précédé d'une enceinte circulaire de menhirs dont plusieurs sont encore debout.

Déjà le révérend Thomas Maurice avait écrit, dans ses « *Indian Antiquities* » (vol. VI), que les rites et cérémonies des druides de l'Ouest provenaient de l'Inde.

Godfrey Higgins, « *The celtic druids*, 1829 », dit que les druides étaient des prêtres émigrés de l'Inde.

Forbes Leslie croit reconnaître le stone-henge de Salisbury dans un temple près de Poonah, dans un autre à Maharatte.

Au n° de la *Quaterley rewiew*. (Juill. 1860), M. Fergusson rapproche ce monument des pagodes boudhistes.

D'après Henry Parker, suivant la langue d'Orient,

un cercle de pierres s'appelle *gilgal*[1] et est destiné aux cérémonies religieuses; il ajoute que les Celtes sont d'origine indienne. Un article signé « Stevens », dans le « *Gentleman's magazine* » (juillet 1866), compare les cérémonies de l'Inde et les temples de Bouddha aux cérémonies et aux temples druidiques. Tout en étant convaincu que les peuplades premières d'Occident ne viennent pas plus de l'Inde que celles de l'Inde ne viennent de l'Occident, nous rappelons ces citations, pour montrer la perspicacité avec laquelle nos savants voisins ont su discerner la parenté existant entre ces deux branches issues de la même souche.

Nous pourrions citer encore d'autres enceintes et suivre pas à pas l'empreinte puissante de ces races éteintes semant, sur leur passage, les assises de monuments impérissables comme un défi aux générations futures.

Mais il nous faut rentrer dans notre sujet et expliquer comment les cromlechs étaient souvent accompagnés de lignes de menhirs figurant avenues, et destinées à en indiquer la direction.

En les désignant sous le nom d'alignements, on se reporte trop facilement à ces merveilleuses allées de Carnac, où les menhirs de 6 et 7 mètres de haut, rangés sur onze files parallèles, occupaient des espaces de plusieurs kilomètres d'étendue, et cependant, des allées beaucoup plus simples, mais également de la période celtique, se réduisaient quelquefois à un ou

[1] Le mot guil-guil גל-גל, signifie, roue, cercle, en hébreu.

deux rangs de bornes fichées en terre d'après une orientation voulue, et dans des proportions bien différentes de celles du *Cor Gaour* de l'antique Armorique.

Ainsi, en dehors de l'enceinte de la Villeneuve, à la distance de un mètre de la pierre n° 4, se trouvent deux bornes implantées, espacées de 6 mètres; en suivant l'axe de ces pierres dans la direction de l'ancienne ville d'Ecos, c'est-à-dire du sud au nord, l'on en rencontre deux autres à 118 mètres, puis deux à 300, et deux à 330, soit 748 mètres. Ces bornes geminées, laissant entre elles un intervalle de 6 mètres, semblent bien indiquer un alignement.

Elles ne sont pas les signes d'une voie gauloise ou gallo-romaine, comme à Salisbury, puisqu'elles s'arrêtent au cromlech. De plus, leur orientation sud à nord leur donne un point de rapprochement avec la belle avenue de *Stone Circle* à Callernish, dans l'île de Lewis, et mieux encore celle du cromlech de Mallevalle en Lombardie.

Notons aussi deux ruines celtiques : l'une, à 21 mètres de l'enceinte et au sud de la tour de Beaudemont, formée de trois blocs réunis par le sommet, leur ensemble mesure 5^m 50 sur 2 de large; l'autre, à 600 mètres au nord de ce point, à la tête du chemin de Bray, sur les bois de Saint-Rémy.

Celle-ci se compose de quatre blocs, le principal, de 2 mètres sur 1, séparé des autres par une distance de 3 mètres. Les deux de gauche ont, l'un 1 mètre carré, l'autre 1^m 40, sur 0^m 60; celui de droite, 0^m 50 sur 0^m 50; l'épaisseur est de 0^m 40.

Il serait assez difficile de préciser à quelle nature de monuments ces débris ont pu appartenir ; peut-être est-ce ce que M. de Caumont appelle pierres posées [1] ; peut-être aussi proviennent-ils de quelque dolmen brisé? Nous tenons simplement à constater leur existence sur la commune de Bus-Saint-Rémy.

PIERRE TOURNANTE DE BAUDEMONT

Le dernier édifice de ce premier groupe mégalithique est le monument celtique de Baudemont. On l'appelait la *pierre tournante*. Situé au triage de ce nom entre l'abbaye du Trésor, le bois de Saint-Rémy et Baudemont, au milieu d'une plaine où rien ne l'abrite, il n'a pu échapper à la cupidité du terrassier, préférant exploiter cette pierre toute extraite, au labeur de découvrir à côté quelques pieds de terre pour ouvrir une carrière.

Quel est donc le plus coupable, de l'ouvrier ignorant ou du propriétaire laissant, par une inexplicable faiblesse, dépouiller le sol d'un de ses plus curieux vestiges des vieux temps ? Comment retrouver le précieux jalon destiné à nous guider dans l'étude historique d'un pays, lorsqu'il est permis de mutiler ainsi ce que tant de siècles avaient épargné ? Chose plus triste à dire : le propriétaire, l'ouvrier et le destructeur ne font

[1] *Cours d'antiquités monumentales.*

qu'un (c'est, du reste, un excellent homme, il nous a raconté lui-même sa mésaventure).

Il y a dix ans, son père vint à mourir laissant à ses enfants le champ de la pierre tournante et quelques autres pièces de terre. Ceux-ci, craignant d'être frustrés dans leur partage, coupèrent, comme c'est l'usage, la pièce en autant de parts qu'il y avait d'enfants, et c'est la conséquence naturelle du principe protégeant la division de la propriété; chacun voulant dans un partage conserver un morceau de chaque pièce, si petite qu'elle soit, afin d'avoir du haut et du bas, du bon et du mauvais, il en résulte que, dans un temps plus ou moins rapproché, il ne restera plus à la petite culture de place pour la charrue, puis ensuite pour la bêche, puis enfin pour l'homme.

Une fois en possession de sa part, il estime que la pierre occupant trop de terrain, il faut la casser, pour se procurer double profit : pierre et terre. Sans respect pour la vieille tradition, ni pour la mémoire de ses ancêtres qui, depuis trois générations, s'étaient abrités sous ce roc; sans souci des nombreux visiteurs venant d'Angleterre même admirer son monument, il le casse, et voici le profit :

5 journées d'homme à briser, à 3 fr. chaque.	15 fr.	»
Avoir usé deux masses.	3	»
Plus le manche de la pioche.	0	50
	18 fr.	50

Avoir obtenu 4 mètres de moellons qui, cubés avec art, en ont bien fourni 6, à 2 francs l'un. . . 12 fr.

Il a donc dépensé 18 fr. 50 pour en gagner 12 ; mais il a détruit la pierre tournante.

C'était alors un beau menhir, dressé sur une butte formant un creux dans lequel trois personnes pouvaient se tenir.

Il avait 5 mètres de large à la base, 4 au sommet, sur 1^{m} 50 d'élévation.

De plus, il existait autrefois de chaque côté, comme à la pierre branlante d'Aveny, deux aiguilles dont une seule subsistait au moment où l'édifice fut rasé. La seule trace qui en reste est le dessin que nous en donnons.

On a lieu d'être surpris que la France trônant à juste titre parmi les nations civilisées, comme sanctuaire des arts, ait négligé jusqu'ici de faire une loi destinée à protéger ses monuments les plus anciens contre le vandalisme de destructeurs aveugles [1]. Nous avons une commission des monuments historiques, et elle rend d'immenses services en sauvant ces édifices des restaurations inintelligentes ou des inutiles mutilations ; pourquoi ne pas créer une section des monuments anté-historiques, dont la mission serait d'envoyer dans nos campagnes des membres chargés de signaler nos plus précieux dolmens, menhirs, cromlechs, allées couvertes, tumuli, etc. ; l'Etat pourrait acquérir à bien bon compte ces édifices, le plus souvent méconnus ;

[1] En Suisse, il vient de se fonder une société savante qui, dans le but de soustraire au vandalisme les nombreux et si curieux blocs erratiques que l'on brisait de toutes parts, a racheté ceux qui subsistent encore, notamment dans le canton de Vaud, au pied du Jura, et les a revêtus d'une marque destinée à les préserver.

quelques mètres de terre aux alentours suffiraient pour donner à la propriété un caractère de nature à la mettre à l'abri des insultes des ignorants, et surtout de la rapacité de certains savants.

Dans peu d'années le sol de notre vieille Gaule ne renfermera plus un seul débris celtique : sur qui donc en retombera la faute ?

CHAPITRE VII

MONUMENTS MÉGALITHIQUES DE LA HAUTE NORMANDIE

Edifices celtiques du Vexin français — Allée couverte de Boury — Signes ciselés sur les jambages de l'allée — Gravure aux acides végétaux — Ce qui distingue les caractères lapidaires dits celtiques des hiéroglyphes égyptiens — Le dolmen de Boury, malgré M. Brongniard — Différence entre les dessins des cavernes et les signes graphiques des dolmens — La montagne des pierres tournantes — La pierre percée de Trye-Château — A quoi tient le sort d'un dolmen — La pierre frite — Le tombeau d'Héronval — Dolmen de Chérence — Edifices du Vexin normand — Dolmens de Cahaignes et des Andelys — Autel païen appliqué aux cérémonies chrétiennes — Menhir d'Authevernes — Pierre de Sainte-Radegonde — Menhir de Port-Mort — Gargantua et l'Hercule pantophage — Eloi Johanneau — Légende du gravois de Gargantua — Lichaven de Saint-Ethbin — Menhir de Bézu-la-Forêt — Du danger de chercher un trésor sous un menhir — Pierre de la Gour — Légende de la pierre de Bosc-Gouet — Menhir de Lorey — de Saint-Léger-de-Rôtes — de Saint-Etienne-du-Vauvray — de Tilleul-en-Ouche — Légende de la pierre de Neaufles-sur-Risle — La pierre Lee — Dolmen de Breteuil-sur-Iton — de Rugles — de Damville — de Verneusses — du Bois-de-la-Tasse — La Cave-au-Diable — La pierre tournante du Bourg-Achard — La pierre de Rouville — Les pierres — coulée — coupelée — courcoulée — La pierre d'Aubevoye — La pierre aux dames — La longue pierre — La mauvaise pierre — La grosse pierre — La pierre grise — La pierre de Saint-Didier-des-Bois — La pierre percée de Conches — La Fosse-à-la-Roche — Les dolmens d'Harrouard — Les menhirs de Cocherel — La marche du trésor, porte de l'enfer.

LES MONUMENTS DU VEXIN

Après avoir exposé les caractères qui distinguent les neuf monuments celtiques de cette région dont Dampsmesnil est le centre, il nous reste, pour compléter la station des rives de l'Epte, à parler des seize édifices occupant, dans un rayon plus ou moins écarté, une ligne circulaire autour de ce village.

L'arrondissement des Andelys, confiné entre l'Epte

et la Seine, en renferme sept ; la plupart n'ont pas encore été signalés, ils nous touchent cependant de près car ils appartiennent au Vexin normand. Les neuf autres du Vexin français ont été cités dans quelques ouvrages[1], mais d'une façon si incomplète et surtout si erronée que nous avons dû aller sur les lieux mêmes pour rectifier leur description. Le plus remarquable est, sans contredit, le monument de Boury.

Ce dolmen est une allée couverte creusée en terre, dont les couvertures affleurent le niveau du sol avec absence de tumulus. Son orientation est est-ouest. Située dans le bois de Belle-Haie près la ferme du Chêne-d'Huys, sur la rive gauche de l'Epte, elle est composée de deux murailles parallèles de chacune huit blocs calcaires fichés debout, formant les côtés d'une chambre de deux mètres sur un soixante d'élévation sous les dalles. Celles-ci, dont il ne subsiste que trois, ont une largeur moyenne de trois mètres et une épaisseur de 50 centimètres.

Lorsque je pénétrai dans cet édifice, je rencontrai d'abord un vestibule de deux mètres carrés, fermé au fond par une forte dalle plantée debout, au bas et au milieu de laquelle se trouve une ouverture de 50 centimètres de diamètre, parfaitement circulaire et taillée dans la dalle ; derrière elle est la chambre funéraire de sept mètres cinquante de long, au total dix mètres pour le développement du monument.

[1] *Notice archéologique sur le département de l'Oise*, par M. Graves. — *Notice historique de la commune de Boury*, par M. Hersan. — *Antiquités gauloises*. Armand Cassand.

En contemplant les murailles nues et lisses de ce vestibule des morts, l'on éprouve un sentiment d'angoisse, puis une impression pénible, à la vue de cette ouverture béante, mystérieuse, inexplicable; mais bientôt un signe d'un grand intérêt vient captiver l'attention. C'est une forte saillie formant relief sur le second bloc de droite, on y reconnaît de suite une magnifique sculpture lapidaire. Tout d'abord on la prendrait pour la signature de l'architecte du monument.

Mon guide, à qui ce dessin est familier, cherche à m'expliquer que j'ai devant les yeux un buste de femme et je me reporte en l'examinant aux grossières figures tracées dans les grottes de Champagne.

Il est vrai que, bien que la face soit entièrement absente, ces deux grands ovales concentriques représentent assez bien deux colliers au-dessous desquels s'harmonisent, avec une symétrie presque gracieuse, deux hémisphères tellement sphériques et parallèles qu'on les prendrait pour deux seins.

L'illusion serait donc complète; mais le manque de précédents oblige à une grande circonspection. En effet, jusqu'ici l'on n'a découvert sur les dolmens aucun signe gravé en creux ou en relief représentant un objet ayant un rapport quelconque avec l'homme, les animaux ou les plantes; une seule exception est faite pour les celtæ de Gavr'inis et de Coni pouvant être des images de haches de pierre. C'est une différence essentielle avec les hiéroglyphes égyptiens qui ne reproduisent que des figures tirées de la vie, comme les oiseaux, scarabées, lotus des murs de Thèbes et de Memphis [1], ou bien encore les scènes empruntées aux arts : orfévres, écrivains, etc., retracées dans les hypogées.

Il semble étrange que le troglodyte ait décoré les parois des cavernes aussi bien que les bois de rennes, os et dents d'éléphants, de dessins d'animaux, de scènes de chasses, ciselés avec une grande finesse d'observation et même une certaine étude des formes qui permet de reconnaître de suite le sujet gravé par l'artiste, tandis que l'homme des dolmens, venu néanmoins longtemps après, n'a inscrit sur les dalles de ses tombeaux que des signes ne reproduisant absolument rien de la nature morte ou animée ; nous devons en conclure que ces courbes, ces crosses, ces ellipses, spirales et autres combinaisons purement linéaires, les cupules même, sont des signes graphiques, des caractères jusqu'ici inexpliqués, mais que l'on pourra déchiffrer lorsqu'ils seront mieux étudiés ; l'homme des dolmens, venu après celui des cavernes, a progressé ; le premier n'avait pas d'écriture, le second en avait une. Nous irons plus loin ; cette absence d'images relatives à la vie dans les gravures ou dessins de nos édifices préhistoriques est un indice de l'origine de ces monuments.

L'habitant des cavernes, en vivant isolé, était réduit à l'état d'individualisme ; abandonné à ses propres instincts, il appliquait ses facultés à des travaux pure-

[1] M. de Vertus se croit autorisé à faire dériver tous les symboles d'une même source, la symbolique primitive.

ment personnels, dictés par la nécessité du moment ; ses dessins reflètent les émotions de sa vie de combats, ses luttes perpétuelles contre les agents de destruction de la nature ; en un mot, c'est l'expression de la vie solitaire, primitive, sauvage, c'est l'absence absolue de société.

Tout différent est l'homme des dolmens : il trahit un état social, réglé par des principes dirigeants ; il a une religion parce qu'il n'y a pas de société sans cette base, et cette religion il l'a importée, avec ses lois et son architecture, de sa lointaine patrie. Ces premiers émigrants, ayant connu la civilisation orientale, érigèrent leurs monuments sous l'impression de la loi mosaïque qui interdisait expressément la reproduction de la figure animée, comme elle défendait de toucher la pierre avec l'outil [1], et c'est cette prescription qui a tué l'art chez le peuple juif ; aussi ne pouvant se livrer ni à la peinture, ni à la sculpture, il s'est adonné avec passion à la musique.

De même que Moïse, Mahomet, connaissant la tendance des Orientaux à incarner la divinité, défendit la représentation de ce qui avait vécu, et principalement de la figure humaine, de peur que l'on ne vînt à l'adorer comme un Dieu. La conséquence de cette prohibition faite par le prophète a amené, pendant des siècles, la destruction des objets d'art dans les pays conquis successivement par les Musulmans, les Sultans, les Kalifes, en Arménie, en Grèce et jusque dans l'Inde ;

[1] « De lapidibus quos ferrum non tetigit. » (*Deut.*, XXVII, v. 5.)

les Perses au contraire, sectaires de l'hérétique Ali, ont échappé aux prescriptions de la loi orthodoxe, et l'art persan, au lieu d'être anéanti par le culte iconoclaste du prophète, s'est perpétué dans les palais, les sculptures, les céramiques même. Aussi l'étude de ce pays, ayant su placer ses monuments sous l'égide d'une religion toute protectrice, est-elle d'un intérêt absolument exceptionnel.

D'après ces considérations, on le comprend, nous nous refusons à voir dans le dessin du dolmen de Boury un buste de femme. Du reste, les deux ellipses concentriques ont une ressemblance frappante avec celles que nous avons signalées à Dampsmesnil; leur mesure (0,40 sur 0,23) est, de plus, identique. Elles sont également en relief, comme beaucoup de sculptures des dolmens bretons, et se distinguent en cela des signes graphiques de l'Angleterre et de l'Irlande, le plus souvent gravés en creux [1].

Quant aux deux hémisphères, je les ai retrouvés, à mon grand étonnement, répétés sur la première pierre de gauche du vestibule, au milieu et en bas (entre fasce et pointe) d'un véritable écusson parfaitement régulier.

L'on se demande ce que cet écusson vient faire ici et si l'on doit y attacher l'idée qu'il représente dans les sociétés modernes; il est bien probable que non. L'écusson est le symbole du blason, le blason est

[1] Le dixième menhir à gauche du grand dolmen de Gavr'inis, sur lequel sont gravés les dix-huit caractères celtiformes, est le plus bel exemple connu de sculpture en creux et en relief sur des monuments mégalithiques.

l'emblème de l'art héraldique. La féodalité est venue de la Perse, la plus ancienne monarchie du monde. Le principe autoritaire, base de ce système, a gagné le Taurus, le Liban, les côtes de Syrie, et s'est introduit jusqu'en Egypte. Chose remarquable, tandis que la féodalité régnait sur l'autre rive de la Méditerranée, comme elle existe encore au Liban, ce côté de la mer était sous le régime des anciennes curies, différence des chrétiens d'Europe et des chrétiens d'Asie.

Dès l'antiquité la plus reculée, les peuplades adoptèrent des signes distinctifs exhibés en certaines circonstances ; tels sont sans nul doute les emblèmes figurés pour les douze tribus de Juda ; le chien passant d'Anubis, le bélier de Nemrod, et l'aigle d'or du roi des Mèdes semblent indiquer que les Orientaux possédaient les premières notions des armoiries. Les Argonautes aussi adoptèrent des emblèmes propres à les distinguer ; les Romains eux-mêmes eurent des armes parlantes, et l'on possède les sceaux sur lesquels les Vitulus, les Ovinius, les Corvinus firent graver le veau, la brebis, la corneille. L'usage de ciseler ou de peindre un blason sur l'écu représentant le bouclier, fut importé en France par les croisés.

Il n'a encore été découvert nulle part d'écusson sur un monument celtique, nous le pensons, et, comme celui-ci est parfaitement authentique, nous le signalons à l'attention des savants.

Sur le dolmen du Mané Lud, en Morbihan, l'on

trouve, il est vrai, un écu qui diffère peu des cartouches des hypogées égyptiens ; mais cet écu, qui aurait beaucoup de rapport avec celui de Boury, est renversé la pointe en haut, ce qui lui fait perdre tout son caractère. Il en est de même de ceux du Mané El'Hrock, et de la table de César ou des Marchands (Daul-Varchaut); toutefois ce dernier, à la forme cylindro-conique, ressemble plus à ces tentes des tribus asiatiques enlacées de feuillages sur lesquels on jetait un tissu, premier type du dôme si commun en Orient. Il existe encore en Asie Mineure quantité de ces tentes faites de terre, façonnées à la manière des ruches. On peut admirer ce joli galbe sur les casques de bronze de Falaise, attribués peut-être à tort aux Gaulois et se rapprochant beaucoup plus de ceux des croisés. Quelle que soit l'époque de leur fabrication, il est difficile de ne pas leur assigner une origine orientale.

Le dolmen de Boury semble être le seul sur lequel on ait sculpté deux hémisphères jumeaux. C'est principalement à cause de ses deux inscriptions qu'il serait si utile de le conserver. Lorsque l'on considère l'énorme relief de ces figures dont les seins ont jusqu'à 5 centimètres de saillie, on se demande comment les outils de silex ont pu creuser le calcaire à cette profondeur; on ne trouve pas de creux sensible autour du sujet, tant la taille s'est étendue sur la table ; non-seulement on ne sent pas le coup de ciseau, mais la pierre est relativement polie.

Nous en avons conclu que ces sculptures ont pu être

obtenues ou même terminées à l'aide des acides végétaux[1].

L'allée de Boury fut découverte en 1827; à cette époque l'on brisa quelques dalles pour la construction d'un rocher dans le parc du château; mais le monument n'avait pas été exploré, lorsqu'en 1870 M. Brongniard, de l'Institut, propriétaire du bois de la Belle-Haye, le fit complétement déblayer sous ses yeux. L'on constata alors avec surprise que le vestibule ne contenait absolument qu'une pierre brisée semblant avoir été façonnée en cintre, au contraire, la chambre renfermait trois couches de corps superposés, inhumés dans une position accroupie. Sur chaque lit, deux rangs de squelettes se faisaient face, la tête posée sur une pierre, le dos accoté à la muraille, en tout 90 corps. On a trouvé plusieurs objets provenant de colliers, des dents canines fort longues et de petites coquilles percées au centre; puis, une seule hache de silex, une autre fort petite en serpentine avec un trou pour la suspendre en amulette, et un vase d'une terre rouge très-commune et mal cuite[2].

La fouille terminée, M. Brongniard mit tranquille-

[1] On a dit d'Annibal, lorsqu'il passa les Alpes pour vaincre les Romains au Tésin et à la Trébie (218 av. J.-C.) :

Alpes perrupit aceto.

C'est certainement une figure, mais qui est basée sur un fait chimique exact.

[2] Une découverte absolument semblable fut faite, en 1833, par le baron de Vincent à Herulé près Mantes. Allée couverte de la même étendue, orientée comme elle, d'est à ouest, renfermant deux rangs de 32 corps chacun, accroupis, se faisant face, et une seule hache de serpentine percée d'un trou, plus un petit vase de terre très-commune. Cette hache de serpentine perforée s'est rencontrée également dans la sépulture de Léry.

ment un crâne dans son mouchoir, les deux haches et les colliers dans sa poche, et s'en retourna joyeusement à Paris, fort peu soucieux du monument qu'il venait de saper par la base.

Le garde Pommeret, qui avait dirigé le travail, est un homme fort intelligent; il comprend très-bien que l'on n'écrit pas l'histoire d'un peuple avec un crâne, même parfaitement conservé, et que le dolmen doit compter pour quelque chose dans les recherches de l'archéologue. Il envoya donc lettres sur lettres au savant, le priant de faire au moins consolider l'édifice chancelant; mais celui-ci fit la sourde oreille : il avait sauvé les cailloux[1].

M. Hersan prétend avoir vu des rigoles sur la dalle qui recouvre la pierre percée ; mon guide, je dois le reconnaître, m'a fait remarquer de grandes taches couleur de sang sur les deux faces de cette pierre au-dessous de la dalle. Ces coulées peuvent être dues à un dépôt d'oxide de fer, et je réserve toute mon appréciation. Toutefois, malgré le peu de chances de réussite, il serait intéressant de soumettre ces taches à l'analyse chimique et microscopique. Quant aux rigoles, je n'en ai pas vu de traces.

Une chaussée en pierre, de deux cents mètres sur quatre de large et un d'élévation, se dirige de l'est à l'ouest à travers le bois vers le dolmen.

Sur le territoire de Vaudancourt, à un endroit nommé

[1] Nous avons fait parvenir depuis quelques fonds à M. Pommeret dans le but de replacer la terre enlevée le long des murailles, et nous avons l'espoir que cet édifice pourra être conservé à la science.

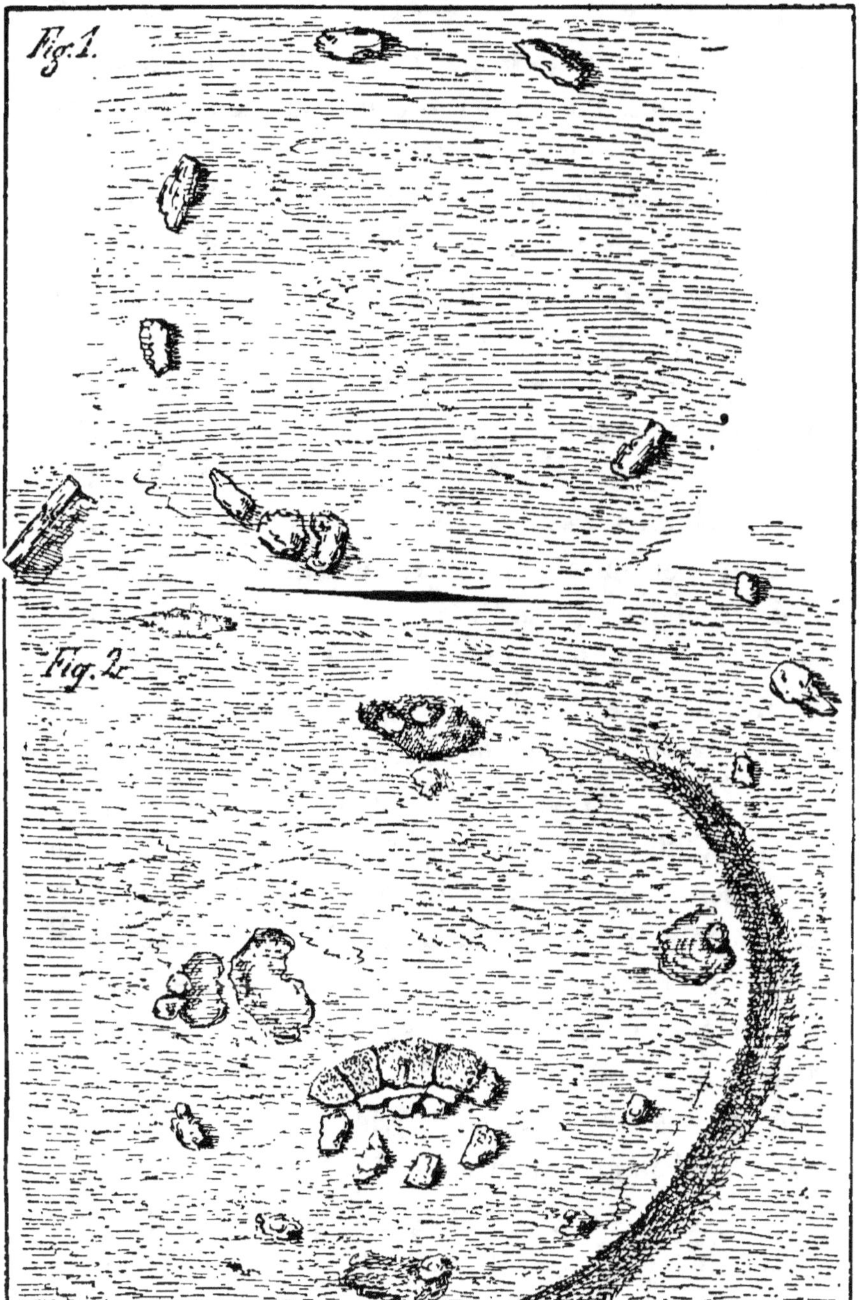

PLANCHE VI. *Fig. 1*. Cromleck de Beaujardin sur la montagne des *pierres tournantes*.
Fig. 2. Cromleck de la *pierre pétrie* avec son fossé circulaire. Echelle d'un millimètre pour mètre.

le Clos-de-Breteuil, est un menhir en calcaire grossier, nommé Haute-Borne. On prétend qu'il était fort long autrefois ; il est actuellement brisé.

Près du village de Beaujardin, sur la rive gauche de l'Epte, existe une éminence isolée s'élevant à pic au milieu du vallon d'Héronval. De son sommet abrupte et sauvage l'œil découvre au loin les plateaux de la Normandie et les fertiles vallées de l'Oise. Là de grandes et larges pierres de calcaire grossier, renversées pêle-mêle sur le sol, passent dans le pays pour avoir autrefois tourné à certaines heures quand elles étaient debout. Peut-être à force de tourner sont-elles tombées sur terre ; chose positive : elles ont valu à ce lieu le nom de Montagne-des-Pierres-tournantes.

M. Hersan, en les signalant dans sa notice sur Boury, et les autres écrivains en le copiant à tort et sans vérifier le fait, les ont désignées sous le nom d'alignement. Or, il suffit de les voir une fois pour reconnaître un cromlech même des plus étendus de France. En effet, sa circonférence en forme de cercle très-régulier atteignait cent quatre-vingts mètres ! Il ne subsiste malheureusement aujourd'hui que sept pierres accusant par leur position circulaire le diamètre de l'édifice ; quelques-autres rocs ont été charriés en dehors du cercle sacré et abandonnés au moment de la confection de ce malencontreux rocher du parc de Boury, affreux Minotaure qui a dévoré deux de nos plus beaux monuments celtiques.

La situation de ce cromlech a un grand rapport avec celle de la pierre pétrie ; son altitude de 143 mètres au-dessus du niveau de la mer se rapproche également de celle-ci (126^{m}). Mais les blocs ne proviennent pas de la colline et y ont été apportés. Ce fait est d'autant plus remarquable que l'un d'eux ne mesurait pas moins de cinq mètres sur trois. Plusieurs haches de pierre polie, trouvées à l'intérieur, sont déposées au musée de Beauvais.

Si, poursuivant nos investigations dans ce pays particulièrement riche en débris de l'architecture préhistorique, nous nous dirigeons vers le nord, longeant les falaises qui, de place en place, dominent la rivière, nous trouvons, dans le voisinage de la charmante ville de Gisors, le dolmen de Trye-Château dont les roches, d'après la légende, furent apportées en cet endroit par les fées dans les plis de leurs peplums. Cet édifice, cité souvent et à faux pour un dolmen type, est une allée couverte de calcaire dur, et ce qui a entretenu longtemps l'erreur commune, c'est que les couvertures de l'allée ayant été enlevées lors des anciennes fouilles, la terre, rejetée dans l'intérieur et sur les supports, ne permettait de voir que le vestibule resté intact. Elle est située dans le bois de Gomer-Fontaine-sur-Trye, au sud-est de ce bourg, dont le château donna l'hospitalité à Voltaire.

Le monument, connu dans le pays sous le nom de Trois-Pierres-des-Druides, est divisé comme celui de Boury en deux chambres séparées l'une de l'autre par une pierre dressée, percée d'un trou légèrement ovale de quarante sur quarante-cinq centimètres. Sa longueur totale est de huit mètres soixante-dix dont sept pour la tombe. Elle a un mètre de large à l'extrémité et deux à l'entrée et est orientée nord-sud.

Tout le caractère de l'édifice est dans ce vestibule dont la dalle légèrement inclinée en arrière surplombe la sépulture de toute sa hauteur et forme à son entrée un pylone d'une véritable majesté; l'on reconnaît, en examinant avec attention le sol environnant, qu'il constituait autrefois une butte tumulaire dont la base s'appuyait à ce vestibule tout en le laissant dégagé, et c'est ce qui explique pourquoi les quinze pierres murailles de la chambre funéraire sont plus basses que les supports de la grande dalle de l'entrée. Il est incontestable que celle-ci était indépendante de la butte et pouvait motiver, en la dominant, un autel ou une estrade. La croyance à cette destination, traditionnelle dans toute la contrée, a pu faire naître l'idée de l'existence de rigoles; effectivement, une forte et profonde fissure sillonne la table, la pénétrant presque jusqu'au dessous; mais cette fente est naturelle au calcaire, et l'on en retrouve une semblable au premier support de droite.

Les proportions du trilithe sont réellement superbes et ce n'est pas exagérer d'estimer la table à cinq mètres cubes (11,500 kilos) [1]. Du reste, l'emplacement choisi pour l'érection du monument a cela de remarquable qu'étant placé à mi-côte sur la colline il a permis de faire glisser avec facilité les blocs provenant des carrières dominant le bois.

[1] Le grés pèse environ 4,000 kilos le mètre cube; le calcaire dur (Chérence), de 2,500 à 3,000; le calcaire à empâtements de silex (Vernon), de 2,200 à 2,500; la pierre tendre du bassin de la Seine (Saint-Gervais), 1,300 à 1,400; le pudding ou conglomerat, 2,400 à 2,500.

Le dolmen de Trye n'avait pas été exploré depuis 1823. Tout dernièrement, M. Léon de Vesly ayant eu l'idée d'y pratiquer des fouilles, y a retrouvé des ossements humains mêlés à des débris de haches de pierre, d'objets de bronze, de fragments de poteries et même de tuiles romaines.

Il est à regretter qu'il n'ait pu constater la position des corps, leur orientation, et surtout si les débris de bronze avaient été enfouis postérieurement à ceux des instruments de pierre.

Peu de temps après cette dernière exploration, nous sommes allé visiter le dolmen et ce n'est pas chose facile de le découvrir au milieu des épais taillis du bois de Gomer-Fontaine. Lorsqu'après plusieurs heures de recherches je parvins au pied de l'édifice, je ne pus retenir un cri d'angoisse à la vue de ces rocs que la fouille récente avait presque déracinés de leur base. C'est que la mutilation est chose si navrante pour le cœur d'un artiste ! Ici, c'était l'effondrement complet qui menaçait le monument. J'étais anéanti à l'idée de ce prochain désastre, et j'allais me retirer profondément ému quand, relevant les yeux, j'aperçus un homme contemplant avec une morne tristesse l'œuvre de destruction accomplie par lui-même pour un faible salaire. Bientôt il se mit à arroser avec un soin touchant quelques fleurs qu'il venait de planter sur la terre fraîchement remuée.

« — Mais que faites-vous là, lui dis-je, et ne voyez-vous pas que ce pieux hommage rendu à ces ossements profanés ne saurait survivre aux dalles chancelantes ?

Dans peu de jours vos fleurs vont s'engloutir avec cette précieuse tombe? »

En effet, les terres de la fouille, amoncelées inconsidérément sur les bords de la fosse, poussaient déjà les murailles qui, déchaussées en dedans, privées de l'appui des couvertures, s'inclinaient sensiblement vers le sol.

« — Ah ! les savants, monsieur, les savants! Si nous n'avons pas renversé ces blocs, c'était faute de leviers! pour quelques débris de poteries et d'ossements, j'ai failli détruire le dolmen de Trye-Château, objet d'admiration et de respect pour toute la contrée depuis des siècles! Non, jamais je ne me le pardonnerai ! »

Je fus vraiment touché du repentir tardif de ce brave homme. Que de bon sens dans cette tête!

« Courez vite, lui répondis-je, chercher vos outils et rejetez la terre pour raffermir le monument de vos pères. Il n'est que temps ! »

L'homme partit, et j'en suis sûr, il a tenu parole. Aussi je n'hésite pas à donner le nom de cet honnête garçon, qui nous aura sauvé un des plus beaux édifices celtiques de notre vieille Normandie. Il se nomme Perrot, jardinier à Trye-Château.

Non loin du dolmen de Trye, dans la direction de l'est, nous avons trouvé une pierre levée ayant toutes les apparences d'un menhir. Elle est formée d'un bloc de calcaire dur de quatre mètres carrés environ. M. de Vesly y a pratiqué des fouilles restées sans résultat comme celles faites sous les pierres plates entourant le dolmen et qui ne sont autres que les couvertures de la tombe, enlevées et abandonnées en ces lieux.

Nous mentionnerons encore le bloc de calcaire dur dressé sur la côte du Petit-Marais à Vaudancourt; comme tant d'autres, il tournait autrefois aux nuits de Noël et de Saint-Jean; puis la pierre de la Charte de deux mètres de haut, calcaire dur en forme de massue qui s'appuyait sur une autre roche encore à terre; on y a trouvé des objets de silex et de jade; elle est élevée sur un tertre, non loin des Caves aux Fées, où résida longtemps un personnage imaginaire du nom de Blaisot, objet d'un tel effroi dans le pays que nul n'approchait des caves à Blaisot sans se signer; puis le menhir, situé à quelques mille mètres au sud-est, entre Bertichères et Delincourt; il est aujourd'hui brisé en deux, et le morceau qui reste debout a près de deux mètres. Ce bloc de calcaire dur est planté en délit; on le nomme la *Pierre droite*. Plus au sud, au territoire des *Boubiers*, entre le *Fayel* et le *Petit-Serans*, à environ 400 mètres de la route de *Paris* et au canton de *Chaumont*, un autre menhir de *grès quartzeux* dur, a 3 mètres 50 sur 1 mètre 50 et 47 centimètres d'épaisseur. On le désigne sous le nom de *Pierre frite*. On ignore complétement pourquoi ce nom de *Pierre frite* traduit du latin *petra fricta;* il se retrouve à un monolithe de *Saint-Cyr-sur-Chars* (Oise) au-dessus duquel ont lieu à certains moments des apparitions sous la forme de colombes blanches.

Enfin, rappelons le tombeau celtique signalé pour la première fois par M. Antoine Passy à la *Garenne*, près de ce mont célèbre dédié à Jupiter (Montjavoult, *Mons Jovis*) après l'avoir été au culte druidique.

Il était recouvert d'un tumulus et se composait de douze pierres de deux mètres carrés, accotées au sommet deux par deux, de manière à former une galerie prismatique. On y a trouvé plusieurs squelettes, des restes d'ossements brûlés, de cendres et des débris de poteries d'une argile grossière; même découverte au dolmen de Chérence, hameau de Bezu, canton de Magny, fouillé en 1834, où des ossements d'animaux, mêlés à des silex et à des os travaillés, étaient accompagnés de quinze squelettes humains.

Revenant aux sept monuments de l'arrondissement des Andelys, nous constatons que plusieurs ont disparu ; nous devons néanmoins les citer pour mémoire. De ce nombre est le dolmen de Cahaignes, canton d'Ecos : il était situé sur le bord du chemin allant de ce village à Requiécourt, à cinquante mètres de la maison curiale. En 1860, il en restait encore debout un beau bloc de 1 mètre 50 de côté, percé d'un trou circulaire dans son milieu; depuis lors, la pierre a été brisée, enlevée par un propriétaire voisin et transportée dans son parc de Requiécourt où ses morceaux concourent avec d'autres roches à la décoration d'une source d'eaux vives.

Un autre dolmen existait aux Andelys, au pied même de cette fontaine dont l'eau, d'après la légende, fut changée en vin[1].

[1] Voici comment Jacques Desmai raconte ce miracle, d'après la chronique d'un auteur anonyme du XIVe siècle. « Il arriva durant ce temps-là une

à la prière de sainte Clotilde, lorsqu'elle fit construire au VIe siècle dans l'enceinte de la ville déjà florissante une célèbre abbaye de femmes [1] où les Anglo-Saxons envoyaient leurs filles étudier avant de les vouer à Dieu.

Les pèlerins avaient l'usage, aux époques de la foi, de passer à trois reprises différentes sous la table du dolmen, après s'être baignés dans l'eau de la fontaine. Or, c'était alors un beau spectacle, cette affluence

grande cherté de vin, et alors les vignes n'étoient pas encore plantées ès-côte d'Andelys, comme nous les voyons aujourd'hui. Les massons et ouvriers avoient grande peine à parachever leur ouvrage, les forces leur manquans faute de vin et souvent murmuroient contre la reyne. Sainte Clotilde émue de compassion, et désireuse de voir bientôt ce sainct ouvrage parachevé, se mit en oraisons. Elle n'eût pas sitôt finy sa prière, que voici une belle fontaine cristaline qui avec impétuosité sortie de terre, qui de sa veue resjouissoit les yeux de ceux qui la regardoient tant elle estoit belle, claire et agréable. Sainte Clotilde toute estonnée de cette nouvelle source se douta bien que Dieu ne l'avoit pas envoyée pour néant et que de ce miracle en sortiroit un autre; elle se rendit de rechief à la prière et durant l'oraison un doulx sommeil la saisit, durant lequel elle vit une apparition d'un ange envoyé de la part de Dieu, qui luy donna assurance que ces requestes estoient receues de Dieu, et que pour obtempérer à sa demande, il lui avoit envoyé ceste fontaine de laquelle elle puiseroit pour envoyer à ses ouvriers lorsqu'ils lui demanderoient du vin, et que Dieu avait donné à ceste eau comme il donna à la manne un goût pour satisfaire à l'appétit de ceux qui en gousteroient et que pour les ouvriers, elle auroit la force, goust et propriété du vin. Le lendemain, les massons, lassez du travail et bruslez de l'ardeur du soleil, faisoient de grandes complaintes de ce qu'ils étoient mal traictez. Alors sainte Clotilde, pleine de confiance, leur envoya plein un grand vaisseau de ceste eau, laquelle se convertissoit en vin lorsque les ouvriers beuvoient, ce qui les estonna fort, et quittans leurs besognes s'en alloient trouver la reyne, se prosternant à deux genoux à ses pieds, luy demandant pardon de leur murmur et la recognoissans pour une saincte de grands mérites devant Dieu, et confessoient que jamais ils n'avoient beu de si bon vin.» (Jacques Desmai, chanoine d'Ecouis. *Vie de sainte Clotilde*, in-12. Rouen, 1613.)

[1] On suppose que ce monastère fut détruit vers le Xe siècle par les Normands, car on en perd la trace à cette époque. Quant à sa fondation, elle est ainsi consignée dans un ancien auteur: « Sancta Clotilde fecit et aliud monasterium super fluvium Sequanæ in loco qui dicitur Andelinis non longe a muris civitatis Rothomagensis in honorem Christi puræ Virginis. » *Vita sanctæ Clotilde*, Ravisius Textor. Parisiis, 1521.

de fidèles venus de tous les points de Normandie, de l'Ile-de-France, du Beauvoisis, du Roumois, du Lieuvin, du pays de Caux, de celui de Bray, des campagnes du Neubourg, de l'Ouche, de l'Auge, de Saint-André, pénétrant, en longues files, par toutes les portes de la vieille cité, dont les gracieuses maisons de bois étaient couvertes, depuis le faîte jusqu'à terre, de tentures, de tapisseries, d'oriflammes, de fleurs, de banderolles aux mille couleurs, en l'honneur du miraculeux anniversaire. Mais voici que la cérémonie commence.

Au bruit des cloches de sa collégiale, de ses sept églises et de ses quatre couvents, sonnant à toute volée, s'avance, lentement, un splendide cortége, précédé de la musique, des porte-bannières, des chantres revêtus de la chape, de la croix, des clercs portant des cassolettes où brûle l'encens, des enfants chargés de fleurs.

Ce sont d'abord les révérends pères capucins, les pénitents, les membres des confréries, couverts des costumes les plus riches et les plus variés ; puis viennent les châsses étincelantes d'or et de pierreries, portées sur des tapis de velours et de brocard, rehaussé de ganses, de tresses, de torsades lamées d'or et d'argent ; puis les diacres en dalmatiques, les vicaires, les prêtres d'un grand nombre de paroisses environnantes, et enfin le chapitre de la cathédrale, dont le doyen, marchant sous un dais splendide, porte dans ses mains la statue de vermeil où sont renfermées les saintes reliques de la reine. Il est suivi des membres du présidial, des officiers de bailliage, de sénéchaussée, des officiers de justice de longue et de courte robe, des échevins, des seigneurs accompagnés de leur entourage, des gentilshommes avec leurs oriflammes, les uns à pennon, les autres à bannière, et de toutes les notabilités de la ville. Chaque groupe est entouré d'un brillant luminaire, où les lueurs rouges des torches, mêlées aux clartés vacillantes des cierges et aux flammes fumeuses de fanaux portés sur de longues hampes, produisent l'effet le plus saisissant. De loin, on dirait un immense serpent de feu.

Cependant le cortége avance, bien que lentement, écartant avec peine cette foule bariolée et bruyante, mer agitée dont les ondes tumultueuses se heurtent aux angles des maisons ou roulent, en tourbillonnant, jusqu'au cœur même de la procession dont elles paralysent la marche; il arrive à la place située au-devant du dolmen; là, sur la pierre du mystère, richement décorée et couverte de fleurs, le vénérable doyen dépose pieusement le reliquaire, tandis que les chantres entonnent les cantiques de la fête; que les enfants tirent, de légères corbeilles suspendues à leur cou, des fleurs qu'ils jettent à profusion sur l'autel déjà voilé par les épais nuages de l'encens brûlant de toutes parts.

Et la foule se prosterne, les cloches sonnent de nouvelles et plus harmonieuses volées, la musique lance au ciel ses notes les plus vibrantes, car c'est le jour anniversaire du grand miracle, l'eau changée en vin. Bientôt les chants cessent, les cloches suspendent leurs joyeux carillons; le doyen a enlevé les reliques déposées sur l'autel; il descend solennellement les marches menant à la fontaine; trois fois il plonge le précieux reliquaire dans l'onde miraculeuse, et trois fois il le retire, l'élevant au-dessus de sa tête, et l'exposant à la vénération des fidèles toujours prosternés; au même instant un diacre s'avance, tenant deux larges brocs pleins de vin qu'un prêtre bénit et verse dans la fontaine.

A ce moment si anxieusement attendu, une foule, ivre de foi, se précipite vers la source où, d'après la tradition, le premier arrivant doit être infailliblement guéri. C'est un tumulte indescriptible où les pèlerins, les coquillards, se heurtent aux malingreux, aux truands, aux suppôts, aux piètres, aux sabouleux, aux rifodés, accourus de tous les points de la Normandie. Les mendiants se mêlent aux souffreteux, tiraillés, coudoyés, froissés, culbutés dans cette immeuse cohue, où les surcots, les cottes, les hoquetons, les pourpoints, les surtouts, les souquenilles, s'entassent pêle-mêle au bord de la source, car l'on doit s'y plonger complétement nu.

Et pendant que la procession reprend le chemin de l'église, tandis que tout ce monde affolé s'écrase dans la piscine trop exiguë pour une telle foule, les heureux qui, plus favorisés, ont pu terminer leurs ablutions et passer à trois reprises sous le dolmen, se joignent au pieux cortége; d'autres se précipitent sur les fleurs de l'autel qu'ils se disputent et fixent à leurs chaperons ou accrochent à leurs vêtements en souvenir de la grande fête.

Les derniers arrivants ne trouvant plus de fleurs,

frottent quelque harde, un chapelet, un objet quelconque contre la table et tous rejoignent la procession.

L'office du soir terminé, l'on se rend au feu de saint Jehan ; puis, chaperons fleuris, bourdons enrubannés, souquenilles râpées, pourpoints décousus, se précipitent par la ville, remplissant l'air de joyeuses clameurs, et remportant au logis quelques débris de la fête qu'ils suspendent à l'âtre, au foyer domestique, avec la fiole remplie de l'eau de la fontaine.

Telle était la procession de sainte Clotilde, qui avait consacré aux pratiques religieuses le monument des druides, et attirait tous les ans plus de vingt mille pèlerins dans la ville d'Andely. Cet usage, qui n'avait pas été interrompu pendant une seule année depuis le VIe siècle, et avait résisté même à la tourmente révolutionnaire, vint se heurter à l'excès de zèle d'un agent du Directoire exécutif; néanmoins, il ne fallut pas moins de trois arrêtés successifs pour le détruire[1], et lorsqu'on renversa le dolmen, au commencement de ce siècle, le respect des traditions était encore si puissant qu'il fallut envoyer la troupe aux Andelys pour empêcher de le rétablir[2]. Plus tard, on ordonna des poursuites contre ceux qui l'avaient détruit. Aujour-

[1] Registre des délibérations pendant l'an VI; *idem* en l'an VII. — 14 prairial an VI, 2 juin 1798. — 24 floréal an VII, 13 mai 1799. — 13 prairial an VII, 31 mai 1799. — 22 prairial an VII, lettre de l'administrateur central du département à l'administration municipale des Andelys.

[2] Le détachement de la force armée se composait de : 1 capitaine, 1 sergent, 2 caporaux et 20 fusiliers; il resta aux Andelys du 23 prairial jusqu'au 28 du même mois. (Registre 1, archives départementales. —Archives municipales.)

d'hui encore, malgré les efforts tentés pour déraciner les vieilles croyances, la cérémonie du bain s'est perpétuée et se renouvelle tous les ans au 2 juin, à la grande joie des habitants de la ville.

Car, il faut bien le reconnaître, ces processions ont un côté pittoresque, et une antiquité qui leur donne du prestige ; de plus, elles assignent à chacun un rôle à jouer dans la cérémonie, ce qui flatte ; d'autre part, elles se rattachent à de saints personnages qui ont les plus grands droits au souvenir et au respect du peuple ; mais, nous devons le dire, c'est là qu'est le danger.

Les vérités absolues méritent seules le culte universel.

Rien de plus frappant qu'une grande assemblée, par l'aspect de la multitude comme par l'unanimité de son sentiment ; mais nourrir, d'une génération à l'autre, la croyance en des miracles qui tiennent plus à la légende qu'à la tradition, peut présenter un côté dangereux, en amenant à douter de ceux-mêmes qui sont la preuve irrécusable et vingt fois séculaire de la divinité du Christ. Que de localités dans notre pays donnent l'exemple d'âmes simples, honnêtes, mais d'une crédulité poussée à l'extrême, attribuant des vertus médicinales à une fontaine, à une pierre tombale, à une statue ? superstition fatale, qui prostitue les choses sacrées, qui en fait un abus et parfois un trafic.

Rien de plus juste, de plus salutaire que le culte des saints aïeux, des saints Denys, Martin, Nigaise, Eutrope et de tant d'autres pionniers de la civilisation dans la Gaule forestière. Les saints sont les fondateurs ou les sauveurs de la patrie, comme étant aussi les révélateurs du ciel; c'est pourquoi on conserve leurs ossements dans l'or et la soie des reliquaires que les générations vénèrent, et vont même baiser; mais remuer les masses en leur faisant espérer un bien temporel quelconque, en attribuant une vertu médicinale à une fontaine, c'est compromettre la religion même, sa doctrine et la pratique du culte, cet admirable mémorial des vérités fondamentales et éternelles[1].

Un dessin anonyme, daté de 1781, provenant de la collection de Mlle Lerat de Magnitot, et reproduit dans le bel ouvrage de M. Brossard de Ruville[2], représente

[1] Ajoutons en note, car c'est étranger à notre sujet, que le moyen âge, devenu inférieur, même en fait de science, aux Orientaux, a cru servir à la fois le trône et l'autel, en ajoutant le prestige du merveilleux sans cesse renouvelé par de nouveaux miracles; il en a sapé le fondement sans le savoir. Du jour où le clergé s'attelait aveuglément au char de l'Etat, il devait rouler dans les mêmes abîmes, soupçonné des mêmes abus et des mêmes fautes.

Sans entrer dans cette terrible question de la séparation de l'Eglise et de l'Etat, et sans froisser aucune susceptibilité, nous pouvons dire que la science de Dieu, la religion doit tout dominer. C'est la reine du monde. Elle n'a pas à se faire esclave ou complice d'aucune dynastie, ni d'aucune démocratie : elle est reine indépendante. La morale est indépendante de toute autorité, excepté celle de Dieu.

Tout cela posé, et pour ne pas sortir de notre sujet celtique, de nos monuments celtiques, expression des mœurs religieuses, et d'un gouvernement théocratique, faisons cette remarque importante : la Gaule entière, par son esprit si religieux, que l'Armorique, l'Angleterre, l'île de Sein, en sont encore le vivant témoignage, et par son respect pour la femme associée au pouvoir (druidesse), était une puissance morale bien supérieure au paganisme; elle lui a longtemps survécu dans l'Occident, après avoir eu la gloire de résister neuf ans à César.

Ce respect extrême de la femme, son ingérence dans les affaires publiques, dans cette confédération immense, tenant la moitié de l'Occident, forme un contraste étonnant avec les mœurs asiatiques. On le voit bien, ces peuples échappés aux dangers de la volupté, que l'Eglise appela :

A Demonio Meridiano libera nos Domine!

a bientôt laissé sa prédominance à l'esprit. Les peuples du Midi sont sensuels, ceux du Nord sont spiritualistes.

[2] *Histoire de la ville des Andelys*, par Brossard de Ruville. Andelys, Delcroix, 1864.

le dolmen d'Andely sous lequel passe un pèlerin ; sur le devant de la gravure, on peut voir la célèbre fontaine miraculeuse témoignant, par les nombreux *ex-voto* suspendus à sa charmante façade gothique, de la croyance attachée pendant plus de douze siècles, aux vertus merveilleuses de ses eaux.

Le dolmen est formé d'une large table de pierre posée sur quatre montants; mais, soit que l'artiste ait voulu rajeunir son édifice en lui donnant une forme régulière, soit qu'effectivement la pierre ait été renouvelée, nous remarquons qu'elle n'a pas le caractère brut des monuments celtiques, car les assises, et la table, sont taillées d'une façon régulière. Nous avons plusieurs exemples d'édifices préhistoriques ainsi modifiés à une date postérieure, probablement parce qu'ils tombaient de vétusté. La situation du dolmen d'Andely, au pied d'une source, est encore un rappel de l'ancien culte des druides pour les fontaines ; le cromlech de la Pierre-Pétrie est également placé dans le voisinage de la fontaine de Madame-de-Cacaux-Rouges.

A Authevernes, dans le canton de Gisors, on rencontre un menhir de trois pieds de haut situé au triége de la Haute-Borne, près le parc du Bois-d'Ennemets. Notre excellent ami, le comte de Saint-Foix, y a pratiqué des fouilles, mais sans aucun résultat.

Au contraire, à Giverny-sur-Ecos, vers le point où la rivière d'Epte se jette dans la Seine, nous trouvons un dolmen appelé Pierre-de-Sainte-Radegonde, parce qu'elle lui servit de tombeau. On y venait autrefois en pèlerinage pour invoquer cette sainte patronne de

Giverny et obtenir la guérison des maladies de peau. La position de ce monument, élevé dans l'enceinte du cimetière, a causé sa ruine, car chacun dans sa ferveur, désirant inhumer les siens au plus près de la pierre recouvrant de si précieux restes, on a fini par renverser la table pour empiéter sur cette place sainte.

D'après la tradition, vers cette époque, quelques ouvriers ayant voulu fendre la pierre, tous leurs outils se brisèrent : c'est ce qui explique une profonde entaille existant sur le côté de la dalle. Ce bloc, de 2^m 50 sur 2 mètres et 50 centimètres d'épaisseur, est en calcaire dur à empâtements de silex. Nous pensons qu'il était orienté nord-sud. On pourrait encore aisément relever ce dolmen.

A Port-Mort, canton d'Andely, au hameau de Château-Neuf, vis-à-vis la côte et la vallée de Catignolles, localité illustrée par le voisinage de la modeste chapelle de Saint-Martin, taillée dans le roc, et dans laquelle fut célébré le mariage de la reine Blanche, mère de saint Louis, une roche isolée de 2 mètres de large sur 3 de hauteur, porte le nom de Gravois-de-Gargantua. Bien des gens croient que Gargantua est un personnage de l'invention de Rabelais ; mais les traditions populaires du duché de Retz, d'autres, non-seulement de la France, mais des contrées voisines, et nombre de monuments druidiques qui lui sont attribués et portent son nom, prouvent que ce type légendaire était l'Hercule pantophage des Gaulois.

De tous côtés, dans l'Ouest, on retrouve la trace de

cette fiction. En outre des édifices celtiques de la haute Normandie dont le nom la rappelle, et que nous allons citer plus loin, nous connaissons une foule d'ouvrages naturels ou artificiels, rochers, enceintes, etc., auxquels on l'a appliquée. Pour ne nommer que la Seine-Inférieure, il s'y trouve encore deux tumuli, une enceinte et deux roches naturelles ; l'une est cette Pierre-Gante, située devant le château de Tancarville, sur laquelle on surprit un jour le géant tranquillement assis, se lavant les pieds dans la rivière[1] ; l'autre, un rocher dominant la falaise de la Seine à Saint-Pierre-de-Varengeville , et portant le nom de Chaise-de-Gargantua.

A Fresles, c'est une forte éminence boisée appelée le Pas-du-Cheval-de-Gargantua, ou mieux Pas-de-Gargantua, car ceux de son cheval n'avaient pas moins de sept lieues de long. Au XIVe siècle (200 ans environ avant Rabelais), on disait *le Mont-Gargant*, d'après un acte de 1337 conservé au Trésor des chartes.

Dans l'arrondissement d'Yvetot, le Catelier-des-Veulettes, vieille enceinte aujourd'hui tombée à la mer, passait autrefois pour avoir été le tombeau du géant, et le monstrueux tumulus qui commande au loin la falaise, à Varengeville-sur-Mer, a recouvert la dépouille mortelle... de son petit doigt.

La légende du menhir de Port-Mort nous rapporte que Gargantua et son père Grandgousier, étant un jour en une hôtellerie de la « tant yolie ville » de Mantes, de

[1] Voir les légendes au chapitre IV.

hardis voleurs enlevèrent leurs chevaux, se sauvant par le chemin qui, côtoyant la Seine, mène de cette ville aux Andelys. Nos voyageurs faisaient donc « grand haste » pour rejoindre les larrons, lorsqu'arrivés au pays de Port-Mort, non loin de Pressagny-l'Orgueilleux, Gargantua se trouva tout à coup « bien empesché », il s'assit au bord de la route et ayant détaché son soulier, il en retira cette pierre qu'il jeta en ce lieu au grand « esbahissement » des gens de Panilleuse qui revenaient du marché.

Ayant repris sa route, il arriva au Petit-Andely, sans avoir découvert ni chevaux ni malfaiteurs. Il aperçut alors l'hospice de « Saint-Jehan », et il dit à Grandgousier :

« — Je cuyde que ces honnestes moynes ne refuseront de nous héberger et nous apprester à souper. »

Ils entrèrent donc, et ayant fait leurs politesses au frère prieur, ils lui exposèrent la « grand'faim » qui les tourmentait.

« — Hélas! monseigneur, répondit incontinent le moyne, vos seigneuries ne sauroient ignorer que nous sommes en caresme; le respect que nous imposent les lois de notre sainte mère l'église, nous oblige à pénitence. Nous sommes icy en grande pénurie, et n'avons autre manger que harengs salés et même en piètre quantité. — Eh mais! dit Gargantua après avoir réfléchi, il semble que, tout en faisant maigre chière, on pourroit trouver victuailles mieux appropriées à nostre appétit. » — Ores donc, il sortit avec Grandgousier, et étant allés au bois voisin, il vit plusieurs aulnes de belle hauteur, et il dit : « — Voicy ce qu'il me fault, ces arbres me serviront de ligne. » Et les ayant arrachés facilement de terre, en ôta les rameaux et racines, et les para pour son plaisir ; puis Grandgousier alla quérir force crocs et crampons divers, et de tout ils firent un bel engin de pêche.

Se dirigeant alors vers la Seine, Gargantua s'assit sur le rocher de la *Teste à l'homme* qui domine le fleuve à grande étendue, et à peine y était installé qu'il avisa descendant en rivière un beau bateau chargé de poissons :

« — Vraiment ! dit le bonhomme Grandgousier, voilà « de quoy festoyer pour ce soir. Eh ! eh ! petits « poissons ! soyez les très-bien venus ! »

Et alors Gargantua, lançant sa gigantesque ligne, accrocha l'embarcation et la rejeta sitôt derrière lui, aussi aisément qu'il eût pu faire du plus mince et « chestif » goujon. Bien joyeux de sa capture, il prit le bateau sous son bras et toujours suivi de Grandgousier, s'achemina vers le couvent.

Pendant ce temps, les pauvres mariniers qui étaient à l'intérieur avaient grande frayeur, à se sentir ainsi secoués, et après « s'estre » consultés, se mussèrent en « ung » coin où ils espéraient n'être pas découverts ; mais arrivé au monastère, Gargantua appela le prieur et lui dit de prévenir le cuisinier qu'il fît grand feu et « apprestât » ses poëles, car il apportait une belle friture. Et ayant déposé le bateau au milieu de la cour du couvent, il le fendit à coups de son grand sabre et se mit à faire des tas de tout le poisson « moult » frais qu'il contenait.

Les pauvres mariniers disaient: « Que ferons-nous s'il nous déniche ? » et recommandaient leur âme à Dieu. Si bien cachés qu'ils fussent, Gargantua les tira de leur coin, et se mit à rire comme une « mousche » en s'écriant: « — Ah ! la plaisante friture qui grouille encore; ores çà, maître cuisinier, je vous la baille ! » Mais le bon frère, prenant grand pitié de ces malheureux répondit: « — Ne voyez-vous pas, monseigneur, que ces chestives bêtes sont plus de terre que d'eau; que les mangiant, vous feriez grasse chière et par la commettriez peschez mortel. »

« — Dieu me garde de manquer aux lois de saincte église! répondit Gargantua; mais puisqu'ils ont chair et qu'ils sont frais et dodus, salez-les donc pour que nous les goustions quelqu'ostre jour. Allez, allez, petits mauvais et ne me tabustez plus l'entendement. » Ce que « oyant, les pauvres haires, » et pendant que nos gens se mettaient à table, ouvrirent sans bruit la porte du couvent et de toute la vitesse de leurs jambes, détalèrent dans la campagne, remerciant en leur cœur le bon frère cuisinier qui les avait si habilement sauvés.

Gargantua et son bon père firent un gai repas, et absorbèrent, dit la légende, quatre mille livres pesant de poisson de Seine, qu'ils arrosèrent par amour de beuverie, d'un joyeux petit vin qui leur faisait velours au gosier, et les bons frères amenèrent chariots attelés pour emporter les arêtes qui restèrent de ce festin. Le lendemain seulement, ils reprirent leur course; mais nous ne saurions dire s'ils rentrèrent en possession de leurs montures.

Nous n'avons pu résister au désir de raconter tout au long cette curieuse légende de Gargantua, parce qu'elle nous enseigne deux choses : la première, que le menhir de Port-Mort n'est pas la seule pierre de cette contrée rappelant le célèbre géant, puisque le rocher si étrangement découpé sur la rive droite de la Seine près Andelys appelé la *Tête-à-l'Homme*, se nomme également le *Siége de Gargantua*; la seconde, c'est que Rabelais s'inspirait autant des croyances populaires de son époque que de sa propre imagination pour composer ses contes humoristiques. Voici, du reste, son propre récit : il suffit de le rapprocher de notre légende locale pour juger combien il y a largement puisé :

« Le propos requiert que racontons ce qu'advint à « six pèlerins qui venoient de Sainct-Sébastian près de « Nantes, et pour soy héberger celle nuyt, de peur des « ennemis, s'estoient mussés au jardin dessus les « poyzard entre les choux et lectues. Gargantua se « trouva quelque peu altéré, et demanda si l'on pour- « roit trouver des lectues pour faire une sallade. En « entendant qu'il y en avoit de plus belles et grandes « du pays, car mesmes et en emporta en sa main « ce que bon luy sembla; ensemble emporta les six « pèlerins, lesquels avoient si grand peur qu'ils n'osoient « ny parler ny tousser.

« Les lavant donc premièrement en la fontaine, les « pèlerins disoient en voix basse à l'autre : Qu'est-il de « faire? Nous noyons icy entre ces lectues; parlerons- « nous? Mais, si nous parlons, il nous tuera comme

« espies. Et comme ils déliberoient ainsi, Gargantua « les mit avec les lectues dans un plat de la maison, « grand comme la tonne de Cisteaux et avec huile et « vinaigre et sel, les mangeoit pour soi rafraîchir « devant souper; et avoit ja engoullé cinq des pèle- « rins; le sixième estoit dedans le plat caché sous une « lectue, excepté son bourdon qui aparoissoit au- « dessus. Lequel voyant Grandgousier dist à Gargantua: « Je croy que c'est là une corne de limasson, ne le « mangez poinct. — Pourquoy, dit Gargantua, ils sont « bons tout ce mois. Et tirant le bourdon, ensemble « enleva le pèlerin et le mangeoit très-bien! Puis « beut un horrible traict cuidèrent noyer en sa bouche, « et le torrent de vin presque les emporta au gouffre « de son estomac; toutefois saultant avec leurs bour- « dons comme font les micquelotz, se mirent en fran- « chise l'orie des dents. Mais par malheur, l'un d'eux, « tastant avec son bourdon le pays à scavoir s'ils « étoient en seureté, frappa rudement en la faulte « d'une dent creuse, et férut le nerf de la maudibule: « dont fit très-forte douleur à Gargantua, et commença « crier de raige qu'il enduroit. Pour donc se soulager, « du mal, fit apporter son cure-dents, et sortant vers « le noyer grollier, vous denigea bien messieurs les « pèlerins.

« Car il atrapoit l'un par les jambes, l'autre par les « espaules, l'autre par la fouillouze, l'autre par la « besace, l'autre par l'escharpe et le pauvre haire qui « l'avoit feru du bourdon, l'accrocha par la braguettes; « toutes foy ce luy fut un grand heur, car il luy perça

« une bosse chancreuse qui le martirisoit depuis le « temps qu'ilz eurent passé Ancenys. Ainsi les pèle- « rins denigés s'enfuirent à travers la plante le beau « trot et appaisa la douleur.

« Et laquelle heure fut appelé par Eudemon pour « souper car tout estoit prêt.—Je m'en vais donc, dit-il, « passer mon malheur. . . . .
« passant de là par l'Orée de la touche, en plein che- « min tomberent tous excepté fournillier en une trape « qu'on avoit faicte pour prendre les loups à la trainnée. « Dont eschapperent moyennant l'industrie dudict « fournillier qui rompit tous les lacs et cordages. De « la issus pour le reste de cette nuyt, couchèrent en « une loge près le Couldray.

« Et là furent reconfortés de leur malheur par les « bonnes paroles d'un de leur compagnie nommé Las « d'aller, lequel leur remonstra que ceste adventure « avoit été prédicte par David, *psalm*..... *Cum exurge-* « *rent homines in nos*, *forte vivos deglutissent nos*, « quand nous fûmes mangés en salade au grain du sel. « *Cum irasceretur furor eorum in nos*, *forsitan aquæ* « *absorbuisset nos*, quand il beuct le grand traict. *Tor-* « *rentum pertransivit anima nostra,* quand nous pas- « sâmes la grand boyre. . . . .

« *Benedictus Dominus qui non dedit nos in captionem* « *dentibus eorum. Anima nostra sicut passer erepta est* « *de laqueo venantium.* Quand nous tombasmes en la « trape, *laqueus contritus* est par fournillier, *et nos libe-* « *rati sumus*[1] ».

[1] *Œuvres de Rabelais*, liv. Ier, chap. XXXVIII : « Comment Gargantua mangea en salade six pèlerins. »

Bien d'autres monuments sont encore attribués à Gargantua, sans que Rabelais en ait fait mention dans son histoire de ce géant, ce qui indique une fois de plus que ces légendes étaient antérieures à cet auteur et doivent être rapportées au mythe gaulois que nous avons désigné sous le nom d'Hercule pantophage.

D'après une de ces légendes du Vexin français, Gargantua jouant un jour au palet à Hautil, centre, dit-on, d'un ancien collége de druides, lança le disque dans la direction de Jouy-le-Moustiers et il tomba à Neuville, au delà de l'Oise, où longtemps on a vu un menhir. Peut-être est-ce cette *pierre frite* de Saint-Cyr-sur-Chars que l'abbé Baraud prétend, toujours suivant la légende, avoir été lancée du sommet de Montjavoult. C'est une variante du tumulus du Jarry, près la forêt d'Orléans, tombé de la hotte de ce personnage fabuleux.

Pour nous, qui voudrions considérer le monument de Port-Mort sous son véritable aspect, c'est-à-dire tel que les Celtes nous l'ont légué, nous ne pouvons que regretter la trop facile condescendance avec laquelle l'administration a permis de le déplacer.

Certes, le passage de la route de Pressagny était d'une utilité générale; mais il eût été si simple de dévier cette voie de quelques mètres, et de respecter ainsi un édifice remontant à plusieurs milliers d'années. Non-seulement on l'a déplacé, mais encore il a été mutilé. L'ouvrier chargé du travail moyennant 150 francs a trouvé, dit-on, un moyen très-ingénieux de gagner cette somme dans une seule journée. Il a tranché le monolithe à ras du sol, et, laissant sous terre un tronçon d'un mètre, il a pu sans peine transporter ce qui restait. Avis aux savants tentés de faire des fouilles : ne pas se tromper de morceau.

Actuellement nous avons un agent-voyer chef, dont la qualité de membre correspondant de la carte des Gaules sera pour nous une sérieuse garantie contre la destruction de nos plus précieux édifices.

Nous voulons encore ici adresser nos sincères remerciements à notre excellent voisin et ami, le marquis de Graville, frère du propriétaire de ce menhir, qui a pu atténuer les rigueurs de l'administration et obtenir que le monolithe déplacé fût planté dans sa primitive orientation.

A peu de distance du Gravois-de-Gargantua, il existe un dolmen auquel la tradition du moyen âge a donné le nom de Pierre de Saint-Ethbin.

Ce moine écossais, venu au monastère de Port-Mort au VIIe siècle, y fut inhumé. Le dimanche d'après l'Ascension, l'on est encore dans l'usage d'exposer à la porte de l'église les précieux restes de saint Ethbin; de nombreux pèlerins, après avoir passé sous les reliques, se rendent au dolmen processionnellement; là, ils s'inclinent sous la pierre, et la traversent pieusement, dans le but d'obtenir la guérison des maux de reins; une cérémonie analogue a lieu au 20 octobre de chaque année.

Cet édifice, composé de deux jambages reliés par un sommier de pierre, est un bien rare spécimen du trilithe ou lichaven; il est éloigné de 600 à 800 mètres du menhir de Gargantua dans la direction de sud-ouest à sud-est. On prétend que depuis peu il aurait été rasé sous prétexte qu'il menaçait ruine, et les blocs enfouis sous terre serviraient de fondation à une bâtisse de pierre de taille bien blanche, sorte de pastiche imitant le trilithe sur lequel cette inscription : « Saint Ethbin, priez pour nous ! » attire au loin le regard. On a dit, il est vrai, que la table du dolmen avait déjà été remplacée au commencement du siècle, et qu'un véritable saint Ethbin, Breton attaché au service de l'église de Dol, ordonné en 554 à l'abbaye de Taurac, était allé mourir en Irlande, au milieu des bois, dans une cellule qu'il habita vingt ans. Il importe peu à notre sujet de connaître le nom du saint personnage, ermite ou homme de grande piété, inhumé sous le dolmen de Port-Mort. Fait positif : le savant abbé de Guiseniers y a pratiqué dernièrement des fouilles, et y a reconnu la présence d'ossements humains. Nous regrettons sincèrement la destruction inutile d'un monument celtique sauvé naguère en le dédiant à un saint. Combien il eût été plus consolant et moins coûteux de le consolider en raffermissant sa base chancelante : le pèlerin passe encore sous cette froide pierre qui a remplacé le monument du mystère; mais a-t-il conservé le respect du monument légendaire, et la vénération dont ses ancêtres honoraient une coutume remontant sûrement aux druides ?

Un édifice abattu, l'autre mutilé, voilà donc ce qui reste à Port-Mort. Autrefois, l'on brisait aveuglément; aujourd'hui, l'on détruit froidement et avec calcul.

Dans la forêt de Port-Mort, entre cette localité et la commune d'Hennezis, on voit une grande table de ierre ap pelé e le Rendez-vous-des-Gardes. Elle fut élevée en cet endroit en remplacement d'une roche ayant un caractère celtique, par le nommé A..., celui-là même qui *rajeunit* le dolmen de Saint-Ethbin, et dont le fils fit deux monuments du menhir de Port-Mort. Il obtint en récompense un droit dans ladite forêt. Pareille table existe encore dans la forêt d'Evreux, près les Baux-Sainte-Croix, au Chambellan, ancien rendez-vous de chasse des ducs de Bouillon.

Enfin, le menhir de Bézu-la-Forêt, canton de Lyons-la-Forêt, très-près du territoire de Bézancourt (Seine-Inférieure), est un bloc de pudding qui cube environ deux mètres ; cette pierre mettait cent ans à accomplir un tour sur elle-même ; malheureusement elle en a fait un à un brave homme de la localité, tourneur de son état, qui, ayant voulu chercher le trésor, la fit tomber sur lui, ce qui fait qu'elle ne tourne plus du tout, mais lui non plus.

Si nous quittons l'arrondissement des Andelys, et que traversant la Seine nous laissions la tribu des Véliocasses, pour pénétrer dans le pays des Eburovices, nous constatons d'abord que l'on n'y a découvert ni cromlech, ni allée couverte; les seuls monuments encore debout, démontrent, par les distances qui les séparent les uns des autres, l'absence d'un lien de solidarité entre eux, d'un ensemble analogue à celui que nous venons d'expliquer, et dont le canton d'Ecos formait le foyer principal.

Le menhir situé entre les parcs de Condé et de Mauny, canton de Breteuil, a quatre mètres de haut; on le nomme Pierre de la Gour.

Un autre beaucoup moins élevé, mais portant le nom de Pierre-Tournante, existe, couché à terre, dans la commune du Bosc-Gouet, canton de Routot, hameau de Malesmains, non loin de la forêt de la Londe, à quelques centaines de pas de l'ancien chemin de Lisieux à Rouen par Montfort. Il mesure environ 2 mètres carrés sur 66 centimètres d'épaisseur, et était planté au centre d'une éminence artificielle décorée de sapins.

La légende locale, au sujet de ce menhir, raconte qu' « autrefois un seigneur en ce bon pays normand, trouva que ladite pierre était une grande gêne pour les labours et travaux de terre ; ores donc, il commanda à ses gens de la déplacer et de la conduire en quelque endroit où elle ne pût causer nuisance ; mais, malgré leurs efforts, tous ses serviteurs réunis ne parvinrent même pas à la faire bouger tant soit peu. Le maître, impatienté, envoya quérir ses chevaux, d'abord vingt, puis quarante, puis cent. Peine inutile, le bloc ne mouvait guère plus que s'il eût été scellé. Ce ne fut que quand l'attelage eut atteint le nombre prodigieux de trois cents chevaux, qu'on put enfin, et à grand'peine, emporter la pierre; elle fut traînée à une lieue de là et déposée en un fossé bordant la forêt de la Londe. Mais, dans la nuit, un paysan attardé se trouva tout à coup glacé d'effroi à la vue du monolithe marchant seul et s'avançant lentement dans la direction du Bosc-Gouet. Sitôt que sa frayeur lui permit de continuer, il courut prévenir le seigneur de ce qu'il avait vu, et le lendemain matin, au grand étonnement de tous, on retrouva la pierre à cette même place d'où l'on avait eu tant de peine à l'extraire la veille ».

Deux monolithes de 3 à 4 mètres, élevés dans la commune de Lorey, sont considérés, par M. Passy, à cause de leur voisinage de la rivière d'Eure et de leur proximité du village appelé Fains (*fines*), comme ayant servi de limites entre le territoire des Eburoviques et celui des Carnutes.

Près le tombeau celtique, découvert à Saint-Etienne-du-Vauvray, canton de Louviers, l'on voyait, autrefois, deux beaux menhirs : l'un, encore debout, a été déplacé de quelques mètres, à cause du passage du chemin de fer de Saint-Pierre à Louviers; toutefois, hâtons-nous de l'ajouter; un procès-verbal constatant cette opération, la hauteur, l'orientation et les distances exactes du nouvel emplacement à l'ancien, a été rédigé par des gens experts et consigné dans les mémoires de la Société d'archéologie; les fouilles, pratiquées au pied, avaient révélé la présence d'ossements. Le second fut enlevé en 1837 et transporté au cimetière de Rouen, non pour y être inhumé, mais pour surmonter la tombe de feu Hyacinthe Langlois. Loin de nous l'idée de porter atteinte à la mémoire d'un homme dont on vient de célébrer le centenaire à Pont-de-l'Arche; mais il nous semble qu'il y a déjà assez de savants occupés à détruire, de leur vivant, nos malheureux monuments celtiques pour y chercher leur petit objectif, sans qu'il soit utile de faire une hécatombe du peu qui nous reste sur la sépulture d'un mort. Nous avouerons naïvement ne pas comprendre le rapport existant entre cet orgueilleux témoignage préhistorique et le modeste souvenir d'un antiquaire-graveur de 1830.

L'on voit encore un menhir sur les communes de Saint-Léger et de Rôtes, canton de Bernay, et un autre, en grès, de 2 à 3 mètres de haut, entre les communes de Tilleul-en-Ouche et de Landepereuse, canton de Beaumesnil.

Près de Neaufles-sur-Risle, au canton de Rugles, une pierre de 4 mètres de hauteur porte le nom de Gargantua, et voici pourquoi : « Le seigneur Gargantua, qui voyageait sans cesse par monts et par vaux, se trouva un jour, en plein temps de moisson, près la ville de Rugles ; il examinait les blés, pesant le grain en sa large main, et encourageant les travailleurs de quelque parole advenante. Il arriva en un grand champ avoisinant Neaufles-sur-Risle, et là, apercevant des moissonneurs qui n'en pouvaient mais, vu la grande chaleur du jour : « Eh! mes pauvres enfants, que de mal et sueurs pour si mince résultat, dit-il ; laissez-là sapes et faucilles, je vais vous bailler un peu d'aide »; et courant vers la ville de Rugles, déjà célèbre par ses fonderies de fer, il en rapporta une grande faux, avec laquelle il abattit d'un seul coup la récolte, non sans, toutefois, avoir aiguisé, avec cette large pierre qu'il tenait d'une seule main, sa faux qu'oncques ne put jamais retrouver. Quant à la pierre à aiguiser, elle resta plantée sur le sol, à la place même où Gargantua la jeta. Mais si le géant n'en fit plus usage, il n'en fut pas de même des ouvriers du pays qui, depuis lors, s'en servent pour affiler leurs outils. » Est-ce par suite de cette légende ou à cause de la finesse du grain de la pierre qui est de grès dur? Je l'ignore.

A la Neuve-Lyre, sur le bord de la charmante rivière arrosant la vallée de la Risle, et près de la forêt de Conches, la tradition assigne, à un bloc de grès, un rôle important dans les cérémonies des druides dont on affirme qu'il est contemporain.

Un autre menhir, en pudding, nommé Pierre-Lée, est situé dans la cour de la ferme du même nom, au canton de Beaumont-le-Roger, et un semblable dans le même canton, en la commune de Sainte-Opportune-du-Boscguerard. Notons encore le menhir d'Ambenay, localité célèbre par la quantité de médailles d'or du règne d'Auguste, qui y fut trouvée il y a quarante ans.

Quant aux dolmens, nous en citerons un à Breteuil-sur-Iton, et un près de Rugles, composé de trois blocs supportant une vaste et unique table de 3 mètres de long sur 3 de large.

Aux environs de la cité de Damville-sur-Iton, entre la rive gauche de cette rivière et le chemin d'Authenay, se trouvait un monument appelé la Pierre-Lée; il vient d'être renversé; un autre, d'une faible importance, a été également détruit dans la commune de Verneusses, canton de Broglie.

A 200 mètres de l'emplacement des monolithes du

Vauvray, à la Haute-Cremanville, est une roche assise sur terre, à mi-côte, dans une dépression du sol ; elle cube environ 3^{m} 50 et est de calcaire dur avec empâtement de silex comme les deux menhirs.

A la limite de l'Eure et d'Eure-et-Loir, dans la commune de Dampierre, canton de Brezolles, au bois de la Tasse, existe encore, dans un vallon qui côtoie la rivière de l'Avre, un beau dolmen porté sur deux pieds; les autres sont renversés; plus haut se trouve un plateau couvert de bruyères, au milieu desquelles on voit des ruines, peut-être celles d'une allée couverte dont il ne subsiste que les pierres de l'entrée et les parois des côtés.

La Cave-au-Diable est un dolmen de la commune de Gournay-le-Guérin, canton de Verneuil; c'est un fort bloc de grès, d'environ 3 mètres cubes, assis sur le versant d'un coteau, et posé, par les extrémités, sur deux autres blocs. M. Collas de Gournay, son propriétaire, a découvert ces roches en les dégageant. La fouille, probablement imparfaite, n'a révélé l'existence d'aucun ossement ou objet d'une époque quelconque. On prétend y avoir vu des rigoles, mais il est bien probable qu'il en est de ces crevasses comme de celles de la pierre de Trye et de beaucoup d'autres.

Au canton de Routot, près la commune de Bourg-Achard, dont le nom, d'après M. Le Prévost, aurait une origine scandinave, et signifierait *asker, askeer*, *l'épée des dieux*, est un dolmen en pudding, nommé la Pierre-Tournante; il est situé dans le bois de Mlle de Malmains, au lieu dit la Vente-aux-Lièvres ; la table, de 4 mètres carrés environ, repose sur le sol, ses supports n'ayant pas été dégagés. Elle tournait scrupuleusement tous les ans, à la nuit de Noël, vers minuit; mais depuis peu les avides tireurs de cailloux l'ont fortement endommagée, ce qui paraît la gêner dans son mouvement de rotation.

Entre la commune d'Alizay (Eure) et celle d'Imare (Seine-Inférieure), à 3 kilomètres de Pîtres, et près d'un bois attenant à la ferme du Solitaire, se voit encore un beau dolmen composé de deux blocs de 60 centimètres de hauteur et 80 centimètres d'écartement, supportant une table de 1^{m} 35 sur 80 centimètres, et 20 centimètres d'épaisseur; on le nomme Pierre-de-Rouville. Il faisait le partage de la seigneurie de Rouville, près de Pont-de-l'Arche. Les habitants des communes voisines donnent à cette pierre la vertu de guérir le mal de reins, à condition, toutefois, que l'on passera dessous sans toucher la table avec le dos, ni le sol avec les genoux. Nous devons noter ici ce rapprochement entre les nombreux dolmens auxquels la tradition a donné le précieux privilége de guérir les maux de reins, et les amulettes de serpentine et de Jade vert trouvées dans les tombeaux de la pierre polie, que les anciens portaient en leur attribuant la même vertu.

Le dolmen de Rouville a quelque rapport avec celui que M. le marquis de Belbeuf fit enlever du bois de Belbeuf à la côte de la Justice, près Rouen, et transporter, il y a quelques années, devant son magnifique château.

Nous voyons aussi trois monuments dont les noms rappellent cette croyance populaire qu'ils furent confectionnés, coulés sur place comme dans un moule. C'était un moyen fort ingénieux d'expliquer une construction dont on ne pouvait saisir le mécanisme, et la nature de pudding de plusieurs de ces pierres se prêtait assez à la fable de la mise en moule.

La Pierre-Coulée est sur les confins de l'Eure, au territoire de l'ancien diocèse d'Evreux ; la Pierre-Coupelée, à la Ferté-Fresnel, dans l'Orne, mais sur le bord de notre département ; et la Pierre-Courcoulée, dans la forêt d'Evreux, commune des Ventes. Cette dernière est formée d'une table posée sur quatre rocs servant d'appui. Dans cette même commune des Ventes, se trouve encore la Pierre-de-l'Hôtel-Dieu, dolmen dont la table est inclinée par suite de la disparition de deux de ses supports.

Une roche beaucoup moins importante est attenante à l'église d'Aubevoye près Gaillon. Elle est élevée à hauteur de table de deux mètres de long sur un de large. L'on ne peut affirmer qu'elle soit d'origine celtique ; mais les anciens prétendent que l'on payait la dîme aux Chartreux sur cette pierre.

Enfin, pour clore cette longue et aride nomenclature, nous donnerons un souvenir à un monument qu'un peu de bon vouloir pourrait peut-être nous conserver encore.

Dans cette fraîche et riante vallée du Rouloir, en face l'ancienne baronnie du Chantier-de-Quenet et non loin de la redoutable forteresse de Conches, dont le sombre donjon, toujours majestueux dans sa ruine, fait songer aux exploits du grand Duguesclin, une roche suspendue à la falaise qui domine la rivière, rappelait par son nom de Pierre-aux-Dames le prestige attaché autrefois aux anciennes prêtresses de Teutatès.

Le bloc engagé dans la côte était fixé au sol par ses deux extrémités évidées en forme de fer à cheval, et le devant du cintre était supporté par deux blocs de moindre importance formant par leur écartement une sorte d'abri sous la pierre. Lors de l'établissement de la voie ferrée reliant Evreux à Conches, on précipita ce beau bloc sur le bord de la chaussée.

Rien n'est saisissant comme ce rocher qui, dans sa chute, a pris une forme si fantastique qu'on serait tenté de croire que son dernier souffle fut pour les druides qui l'avaient élevé. Les longues cornes qui le retenaient dans le sol, semblent se dresser et menacer le ciel : on dirait une idole, image du Dieu cornu, l'on croit voir Cerunnos lui-même.

Lorsque je visitai dernièrement la Pierre-aux-Dames, je reconnus qu'elle n'avait pas été renversée à plaisir, mais bien dans un but d'exploitation. Ce bloc, cubant près de six mètres, avait été fendu à l'aide de coins. Néanmoins les deux tables n'étaient pas encore séparées. J'ai pu constater que les prétendues rigoles n'étaient que des fissures ; la roche elle-même est de grès, avec formation de meulières et de conglomérats ; son orientation fut nord-sud.

Sur mes instances, M. l'agent-voyer en chef, celui-là même qui est correspondant de la Carte des

Gaules, m'a promis de la faire prochainement relever et replacer. Nous verrons bien.

Il est aisé de se convaincre, en jetant les yeux sur la carte, de la différence de groupement entre les monuments de la rive gauche et ceux de la rive droite de la Seine. Cependant, sur les bords de l'Iton, nous retrouvons dans la situation des cinq édifices de Breteuil, Damville, Condé et les Ventes, une certaine analogie avec ceux des rives de l'Epte.

Les deux groupes sont établis sur un espace restreint; de plus, à Condé-sur-Iton, le dolmen est associé au menhir comme à Port-Mort, Aveny, le Bus-Saint-Rémy. Cette question de groupement nous paraît d'autant plus intéressante à étudier que, si l'on s'en rapporte au cadastre dont les noms correspondent aux plus anciennes dénominations des triages, il est rare qu'une localité, remarquable par l'existence d'un ou plusieurs monuments celtiques, ne porte pas un nom qui les rappelle ou y fasse allusion. Or, nous avons consulté ces noms de terroirs sur un grand nombre de communes de la haute Normandie, et nous avons toujours rencontré soit l'édifice, soit la légende se rapportant à la place indiquée. Cette observation n'avait pas échappé à M. Le Prévost, car il la consigne dans son excellent ouvrage[1], elle s'applique à plusieurs pierres actuellement détruites; ainsi la pierre de Gargantua dans la commune de Saint-Hilaire-de-Neaufles-sur-Risle, canton de Rugles, existait à un endroit désigné sous

[1] Auguste Le Prévost. *Notes et Mémoires pour servir à l'histoire du département de l'Eure.*

le nom de Près-de-la-Longue-Pierre mentionné dans une charte de 1298, « totam partem prati situm in parrochia sancti Hylarii de Nealpha in pratis de longa petra ».

En 1232, Richard de Tournebus, chevalier et seigneur « miles et dominus » de Guichainville; donne aux lépreux d'Evreux un tènement de trois acres de terre, sis à la Mauvaise-Pierre, « apud malam petram ».

Dans un acte du cartulaire de la Sainte-Trinité, figure un sieur « Robertus de petra lata », Robert de la Grosse-Pierre, qui devait être propriétaire de ce lieu. A Hauville-en-Roumois, un particulier cède à l'abbaye de Jumiéges des terres de cette paroisse, et entre autres son champ de la Pierre-Grise, « Grisa Petra ». La Grosse-Pierre est le nom d'un triage de la paroisse d'Iville, canton du Neubourg.

Au Gros-Theil, arrondissement de Louviers, canton d'Amfreville, on a conservé le souvenir de l'existence d'une pierre druidique, elle se voyait, il y au moins un siècle, au lieu désigné encore sous le nom de Pierre-Tournante. On a même trouvé une hachette de silex, et plus tard une médaille d'Adrien, bronze grand module. Dans ce même canton d'Amfreville, à Mandeville, eut lieu une donation du triage de la pierre ainsi nommée en 1553.

Il existe encore une pierre dite Celtique sur la pâture, commune de Saint-Didier-des-Bois.

La Pierre-Percée est le nom d'un triage de la forêt de Conches; elle est détruite depuis longtemps, car aucun historien n'en parle.

Dans cette même forêt est le cantonnement de la Fosse-à-la-Roche, pierre druidique sans doute renversée, et, selon les capitulaires, jetée dans une fosse.

Il faut citer aussi le nom de la pierre dite Tête-à-l'Homme. D'après le rapport de l'abbé Rouillon, il aurait existé à Harrouard, près Evreux, entre l'extrémité de la route de Caen et le hameau de Cambolle (camp volant), deux dolmens qui furent détruits au commencement du siècle par un propriétaire fort peu soucieux des affaires préhistoriques.

Non loin des fameux tombeaux de Cocherel, on voyait autrefois deux beaux menhirs qui semblaient avoir été dressés comme point de repère.

Nous ignorons s'ils subsistent encore, et cependant ils avaient aussi conquis leur légende. On raconte en effet que deux Anglais, après avoir consulté un manuscrit fort ancien et s'être fait renseigner sur la position exacte de ces pierres, vinrent un soir mystérieusement fouiller la terre entre les monolithes; puis on les vit disparaître le lendemain, emportant un trésor. On a dit que cet or avait été caché en ce lieu au moment où les Anglais, battus par Duguesclin à la célèbre journée du 16 mai 1364, quittaient précipitamment le pays. On avait retrouvé la trace du trésor dans un écrit du XIVe siècle précieusement conservé par une famille anglaise.

Dans un cantonnement de la forêt de La Londe, près Elbeuf, l'on a abattu, il y a quarante ans, une grande pierre au pied de laquelle on trouva un foyer d'argile recouvrant des cendres mêlées d'ossements; on y recueillit cinq à six haches de silex, quelques objets de bronze et une faucille en fer à lame très-épaisse.

Sur la lisière de la forêt d'Elbeuf, au-devant de Caudebec, et non loin de la rivière de l'Oison, il existait encore, en 1850, une pierre celtique large et informe, que l'on appelait dans le pays la Marche-du-Trésor ou la Porte-de-l'Enfer. En effet, cette pierre maudite devait infailliblement écraser le malheureux qui chercherait à s'approprier le trésor qu'elle était censée receler. De là le nom de Porte-de-l'Enfer. Cette salutaire croyance en conservant au menhir son double prestige, l'avait protégé jusque-là. Cependant un bon campagnard voulut un jour risquer l'enfer pour le trésor; il la renversa donc, toutefois avec précaution, mais il n'y trouva ni l'un ni l'autre.

Nous mentionnerons aussi la Pierre-Fichée « petra fixa » à Vatteville, dont il serait parlé dans une charte de 715, délivrée par Dagobert II, à Sainte-Benigne-de-Fontenelle, d'après l'abbé Cochet; la pierre de Pivallet, à Gerponville; celle de la Fosse-du-Clos-Blanc, près de Vauville; le grès, nommé autrefois Pierre-Grise, à Montivilliers; l'ancienne pierre de Montmain, le gros pudding de Mortemer; la pierre de Way, à Notre-Dame-de-Bliquetuit; celle des Monts-Raz, à Saint-Aubin-le-Cauf; la Pierre-du-Bonheur, au Pollet; puis la Pierre-d'Etat, à Petit-Couronne; la Pierre-Bise située au fond d'une fosse de la forêt de Saint-Pierre-du-Val, au banc de Madame; l'ancienne Pierre-Fique « petra fixa » de la Torniole, qui servit de soubassement au calvaire d'Etretat; le triage des Trois-Pierres, en la forêt de

Brotonne ; celle qui cache un trésor au Torpt, et la pierre de Saint-Laurent, située auprès de la chapelle du pieux archevêque de Dublin, à Eu.

Il semble que dans cette province l'on ait conservé les monuments ou la tradition de ceux détruits plus que dans toute autre, ce qui permet d'apprécier jusqu'à un certain point la façon dont ils ont été groupés à l'origine.

Nous remarquons également que beaucoup des édifices fouillés ont fourni des haches de silex, et comme cette roche est naturelle au pays, on pourrait en conclure que les monuments se trouvant dans ce cas ont été élevés par des tribus fixées depuis longtemps dans la contrée. Nous signalons ces faits, car cette science de l'archéologie préhistorisque est bien nouvelle, et le moindre rapprochement peut avoir son importance ; du reste, grâce aux savantes recherches qui se font de tous côtés en France comme dans les pays les plus éloignés, toutes ces intéressantes questions ne sauraient tarder à être complétement élucidées, et nous avons le ferme espoir que, dans quelques années, le mystère entourant encore les édifices mégalithiques sera entièrement dévoilé.

CHAPITRE VIII

OBSERVATIONS SUR LES ÉDIFICES PRÉHISTORIQUES

De l'orientation — Ce qu'il faut penser de la direction dans laquelle les édifices celtiques ont été élevés — Orientation comparée des divers monuments — Hypothèses sur la destination des édifices mégalithiques — M. Edouard Charton — Les autels ou pierres de sacrifices — Traditions primitives de tous les peuples — Les doctrines des druides — M. Amédée Thierry — Buts multiples des menhirs — Les pierres levées et les pierres posées — M. Henri Martin — Provenance des matériaux ayant servi à élever les monuments mégalithiques — Roches friables — Roches compactes — Roches inaltérables — Influence sur la conservation — Disparition des édifices dits celtiques — Anciennes ordonnances relatives à leur suppression — Parallèle entre la France ou l'on détruit les anciens monuments, et l'Angleterre où on les restaure — Les différents styles d'architecture — Manifestation de l'art dans l'architecture dite celtique — Variété de forme des divers édifices — Opinion de M. Worsaë — Association du cromlech, du dolmen et du menhir — Combinaison trinaire des édifices de la vallée d'Epte — Communauté d'origine — Dates assignées par M. Fergusson à certains monuments préhistoriques — Le grand collége des druides de la frontière des Carnutes — Le pays de Madrie et Baudemond — Itinéraire d'Antonin — Table de Peutinger — Le champtier de la justice et le siége de la haute justice — Localité ou l'on peut placer le lieu consacré dont parle César.

Si la question du groupement des monuments mégalithiques est importante à étudier, il est également intéressant d'examiner s'il n'y a pas quelques principes qui ont présidé à leur orientation. Nous avons fait de nombreuses recherches sur cette question d'orientation, et il nous semble difficile de formuler une règle applicable à tous les édifices de même espèce, par cette raison que ceux destinés à servir de sépultures renferment des corps tantôt couchés en long, c'est-à-dire dans le sens des dalles, et tantôt accroupis en travers, et même assis sur deux rangs se faisant mutuellement face, ce qui neutralise réciproquement leur position et prouve une fois de plus qu'il ne faut pas étudier les monuments celtiques isolément, mais bien par ensemble ou par groupes. Ainsi, tandis que les dolmens du Chesnay et de Dampsmesil sont plantés de sud-ouest à nord-est, celui de la Justice en Seine-et-Oise se dirige du sud-est au nord-ouest comme ceux de Lock-Maria-Ker; au contraire, la Pierre-Turquoise, également de Seine-et-Oise, ainsi que les allées couvertes de Boury et d'Hérulé, inclinent de l'est à l'ouest et le Mané Lud du Morbihan, du sud au nord, comme le dolmen de Giverny, l'allée couverte de Trye-Château, la Pierre-aux-Dames.

Nous pourrions expliquer cette divergence embrassant tous les degrés du compas, par une différence d'époque, de tribu ou de destination; mais nous préférons y voir la preuve d'une absence de règle adoptée pour l'érection d'une grande partie de ces monuments pris séparément et nous pensons plus rationnel de chercher le principe d'orientation dans la situation d'un édifice par rapport à ceux qui l'entourent.

Quant aux monuments complets, nous l'avons déjà expliqué, ils portaient en eux-mêmes leur propre orientation à la façon des édifices hébreux ou égyptiens.

Lorsque l'on examine les monuments mégalithiques et qu'on se demande dans quel but ils ont pu être élevés, on se heurte invariablement à cet écueil consistant à attribuer une destination identique aux édifices du même genre.

Et cependant, on ne saurait le nier, si les allées couvertes souterraines sont des hypogées funéraires, les dolmens à ciel ouvert ont servi à des usages multiples que leur forme même suffit à affirmer.

Il n'est pas possible de confondre le pylone de Saint-Ethbin à Port-Mort avec le dolmen d'Essé ou celui de Saumur; et ces différences essentielles pourraient aider à concilier entre elles les idées anciennes donnant à ces monuments un caractère purement tumulaire avec celles qui les consacraient aux cérémonies religieuses; autels pour sacrifices, tables sur lesquelles les guerriers élevaient et proclamaient leurs Brenns; tribunes où les Bardes, conservateurs des traditions héroïques, chantaient les exploits du chef défunt et célébraient sa gloire.

Nous le savons, il est vrai, la notoriété d'un écrivain célèbre lui a permis d'avancer ceci : « l'on a à « peu près abandonné, comme dénuée de toute preuve, « l'hypothèse des antiquaires qui, jadis, voyaient dans « les dolmens des autels et, dans les inégalités ou les « trous de la pierre, des cavités pratiquées pour rete- « nir l'eau ou faire écouler le sang ». (Edouard Charton.) Mais pourquoi discréditer un système sans en présenter un nouveau? Y aura-t-il donc toujours plus d'érudits que de penseurs!

De tout temps les trilithes, aussi bien à Andely qu'à Port-Mort, ou ailleurs, ont servi à des processions religieuses; ne peut-on pas admettre que les premiers chrétiens, en appliquant ces monuments à leur culte, aient continué les cérémonies de leurs ancêtres, en en changeant l'intention au profit de la nouvelle religion?

Quant à certains dolmens, laissant de côté les trous ou autres irrégularités qui sont, nous le reconnaissons, assez souvent naturelles, peut-on se refuser à y voir au moins des autels? Tout porte à le croire : les druides s'en servaient comme tels; n'était-ce pas sur eux qu'ils immolaient des taureaux blancs en y brûlant du pain et y versant du vin; on les couvrait de plantes mystérieuses : de gui, de romarin, de verveine[1].

Si les dolmens n'ont pas servi d'autels, comment expliquer ces longues chaussées empierrées avec soin, et conduisant au pied même de l'édifice. Cette chaussée ne pouvait être qu'inutile ou compromettante pour une sépulture que l'on désirait cacher. Qu'on les nomme Pierre-aux-Dames, Cave-aux-Fées, ou qu'elles aient été apportées par celles-ci dans les plis de leurs péplums, on conviendra que tout cela se rapporte assez aux femmes et que ces femmes ne pouvaient être que les prêtresses du culte druidique.

Du reste, dans toute religion, nous retrouvons le principe du sacrifice et de l'autel, et cette idée, commune à tous les peuples, provient du grand dogme de la chute originelle, base de toutes les théogonies. S'il y a eu mal, il doit y avoir expiation, et l'expiation demande le sacrifice. Ainsi les hiéroglyphes de la plus haute antiquité représentent, près d'un lieu rempli de flammes gardé par des singes verts, un ange qui pèse les âmes dans une balance. Si l'âme est plus légère que

[1] Les Celtes nommaient la verveine *far'faen*, *far* charrier, *faen* pierre. Elle était l'objet d'un culte particulier chez ces peuples, et après eux, les Romains la regardaient comme sacrée. (*Pline*, lib. XXV, cap. IX.)

le mal qu'elle a fait, un personnage, qui n'est autre que le démon, la jette dans le lieu du supplice : c'est l'expiation; tout sacrifice a pour symbole une table, un autel.

Ouvrons la *Genèse*, et nous y retrouvons dès les premiers âges l'autel, non pas seulement pierre de sacrifice, mais encore monument *dressé*, *élevé* et non *bâti*, c'est le caractère propre du dolmen; nous y lisons au chapitre VIII, v. 20 :

« Or, Noé *dressa* un autel au Seigneur, et prenant de « tous les animaux et de tous les oiseaux purs, il les « lui offrit en holocauste sur cet autel.

« Et venant au lieu que Dieu avait montré à Abraham, « il y *dressa* un autel, disposa dessus le bois pour « l'holocauste, lia ensuite son fils Isaac et le mit sur le « bois qu'il avait arrangé sur l'autel. » (*Genèse*, chapitre XXII, v. 9.)

Plus loin, dans l'*Exode* :

« Moïse écrivit toutes les ordonnances du Seigneur, « et se levant dès le point du jour, il *dressa* un autel « au pied de la montagne et *douze monuments de* « *pierre*, selon le nombre des douze tribus d'Israël. » (*Exode*, chapitre XXIV, v. 4.)

Enfin, dans le *Deutéronome*, Moïse engage le peuple hébreu à *élever* un autel au Seigneur « *de pierres* « *brutes et non polies* et vous offrirez sur cet autel des « holocaustes au Seigneur votre Dieu. Vous immole« rez des hosties pacifiques dont vous mangerez en ce « lieu avec joie devant le Seigneur votre Dieu ». (*Deutéronome*, chapitre XVII, v. 5, 6 et 7.)

Dieu avait promis un rédempteur dès l'origine du monde, et avait institué sa loi du mont Thabor comme une image du grand sacrifice du Christ. Le paganisme dans ses détails est une corruption des légendes des Saintes Ecritures passées en Grèce par les Phéniciens ou par les caravanes de l'Asie Mineure. Hercule n'est-il pas la figure de Samson? et tous les rites profanes des païens ne sont qu'une altération préconçue des croyances primitives.

Les mystères d'Eleusis étaient fondés sur la théologie de Sanchoniaton, la base du système de ce Phénicien était la croyance en un seul Dieu. Toutes les cérémonies mystérieuses de Cérès furent copiées sur le culte d'Isis, récompenses pour les justes, peines et expiations pour les méchants.

Minos, en jugeant les morts, envoyait les bons aux jardins de l'Elysée, et livrait les méchants aux flots du Tartare. Voltaire lui-même nous dit que: « l'unité de « Dieu était le grand dogme de tous les mystères[1]. » Du reste, en lisant Macrobe, on retrouve l'exposé de ce principe et c'est précisément ce qui constituait le secret des initiés.

Au peuple, on montrait Mercure, Vénus, Mars, Apollon, Saturne, et toute cette pléïade de dieux et de demi-dieux qui, au fond, personnifiaient, en les disséminant, les attributs de Dieu qui est un. Il y avait des divinités pour toutes les opérations de la vie, même les moins divines; on n'entreprenait rien sans faire

[1] Voltaire. *Essai sur les mœurs et l'esprit des nations.*

intervenir le dieu spécial, c'était la division du travail appliquée à la religion.

Telle était la science que les affranchis étaient tenus d'enseigner, non le principe vrai qu'ils cachaient soigneusement et se transmettaient religieusement, mais les qualités attributives, qu'ils apprenaient à localiser dans autant de dieux et de demi-dieux.

Tout était Dieu pour eux excepté Dieu lui-même.
(*Bossuet.*)

C'était le mensonge et l'ignorance, afin de flatter les instincts grossiers du peuple par le culte des idoles, et aussi pour qu'il ne faussât pas l'esprit des traditions mystiques; de son côté, il avait une croyance absolue dans ces doctrines panthéistes, et Plutarque nous raconte qu'Alcibiade, ayant eu l'imprudence d'insulter aux statues de Mercure après avoir été initié, le peuple voulut le tuer, malgré tout le respect qu'il lui avait témoigné jusque-là. De même Alexandre le Grand, ayant obtenu à grand'peine la faveur de l'initiation en Egypte, dut défendre à sa mère de divulguer ce secret, autant pour ne pas compromettre l'hiérophante des mystères que pour éviter la vengeance du peuple grec.

C'était encore un rapprochement des doctrines de Pythagore, dont les disciples révéraient le père de l'univers sous le nom de Zeus (Ζευς) celui qui donne la vie à tout. D'après Hieroclès, l'idée de la métempsychose enseignée par Phérycide à Pythagore avait été puisée dans les livres syriens. Elle était fondée sur la croyance à l'immortalité de l'âme[1]. Les traditions primitives de tous les peuples, quand on les dépouille des images polythéistes, dont leurs religions s'entourèrent, sont unanimes à proclamer le principe créateur unique, et l'homme émanant de ce principe.

Berose, le plus ancien écrivain de la Chaldée, nous dit que Belus, le dieu des Assyriens, sépara la lumière des ténèbres, créa le ciel et la terre, les animaux et l'homme.

En Egypte, le peu qui nous est parvenu de Manethon et de Pymander, nous retrace le chaos, puis l'homme créé par un être supérieur. Thalès, écho des prêtres égyptiens, reconnaît la création du monde par ce génie tout-puissant.

Dans l'Inde le livre de la loi de Manou, l'un des plus reculés, révèle, malgré ses contradictions, l'Esprit de Dieu planant sur les eaux, et le Wichnou Pou-

[1] L'Ionien Phérycide est le plus ancien écrivain grec en prose; il fut contemporain de Thalès (VIe et VIIe siècles avant J.-C.). Il admettait dans sa physique mythologique trois principes éternels : Zeus, dieu du ciel supérieur, principe de l'ordre universel; Chronos, dieu du ciel inférieur, du temps et des sciences; Chtonia, mot à mot matière informe qui prit le nom de terre; Gé, quand Zeus l'eut ornée de ses dons, malgré le dieu souterrain Aphionée, principe du mal, qui a pour symbole le serpent (Ophis), dans la doctrine des mystères. Il semble qu'on retrouve dans ce système cosmogonique quelque chose du chaos d'Hésiode; mais sur d'autres points Phérycide s'écarte notablement du poëte : pour lui, *Ogen* (l'Océan) et *Ouranos* (le ciel) ne sont que des êtres acessoires; c'est la terre qui tient le premier plan et joue le principal rôle.

Epiménide, contemporain de Solon, professe qu'il y a deux principes : l'air, principe mâle, et la nuit, principe féminin. Ils ont enfanté d'abord le Tartare et ensuite deux autres êtres desquels est sorti l'œuf du monde. Cet œuf appartient aux traditions orphiques; en se brisant, il aurait produit de sa moitié supérieure le ciel, et de l'autre moitié la terre.

Ainsi pour Epiménide, pour le faux Orphée, comme pour Phérycide, Hésiode et Homère, l'univers est un sphéroïde, la surface supérieure de la terre représente donc un vaste plateau. (Ch.-H. Martin. *Histoire des Hyp. Ast. chez les Grecs et les Romains.*)

rana explique que Brahma fut le grand Esprit créateur.

Rien n'est plus obscur que les traductions de Sanchoniaton, et cependant il ressort, du témoignage même de Phérycide, que les Phéniciens croyaient à un Dieu créateur et à une âme immortelle.

Chez les Persans on voit apparaître, à travers la confusion du Zend Avesta, Ormuzd, esprit créateur qui tire le ciel et la terre du néant, puis les animaux et l'homme. L'on y trouve la figure du serpent, rusé séducteur de la femme dans le jardin de délices.

La cosmogonie grecque d'Orphée, d'après Suidas, dit que l'homme a été créé par l'auteur de l'univers, et qu'il tient de lui l'âme et la raison.

Quant aux Romains, ils ont copié les Grecs, et l'exposé d'Ovide, dans ses *Métamorphoses*, est un résumé aussi exact que complet des premiers récits de la Genèse.

Le jardin des Hespérides, où Junon cueille la pomme de discorde sous la surveillance du monstre serpent, n'est-il pas l'image transparente de la chute d'Adam! Ovide et Hésiode n'ont fait que poétiser le livre de Moïse.

La Chine qui a la prétention de faire remonter son histoire à plus de quatre-vingt mille ans, a néanmoins une filiation non interrompue depuis Fo-hi qui créa le ciel et la terre, et le Fong-sou-Tong, l'ouvrage le plus ancien des Chinois, nous apprend que Min-hoa fit l'homme en pétrissant de l'argile jaune.

Le Dieu Amida des Japonais a tout créé, il est partout, il gouverne tout.

Les traditions des peuples du Nord concordent en presque tous les points avec celles de l'Orient.

Les Américains eux-mêmes reconnaissent l'ordre de la création dans le sentiment de la Genèse. Il en est de même des Océaniens qui, comme eux, emploient une multitude de figures plus ou moins imagées pour dépeindre les premiers temps des abîmes.

Du reste, cette notion de l'immortalité de l'âme comme celle de l'unité de Dieu se retrouvent encore bien longtemps avant Alexandre le Grand, chez les peuples sémitiques, Phéniciens, Hébreux, etc., ainsi que l'a démontré un savant distingué, M. Halévy. En vain M. Renan prétendrait-il que les traités gnomiques du canon des Ecritures, tels que *Job,* les *Proverbes* et plusieurs psaumes, sont opposés à cette doctrine. M. Halévy, en traduisant l'inscription phénicienne du tombeau d'Eschmounazar, a trouvé dans ce texte épigraphique les allusions les plus évidentes à la vie future. Il en a conclu que, si la croyance à l'immortalité dominait chez les Sémites phéniciens au VIIe siècle avant notre ère, il n'y a pas de raison sérieuse pour nier qu'elle existât pareillement chez les Sémites palestiniens, surtout s'il est vrai qu'on rencontre, dans certains écrits remontant à cette date, des expressions analogues à celle de l'inscription d'Eschmounazar.

Nous retrouvons aussi ce principe dans la religion des druides.

« Le dogme principal des druides, c'est que les âmes « ne périssent pas, et qu'après la mort elles passent « d'un corps dans un autre; cette croyance leur paraît

« singulièrement propre à exciter le courage en inspi-
« rant le mépris de la mort[1]. »

On est trop souvent disposé, sur l'opinion hasardée d'un historien superficiel, à considérer ces prêtres comme des ignorants et des imposteurs, dominant le peuple superstitieux à l'aide de la fourberie, de l'hypocrisie et du mensonge.

La science historique actuelle a fait pénétrer plus d'un lumineux rayon dans les ténèbres épaissies à plaisir qui, naguère encore, couvraient les temps légendaires où les colléges des druides prospéraient paisibles dans les retraites mystérieuses des grandes forêts de chênes. Grâce aux travaux des A. Thierry, Sismondi, Guizot, et tant d'autres chercheurs infatigables et persévérants pionniers, on commence à mieux connaître les lois, les institutions, le caractère, les mœurs, les usages des peuples divers qui nous ont précédés sur le sol de la Gaule.

La vérité est que les druides possédaient des connaissances fort étendues, non-seulement sur les sciences physiques et astronomiques, mais aussi qu'ils se livraient à l'étude de la morale, et qu'ils approfondissaient les grandes questions de la théologie. Les écrivains les plus célèbres de l'antiquité ont comparé les

[1] « In primis, hoc volunt persuadere non interire animas, sed ab aliis post mortem transire ad alias, atque hoc maxime, ad virtutem excitari, putant, metu mortis neglecto. » (César. *De Bello Gallico*, lib. VI, cap. xv.)

Cette idée d'une seconde vie rendant la mort plus à désirer qu'à craindre aux hommes courageux et croyants est exprimée aussi dans ces vers de Lucain :

. . . . Indè ruendi
In ferrum, mens prona viris, animæque capaces
Mortis et ignavum rediture parcere vitæ.

pontifes de l'Occident aux ministres des grandes religions de l'Orient. Les rapprochements qu'ils firent des druides avec les prêtres de l'Assyrie, les mages de la Perse, les Brahmes de l'Inde, ou les devins de l'Egypte, prouvent qu'ils entrevoyaient la souche commune d'où émanaient toutes ces religions.

Les doctrines que les prêtres des Gaulois dévoilaient à leurs initiés, avaient pour but la croyance en l'unité de Dieu et l'immortalité de l'âme. Ils admettaient des récompenses accordées aux justes, dans un autre monde, et des punitions que devaient subir les coupables.

La théorie apparente de leur système était l'étude de la nature. Pour eux, toutes les parties de l'univers étaient douées d'une qualité régénérescente qui permettait à la nature de se rajeunir sans cesse, et ils en tiraient la conséquence que le monde est éternel.

« On a pensé que le druidisme renfermait deux « religions distinctes, l'une, dit M. Amédée Thierry, « dans son *Histoire des Gaulois*, dérivant de l'adora- « tion des phénomènes naturels; l'autre fondée sur le « panthéisme matériel, métaphysique, mystérieux, « sacerdotal, présentant, avec les religions de l'Orient, « la plus étonnante conformité.

« La première de ces deux religions, image du « polythéisme de la Grèce, aurait précédé la seconde, « amenée par les Kimris qui lui auraient donné pour « principal siége l'Armorik. Sans rien décider sur des « faits que le temps couvre d'aussi épaisses ténèbres,

« je ferai remarquer que le mélange même de ces « deux religions sert à expliquer la puissance que le « druidisme a conservée si longtemps. »

En résumé la doctrine des druides se réduit à trois points principaux : Adorer Dieu, « Deos colendos » ; ne pas faire le mal, « nihil agendum mali » ; être courageux et brave, « fortitudinem exercendam ». (Diogène Laërce, lib. I.)

Les Chaldéens, les Égyptiens et les Indous, ces trois peuples si anciennement civilisés, avaient créé, eux aussi, une caste héréditaire, chargée du précieux dépôt de la religion, des lois et des sciences.

Il avaient tous les trois une langue allégorique et le privilége de lire les livres sacrés qu'ils présentaient comme dictés par les dieux eux-mêmes.

Ainsi s'expliquent les mystères d'Isis et d'Osiris et le culte du bœuf Apis, qui relient d'une manière si étroite la religion des anciens Égyptiens avec celle des Indiens du Gange. Ici, c'est la divinité Khiva qui se mêle au taureau et à la vache.

Jupiter n'avait-il pas remplacé Tarannis, le dieu du tonnerre ? Mercure était contemporain de Teutatès, le patron du peuple ; Mars, d'Hésus, dont la vache enseigna l'agriculture aux Gaulois ; Eole, de Thor ; Apollon, de Belenus, encore symbolisé de nos jours par le feu de Saint-Jean, comme pour les Egyptiens Isis et Oris étaient Cérès et Bacchus, c'est-à-dire le pain et le vin. Or, l'aspiration religieuse de tous les peuples primitifs et principalement des Celtes qui nous occupent, a été traduite par des sacrifices consommés sur des monuments spéciaux, par leurs prêtres, les druides. Les Gaulois immolèrent des victimes sur des autels.

« Et quibus immitis placatur sanguine divo,
« Teutates, horrensque feris altaribus Hesus. »
(*Phars.* I, 444, Lucain.)

Et plus loin :

« .... Barbara ritu
« Sacra Deum structore sacris feralibus aræ. »

Quels sont donc ces autels? Des dolmens évidemment. En appliquant les dolmens à ces sacrifices, les Gaulois du temps de César continuaient les traditions des peuplades préhistoriques.

Le doute n'est pas possible lorsque l'on rapproche ces citations de certains autels de l'âge de la pierre polie.

Ainsi, les tables du temple celtique de Saint-Antoine-du-Rocher, dont celle du milieu a trois pieds de plus de hauteur que les deux autres, représentent bien un autel à ciel ouvert « aperto cœlo », s'élevant entre deux larges estrades qui lui servaient de marches; il en est de même à la table de César de Lock-Maria-Ker, comme au dolmen d'Anglesey, qui porte sa marche taillée naturellement dans la table même. Et nous savons qu'Anglesey était le centre religieux des druides d'Angleterre, de même que le lieu consacré, le « locus consecratus », que César place non loin de la frontière des Carnutes, était le tribunal souverain où les prêtres des Gaules rendaient leurs arrêts solennels; car, il ne faut l'oublier, la Gaule, de la Provence à l'Escaut, et du Rhin à la Grande-Bretagne, était une immense confédération. Anglesey, Jersey, Stone-Henge, Carnac, Iona, comme d'autres stations mégalithiques, aujourd'hui disparues, ont été des centres internationaux.

Les Romains qui par leur rapprochement de ces époques reculées, sont plus autorisés que nous à apprécier l'usage de ces monuments celtiques, les considéraient comme des autels.

« Ara *vetus* stabat tremulis circumdata cannis »,

(*Métam.*, lib. VI, 8, 324.)

dit Ovide.

Et si l'on a pu rencontrer quelquefois sous leurs dalles des ossements d'hommes et d'animaux, c'étaient aussi bien les débris de sacrifices que les vestiges de sépultures, puisqu'aux mêmes époques les druides pratiquaient les cérémonies analogues;

« Hesum atque Teutatem humano cruore placant (Galli) »

(Lanctantius[1].)

Les premiers chrétiens, en célébrant les mystères sur la tombe même d'un saint, ont conservé dans l'autel le symbole du dolmen. Ils le nommaient *altare* « alta res », c'est-à-dire chose élevée, placée entre le ciel et la terre.

[1] Ce que cet auteur, évidemment prévenu contre les druides, s'est bien gardé d'ajouter, c'est que ce sang humain était presque toujours celui des criminels. César, cependant moins partial, cite dans ses *Commentaires*, liv. VI, XVI, les grands mannequins d'osier remplis des criminels que l'on brûlait au jour d'auto-da-fé.

Nous nous demandons, à ce propos, s'il n'y aurait pas encore ici un rapport entre cet usage et celui des Hawaïens fabriquant des mannequins d'osier à forme d'homme d'une taille gigantesque, garnis de plumes bariolées avec yeux de nacre et dents d'animaux que l'on exhiba un jour de réception au capitaine Cook.

Ils déposaient sous ces autels les corps des martyrs, d'où les noms de « martyrium, testimonium, confessio », et le tombeau de saint Pierre au Vatican s'appelle encore Confession de saint Pierre. Plus tard, par extension de ce principe, on enterrait dans les églises mêmes.

Certains dolmens ont donc pu être des pierres de sacrifices et de sépultures; d'autres, ainsi que plusieurs menhirs, des monuments tumulaires[1], de même que nous voyons dans nos cimetières des pierres posées et des pierres levées recouvrir les tombes.

D'autres enfin ont pu servir de tribunes aux harangues, et le menhir d'Aveny dont nous avons fait remarquer la large surface, est un des édifices celtiques qui se prêtent le mieux à cette interprétation, car le sol rocheux qui forme sa base exclut l'idée de sépulture; il ne saurait, ainsi que l'*aiguille percée* d'Eure-et-Loir, être considéré comme un gnomon, et sa position ne permet guère de le désigner pour une borne de tribu.

Tel est cependant le rôle assigné à ces sortes de monolithes par un de nos célèbres écrivains; mais en disant que : « Les menhirs ont pu marquer les limites « des tribus et des nations », M. Henri Marin n'a-t-il pas confondu le menhir qui emprunte son caractère religieux au voisinage d'un dolmen, avec la borne,

[1] Quatre pierres couvertes de mousse sont l'unique monument qui reste de toi. Un arbre qui conserve à peine quelques feuilles, quelques herbes dont le vent agite en sifflant les tiges tremblantes, indiquent seuls à l'œil du chasseur la tombe du puissant Morar. (*Ryno et Alpin*, poésies d'Ossian.)

ancien *terminus*, qui servait encore aux Gaulois et aux Romains à limiter les propriétés :

« Saxum antiqum ingens, campo qui forte jacebat.
« Limes agro positus litem ut discernet arvis [1]. »

« Lapidem informem atque rudem cui nomen est « terminus [2] ».

Nous pensons que, de même que les dolmens, les menhirs ont eu des destinations multiples : ici, clôture ou borne territoriale; là, cippe funéraire ou monument commémoratif; quelquefois, point de repère, comme les deux monolithes situés non loin du tombeau de Cocherel, et qui semblaient indiquer sa direction; on la retrouve à toutes les époques et dans tous les pays.

« Après la mort d'Elpenor, Ulysse envoie ses com-
« pagnons chercher son corps, on le dépose sous un
« tumulus que l'on surmonte d'une colonne (menhir)

..... τύρϐον χεύαντες καὶ ἐπὶ στήλην ἐρύσαντες [3].

« Mais ô guerriers d'Ifrona, que veut dire cette pierre que vous essayez de soulever? Est-ce pour transmettre votre gloire aux siècles futurs [4] ? »

En Suède, en Scandinavie, l'on rencontre encore beaucoup de menhirs chargés d'inscriptions en carac-

[1] Virgilii. (*Æneid.*, XII.)
[2] Lactantius. (*De fals. relig.*, liv. I, chap. XX.)
[3] *Odyssée*, liv. XII, v. XIV.
[4] Ossian. *Poëme de Gaul, fils de Morni.*

tères runiques. Olius Magnus nous en transmet une qu'il traduit ainsi :

« Ego Usso, pro patria certans, 33 pugiles occidi et « tandem a Roluone pugile occisus hic requiesco[1]. »

D'après Cambden, Harold, chef des Anglo-Saxons, consacre son retour d'une expédition glorieuse au pays de Galles par cette inscription, gravée sur une pierre brute : « Hic fuit victor Haroldus ! »

Grégoire de Rostrenem nous cite un menhir abattu à Castres, non loin de Quimper, sous lequel on trouva onze têtes qui tombèrent en cendres quand l'on y toucha[2]. En Normandie, semblable exemple est rapporté par Montfaucon.

On le voit donc : de tout temps certains menhirs ont été monuments commémoratifs, aussi bien que tumulaires, et les autres destinations nous semblent tout aussi établies que celle-là. Mais si, remontant plus haut encore, nous consultons l'histoire du peuple juif, nous reconnaissons que l'origine du menhir est le principe même de la divinité, matérialisé dans une pierre par les Gentils.

Moïse défendit aux Hébreux d'adorer les pierres[3]. Dès lors, pour utiliser les pierres-Dieu, l'on appliqua aux tombes cet usage de la pierre levée, et l'on remplaça l'adoration de l'idole par le respect du menhir funéraire.

[1] Moi Usson, je repose ici, tué par le boxeur Rollon, après en avoir fait mourir 33 autres en combattant pour la patrie.

[2] Grégoire de Rostrenem. *Dictionnaire franc-celtique.*

[3] « Nec insignem lapidem ponetis in terra vestra ut adoretis eum. » *Lev.*, cap. XXVI, v. I.

On alla plus loin : on porta sur soi le menhir-Dieu, l'idole réduite ou amulette, et la découverte de la hache de pierre talisman, dans les tombeaux égyptiens des époques les plus reculées, comme aux dolmens de Boury, Herulé, Léry, etc., indique une coutume empruntée aux âges néolithiques. En effet, tous les savants (Mariette-Bey lui-même), qui ont étudié les signes gravés sur les monuments d'Egypte, ont traduit la hache figurée dans les anciens hiéroglyphes par le mot *nuter*, et ce mot signifie *Dieu*.

Les Gaulois vénérèrent également les pierres, les arbres et même les fontaines; c'est pourquoi plusieurs menhirs ont pu être, chez eux, l'objet d'un culte, et figurer dans les cérémonies religieuses[1]. Quelques-uns ont eu une destination astronomique qui se rapporterait assez bien à ce nom de pierres tournantes conservé par la tradition. Dans le principe, probablement, le prêtre, monté sur la pierre sacrée, se tournait vers l'étoile choisie pour servir d'objectif selon la fête à célébrer ou d'après la saison, l'heure ou la position favorable de l'astre au-dessus de l'horizon. La tradition, en confondant les situations, appliqua au monolithe le rôle du pontife et le nomma *pierre tournante*.

Plus tard en Orient, le muezzin appelait du haut du minaret les fidèles à la prière en se tournant vers le soleil. L'édifice représentait alors un gnomon dont le

[1] Le peuple des campagnes allait encore, au commencement de ce siècle, oindre d'huile certaines pierres fichées d'origine gauloise, et les couvrir de fleurs.

prêtre était l'indicateur, car celui-ci changeait de direction le matin à midi, et le soir selon que le soleil réglait la marche du jour en avançant vers le couchant[1].

Les cérémonies druidiques ont eu toutes quelque rapport avec l'astronomie ; il est très-probable que plusieurs menhirs, comme certains cromlechs, ont dû régler sur les astres telle ou telle phase du culte, et l'orientation du monument était elle-même basée sur la position respective des différents corps célestes.

Dès la plus haute antiquité, on connut le Zodiaque (zodiaque lunaire, car le solaire fut bien postérieur) ; de tous temps les Orientaux se sont dirigés d'après le cours de la lune combiné avec les étoiles. L'astronomie était familière aux Arabes, aux Cophtes, aux Egyptiens, aux Perses, aux Chinois, aux Indiens ; chez tous, le zodiaque s'est conservé le même avec des noms semblables, traduits selon l'idiome de chaque langue ; en Amérique, les Mexicains ont également suivi un système identique dans la division des grands cycles, et le nombre des années qui les composent.

« Les noms par lesquels les Mexicains désignent les vingt jours de leurs mois, dit Humbold, sont ceux des signes d'un zodiaque usité depuis la plus haute antiquité chez les peuples de l'Asie centrale[2]. »

Quant au culte des astres, il est également fort ancien ; Moïse, craignant son invasion chez les Hébreux, écrivit dans la loi : « Il va et sert d'autres

[1] Lire l'intéressante étude de Fialin de Persigny sur l'orientation des pyramides d'Egypte et leur destination astronomique.

[2] Humbold, *Vue des Cordillières*, II.

dieux, et se prosterne devant eux, ou devant le soleil, ou devant la lune, ou devant toute l'armée du ciel, ce que j'ai interdit[1] ».

Les Chaldéens pratiquaient le sabéisme; la tour de Bélus, à Babylone, était couronnée d'un temple dédié au soleil. Les premiers adorateurs du feu, chez les Perses, avaient primitivement pratiqué le culte des astres.

Les Arabes furent aussi sabéistes, et plusieurs tribus conservèrent ces pratiques jusqu'à l'avénement de Mahomet.

« Les anciens Egyptiens, dit Diodore de Sicile, ayant contemplé la voûte des cieux élevée sur leur tête, et admiré l'ordre merveilleux qui règne dans l'univers, regardèrent le soleil et la lune comme des dieux éternels, et les honorèrent d'un culte particulier; ils nommèrent l'un Osiris, et l'autre Isis[2].

En cultivant l'astronomie, les Celtes d'Occident suivaient les traditions des Celtes d'Orient.

Les pierres oscillantes, les pierres probatoires nommées par les Anglais rowlers, avaient aussi plusieurs usages: les unes, comme la pierre d'Uchon, ont conservé le souvenir d'avoir été un instrument judiciaire, destiné à reconnaître la culpabilité des accusés; d'autres, tels que le bloc de Dogan (pierre des maris déçus) *men ar Goazed falwed* ou la roche branlante du Yaudet qui s'appelle encore *Roc'h Werc'het*, littéralement la roche aux Vierges, semblaient répondre à un système

[1] *Deuter.*, ch. xv, liv. II.
[2] Diod., lib. II.

d'épreuve, et nous ne pouvons qu'admirer la profonde connaissance du cœur humain révélée par ces noms que la tradition nous a transmis avec toute la rudesse de leur sens primitif.

Nous ferons observer encore que la provenance des matériaux ayant servi à élever les monuments mégalithiques est un point dont il importe de tenir compte. S'il est vrai que ces blocs sont bruts, tout comme ceux dont parle la Bible, et qui cependant remontent à l'âge de fer « de lapidibus quos ferrum non tetigit[1] », il n'est pas exact qu'ils proviennent tous de localités fort éloignées de leur lieu d'érection.

Cette observation peut être juste pour les basaltes d'Angleterre et certains granits de Bretagne ; elle peut dans une certaine mesure servir à expliquer comment quelques blocs ciselés de cette contrée ont été gravés avant leur pose, c'est-à-dire dans leur localité d'extraction. Mais elle est fausse pour nos grès, nos puddings et nos calcaires grossiers qui ont été trouvés aux environs même du monument. Nous remarquons aussi que la nature de la roche a une grande influence sur sa conservation ; son choix dénote, de la part des peuples qui les ont mises en œuvre, un calcul et une expérience dont on est loin d'avoir conservé les traditions dans notre architecture moderne.

Il y a cependant quelques exceptions à cette règle ; ainsi tandis que le dolmen de Dampsmesnil est formé

[1] *Deut.*, XXVII, v. v. Parce que si les pierres eussent été polies ou simplement taillées avec le ciseau, le peuple les eût adorées comme le faisaient les idolâtres.

de ce calcaire rocheux presque glauconifère, défiant les attaques du temps, surtout dans nos climats, celui des Ventes dans la forêt d'Evreux est composé d'une brèche siliceuse de cailloux agglutinés donnant prise au délitage par suite de la gelée ou des fortes sécheresses, et offrant dans ses morceaux disséminés un appât à la destructive et incorrigible manie du collectionneur, du touriste acharné qui là, comme aux monuments de Rome ou de la Grèce, cherche à conserver dans un éclat soigneusement étiqueté, un souvenir barbare et iconoclaste d'un édifice qui, grâce à lui n'existera bientôt plus. Rien n'est sacré pour ces profanes dont on ne saurait trop flétrir les appétits sauvages : ni les briques de Pompéï, les mosaïques des Thermes de Caracalla, les pierres même du Colysée, et si le bon peuple de Rome avait dit à une autre époque, voyant enlever les revêtements et jusqu'aux ferrures de ce chef-d'œuvre d'architecture : *Quod non fecerunt Barbari*, *fecere Barbarini*, il ne se doutait guère que quelques centaines d'années plus tard, il serait obligé de numéroter les plus infimes morceaux de la *Via Appia*, précaution hélas inutile, puisqu'on emporte le précieux débris avec le numéro.

La table de la pierre courcoulée était inscrite, à la fin du siècle dernier, comme ayant cinq mètres de long, deux de large en moyenne, et un d'épaisseur.

$$5 \times 2 \times 1 = 10 \text{ mètres cubes.}$$

Le poids d'un mètre cube de pudding étant de 2,484 kilogrammes.

10 × 2,484 = 24,840 kilogrammes.

Or ce beau bloc est loin de représenter aujourd'hui 24,000 kilogrammes.

Nous ferons la même observation pour le dolmen de Trye-Château, dont nous avons retrouvé des éclats bien loin du département de l'Oise.

Nous devons réprouver le vandalisme, sous quelque forme qu'il se présente, et nous sommes heureux d'adresser ici nos chaleureux remercîments au conservateur du musée d'Evreux pour s'être opposé jadis avec une grande énergie à la translation dans la cour de cet édifice du magnifique dolmen de la pierre courcoulée.

En outre d'une profanation aussi inutile que blâmable, on se demande ce qui resterait aujourd'hui de ce monument rattaché à un établissement changé deux fois d'emplacement depuis dix ans et qu'il est question de déplacer une troisième. Les musées sont le sanctuaire des arts ; leur institution entrevue par les Anciens, puis complétement perdue au moyen âge, est le plus beau triomphe des civilisations modernes : mais il ne faut pas en fausser l'esprit en confisquant à leur profit des édifices encore pleins de jeunesse et d'avenir. Que de temples, de palais, de tombeaux profondément bouleversés et dont on s'approprie les débris dispersés follement en cent collections différentes, dans le but inavoué de faire la fortune des savants et intrépides chercheurs..... au coin du feu !

On pourrait cependant croire que les vieux blocs celtiques auraient échappé à cette funeste mode de briser, car ils ne possèdent ni ces frises antiques, ces inscriptions, ces bas-reliefs si convoités de nos jours et arrachés officiellement pour en décorer nos musées ou le cabinet de quelque antiquaire.

Mais la rudesse même de ces éloquentes et vénérables roches ne pouvait les protéger contre les attaques de démolisseurs d'un autre ordre, tout aussi avides, et beaucoup plus redoutables. Nous voulons parler des gens de science, qui, pour mettre au jour leur nom souvent ignoré, ne craignent pas d'exhumer des restes religieusement respectés par les générations. Sans souci pour le monument ils le détruisent, afin d'y chercher le feuillet de leur notice, égaré parmi les ossements de quelque chef autrefois illustre, et s'inquiètent peu de rétablir l'édifice dont les débris s'en vont au vent [1].

C'est ainsi que le voyageur stupéfait ne retrouve que le cadavre d'un temple protégé jusque-là par le souvenir des traditions antiques, ravagé par ceux-là même dont la mission devrait être de le transmettre intact aux générations à venir?

N'était-ce donc pas assez des ruines amoncelées par l'erreur en délire des siècles de barbarie.

[1] Il n'y a malheureusement pas que les archéologues qui brisent, sous le fallacieux prétexte de la science. M. De Ujfalvy, de retour d'une mission au Turkestan, nous racontait qu'il se trouvait à Samârkand un jour où des géologues passionnés venaient de corrompre, à prix d'argent, les gardiens du superbe tombeau de Tamerlan, qu'ils avaient brisé dans le seul but d'analyser la roche dans laquelle il est ciselé; or ce mausolée, d'un prix

Du moins, lorsque les rois de la première race et même les Carlovingiens ordonnèrent de détruire les dolmens, les menhirs et tous les monuments qui couvraient la Gaule, c'était à cause de leur caractère essentiellement religieux; il s'agissait de soutenir les nouveaux dogmes de l'Etat, et ces édifices subissaient le même sort qui avait atteint les druides poursuivis avec acharnement par les Romains.

Sous Valérien, les Germains envahissent la Gaule et y commettent « grand ravage, en faisant abattre « tous les grands édifices jusqu'aux fondements, entre « autres le temple fort estimé et renommé appelé « Vassogalate, bâti en Auvergne, aux frais communs « de tous les Gaulois, au lieu qu'on pense être « Uchon[1] ».

Le Concile d'Arles, tenu en 452, porte :

(Acta-Concil., t. II). « Si dans la juridiction de « quelque évêque, des infidèles allument des torches « ou rendent un culte aux arbres, aux fontaines et « aux pierres; si l'évêque néglige de détruire ces « objets d'idolâtrie, qu'il sache qu'il est coupable de « sacrilége. Si le seigneur ou ordonnateur de ces « pratiques ne veut pas se corriger après avoir été « averti, qu'il soit privé de la communion[2]. »

inestimable, a été fait dans un seul bloc de jade, le plus beau qui ait jamais été trouvé.

[1] Fauchet, *Antiquit. Gaul.*, lib. I, p. 27. — Ce temple est celui que vient de découvrir M. Vimont, non pas à Usson, mais bien au sommet du Puy-de-Dôme. Ce splendide édifice, couvert de marbres et de bronzes, était dédié à Mercure, le principal dieu des Gaulois (*Mercurio duminti*, de *dumias*, dont on a fait *dôme*). Ses restes couvrent plus de quatre-vingts mètres carrés.

[2] Il y a ici un rapprochement bien remarquable entre ce châtiment de

Childebert (554) ordonna que quiconque suffisamment averti ne rejetterait pas de son champ et de quelque endroit que ce fût les simulacres qui y étaient érigés, ou pour mieux dire les idoles dédiées au démon par les hommes, ou qui s'opposerait aux prêtres ayant ordre de les détruire, serait traité comme sacrilége. (*Capitul.* II, I, p. 5.)

Une charte de Chilpéric prononce les peines les plus graves contre ceux qui ne détruisent pas les monuments de pierre couvrant le sol de la France.

Carloman (en 742) interdit feux, augures et caractères.

Charlemagne (800) défend de révérer les pierres et les arbres.

Malgré ces mutilations successives, il restait au commencement de ce siècle un grand nombre de monuments celtiques ; les uns avaient été protégés par l'emblème de la foi, dont on avait couronné leur sommet, dans le but de les approprier au nouveau culte, car on le comprenait alors, il était plus facile de changer leur destination que de les détruire ; d'autres se trouvèrent abrités par les épaisses forêts au sein desquelles ils avaient été érigés, ou par leur position sur des pics élevés, inaccessibles.

La culture, en s'appropriant de plus en plus les

« privation de communion » et celui que, d'après César, les Gaulois encouraient cinq cents ans auparavant : « Si quelque particulier ou autre « ne se soumet pas à la décision des Druides, ils lui interdisent les sacri- « fices. *Si quis aut privatus aut populus eorum decreto non stetit sacri- « ficiis interdicunt.* » De plus, ils subissent une sorte d'excommunication. (Voir la suite, *Comment.* VI, XIII.)

sols favorables, a déboisé les collines, remplacé les grands bois par des plaines fertiles, et mis à nu ces blocs grandioses que ne couvre plus le prestige des croyances éteintes.

Mais quelle que soit la cause qui mine nos monuments celtiques, qu'ils soient rongés par la dent du temps ou brisés par l'implacable marteau des démolisseurs, nous devons le constater avec une profonde tristesse, leur nombre diminue constamment; nous appelons de tous nos vœux le moment où une loi sagement protectrice pourra sauver d'une ruine certaine ces derniers souvenirs des époques préhistoriques, appelés à devenir un jour les plus précieux auxiliaires des premiers temps de notre histoire nationale.

Pourquoi ne pas imiter nos voisins d'outre-Manche pour lesquels les monuments antiques sont l'objet d'un véritable culte? Pendant que nous détruisons nos temples celtiques, nos tumuli, nos arènes nationales, jusqu'à nos villes déjà trop vieilles pour nos goûts de carton et de plâtre, ils rajeunissent les leurs[1]. Ils savent parfaitement que le cachet d'une cité n'est pas dans quelques édifices si beaux qu'ils soient, et quand ils venaient en foule, comme tant de touristes, visiter notre métropole normande, c'était autant pour étudier ses vieux pignons, ses façades sculptées, ses gracieuses tourelles, ses rues artistement mouvementées, que pour

[1] A Evreux, l'on s'est autorisé du silence des historiens pour détruire des monuments dont l'administration locale devait certainement connaître la valeur historique, tels que le pavillon du doyenné, reste de l'ancien cloître de Saint-Taurin, et d'autres, sans parler du théâtre du Vieil-Evreux, de celui d'Arnières, de celui d'Evreux, remontant à l'empereur Claude, etc.

admirer ses églises ou ses palais catalogués depuis longtemps. Ils n'eussent pas remplacé des quartiers entiers, sur lesquels chaque siècle avait accumulé le prestige des traditions antiques, par des maisons tristement modelées sur le goût douteux de notre époque de décadence ; et s'il y eût eu besoin absolu de la rue froidement alignée, ils l'auraient certainement disposée de façon à cloisonner ces îlots, derniers et précieux souvenirs de la vie de nos ancêtres, au lieu de les raser impitoyablement. C'est la spéculation qui tue l'art.

Et cependant quelle manifestation du génie humain a, plus que l'architecture, droit à notre vénération ? L'architecture, en donnant un corps aux idées, un style même aux institutions, est la primitive écriture du genre humain. Dans ce grand livre, ouvert dès les premières heures des plus anciennes civilisations, chaque époque a sa page, chaque génération a tracé sa ligne. La parole de l'homme fuit avec le souffle qui l'a créée ; le monument fixe cette parole au sol ; avec la pierre, elle devient tradition.

Comme l'écriture, l'art de bâtir a eu ses essais empreints de tâtonnements. Il débute par les grands jambages des monuments de l'Assyrie, de l'Egypte, de l'Inde, et ce fut certes un beau début, car nul peuple depuis n'a vu aussi grand que ceux-là. Ces édifices correspondent aux caractères de l'idée, aux hiéroglyphes où la pensée et l'action qui en dérive, se traduisent en pierre ; puis, les jambages deviennent plus déliés, plus finis dans l'architecture noble dont l'époque de Périclès fut le triomphe chez les Grecs, et le siècle d'Auguste l'apogée chez les Romains.

Aux hiéroglyphes des Egyptiens, aux caractères chinois, dessins des Mexicains, nœuds ou signes conventionnels des peuplades de l'Amérique, au sanscrit, aux cunéiformes, à tous ces signes représentant une pensée, un enchaînement d'idées, succèdent, en même temps que l'architecture grecque, les signes phonétiques, expression des sons de la voix humaine, inventés par les Phéniciens et complétés chez les Grecs par Palamède, par Evandre, par Simonide. Depuis longtemps on ne frappait plus de clous dans le temple de Minerve et ce moyen mnémonique se trouve remplacé par le marbre, sur lequel le burin grave l'histoire.

Bientôt apparaissent les caractères arabes qui viennent modifier les jambages déjà mouvementés par les Grecs et leur donner ce cachet oriental si accusé dans les différents dialectes de l'architecture du moyen âge.

C'est d'abord le roman, ce style romain dégénéré : en se mêlant au goût de l'antique Byzance, il formera le byzantin ; puis l'architecture sarrazine, improprement appelée gothique, vient relier le roman et le byzantin à l'art des Maures et des Arabes. Le roman avait vécu sept siècles, le gothique ne régna que trois cents ans, puis ce fut la fin. Malgré les efforts stériles de la Renaissance, qui nous laissa néanmoins bien des chefs-d'œuvre, la dernière heure de l'art était sonnée : il expire avec la fin du xve siècle, livrant à nos méditations Saint-Denis, la Sainte-Chapelle, Saint-Ouen,

Canterbury, Fontevrault, Lincoln, Gloucester, Westminster, et toutes ces cathédrales, palais de la mort; puis Carcassonne et ses antiques murailles; Nuremberg, ses centaines de tours et ses maisons encore ornées de gracieuses fenêtres à moucharabieh, souvenir des croisades; l'adorable petite ville de Vitré, baronnie des la Tremoille; Pierrefonds, Amboise, les vieilles cités d'Espagne, etc.[1]

Paris, qui passe à juste titre pour la grande école des temps modernes, était alors homogène comme toutes les villes de cette époque, et non décousu tel que nous le voyons aujourd'hui. C'était un curieux ensemble où les tourbillons de rues s'enchevêtraient en tous sens, enlaçant dans leurs réseaux capricieux mille constructions tellement charmantes que chacune d'elles était un véritable objet d'art.

[1] Nos derniers règnes, il est vrai, élevèrent des monuments auxquels nous reconnaissons une véritable majesté; mais cette apothéose de l'art grec fut le dernier souffle d'un génie qui, dans son râle d'agonie, voulut laisser un souvenir grandiose de sa puissance éteinte.

L'architecture colossale n'est pas une erreur, et si on lui reproche d'écraser ce qui l'entoure, ou d'entrer imparfaitement dans le rayon visuel, c'est que l'on se refuse à observer la distance rationnelle à laquelle tout observateur doit se placer pour embrasser l'ensemble d'un édifice.

Le panthéon d'Agrippa semble mesquin auprès de la colonnade aérienne du chef-d'œuvre de Soufflot; les arcs de Titus, de Constantin, de Septime Sévère, du Carrousel même, la Maison-Carrée de Nîmes, ou les monuments du Pæstum, malgré leur grandeur et la beauté de leurs proportions, paraissent des jouets d'enfant, comparés à l'Arc-de-Triomphe ou au temple de la Madeleine; il en est de même d'une rue de Pompéï, ou de l'ancienne Rome, rapprochée d'une de nos rues, de la Paix ou de l'Opéra; l'avenue, disons-nous, et non l'édifice. L'Opéra, malgré son escalier somptueux conduisant à de lourdes tombes égyptiennes, malgré ses ors superposés, ses grands, moyens et petits marbres, ses bronzes et ses oripeaux, ses statues, œuvre d'un réalisme éhonté, l'Opéra, qui a coûté cinquante millions! sept fois autant que l'Arc-de-Triomphe ou que la Madeleine; comme le Trocadéro, au style mauresque et cosmopolite, maison de bains avec tours de douches et piscine, c'est le commencement de la fin, c'est le coefficient de décadence.

Grosses murailles noircies, hérissées de créneaux; vieilles tours féodales percées de meurtrières ; étages en surplomb aux solives moulurées; façades richement sculptées, ornées de blasons, d'écussons de toutes armes, de toutes couleurs, églises, palais, chapelles, portails, escaliers en spirale, porches et pignons aigus s'entassaient, se confondaient dans un fantastique désordre, sans régularité, sans symétrie, mais avec une ravissante harmonie et une poésie inimaginable.

Et ce n'étaient pas seulement les façades, les portiques qui éblouissaient par leur dentelle, leur guipure de pierre, leurs festons, culs-de-lampe, retombées de portes, ferronneries artistiques, colonnettes, chapitéaux décorés d'une flore idéale, marmousets de fenêtres, madones aux rehauts d'or et d'azur, enseignes volant au vent, menauds, tourelles en encorbellement ou suspendues dans l'espace, corniches profondément refouillées, panneaux, riches vitraux fixés aux pieuses ogives, gargouilles aux formes les plus étranges; il y avait un charme plus saisissant encore pour qui, de quelque point élevé ou du faîte d'un édifice dominant la ville, contemplait ces forêts d'aiguilles, de clochers, de flèches; ces toits aigus échancrant le ciel de leurs crêtes de plomb; ces acrotères délicatement ajourés, ces pinacles, girouettes, clochetons, beffrois qui se détachaient en gracieuses silhouettes sur le fond sombre de ce merveilleux tableau.

Paris était alors une belle chronique de pierre; aujourd'hui, on a tout démoli, tout arraché, tout rasé, et quel Paris a remplacé notre Paris gothique du xve siècle !

Victor Hugo a dit quelque part :

« Nos pères avaient un Paris de pierre ; nos fils au-
« ront un Paris de plâtre ! »

A-t-on jamais écrit vérité plus navrante !

La séve se serait-elle donc tarie dans ce vieux sol de l'art, qui pendant tant de siècles émerveilla le monde par ses prodigieux chefs-d'œuvre !

Fait incontestable, loin d'imiter nos gâcheurs de plâtre, les Anglais restaurent des villes entières, telles que Falkland, Chester, Cowentry et tant d'autres dans les styles des XIIIe, XIVe, et XVe siècles ! Le gothique anglais, dira-t-on peut-être, qui, sans être le gothique pur, a néanmoins un grand caractère, est le style national ; n'ayant pas eu de renaissance, ou, du moins, celle-ci se trouvant mélangée de style flamand, ils adoptèrent le gothique par esprit d'exclusivisme ; mais niera-t-on qu'ils professent un grand sentiment de respect pour toutes les manifestations de l'art ?

Certes, ils ne laisseraient pas de tombes de croisés arrachées aux cloîtres de Saint-Ouen, à l'abbaye de l'Isle-Dieu, au prieuré de Longueville, à l'abbaye de Bonport sans un hangar pour les abriter ; ils ne placeraient pas sous les torrents d'eau provenant des toits d'un musée les statues enlevées au portail des Libraires ou à celui de la Calende ; ils n'accrocheraient pas contre un mur la vénérée façade de la maison de Corneille, comme une vieille enseigne démodée : non, les

Anglais ne feraient pas cela! . . . .

. . . .

Pour nous résumer, nous dirons que l'art préhistorique, dans l'Ouest et principalement en haute Normandie, se manifeste sous une infinité de formes toutes plus variées les unes que les autres, et ce principe, nous le trouvons aussi bien dans les outils ou ornements des âges de la pierre ou du bronze, que dans ces monuments nommés à juste titre mégalithiques, tant leurs masses sont imposantes.

They stand, but stand in silent and incommunicative majesty[1].

Ces grands rochers debout, dont l'immobilité
Résume ces deux mots : silence et majesté!

Ces édifices sont une preuve irréfragable d'un état social très-avancé; ils indiquent une unité de pensées et d'actions inspirée par une discipline religieuse ou militaire et traduite par l'effort de milliers de bras travaillant d'un commun accord à ériger des monuments impérissables; à ce point de vue, ils méritent toute notre attention.

Certes on ne saurait comparer cet art celtique à l'art assyrien ou égyptien, puisque l'un étant le point de départ, l'autre l'apogée de l'architecture, les Egyptiens pas plus que les Phéniciens, les Lydiens ou les Etrusques, les Grecs ou les Romains, n'ont élevé de dolmens; mais l'on aime à y trouver cette majestueuse

[1] *Rude stone monuments in all countries.* (London, 1872, James Fergusson.)

nudité de la ligne, qui permet d'admirer un ensemble sans s'égarer dans les détails.

Si les peuples qui, plus avancés en civilisation, atteignirent la perfection de l'art; s'ils firent grand, très-grand même, n'est-ce pas aux principes cyclopéens qu'ils le durent?

« Le caractère dominant de l'architecture babylonienne, dit Raoul Rochette, caractère qui se trouve également dans la sculpture, c'est la proportion colossale. Tel est le fait qui résulte des récits anciens comme des ruines qui existent encore; telle est l'impression que Babylone a laissée dans le temps de sa splendeur à des hommes en garde contre tout sentiment d'admiration, comme étaient les prophètes hébreux, ou à des hommes étrangers de race, comme Hérodote et les compagnons d'Alexandre. »

De son côté, voici ce que nous dit Champollion dans un style dont la profonde conviction excuse l'admiration un peu emphatique :

« Aucun peuple, ancien ou moderne, n'a connu l'architecture sur une échelle aussi sublime, aussi large, aussi grandiose, que le firent les vieux Egyptiens; ils concevaient en hommes de cent pieds de haut, et l'imagination qui, en Europe, s'élance bien au-dessus de nos portiques, s'arrête et tombe impuissante aux pieds des cent quarante colonnes de la salle hypostyle de Karnac. »

L'exploration des ruines de Ninive, poursuivie de nos jours avec tant d'ardeur, démontre le peu d'exagération des récits des anciens auteurs, et en particulier de Diodore de Sicile.

L'Égypte qui, malgré le joug des pasteurs ou Hyksos, des Ethiopiens, des Perses, des Grecs, des Romains et de tant d'autres, a su conserver sa haute civilisation et imposer sa loi aux vainqueurs, l'Égypte nous montre des édifices colossaux : les pyramides contemporaines des premières dynasties, témoignage orgueilleux des efforts suprêmes d'un peuple cherchant à lutter contre Babel même, sans pouvoir atteindre la prodigieuse majesté de la tour de Belus; Thèbes, Elephantine, Karnac aux blocs monstrueux, puis les statues, les sphynx des bords du Nil, copiés sur les taureaux ailés des rives du Tigre et de l'Euphrate; l'antique Memphis offrant encore, en dépit des vicissitudes qu'elle a subies, une profusion de merveilles propres à confondre l'intelligence et faire rêver profondément le penseur; puis le temple des Incas à Huanaco dans le Pérou, les palais des Vatanides à Palenqué dans l'Yucatan, le Mexique, les tours d'Irlande, monuments de la plus haute antiquité, mais mystère pour la science; l'Inde, l'Etrurie, et toutes ces civilisations puissantes, dont les ruines couvrent la terre entière, sont là pour attester les vastes conceptions des artistes que l'Orient vit naître.

L'architecture celtique, s'il est permis de lui donner ce nom, est plus modeste, mais elle exprime aussi l'idée de force, de résistance; tout était calculé dans ce sens, le choix des matériaux et jusqu'à leur pose sans fondation sur un terrain solide; et pour cela, ces édifices devaient nous parvenir intacts.

Mais s'ils ont tous entre eux de grands rapprochements, l'on est frappé de la variété d'aspect qui leur donne un charme de plus. Ainsi, les dolmens sont dissemblables, les menhirs ont peu de rapports; les cromlechs eux-mêmes, quoique en petit nombre, sont exécutés avec des moyens opposés, bien que conçus dans un plan identique. En outre, certains types semblent particuliers à telle ou telle région et s'y reproduisent presque uniquement; l'allée couverte à chambre circulaire est fort rare en haute Normandie, tandis que la galerie à vestibule, celle-là même qui rappelle si bien la caverne double dont parle la Bible, y est relativement commune.

Cependant, quelles que soient ces différences, il est une règle invariable, c'est l'emploi de blocs monolithes pour les menhirs, et pour les dolmens, la pose des tables sur le lit d'extraction.

On a prétendu, il est vrai, que si les dalles des dolmens avaient été destinées à des autels, on aurait placé le côté lisse en dessus et non en dessous; mais n'est-il pas de toute évidence que cet appareil est la conséquence obligée de la manœuvre des rouleaux qui n'eussent pu fonctionner sur l'autre face de la pierre.

Tous ces édifices ont donc entre eux de grands rapprochements, et nous ne devons pas en être surpris.

Le Liban étant admis comme point de départ de toute migration, antérieur même à celles que la science moderne fait descendre des hauts plateaux du Thibet, on conçoit que les Celtes de la Caspienne, au moment où le trop-plein de la population et surtout le besoin de déplacement inhérent à leur nature motivèrent un élan colossal, on conçoit, dis-je, que, se divisant en deux branches dont l'une envahit l'Occident par le Danube, et l'autre les Indes par le golfe Persique, chacun de ces rameaux ait emporté avec lui la théorie d'une architecture primordiale qu'il venait appliquer en souvenir de sa première patrie, et que l'on retrouve aussi bien en Orient qu'en Occident[1].

L'on rencontre encore, dans le Horan, au pachalick de Damas, et jusque sur les points les plus élevés de la chaîne du Liban, au Sannin, de ces enceintes circulaires, anciens temples de Baal[2], dans lesquels s'entretenait le feu sacré ; phares de la pensée, rayonnement de la montagne de lait, buissons ardents, dont les lueurs éclairaient au loin les sommets neigeux des grands pics[3].

Les Celtes les nommaient *kirk*, qui signifie cercle, et les temples les plus anciens découverts en Orient ont cette forme circulaire. De *kirk*, les Anglais ont fait *church*, église, qui n'a aucun rapport avec *ecclesia*, car l'écossais dérive beaucoup plus du celte que du latin ou de l'allemand.

En rapprochant ces monuments de ceux appliqués

[1] Non-seulement les monuments, mais encore les instruments des âges de la pierre, sont représentés en Orient. L'on peut voir au musée d'Evreux cinq haches de l'âge de la pierre polie, que M. l'amiral de la Roncière-le Noury y déposa en 1877 et qu'il rapportait des bords du lac de Gygée, près des ruines de la célèbre ville de Sardes, en Asie Mineure. Ces haches ont été faites de galets méplats, mais polis sur deux faces parallèles.

[2] Belus, roi d'Assyrie ou de Ninive (2345 av. J.-C.), fondateur de la monarchie des Assyriens qui dura 1460 ans, sous quarante et un rois, fut mis au nombre des dieux, et devint le Bel des Babyloniens et le Baal des Phéniciens.

[3] Consulter *Inexplored Syria*, by cap. Burton, London.

également au culte du feu, aussi bien que des édifices semblables découverts au Mexique, on serait tenté de croire que le but secret des flottes lointaines du roi Salomon[1] pourrait avoir été ces contrées ignorées, perdues depuis, puis retrouvées, comme le démontrent le bloc de granit couvert de caractères bizarres découvert au bord de la rivière Taunton, aux Massachussets, ou les ruines et autres signes cryptographiques de la *roche écrite* de Dighton, relatant les aventures de Thorn-finn, établi sur ce point en l'an 1000, puis reperdues et définitivement reconquises par Christophe Colomb, qui croyait cependant aller aux Indes et qui est mort, dit-on, avec cette illusion.

Après les édifices rappelant l'époque mégalithique, se retrouvent sur ce continent ceux des grandes civilisations asiatiques, et les ruines de Palenqué, les plus grandioses du nouveau monde, nous montrent une étonnante similitude entre ses dessins religieux et les hiéroglyphes de la vieille Egypte[2].

[1] La forme des barques, encore en usage chez les Arabes du golfe Persique et des bords de l'Euphrate, remonte à la plus haute antiquité, peut-être même au temps du roi Salomon; et cependant ces barques sont beaucoup plus importantes que ce petit canot déposé au palais de Cristal, et dans lequel un Anglais, seul avec son chien, franchit, il y a plusieurs années, l'Atlantique et aborda en Amérique. Un bateau encore plus exigu attirait, cet été, tout Paris, au voisinage de l'Exposition. Le *Nautilus* a 5m,70 de long, 2m de large, et 0m,68 de creux; il est arrivé en Europe en quarante-cinq jours, ayant quitté Boston le 13 juin 1878. Le chétif et frêle esquif, jaugeant à peine deux tonneaux, a navigué sans lest, monté par deux intrépides Américains, les frères Andrews; l'enfance de la navigation ne pouvait donc être un obstacle pour la traversée des mers les plus lointaines.

[2] Lorsque nous explorâmes l'île de Cuba et le golfe du Mexique, en 1843, un de nos amis, fils de l'empereur Augustin Iturbide, profitant du prestige attaché encore à cette époque au nom de son père, put pénétrer dans les provinces les plus reculées, et nous donner des notes sur les

Il résulte des fouilles pratiquées sur plusieurs points du continent américain, que ce pays a connu les différentes périodes de l'âge de la pierre; il est même plus complet que certaines contrées du nord de l'Europe qui n'ont eu que les époques néolithiques. Or, lorsqu'on compare entre eux les instruments préhistoriques du nouveau et de l'ancien monde, l'on demeure frappé d'une ressemblance telle que la première pensée est pour une identité d'origine, et c'est aussi la seule rationnelle et juste.

A ceux qui pourraient parler autochtones, art primitif, besoins conformes créant les mêmes outils, nous répondrons ceci : Une pointe de flèche peut se traduire de vingt façons différentes, une hache peut affecter une infinité de formes, un ciseau n'a pas de mesures fixes, et cependant nous trouvons entre les deux continents similitude de formes, de dimensions, de travail. Les petits éclats ont la même direction, les clivages sont pratiqués dans le même mouvement, bien que les roches soient des natures les plus variées : comme chez nous on reconnaît des époques déterminées arrêtées dans leurs moyens ainsi que dans leurs résultats, se succédant dans le même ordre et produisant des instruments analogues.

On a pu voir, à l'exposition ethnographique des envois étrangers, une foule d'objets que de savants et courageux missionnaires, tels que MM. Wiener, André,

ruines de Tehuantepec, d'Uxmal, de Copan, alors complétement ignorées. Nous avons pu constater par nous-même, dans certains croquis, l'analogie frappante de types, de poses et de costumes des personnages ciselés sur les monuments, avec ceux de l'ancienne Egypte.

Crevaux, Pinard, ont extraits eux-mêmes de fouilles faites en maint endroit de l'Amérique.

Il est impossible de ne pas confondre la forme d'une petite pointe de flèche provenant de la vallée de Mexico avec une extraite des Eyzies ou de Solutré, une monstrueuse hache d'obsidienne avec une semblable d'Oleron ou de Guitry; un ciseau, un nucleus de Durango avec un de nos stations normandes; un grattoir Mousterien des alluvions à Eléphas Columbi, de l'Anahuac et du Guanajato; des pointes de lave de Californie, des éclats d'obsidienne d'Oajaca, des poinçons en os de Vancouver, des flèches barbelées du Far west avec les mêmes objets extraits des ateliers préhistoriques des Marettes, de Garennes, de Sotteville, du Grand Brunneval. Voilà pour les périodes des premiers âges de la pierre.

Les objets néolithiques présentent, dans la fabrication de certains outils, une légère différence due au caprice, à la fantaisie de l'artiste, et peut-être à une variété de races; mais la plus grande partie reproduit, à s'y méprendre, les types de l'ancien monde.

Les haches polies de Haïti, celles de jaspe de Guatemala, du Mexique ou de la côte nord-ouest d'Amérique, les percuteurs de Californie, imitent complétement les nôtres. Quelques échantillons de masses d'armes à gorges d'emmanchement, provenant des Casas grandes de Montezuma, de Durango, sont absolument identiques aux diorites du Nord, d'Helsingforts, de Samarova en Sibérie ; des haches-marteaux se confondent avec celles de Saint-Aubin et de Guiseniers. Enfin, les grands polissoirs des anciens Caraïbes des îles du Salut rappellent ceux des musées de Saint-Germain, de Troyes, de la Vienne, de la Vendée, quoique les entailles, moins profondes, soient plutôt disposées pour des instruments contondants que pour des outils tranchants.

Les amulettes de nacre, d'os, de schiste, de pyrète, de serpentine; les coquilles percées de trous, les coquillages réunis en colliers, représentent l'industrie de nos troglodytes ou de l'homme des dolmens, dont les corps furent inhumés en Amérique, ainsi que dans l'ouest de la Gaule, tantôt allongés, tantôt assis, accroupis face à face comme à la Belle-Haie. Quelques bronzes sont également semblables aux nôtres, et l'on retrouve encore, aux époques postérieures, des témoignages de rites funéraires, conformes à ceux de nos propres ancêtres.

A l'intérieur des tombes d'Ancon, de Cuzco au Pérou, les provisions de bouche, épis de maïs, courges, etc., étaient réunies en profusion dans d'élégants paniers et déposées avec des vases de toute forme, des dieux lares, des objets de toute nature autour du mort, absolument comme dans nos anciens sarcophages.

De même que les Gallo-Romains, les Américains faisaient une énorme consommation de coquillages, et l'on peut en voir des tas prodigieux dans les débris de cuisine les Kjœkkenmœddings, provenant des fouilles de San Francisco. Comme eux, ils broyaient le grain sur une pierre dure. On a trouvé, au Mexique, de ces meules carrées en lave noire avec broyeur de la même roche. Comme eux encore, ils avaient une quantité de routes stratégiques régulièrement empierrées; l'antique chemin des Incas, dont il ne reste aujourd'hui que quelques rares vestiges, avait autrefois un parcours de plus de quinze mille kilomètres!

De toutes ces observations et de ces précieuses découvertes, ainsi que d'autres considérations, il résulte que l'Amérique a reçu dans le principe, comme l'Europe, une population venant de l'Orient qui lui a apporté son industrie primitive avec ses coutumes et ses usages.

Cette analogie n'avait pas échappé à Humbold; l'illustre voyageur, rapprochant les origines des différents peuples du globe, a dit que: « la communication entre « les deux mondes se manifeste d'une manière indu- « bitable dans les cosmogonies, les monuments, les « hiéroglyphes et les institutions des peuples de l'Amé- « rique et de l'Asie »; il eût pu ajouter : dans les types tellement semblables à ceux de l'Asie, que les Espagnols de la conquête désignèrent les populations américaines sous le nom d'Indiens.

A quelle époque doit-on faire remonter l'occupation première de l'Amérique, si toutefois l'on n'admet pas sa réunion à l'Europe pendant la première période quaternaire? Aux temps de Salomon[1] ou simplement

[1] Le comte Onfroy de Thory, descendant d'une famille princière de croisés fixés par leur apanage au Liban, et assez versé dans la connaissance des langues sémitiques pour en faire une étude comparée, a reconnu, dans un de ses voyages au Pérou, des noms syriens appliqués à d'anciennes villes de l'État, et jusqu'au fleuve des Amazones. Il a

au troisième siècle avant notre ère, comme l'ont prétendu les anciens historiens du Mexique, à propos des origines de la nation toltèque[1]. Nous sommes loin du temps où Voltaire, tournant en ridicule cette hypothèse de la mission du grand roi, écrivait que, « comme il fallait absolument qu'un des arrière-petits-fils de Noë ait peuplé l'Amérique, on fit aller les vaisseaux de Salomon au Mexique,.... on trouva l'Amérique dans Platon,.... on en fit honneur aux Carthaginois, etc. ». La science ne connaît pas le sarcasme, elle juge sur des faits, et, tôt ou tard, la lecture des hiéroglyphes américains nous renseignera sur ces importantes questions; un fait est certain, les régions américaines ont été occupées dès les premières migrations.

Il est vrai que plus tard on pénétra en Amérique par le détroit de Behring, dont les îles de Saint-Diomède réduisent la traversée de plus de moitié. L'on a des preuves que le Groënland était découvert dès le VIIIe siècle, et le vaillant Eric-Leroux y laissa des traces d'occupation à la fin du IXe. Descendant plus au sud de ce continent, l'on rencontre d'un côté le grand courant partant du fleuve Noir des Japonais et

démontré, de plus, que Tharsis et Parvaïm, cités dans le livre des *Rois* comme étant le but des flottes de Salomon, portent des noms péruviens de villes existant aujourd'hui, quoique déchues, faisant ainsi remonter indubitablement la connaissance de l'Amérique au moins au siècle de ce prince.

Prenons Parvaïm pour exemple, ôtons-en la terminaison de pluriel *ïm*, reste *parva;* le *V* et l'*U* étant synonymes, *Parva* devient *Parua*, très-voisin de *Pérou*, si l'on considère que la voyelle *A* est souvent prononcée *E*, comme chez les Anglais, et probablement chez les Latins; d'autre part, on ne retrouve aucun vestige du nom de Parvaïm, ni dans l'Inde, ni à Ceylan, ni sur les côtes d'Afrique.

[1] Voir Domenech, *Voyage pittoresque*, 22.

longeant les côtes du Mexique, sur lesquelles il a souvent porté des barques de l'extrême Orient; de l'autre, celui de l'Atlantique qui fait dériver les embarcations de l'Afrique jusqu'à l'Amérique équatoriale. Ce courant est tellement sensible que plusieurs marins nous ont affirmé avoir été drossés même avec des navires de haut bord à une vitesse supplémentaire de deux nœuds à l'heure.

Il ne faut donc pas s'étonner de la similitude existant entre nos monuments et ceux des contrées les plus reculées ; ce qui nous frappe ici, ce n'est pas cette ressemblance, mais bien un rapport de ces édifices entre eux qui semble particulier à notre pays.

Un savant archéologue qui a étudié aussi bien les monuments celtiques de l'Occident que les « hlinengrœber » ou les « steendysser » et les « jaettestuer », chambres de pierre ou des géants de la Scandinavie, a observé que ces édifices se trouvaient groupés principalement dans les pays maritimes, tels que : Suède méridionale, Danemark, Hollande, Allemagne du Nord, grande et petite Bretagne, Irlande, Corse, Crimée ; qu'ils occupaient aussi le bord des fleuves et des rivières, et qu'ils devenaient d'autant plus rares que l'on s'en écarte davantage.

Il rappelle que certaines paroisses du Danemark situées près de la mer en renferment encore des centaines, quand ils manquent dans l'intérieur; il ajoute que l'on ne rencontre aucun cromlech en Scandinavie, mais qu'il en existe plusieurs sur les montagnes de l'Ecosse, preuve de la différence d'époque entre les cromlechs et les dolmens.

En n'admettant pas que les enceintes sacrées aient été élevées par les hommes de l'âge des dolmens, M. Worsaë, nous le pensons, fait allusion à certains cromlechs dont les formes élancées ou majestueuses contrastent avec les rocs naturels de nos enceintes primitives.

Ici, au contraire, non-seulement le cromlech se trouve associé au dolmen et au menhir, mais ces trois édifices se rencontrent dans des conditions telles qu'ils semblent avoir été élevés avec la même unité de vues.

Voici par exemple le cromlech de la Villeneuve : à l'est, se trouve la pierre tournante; au nord, un dolmen brisé.

Plus loin, l'enceinte de la pierre pétrie fait face, à l'est, à la pierre branlante d'Aveny; au nord, au dolmen de Dampsmesnil. Plus loin encore, le Cercle de Beau-Jardin regarde, à l'est, le menhir de Vaudencourt; au nord, le dolmen de Boury.

Tout nous permet de le supposer, cette règle est applicable aux autres monuments de ce centre druidique, les blocs moins volumineux à usage de cromlechs, ayant dû être détruits ou enlevés de préférence; la position de la Pierre droite et du dolmen de Trye, comme celle du Petit-Serans et de Montjavoult, font présumer qu'il a pu exister des cromlechs dans les environs de Chambors ou des Boves, puisque les édifices de cette région sont groupés par trois et que l'orientation du cromlech, par rapport au menhir et au dolmen, est semblable. Si l'on suppose le hasard pour quelque chose dans cette répétition, il donne du moins à nos édifices, on en conviendra, un cachet particulier qui, joint à leur nature identique, semble indiquer une solidarité positive entre les uns et les autres.

En certaines contrées, il est vrai, le cromlech entoure le dolmen même, comme on le voit dans le sud de la France, en Aveyron, en Angleterre, en Danemarck[1], ainsi qu'en Afrique et jusque dans l'Inde (au dolmen de Pollicondah, près de Madras), mais n'est-ce pas une preuve de plus qu'en ce pays les deux monuments sont contemporains l'un de l'autre?

Bien que le menhir isolé se retrouve aussi associé à ces deux édifices, notamment dans la province de Constantine, nous ne pensons pas qu'ils puissent, ni comme caractère, ni comme époque, être assimilés à nos cromlechs.

En effet, ils sont généralement représentés par des rangs de roches échelonnées sur une butte artificielle dont le dolmen couronne le sommet. Ici, au contraire, ce sont des enceintes vastes, disposées à plat sur le sol, et paraissant avoir servi plutôt de lieux de réunion, d'observations astronomiques, que de motifs à des décorations funéraires. Ceux-là ne renferment que des instruments de l'âge de pierre, ou du moins, s'il s'y trouve du bronze, il est mêlé à des antiquités celtiques

[1] Voir l'ouvrage danois sur le *Sjoborg Samlingar for Nordens fornalskare*, 1822.

comme les médailles d'Antonin et de César du cromlech de Beau-Jardin, ou les anneaux de bronze de celui de la Garenne, tandis que les dolmens à enceintes circulaires recouvrent du bronze, du fer, et quelquefois aussi des monnaies de notre ère.

Dans les premiers, le bronze se présente incidemment, de même que nous verrons plus loin un cimetière franc construit sur l'emplacement d'un gallo-romain, et cimenté avec ses propres matériaux; dans les seconds, le bronze et les médailles sont solidaires, comme époque, des monuments qui les renferment.

En général, les édifices funéraires où l'on ne rencontre que du bronze sont rares dans l'Ouest; au contraire, l'on en trouve fréquemment qui renferment du fer.

Ce métal, sorte de trait-d'union entre les époques préhistoriques et les premiers temps de l'histoire, semble indiquer par sa présence que les dates assignées aux ouvrages mégalithiques ont été reculées d'une façon trop exagérée.

Il y a mieux, une réaction en sens contraire se manifeste en ce moment, et certains savants anglais n'hésitent pas à les rattacher aux premiers siècles de notre ère. Ainsi M. Fergusson, tout en reconnaissant que les constructeurs des dolmens sont les descendants des hommes du renne, place le monument de la Grange-neuve au IIIe siècle, et celui d'Avebury vers 520 après J.-C. Les grands menhirs de Carnac, que Mérimée considère comme antérieurs aux Celtes même, ne dépasseraient pas 380 et 550.

Il va plus loin encore et attribue le groupe principal de cromlechs situé dans les îles Orkneys, en Ecosse, aux hommes du Nord (normands ou North-Men), c'est-à-dire de 876 à 920. Peut-être est-ce aller bien *vite*, mais quelques efforts encore et le mot préhistorique sera un terme vide de sens.

Du reste, quelle que soit l'époque à laquelle remontent les dolmens, menhirs, cromlechs, la Bible nous vient en aide pour nous expliquer qu'ils sortent tous d'une source unique, de même que la grande affinité existant entre le gaëlique, le kymrique et les idiomes de l'Orient, semble confirmer l'argument d'une langue première et de l'origine commune de tous les peuples.

L'idole primitive, image matérialisée de Dieu, est le menhir[1].

L'autel de pierres brutes et non polies[2] n'est-il pas le dolmen ?

Et les douze monuments de pierre[3] ne sont-ils pas le cromlech ?

La caverne double qu'Abraham achète près Hébron pour y enterrer sa femme, Sarah[4], est bien l'allée couverte à vestibule.

De même que le monceau du témoin de Laban[5] est le caïrn ou galgal.

Il ne peut exister de différence que dans la forme;

[1] *Levitique*, XXVI, 1.
[2] *Deuteronome*, XVII, 5.
[3] *Exode*, XXIV, 4.
[4] *Genèse*, XXIII, 19.
[5] *Genèse*, XXXI, 47.

l'idée mère, la conception primitive, restent les mêmes.

Nous sommes donc en présence de monuments issus de la même source, et nous ne reviendrions pas sur ce fait si l'ensemble de ceux que nous avons signalés dans la vallée de l'Epte ne nous donnait lieu de supposer qu'ils eurent aussi une destination identique.

César dit, dans ses *Commentaires*, qu'il existe un grand collége de druides aux confins du pays chartrain.

« A une époque fixe de l'année, les druides s'as-
« semblent en un lieu consacré sur la frontière du
« pays des Carnutes, qui passe pour le point central
« de la Gaule[1]. »

Bien que la ville de Dreux, ancienne Durocassis, se trouve vers la limite indiquée, l'on est loin d'être d'accord sur l'emplacement exact du lieu dont parle César.

M. Cassant, qui a étudié particulièrement ce pays, croit devoir placer le point d'assemblée à quatre ou cinq lieues de notre station de l'Epte, dans l'arrondissement de Mantes, sur la limite du Vexin.

On a découvert, près du bois de la Garenne, tout à côté du célèbre dolmen d'Epône et de l'allée couverte d'Hérulé un cromlech assez vaste dont il ne reste aujourd'hui que quelques débris. Cet endroit est l'ancien pays de *Madrie*, l'une des provinces des Carnutes. Le nom de Champtier-de-la-Justice, porté par ce triage,

[1] « Hi, certo anni tempore, in finibus Carnutum, quæ regio totius Galliæ « media habetur, considunt in loco consecrato. » (Cæsar, *de Bello gallico*, lib. VI, cap. XIII.)

ferait supposer qu'en effet c'était le lieu où les druides se réunissaient chaque année pour juger les procès de toute la Gaule.

Cependant, la station des rives de l'Epte est incontestablement plus importante que celle d'Epône ; elle est également plus complète, et, comme les deux localités sont très-rapprochées, ce lieu auquel César fait allusion pourrait être le cromlech de la Pierre-pétrie et non celui du Bois de la Garenne. Malgré les renseignements incomplets de l'itinéraire d'Antonin et de la table de Peutinger, le pays de Madrie est indiqué comme étant séparé du Vexin par la Seine, *pagus madricensis qui a Vulcassino Sequanâ terminatur*. Mais ce terme vague de *frontières des Carnutes*, rapproché de ce lieu qui *passe* pour le point central de la Gaule, ne démontre-t-il pas que le conquérant écrivait l'histoire à grands traits, d'après des informations larges, négligeant les détails lui paraissant de peu d'importance.

D'autre part, en citant le nom de Champtier-de-la-Justice donné au triage d'Epône et de la Garenne, M. Cassant se base sur une désignation pouvant fort bien provenir du moyen âge, et nous lui opposerons la baronnie de Baudemont, le *Validus Mons* des anciens[1], qui fut, pendant une très-longue période, siége de haute justice[2].

Nous pourrions dire aussi que ce privilége remontait aux druides, car nous avons expliqué l'importance

[1] Ou plutôt *Bagaudarum Mons*. (Voir l'*Appendice*.)

[2] Les armes du bourg d'Ecos, qui fut pendant tout le moyen âge siége de la haute justice de la baronnie de Baudemont, sont : d'or à deux fasces d'azur, aux neuf coquilles de gueules, 4, 2 et 3, surmonté d'un banc de

attachée de tout temps à cette situation de Baudemont.

Depuis les époques dites préhistoriques jusqu'à la fin du siècle dernier, cette position a laissé des traces d'une occupation permanente : le cromlech de la Pierre-pétrie et les autres monuments celtiques dont il est parlé plus haut, en sont fort rapprochés ; il se trouve, en outre, situé à peu près à la jonction exacte de trois importantes peuplades de la Gaule : Eburovices, Carnutes et Veliocasses dont une fraction, désignée plus tard sous le nom de Vexin français et comprise entre l'Epte et l'Oise, les séparait seule des Bellovaces, ce qui permettait de s'y rendre sans passer de l'une sur l'autre ni sur les territoires voisins, ou d'en faire un point neutralisé comme l'étaient les bandes larges de plusieurs kilomètres de terrain laissé inculte qui, bordant les différentes tribus, portaient le nom de *fines* et dont nous retrouvons la tradition dans nos *servitudes militaires*.

Enfin, et c'est le point capital de notre argumentation, deux camps d'une très-grande importance furent établis par les Romains à la tête de la rivière d'Epte, autant pour observer le cours de la Seine et les communications entre les Eburoviques et les Veliocasses, que pour surveiller notre station druidique assez importante alors pour que le lieutenant de l'empereur

justice d'or. — Nous avons en notre possession ce sceau de Baudemont, surmonté de cet emblème qui ressemble à un banc de torture. C'est d'après ce sceau que nous avons composé les armoiries d'Écos à l'occasion du grand comice agricole de septembre 1876.

Domitien, Fescennius Sisinnius, ait cru devoir choisir la principale bourgade gauloise de ce centre, *Es Scod* (l'Ecos actuel), comme lieu du martyre de saint Nigaise et de ses compagnons[1].

Nous pensons donc avoir aussi quelques droits à revendiquer pour notre station de l'Epte, qui présente tous les caractères d'un véritable *séjour de domination*, l'emplacement du grand collége de druides dont parle César. Et maintenant que nous avons signalé le fait, il nous reste à faire des vœux pour que les archéologues compétents veuillent bien étudier à nouveau cette importante question.

[1] Voir Ecos, à l'*Appendice*, à la fin du volume.

CHAPITRE IX

LES DRUIDES ET LES CELTES

Le Chesnay et les plateaux environnants — Les druides et le culte du chêne — Etymologie du mot druide — Son rapport avec le chêne — Les Dryades et les Hamadryades — Le gui sacré — Une cérémonie druidique en haute Normandie — Assemblée de nobles — Iarles — Druides — Grand prêtre — Eubages — Senanis — Ovates — Bardes — Sacrifices — Victimes — Un prêtre de l'âge des dolmens — Druidesses — Cueillette du gui — Ho gui la né — Aiguilænœuf — Les Haguignettes — Etymologie du mot Chesnay-Haguest — Appel de la pierre pétrie.

LES RACES ARIANE ET CELTIQUE.

Les tribus japhétiques de l'Asie centrale — Les rameaux indo-germanique — knor — et indo-européen — Le Zend-Avesta, texte sacré des Perses et l'Aryana Vaëga — Le berceau du genre humain — Les bords du Barady — Vallée de Damas — Marche de l'émigration sémitique — Les récits bibliques — Les Celtes — Les Pelasges — Les Teutons — Habitants des cités lacustres — Origine commune des Egyptiens — des Indiens — et des Celtes — Analogie des religions primitives — Similitude entre les monuments mégalithiques qui ont précédé les grandes civilisations éteintes — Le Thauth des Egyptiens devenu le Thor et le Teutatès des Gaulois — La tour de Babel — Les idoles de tharè — La maison des mystères — Les cycles de l'antiquité — Les cromlechs, lieux d'observations astronomiques — Edifices funéraires des Egyptiens et cromlechs des Celtes — Rapport entre les architectures primitives — Similitude des monuments celtiques de la haute Normandie et des anciens édifices de l'Egypte et de l'Inde.

Il semble que dès les époques les plus reculées le Chesnay et les plateaux environnants aient été couverts d'épaisses forêts. La Providence, d'une main sage et prévoyante, les avait placées sur les hauteurs, afin de protéger des orages, des grêles et des tempêtes ces vastes plaines du Vexin, pays déjà fertile mais qui devait le devenir bien davantage avec les progrès incessants de la culture.

Là poussait spécialement le majestueux chêne, cette espèce si bien nommée : *quercus robur*, c'est-à-dire force; celle, comme dit Lafontaine :

> ..... de qui la tête au ciel était voisine,
> Et dont les pieds touchaient à l'empire des morts.

Sous ces abris impénétrables régnait le calme imposant de la nature primitive, troublé seulement par le sombre croassement des corbeaux, aussi vieux que les chênes, et les hululements plaintifs des grands-ducs, des orfraies, et de toute la mystérieuse tribu des oiseaux nocturnes.

C'est au sein de ces retraites sacrées que vivaient les *druides* ou prêtres du chêne, et de vastes troupeaux pâturaient à l'ombre protectrice de leurs futaies séculaires.

Les *Celtes*, ce peuple errant et nomade que l'on rencontre un peu partout, ici Liguriens, là Vandales; tantôt dans la Gaule transalpine ou cisalpine, tantôt dans la Germanie; les Celtes avaient nommé leurs prêtres *druides*, du mot *derw* [1], qui, dans leur langue, signifiait chêne, parce que sur cet arbre poussait le *gui* [2], objet de leur vénération.

« Ils le prenaient, à cause de sa verdure perpétuelle,

[1] *Druide*, en celte-gallois *derwydd*, en celto-breton *derw, dero*; en langue erse, *darach*; en irlandais, *derrhouydd*.

[2] *Gui*, en gaulois *guid*, l'arbuste par excellence, en latin *viscum*, duquel on a fait *Gi* puis *Gui*, par suite d'une similitude de prononciation entre les deux lettres G et V qui se prenaient l'une pour l'autre; ainsi *Weymar* a fait *Guimar; Willelmus, Guillelmus*, Guillaume; l'on a cherché à expliquer ce rapprochement par l'idée de faire tourner au profit de la religion chrétienne le mof *Gui*, racine, mais ce fait n'est pas établi et nous préférons voir entre ces deux lettres V et G une sorte de dualité analogue à

« pour l'emblème du dogme de l'immortalité de « l'âme.[1] »

Sous une autre forme, les *Ombriens*, les *Etrusques*, puis les *Grecs* avaient continué le culte du chêne qu'ils appelaient δρυς (drus), dérivé également du celtique *derw*.

Ils lui avaient appliqué des divinités spéciales : les *dryades*, ces charmantes nymphes dont le privilége était de régner sur les bois qu'elles parcouraient sans cesse, et les *hamadryades*, qui, moins fortunées et moins immortelles, devaient naître et périr avec l'arbre auquel le sort les avait attachées.

Le chêne était consacré à Jupiter.

..... *sacra Jovi quercus.*

Les Latins le désignèrent sous le nom de *quercus*, également tiré du celtique *quer*, beau, et *cuez*, arbre ;

l'antagonisme du *ki* (χ) et du *cappa* (κ) grecs : ici *Chesnay*, là *Quesnay* ; ici *chat*, là *cat* ; *caivez*-vous, pour chairez-vous, asseyez-vous, mettez-vous en chaise. T'as pas vu mon *cat* (chat). Je te vâs jetter mon *cabot* (sabot) à la tête, disent encore à Louviers les petits bleus qui travaillent à la teinture. Quelquefois aussi le G s'est changé en Y ; les noms de villages, tels que le Fay, le Faylli, le Fayet, etc., proviennent de *fagus*, *fayus*, hêtre ; *fagettus*, petit hêtre, d'où Fayet, et ainsi d'une multitude d'autres mots à racine de source latine, altérée à la longue par l'idiome local.

[1] *Pline l'Ancien*, liv. XVI, chap. XLIV. — Il faut que cette croyance ait laissé des traces profondes dans l'Ouest, puisqu'après plus de vingt siècles d'occupation de la race latine, on retrouve encore, en Bretagne, le gui suspendu à la porte de l'auberge, comme un touchant appel au voyageur, que l'on place ainsi sous l'égide de cette tradition tutélaire ; de même, de temps immémorial, il existe une coutume en Angleterre, qui consiste à fixer au plafond du *Hall* une touffe de gui le jour de Noël ; toute jeune fille se laissant surprendre sous le *Mistletoe* est embrassée sans devoir s'en formaliser. Nous avons retrouvé, sur une ancienne gravure, ces deux vers en vieil anglais, qui nous ont paru être l'expression de ce poétique usage :

Christmasse is ye time for love
When ye mistletoe hangs above.

parce qu'ils le plaçaient au-dessus de tous les autres à cause de la vénération dont il était l'objet [1].

Les Romains, comme tous les peuples primitifs, avaient emprunté aux *Grecs*, qui le tiraient eux-mêmes des *Celtes*, leurs ancêtres, l'usage de donner ou de porter des noms provenant soit de leurs qualités, de leurs défauts même ou des fonctions qu'ils remplissaient, et ils l'appliquaient aux choses de leur utilité [2]. Alexandre vient d'*Alector*, coq [3]; *Philippe*, ami du cheval; *Æmilius*, persuasif; *Flavius*, blond; *Ovinius*, gardeur de moutons, berger; de même pour les femmes : *Rhodope*, mère des roses; *Erigone*, genou d'amour; *Epicharis*, gracieuse; *Amaranthe*, toujours fraîche; cette coutume, nous la retrouvons dans notre propre langue et elle existe encore chez les peuples à l'état sauvage. Les émouvants récits des Châteaubriand, des Cooper, nous ont rendu familiers les noms de : *Œil de faucon*, *Aile de corbeau*, *Plume d'aigle*.

Les druides tiraient donc leur nom du celtique *derw* qui veut dire chêne [4], et la ville de Dreux en provient aussi.

[1] Les Anglais nomment le chêne *oak*, de l'anglo-saxon *ac;* d'où les Allemands ont fait *eiche*, les Espagnols *encina*.

[2] Le citoyen romain proprement dit, *civis romanus*, avait toujours trois noms : le *nomen gentilicium*; ou nom de famille; le *prænomen*, ou prénom; et le *cognomen*, ou surnom.

[3] Etymologie de certains auteurs, beaucoup plus noble que celle de : protecteur des hommes, tirée par un académicien célèbre du *Thesaurus græcæ Linguæ ab Henrico Stephano*. 'Αλέξειν, protéger, ἀνήρ, homme, figure d'une mordante ironie pour un tueur d'hommes comme ce conquérant.

[4] Strabon et Diodore mentionnent trois classes de druides: 1° les *druides* ou *vacies* (mot qui a une analogie frappante avec les *Vaçou*, nom des huit dieux hindous qui viennent après Brahma); 2° les *bardes* ou *saronides*, de σαρονις, vieux chêne; 3° les *eubages* ou *samothées*, de Japhet, fondateur de la race des Celtes, suivant d'anciennes chroniques.

Le chêne avait donné son nom au Chesnay. En 1829, le bois renfermé dans le parc actuel était encore couvert de ces arbres plusieurs fois séculaires; quelques-uns mesuraient jusqu'à dix et douze pieds de circonférence; de plus, ils étaient assez rapprochés pour permettre de faire le tour des futaies en passant de l'un dans l'autre sans toucher le sol. Il existe sur la propriété un triage portant aussi le nom de Gros-Chêne; à côté et sur le territoire d'Ecos, un bois nommé le Chenel, un autre le Chenelet, une pièce de terre appelée la *Chenaie*.

Les premiers âges de nos traditions sont bien obscurs, et la fiction touche souvent à la réalité; aussi le lecteur voudra nous excuser si nous rattachons, à ces lieux qui nous entourent, un des épisodes les plus saisissants de l'histoire des Gaules, aux temps de la conquête; d'ailleurs, l'importance exceptionnelle de notre station druidique, ainsi que le caractère qu'elle emprunte à sa situation entre ces anciennes forêts de Telles, de Lyons et celle non moins redoutable des Carnutes, nous permettent de fixer sur ce point un des foyers principaux des sombres mystères des prêtres du dieu Teutatès.

Il suffit de jeter les yeux sur la carte pour comprendre combien cette contrée était favorable aux *druides*, sous le double point de vue de la sécurité et du mystère; ce plateau qui domine un telle étendue, n'est-il par le lieu marqué pour le rendez-vous du conseil armé? Là pas de surprise, et, dans les moments d'alarme, transmission presque instantanée des signaux, sans avoir recours aux crieurs.

Voici venir le sixième jour de la lune, qui marque la nouvelle année [1], le gui va renouveler ses feuilles, c'est grande fête ici [2] !

Au coup strident frappé sur le bouclier d'airain, les bûchers élevés dans la clairière s'allument sur la colline pour saluer de leurs sinistres flammes les brasiers du Chesnay-Haguet.

Voici les Gaulois dans leurs habits de fête ; ils s'avancent en longues files précédés des guerriers, de leurs chefs, des *nobles*, des *iarles*, des *druides*, du *grand-prêtre*, des *druidesses*, des *eubages*, des *magiciennes*, des *senanis*, des *ovates*, des *bardes*, des *sacrificateurs*. Les nobles chargés de fleurs sont vêtus de la saie brodée de gracieux entrelacs espacés de figures de toutes sortes et rehaussée de broderies d'or et d'argent [3].

Les chefs ont le casque orné de bois d'élan et de figures de bêtes fauves; leurs longs cheveux roux [4] et leur barbe inculte, futur effroi des légions romaines,

[1] « Ante omnia sexta luna, quæ principia mensuum annorumque his facit, et seculi post tricesimum annum quia jam virium abunde habet, nec sit sui dimidia. » (*Pline*, lib. XVI.) — « Les Gaulois assurent qu'ils sont tous issus de Pluton, et ils disent que cette origine a été révélée par les druides. C'est pourquoi ils mesurent le temps en comptant par nuits au lieu de compter par jours, et dans leur manière de calculer les dates des naissances, le commencement des mois et celui des années, le jour est placé après la nuit. » (*Commentaires de César*, liv. VI, XVIII.)

[2] « Quale solet sylvis, brumale frigore viscum
« Fronde virere novâ. »

(Virgile, *Æneid*, VI, 205.)

[3] « Auro virgata vestis ». (*Silius Italicus*, lib. IV.)

[4] « Aurea cæsaries, ollis atque aurea vestis
Virgatis lucent sagulis. Tum lactea colla
Auro innectuntur..... »

(*Æneid.*, lib. VIII.)

« .... promissæ et rutilatæ comæ. » (*Tite-Live*, lib. XXVIII, c. XVII.

tombent sur les lourdes cuirasses ; ils portent le bouclier d'osier, recouvert de peau de cerf ; leur cou et leurs bras [1] sont chargés de colliers et d'anneaux en or, en jaspe, en argent, en corail [2].

Les guerriers sont armés de gais, sortes d'épieux en bois durci au feu ; leurs épaules sont couvertes de la saie rayée, rouge et blanche.

Sont-ils beaux ces enfants de la Gaule dignes de ceux qui prirent Rome et menacèrent le Capitole !

Les prêtres, couronnés de branches de chêne, sont couverts d'étoffes éclatantes [3]. Quelques-uns ont la longue robe jaune ; d'autres la portent entièrement blanche, ornée de bandes de pourpre, de tresses d'or, et recouverte d'une tunique de lin aussi blanche que la robe [4]. Les *ovates* sont vêtus de vert ; les *bardes*, drapés de bleu, les accompagnent et excitent leur marche par des accents guerriers sur la lyre gauloise [5].

Ils chantent des hymnes en l'honneur de *Teutatès*,

[1] Quand les Gaulois marchaient à la guerre, les nobles et les chefs, occupant le premier rang, portaient des colliers et des bracelets de bronze, les torques, dont il est parlé au chapitre III, pièces d'art si enviées par les Romains, qui les convoitaient pour orner leurs trophées. Manlius Torquatus dut aux torques, enlevés aux Gaulois, son nom et sa renommée. Pelloutier rappelle dans son *Histoire des Celtes* (t. I, p. 177) que « Tite-Live, en parlant de quelque victoire remportée par les Romains, spécifie ordinairement le nombre des colliers et des bracelets gagnés sur l'ennemi, pour juger du nombre des officiers qu'il avait perdus. »

[2] Les druides attribuaient au corail le pouvoir de préserver de la foudre ; il existait aussi au mont Saint-Michel un collége de neuf druidesses qui livraient aux marins des flèches ayant la propriété de détourner les orages.

[3] « Druidæ vestes tinctas, atque auro variegatas gestant. » (*Strabon*, lib IV.)

[4] « Casta velamina innocentiæ. » (Saint-Denis, lib. *de Cœlest. Hierar.*, chap. I et II.). — « Candida veste cultus. » (*Pline*, lib. XVI et XXIV.)

[5] *Barde, bird,* oiseau, en anglais « Bardi cum dulcibus lyræ modulis cantabant. » (*Ammien. Marcellin*, lib. XV.)

d'*Hésus*, de *Taranis*, d'*Oghan*, de *Belenus*, d'*Eurysis*, de *Cernunnos*. A voir ces longues cohortes éclairées par les torches et le pâle reflet de la lune, on dirait un funèbre cortége se rendant au sabbat.

Ils descendent de *Dam' maën*, de *Escod*, de *Caër' gai*, de *Giverny*, de *Thorniac* et de tous les plateaux environnants.

Les voici arrivés à l'Epte, que les bandes de l'autre rive traversent au gué d'Aveny; tous ensemble remontent le coteau dont ils gravissent péniblement les rampes escarpées et s'arrêtent au pied du menhir qui se dresse fièrement au-dessus de la falaise.

Rien ne saurait peindre l'émotion de ces nobles guerriers à la vue de ce précieux emblème de leurs antiques croyances. Tous comprennent qu'il va se passer quelque chose de grave, de solennel, et le plus profond silence a bientôt remplacé le tumulte des masses échelonnées sur les pentes de la colline.

Cependant l'*archi-druide* est monté sur la pierre sacrée, il a désigné du geste le cromlech de la Pierre-pétrie où les prêtres et les chefs sont déjà réunis, et fait signe qu'il va parler.

« Nobles iarles et vaillants guerriers, dit-il, la fête « solennelle du Gui qui se célèbre depuis tant de siè- « cles, m'a permis de vous réunir aujourd'hui, en « écartant les soupçons qu'une telle assemblée n'eût « pas manqué de faire naître dans le cœur d'un cruel « ennemi. Voici longtemps déjà qu'*Hœrder* l'aveugle, « votre farouche ancêtre, le dieu de la guerre et du « carnage, a semé parmi ses enfants la haine, mère

« des combats ; il vous a poussés les uns contre les « autres, et chaque jour le plus pur sang gaulois « coule stérile dans l'interminable lutte. Pendant « qu'occupés de vos basses ambitions et de vos que-« relles intestines vous affaiblissez la nation, la patrie « est envahie. Les Romains menacent vos frères, brû-« lent leurs maisons, égorgent leurs femmes et leurs « enfants!..... Véliocasses, laisserez-vous souiller par « l'étranger la terre conquise par vos pères? Attendrez-« vous, pour défendre votre indépendance menacée, « que l'ennemi vienne dévaster vos champs fertiles et « violer nos bocages sacrés ! Les Belges, nos alliés, « réclament votre secours, ne restez pas sourd à leur « appel. Ne laissez pas les *Calètes* et les *Ambiens* « vous précéder et vous ravir votre part de gloire, « *Teutatès* vous ordonne de partir. Il aime la valeur « et le courage, et châtie la peur et la lâcheté ! »

Une clameur immense accueillit les paroles du grand-prêtre, et par trois fois les échos retentirent des hourras sauvages que les soldats et leurs chefs poussèrent vers le ciel.

Les bardes entonnèrent aussitôt leur chant de bravoure, entraînant la foule grossie des tribus environnantes vers le grand dolmen de *Damp'mesnil*.

Alors commencent les sacrifices propitiatoires, les libations de vin succèdent au pain brûlé sur l'autel, et tous déposent pieusement leur offrande sur le monument cher aux ancêtres. Tout à coup une branche de chêne détachée de la pierre sacrée tombe, et l'on voit apparaître, à un trou pratiqué au milieu de la première dalle, une tête livide appuyée sur deux mains crispées étreignant convulsivement les rebords de la pierre glissante.

A cette vue la foule, saisie d'un indicible effroi, se précipite la face contre terre ; elle a reconnu un pontife de la religion primitive, d'une race éteinte, dont la légende seule avait perpétué le souvenir.

De grandes taches circulaires découpent, sur le crâne du prêtre, des empreintes creuses auxquelles se rapportent de larges rondelles d'os que l'archi-druide porte en collier.

Plus de doute, c'est l'oracle ! descendu de cette caste privilégiée qui instruisit les premiers druides ; il a connu tous les mystères ; on ne le montre qu'aux jours des plus grandes calamités publiques, lui seul peut lire dans l'avenir.

Nul n'ose le regarder en face, car ses affreux stigmates font frissonner les plus braves.

Quelques paroles brèves, saccadées, prononcées dans une langue mystérieuse, inconnue, mettent le comble à l'effroi de la foule qui, muette d'horreur, se précipite sans tourner la tête vers les bûchers élevés au sommet du *Chesnay-Haguest*, en suivant une chaussée qui, visible encore aujourd'hui dans la pente de Molincourt, se dirige en ligne directe vers le bois sacré [1].

C'est là que les sacrifices au dieu *Teutatès* vont com-

[1] *Sacred groves.*

mencer : malheur au prisonnier infortuné si l'augure n'est pas favorable, le taureau blanc aux cornes dorées ne pourra assouvir la colère des dieux, le sang humain va couler ! . . . .

. . . .

Tout est fini, les feux s'éteignent, la lune est lentement montée et son disque argenté fait pâlir à son tour les dernières lueurs des bûchers. Le cri lugubre de la chouette a fait place au chant du coq gaulois, la nuit est calme ; *Kirk* et *Taranis*, les dieux des tempêtes, ont enchaîné les farouches aquilons.

Soudain de cette foule anxieuse qui, un moment avant, poussait encore des cris frénétiques et sauvages, sort, mystérieuse apparition, une ligne de blancs fantômes. — Druidesses, prêtresses redoutées de *Teutatès*, elles se rangent autour d'un vieux chêne, le doyen de la forêt : elles sont vêtues de la tunique recouverte du peplum blanc ; leurs pieds sont garantis par des sandales retenues à la cheville avec des bandes de peau d'élan ; comme ceux des chefs leurs bras et leur cou sont chargés d'anneaux et de colliers ; elles portent des corbeilles de jonc tressées artistement, et l'une d'elles, leur chef, offre au grand-prêtre la faucille d'or. Alors, au milieu du plus profond recueillement, se célèbre la véritable cérémonie religieuse, dont les autres n'étaient que le prélude : la cueillette solennelle du gui sacré incrusté aux branches du vieux chêne. Chaque coup de faucille abat un débris du précieux rameau qui est déposé dans les corbeilles ; une saie blanche n'ayant jamais servi [1], étendue au pied de l'arbre, reçoit la branche qui s'échappe, car elle ne doit pas toucher le sol ; puis, au cri de :

Ho-gui la né [2] !
Au Gui l'an neuf [3] !

les *druides* distribuent le contenu des corbeilles au peuple qui reçoit avec joie et reconnaissance ces *haguignestes* en souvenir de la nouvelle année.

Ce gui était d'autant plus précieux qu'il provenait des chênes du Chesnay, lieu consacré depuis longtemps à la cérémonie, et pour cette raison les populations le surnommèrent le *Chesnay-Haguignest* d'où *Chesnay-Haguest*, c'est-à-dire à gui.

A peine quelques heures étaient-elles écoulées à la

[1] La *mappa nova*, dont parle Pline.

[2] Le vieux mot *aiguilæneuf* est encore usité à Dreux, comme *haguignettes* l'est en Normandie et dans tout l'ouest du continent, pour désigner des étrennes. Certaines localités ont ainsi gardé le privilége de conserver des usages remontant souvent à la plus haute antiquité. Nous pourrions en citer mille exemples. Ainsi, près de Saint-Lô dans la Manche, les femmes portent encore sur la tête des cruches de forme antique en cuivre jaune, nommées *canes*, qui rappellent par leur galbe les vases grecs qui donnèrent leur nom aux *canéphores*. A Rouen, l'on fut fort surpris de trouver un jour, au marché au poisson, un agent qui, le plus sérieusement du monde, inscrivait officiellement les ordres de vente avec un stylet d'argent sur une tablette enduite de cire, absolument comme au temps des Romains. En Orient et dans le Midi, on se sert encore de fuseaux de bois et de terre analogue à ceux découverts dans les palafittes du Bourget ou des lacs de la Savoie, et parfaitement semblables à ceux trouvés à Sotteville, en 1866. Non-seulement certaines coutumes, mais des peuplades même se sont conservées, à travers les siècles, avec leur autonomie et jusqu'à leur nom. On retrouve dans les Balkans une tribu de Mirdites, peuple sémitique, qui remonte aux premiers âges du monde. On se demande comment ils ont pu survivre aux Assyriens, aux Babyloniens, à la chute des Grecs, des Romains, à l'empire d'Alexandre, aux kalifes, aux sultans. Comment ont-ils échappé à tant de ruines? Il faut croire que leur faiblesse a fait leur force.

[3] « Ad viscum, viscum, druidæ clamare solebant. »

(*Ovide.*)

suite de cette mémorable journée, que, de Pontoise jusqu'à Rouen, la nouvelle parcourait les campagnes ; les tribus s'ajoutant aux tribus formèrent une grande et redoutable armée. Dix mille *Véliocasses* [1] répondirent à l'appel sorti du plateau de la *Pierre-pétrie*.

RACE ARYENNE ET CELTIQUE

D'après les dernières données de la science, d'après les indices historiques, l'étude des races humaines, le rapprochement de leurs langues et de leurs traditions, les tribus japhétiques, descendant des hauts plateaux de l'Asie centrale, de l'Iran, terre des *Dews* et des *Péris*, auraient, sous le nom d'*Aryas* [2], formé la souche des peuples pasteurs qui remplacèrent les chasseurs ou guerriers.

Ces races, appartenant au type caucasique, se seraient, après plusieurs migrations successives, divisées en deux branches dont l'une, se dirigeant vers l'ouest, aurait formé le rameau indo-germanique, et l'autre, vers l'est et le sud-est, donné naissance au rameau knor dont le principal caractère est le roi Lépreux, fondateur d'*Angcoor*. Ses statues rappellent le type grec. Après avoir absorbé les races de l'homme des cavernes

[1] (Cæsar, de *Bello Gallico*, lib. II, IV.) .... Caletos X millia Velocasses et Veromanduos totidem.

[2] Le nom d'*Aryens* est donné à l'ensemble des peuples qui parlent les langues japhétiques ou indo-européennes, c'est-à-dire le sanscrit, le persan, le celtique, le slave, l'allemand, le grec et le latin. Les Sémites, au contraire, auraient possédé les langues chaldéenne, phénicienne, babylonienne, hébraïque, samaritaine, syriaque, éthiopienne et arabe.

et des dolmens, ces crues de peuples seraient devenues le point de départ du rameau indo-européen auquel nous appartenons.

Tout en respectant les théories de l'école historique moderne, plaçant, sur l'autorité des *Zend-Avesta*[1], l'origine de la race celtique à l'Ariana vaëga (l'Aria du principe), nous pensons avec la Bible que le berceau du genre humain est sur les bords du Barady, dans la vallée de Damas, dite mère des cités, c'est-à-dire la plus ancienne de toutes.

Il ne paraît pas rationnel d'affirmer que les Celtes auxquels on prête ainsi une origine transasiatique, auraient traversé tout le vieux monde pour envahir les vastes territoires de l'Occident, quand la race sémitique n'avait que la Méditerranée à passer pour atteindre le Sud, ou l'Arménie à franchir pour toucher aux forêts du Danube et pénétrer dans le Nord.

Les traditions arabes, nous l'avons dit, en confirmant les récits de la Genèse tracent le chemin des migrations primitives vers l'Orient, c'est-à-dire vers ce continent devenu plus tard une puissante confédération de royaumes appelée les Indes.

Si, donc, on reconnaît l'unité de la race humaine, le

[1] Le *Zend-Avesta* est le texte sacré des Perses; il renferme toute la science que Zoroastre tenait du ciel même, et est formé de six livres : le *Vendidad*, le *Yaçna*, le *Vispered*, le *Sirozi*, le *Yescht* et le *Boundehesch*, déposés entre les mains des *parsis* ou prêtres du feu. Tous les adeptes de la religion de Zoroastre parlent la langue parsie. Les cinq premiers livres sont écrits en zend, langue de l'Asie, que l'on croit avoir été celle de la Bactriane; le dernier est en *pehlvi*, idiome des anciens Mèdes.

Les Vedas, les plus vieux textes des Hindous, inspirés, disent-ils, par Brahma, sont écrits en sanscrit, et se composent du *Rig*, prières versifiées; du *yad-jour*, prières en prose récitées; du *sama*, prières chantées, et de l'*atharvan*, formulaire de consécration.

récit biblique garde son autorité tout entière, et accorder aux Celtes une antiquité plus reculée que celle même de la création d'Adam et d'Eve est absolument fantaisiste, quel que soit l'âge du monde auquel aient paru nos premiers parents.

Il est sceptique et ambitieux de vouloir démolir la Bible sans preuves[1]; de tous les ouvrages connus, c'est le livre le plus complet, le plus véridique, le moins passionné qui ait été écrit sur la filiation du genre humain. Ce texte, si respecté jusqu'à la fin du siècle dernier, allait fondre sous l'examen attentif de la science, et l'école allemande, à la suite de Voltaire, devait l'anéantir; elle n'a pas eu cette satisfaction, et a caché son impuissance en abandonnant l'Écriture aux Juifs, comme tradition particulière à ce peuple.

En ne considérant même la Bible que comme un livre historique et non inspiré, donnant la genèse du monde et celle du peuple élu, son antiquité et son authenticité ne sont pas inférieures à celles des livres indiens.

Le principe du droit divin, repoussé en France depuis la fin du XVIIIe siècle par les philosophes qui se sont le plus occupés d'études orientales, leur a fait adopter avec trop d'empressement les légendes indiennes comme sacrées et indubitables, pour ne pas nous rendre suspectes leurs théories. C'était surtout la

[1] Le lecteur impartial qui désirera s'éclairer sur cette question capitale de la véracité de la Bible, devra consulter le très-remarquable ouvrage de l'abbé Gainet : *Histoire de l'Ancien et du Nouveau Testament par les seuls témoignages profanes*. Paris, 1866, Henri Guénot, libraire-éditeur, cinq volumes.

royauté qu'ils attaquaient dans l'Eglise et son code, la Bible. Mais la Bible a trouvé des défenseurs dans les Anglais, philosophes plus sérieux que Voltaire, mieux instruits que lui des religions de l'Inde, et amis de la liberté politique et de conscience tout aussi passionnés.

Donc, l'opinion des orientalistes anglais sur la prétendue extrême antiquité des Zend-Avesta et sur la valeur de leurs légendes, en ce qui concerne l'origine et les migrations des peuples primitifs, l'emporte sur celle de voyageurs, sceptiques écrivains de parti pris, hostiles au christianisme, et assez vaniteux pour se croire capables d'en saper la base.

Que les Indiens aient attribué la création du monde à leur dieu, et la naissance de l'homme à leurs splendides montagnes, c'est une prétention de l'amour et de l'orgueil national toute naturelle, commune à celle des Grecs. La foi dans Saturne, Jupin et l'Olympe, a autant de poésie sans plus de raison. Mais les preuves, où sont-elles ? suffira-t-il donc d'affirmer que le berceau du genre humain est dans l'Inde, pour que ce fait capital soit admis sans controverse ?

Il résulte, au contraire, des découvertes toutes récentes, que les palais d'Assur sont décorés de bas-reliefs, de peintures représentant des personnages dont les costumes semblent être le prototype des vêtements indiens. La tunique frangée, le turban à cornes, et jusqu'aux harnachements des chevaux, rappellent dans leurs plus infimes détails les mêmes objets de l'Inde antique.

Certains monuments du Cambodge et de l'Inde

auxquels on a attribué une antiquité fabuleuse à cause de leur caractère archaïque et du sentiment tout naïf de leurs sculptures, pourraient bien ne pas dépasser le règne d'Alexandre le Grand. Du reste, l'influence de l'art grec sur les décorations de plusieurs édifices de ces pays est indéniable, et l'on sait que lorsque le conquérant résolut, malgré le conseil d'Aristote, de laisser les petites républiques de la Grèce se détruire elles-mêmes, une grande partie de la population hellénique s'établit dans les montagnes de l'Inde.

D'autre part, sir Urghart, célèbre orientaliste anglais, membre du parlement, confirme par un fait irrécusable la similitude de race des Celtes d'Orient et d'Occident. Il a trouvé dans le Liban, à sa grande surprise et à sa grande joie, un drapeau multicolore absolument semblable aux couleurs d'un clan d'Ecosse. Les montagnards du Liban sont la race la plus ancienne d'Orient, comme ceux d'Ecosse sont les plus anciens de l'Occident. Or, l'organisation militaire des tribus, de même que les costumes, leurs couleurs et leurs usages, sont traditionnels en Orient et d'une antiquité prodigieusement reculée. On a découvert dans les tombes de la vallée de Petra des momies ornées de coiffures entièrement identiques à celles portées de nos jours dans la haute Egypte, preuve flagrante de l'immutabilité des costumes et des usages chez les Orientaux. Le drapeau lui-même est un signe de ralliement invariable; aujourd'hui encore les troupes arabes, de l'Hyemen à l'extrémité du Maroc, se comptent par drapeaux.

La découverte de sir Urghart, quelque effort que l'on fasse pour en diminuer l'importance, a une haute portée que l'on ne saurait méconnaître ; la similitude des couleurs et leur disposition symétrique dans le drapeau libanais et le tartan d'Ecosse n'ont pas été dues au hasard, à la fantaisie de deux tisserands montagnards travaillant l'un aux Highlands, l'autre au Liban, à douze cents lieues de distance l'un de l'autre.

De plus, voilà qu'un témoin contemporain du peuple juif se lève, et prend la parole dans cet important débat d'où dépend la foi de la jeunesse française, car il ne s'agit pas seulement d'une question de race originelle ou de primogéniture ; la science moderne s'écrie :

La Bible ment et vous trompe ; la tradition d'Eden est controuvée ; le premier homme appartient à la race jaune, la première civilisation à l'Inde ; la science n'est pas une révélation directe de Dieu le Père et du Christ ; elle est le fruit lent et séculaire de la sagesse indoue ; toute théogonie vient de là ; la croix même vient de l'Indo-Chine[1], etc., etc. Tout cela posé, on le doit comprendre, l'étude des monuments préhistoriques, encore dans l'enfance, faute d'être entièrement généralisée, surtout en ce qui concerne les édifices nombreux de l'Afrique, de l'Inde, du nord de l'Asie et du sud de l'Amérique, peut avoir pour conséquence importante de fixer le point de départ de l'humanité à l'endroit désigné par la Bible, en constatant des

[1] L'école actuelle va même plus loin ; elle fait apparaître la croix comme emblème à la seconde période du bronze. (Voir page 88.)

similitudes entre les monuments préhistoriques des peuples, leurs auteurs, tous émigrés d'Orient.

Ce témoin en faveur de la Bible, c'est Ninive qui sort de la poussière où elle est restée ensevelie trois mille ans, et qui nous montre des écrits cunéiformes sur des terres cuites, donnant un récit du déluge de Deucalion, conforme à celui de Moïse. Certes, on ne verra pas là des agents salariés par un clergé quelconque, dans ce siècle sceptique où la science orgueilleuse prétend se substituer à la tradition, c'est la voix d'un peuple entier qui se lève pour affirmer que son contemporain, le peuple juif, a dit vrai!...

De même que les Celtes, les Gaulois viennent d'Orient; ils donnèrent même leur nom, sur leur passage, à la province de *Galicie* (qu'il ne faut pas confondre avec la Russie rouge dite *Galitzine*).

A un moment donné qu'il est impossible de préciser, l'augmentation de la population, la crainte de la famine ou celle d'un vainqueur impitoyable, ou même la vieille et invincible habitude de vie nomade, imposent aux peuples sémitiques l'obligation de quitter le littoral asiatique et de se disperser ; les uns se dirigent vers l'Est, occupant tout le territoire compris entre l'*Himalaya*, l'*Indus* et le *Gange*, où nous les retrouvons mêlés aux parias, population prolétaire et non de vaincus.

Quelques-uns pénètrent dans l'*Afrique*, tandis que d'autres couvrent l'Europe des flots sans cesse renaissants de leurs invasions successives.

Nous les rencontrons dans le *Caucase*, la *Thrace*,

l'*Italie*, le *Danube* et la *Grèce* : ce sont les *Pélages* ; sur les bords du *Rhin*, du *Rhône*, de la *Garonne*, de la *Loire*, de la *Seine* et jusque dans les *Iles Britanniques* : ce sont les *Celtes* proprement dits; enfin dans la *Scandinavie*, la *Suède*, la *Norwége* et le *Danemark :* ce sont les *Teutons* ; la variété slavone en dépend aussi.

A quel moment les Celtes s'établirent-ils dans l'Occident? Trouvèrent-ils dans ces régions les tribus d'une migration antérieure? Ont-ils, comme les Espagnols au Mexique, anéanti leurs prédécesseurs sur ce sol convoité, les ont-ils seulement asservis? Ont-ils remplacé directement l'homme quaternaire qui, comme eux, venait de l'Orient, ou ont-ils été précédés par une population pré-celtique?

Telles sont les questions qu'on est appelé à se poser, lorsqu'on remonte de degrés en degrés les longues périodes antérieures à notre histoire.

Les sciences ethnographique et anthropologique, créées depuis si peu d'années, ont déjà fait d'immenses progrès, et l'on ne saurait douter qu'elles n'arrivent bientôt à la solution du problème des races et des migrations. Elles ont prouvé que l'homme avait côtoyé les âges de l'éléphant antique, et démontré l'existence d'anciennes populations dans beaucoup de régions.

On rencontre en Suède, en Norwége, en Danemark, en Suisse, en France, en Angleterre et jusqu'en Italie les traces qu'ont laissées des peuplades dont les nations d'Europe les plus éloignées de notre époque ne font même pas mention.

Les archéologues ont distingué trois périodes ou

âges différents dans les phases de ces peuples : un âge de pierre, un âge de bronze et un âge de fer. M. Radiguet fait remarquer, dans une note présentée à l'Académie, que les objets d'industrie humaine, silex taillés, poteries, bois et métaux travaillés, les charbons eux-mêmes, indiquent que les diverses races ayant habité le bassin du Rhin et de la Seine, n'étaient pas également avancées dans la voie de la civilisation quand elles ont été détruites. Les généraux romains ont traversé à différentes reprises la plupart de ces contrées; aucun d'eux ne mentionne les immenses constructions découvertes récemment dans les divers lacs de la Suisse, non plus que les étonnants travaux de la vallée de la Seille. Ces peuples avaient donc complétement disparu du temps des Romains, à moins que les ouvrages qui en parlèrent n'aient été perdus comme tant d'autres dans la nuit du moyen âge, chose possible, puisque Pline, Diodore de Sicile et Tacite ont fait plusieurs fois allusion aux habitants des cavernes antérieurs aux lacustres.

Ces bâtisses sur pilotis formant des villages entièrement isolés au milieu de l'eau, ces plateaux en argile cuite émergeant des marécages sur une longueur de douze lieues, indiquent de la part des races qui les ont conçus et exécutés, des connaissances beaucoup plus étendues qu'on ne pourrait le supposer dès le premier abord [1].

[1] Voir, dans *Keller Miltheilungen der Antiquarischen*, Gesellschoft, in Zurich, 1857-63, les curieux détails sur les cités lacustres et sur les arts avant la découverte ou l'emploi des métaux.

Il n'y aurait, selon nous, rien d'impossible à ce que l'émigration celtique pénétrant en Gaule ait trouvé cette contrée occupée en plusieurs endroits par les habitants des cités lacustres, succédant eux-mêmes aux populations quaternaires des premières et plus anciennes migrations. Peut-être aussi les habitants des Palafittes furent-ils contemporains de la période celtique; car si l'on admet que les Celtes sont les hommes de la pierre polie et du bronze, comme tout tend à le prouver, la parité d'époque serait établie entre eux et les lacustres, puisque leurs cités renferment tantôt la pierre polie, tantôt le bronze, et même le fer.

Les Assyriens, les Chaldéens, les Egyptiens, ont la même origine que les Celtes; on n'a donc pas lieu de s'étonner, outre mesure, de ce que ces peuples aient conservé un fond d'idées communes.

Les religions primitives de ces différentes nations offrent une grande analogie, et il serait facile de démontrer que leurs théogonies spéciales ont pour base des croyances semblables, une identité de principes qui révèlent une même source. Mais il n'entre pas dans notre cadre de traiter ces intéressantes questions. Nous rappellerons simplement ce qui touche notre sujet, c'est-à-dire les rapports de l'art dans l'ouest avec ces grandes civilisations éteintes.

Or, il existe une telle similitude entre les monuments celtiques et ceux des anciens Egyptiens qu'elle frappe quiconque a l'idée de les comparer.

Lorsqu'on regarde un dessin représentant les pierres dressées des Gaulois, on ne peut s'empêcher de songer aux *stèles* ou colonnes hermétiques semées çà et là le long des chemins d'Egypte et qui remontent à la plus haute antiquité; si ce sont, au contraire, les trilithes du *Stone-Henge* qui passent devant vos yeux, vous êtes tenté de les rapprocher des temples en ruine des bords du Nil. Peut-on nier enfin le rapport intime existant entre les hypogées, sépultures souterraines des Pharaons, et les dolmens à allées couvertes qui servaient de tombeaux aux guerriers celtes ou aux Druides?

Les traditions égyptiennes portaient qu'un *Thaut*, ou Mercure antérieur au déluge, avait fait dresser le premier des colonnes [1]; d'ailleurs, le mot *tôout*, *thoth* ou *thor*, signifiait une borne, une colonne, une pierre dressée. Platon qui avait parcouru l'Egypte, indique *Thauth* ou *Theut* comme l'inventeur de l'arithmétique, la géométrie, l'astronomie. *Sanchoniaton* parle aussi de *Thaut* et lui attribue l'invention des hiéroglyphes. *Thot* était le premier jour de l'année sacrée égyptienne. Cicéron dit en parlant de l'Hermès égyptien : *Hunc Egyptii thogth appellant eodemque nomine anni primus mensis apud eos vocatur* [2].

Chez les Grecs, *hermès* fit *herma* qui signifiait la même chose que le *thot* ou le *thor* des Egyptiens. Remarquons aussi que le mot grec qui désigne une colonne, représentait une statue. « En grec, dit Vinkelman, le mot *kion*, une colonne, signifiait encore une statue dans les plus beaux siècles de la Grèce. »

[1] Quelques voyageurs prétendent que les soubassements du temple de Balbek sont antérieurs au déluge.

[2] *De naturâ Deorum.*, lib. III, LXVI. Cicéron.

Nous retrouvons ce nom sur les rives de l'Epte, et l'important bourg de Tourny, ancien *Thorniacum*, en tire son étymologie : *Thor*, ou *Thorn*, dieu, *ac*, pointe; en langue celtique, littéralement pointe ou obélisque de Thorn, parce que en ce lieu il se trouvait probablement autrefois un menhir dédié à ce dieu. César a écrit, en parlant des Gaulois, que Mercure était le premier de leurs dieux, et qu'ils lui élevaient un grand nombre de statues. Ils le regardaient comme l'inventeur de tous les arts, comme le guide des voyageurs, le protecteur actif et influent du gain et du commerce. (*Commentaires.*)

Le Mercure dont parle César, est sans nul doute le Thaut des Egyptiens, qui est devenu le Thor des Scandinaves et le Teutatès des Gaulois; et les statues que ceux-ci élevaient à leur dieu, selon le témoignage du conquérant, étaient les peulvens et les menhirs, qu'il prenait pour des colonnes hermétiques, ou termes *thot-hermès*.

Le mot hébreu MITZBE, qui désigne une colonne, signifie également une statue; la même chose a lieu dans l'arabe AMUD.

Un grand nombre de passages des livres sacrés des Hébreux constatent l'usage antique qu'avaient les peuples d'élever des pierres.

Moïse parle des idoles de *Tharé* qu'il place plusieurs siècles avant Joseph. Tharé est regardé par nos savants modernes comme l'Hermès égyptien, ce qui est très-admissible, car rien n'est contagieux comme la superstition; il serait néanmoins possible que l'Hermès égyptien qui se rapproche du *Fo-hi* des Chinois et de l'*Henoch* de l'Ecriture, fût un de ces patriarches qui précédèrent Noé et dont on retrouve l'identité dans toutes les anciennes religions. « Les idoles de Tharé, père d'Abraham, dit M. d'Hancarville, étaient nécessairement celles du scythisme, puisqu'il était alors la seule religion existante. » Nous ajouterons : chez la race sémitique, mais pas dans l'Inde. Le scythisme a pu s'étendre sur toutes les côtes d'Asie et jusqu'au Nil, mais il serait peut-être risqué de dire que ce fût l'unique religion du vieux monde [1].

Nous voyons encore Abram (Abraham) élever un autel dans un lieu appelé Sichem, puis un autre à Membré, et enfin dans la Terre-de-vision.

Rien ne nous empêche de supposer que ces autels dont parle Moïse, et qui paraissent avoir été d'un usage général en Orient aux époques primitives, n'aient été contemporains d'une des premières migrations en Egypte.

Nous pourrions encore rappeler que certains nègres de l'Afrique donnent le nom de *bosoüm* à des pierres dressées qu'ils croient aussi anciennes que le monde. Les Ethiopiens, révèrent des blocs semblables qui ne sont autres que des monuments du culte primitif des Egyptiens dont ils ont fait des fétiches. Ils nomment encore, de nos jours, *ther* de *thor*, nom d'Hermès, le premier jour de l'année. Le Grec Strabon, voyageant

[1] Les Scythes adoraient le soleil, la lune et la terre. Les Chinois, les Japonais, les Brahmes, les peuplades russes non chrétiennes ont fait du culte de ces trois astres la base de leur religion.

en Egypte, rencontre des temples de Mercure composés de deux pierres en supportant une troisième, et l'on reconnaîtra sans peine, à cette description, un dolmen en tout semblable à ceux qui existent dans nos contrées habitées autrefois par les Celtes.

La maison hiéroglyphique, telle qu'elle est figurée sur les monuments les plus primitifs de l'Egypte, présente aussi le dessin exact d'un dolmen; les portiques des temples ou *maisons* de *mystères* offrent également la même configuration.

Les temples des prêtres d'Isis et d'Osiris indiquent par leur structure, leur grandeur, la beauté de leurs proportions, aussi bien que par les statues et les sculptures qui les ornent, les peintures qui les décorent, un état de civilisation très-avancée; mais il n'est pas moins évident que dans leur ordonnance générale ils rappellent les sanctuaires druidiques.

Les Egyptiens possédaient des connaissances fort étendues en astronomie; on présume que leurs prêtres tenaient cette science des Chaldéens qui passent pour avoir les premiers observé le cours des astres.

Certaines règles qui présidaient à la disposition des monuments vers les points cardinaux, et principalement leurs zodiaques, dénotent de la part de ceux qui les élevaient une étude sérieuse du mouvement des constellations; et c'est de cette disposition des colonnes, qui ne fut jamais arbitraire dans les temples de l'antique Egypte, qu'est venu l'usage d'orienter les monuments[1].

[1] Les Arabes attribuent l'origine du zodiaque à douze pierres que les Anciens élevaient dans un grand cercle.

De même que les Chaldéens et les Egyptiens, les Gaulois, et particulièrement leurs prêtres, les *druides*, pratiquaient l'astronomie.

« Ils discutent, dit César, sur le mouvement des astres, la grandeur de l'univers. »

M. Vallier est fondé à croire que le grand cromlech du Wiltshire a servi de lieu d'observation astronomique, qu'il forme un planisphère complet et représente la position des étoiles fixes.

De son côté, M. Higtgins constate que la plus extraordinaire particularité des cercles druidiques consiste en ce que le nombre de leurs pierres se rapporte aux cycles de l'ancienne astronomie.

« Le cercle extérieur du Stone Henge, dit-il, possède soixante pierres, base du plus fameux cycle de l'antiquité. »

Enfin, M. Duck compare les cercles druidiques d'Ahury et de Salisbury à des calendriers ou almanachs astronomiques.

Les temples primitifs des Egyptiens, composés de stèles couronnées de pierres, servaient également de calendriers aux populations rurales; les signes dont elles étaient revêtues, leur indiquaient les instruments nécessaires aux travaux des champs, tandis que des symboles désignaient l'époque de l'année dans laquelle on se trouvait.

Si nous poursuivons notre examen, et si nous établissons une comparaison entre les hypogées de l'ancienne Egypte et les sépultures celtiques, nous trouvons encore plus d'un rapprochement.

Les tombeaux de nos ancêtres, comme ceux des Pharaons, étaient profondément cachés sous des montagnes naturelles ou factices; pour arriver au sépulcre proprement dit, aussi bien dans la *vallée des tombes* que sous les *allées couvertes*, il faut pénétrer par une ouverture basse et dissimulée, et parcourir une galerie sombre et mystérieuse.

Il nous semble inutile de nous étendre davantage sur ces diverses considérations. Nous avons cru devoir, dans une esquisse rapide, présenter à nos lecteurs un aperçu très-sommaire des grandes migrations, et leur faire entrevoir l'origine des peuples qui ont habité la contrée sur laquelle on rencontre les monuments que nous avons décrits. Il nous a paru nécessaire de nous étendre sur le rapprochement que l'on peut établir entre ces plus primitifs monuments, issus tous de l'Orient, et les édifices celtiques que l'on retrouve en Occident; chacun déduira aisément les conséquences résultant de cette harmonie de vues entre les peuples placés sur les points les plus opposés.

Nous n'aurions donc rien à ajouter si l'occasion ne se présentait, à propos des anciens édifices dont nous venons de parler, de signaler une prétention singulière qui a été le but avoué de l'exposition égyptienne au Trocadéro (1878).

On nous a exhibé une série de tableaux hiéroglyphiques du plus grand intérêt, reproduction exacte des décorations de caveaux funéraires, qui nous donne, dans de grands détails, l'état d'une civilisation des plus avancées. On nous a montré les instruments et les produits de toutes les industries du pays, les scènes empruntées aux différentes phases de la vie des défunts, celles ayant trait à l'existence future, et mille autres choses surprenantes de réalisme; puis, à l'étonnement extrême de tout visiteur, on a prétentieusement attribué à cette série si remarquable de monuments incontestés la date de sept mille ans, ce qui était attaquer ostensiblement la Genèse devant l'Europe chrétienne, je dirai même le monde chrétien, accourant à Paris.

Or, le bon sens du vulgaire reconnaît que la perfection du travail de tous les objets exposés, voire même des plus anciens, dénote une civilisation déjà plusieurs fois séculaire, nous en convenons volontiers, mais nous ne saurions laisser carrière à l'imagination ou au parti pris de la libre pensée contemporaine.

L'honorable M. Mariette-Bey peut certainement être très-sincère dans ses opinions; toutefois, il y a un fait notoire qui les réduit à néant.

En effet, les Egyptiens, chose étrange, nos premiers maîtres en astronomie, comme dans tant d'autres sciences, n'ont jamais eu de calendes successives; ils n'ont jamais compté que par règnes, à ce point qu'il est souvent difficile de trouver la date exacte de monuments ou joyaux antiques, à cause d'un certain nombre de souverains portant le même nom, quand le style de ces objets est semblable. Il est donc impossible aux plus savants érudits de fixer un millésime; d'autre part, on ne saurait accepter comme chiffre officiel, incontestable, celui de sept mille ans qu'on s'est plu à mettre en tête de l'exposition égyptienne, par opposition à celui enseigné par les Ecritures.

Attribuer sept mille ans à ces monuments supposerait naturellement, vu la perfection des arts à cette époque, une antiquité des plus reculées à la civilisation égyptienne, et, par conséquent, à celle du monde[1] lui-

[1] Voici un extrait du canon chronologique publié dans le savant ouvrage de Pezron, *Défense de l'antiquité des temps.*

Age du monde.		Avant J.-C.
1.	Création de l'homme	5971
1259.	Période julienne, commencée en . . . . c'est-à-dire 4713 ans avant l'ère de J.-C.	4498
2256.	Déluge universel	3716
2797	Dispersion des peuples	3172
»	Royaume des Babyloniens, fondé par Nemrod	3175
2806.	Origine des Assyriens. Assur, second fils de Sem, bâtit Ninive, capitale de l'Assyrie, dont le premier roi fut Belus, venu plusieurs siècles après	3166
2806.	Origine des Chananéens. Chanaan, fils de Cham, entre dans la Terre promise	3166
2914.	Royaume des Egyptiens. Menès, premier roi.	3058
2974.	Royaume de Thèbes. Athotis, fils de Menès, premier roi.	2998
2976.	Royaume de la basse Egypte. Curudès, frère d'Athotis et fils de Menès, premier roi	2996
3020.	Royaume de Chine. Fo-Hi. premier roi	2975
3222.	Fondation de Tyr par les Sidoniens	2750
3523.	Fondation du peuple hébreu. Abraham, âgé de 75 ans, passe l'Euphrate, et vient dans le pays de Chanaan.	2449
3845.	Royaume des Syconiens dans le Péloponèse	2127
3950.	Royaume d'Argos fondé par Inachus Ier	2022
4390.	Royaume d'Athènes. Cécrops, premier roi d'Athènes .	1582
4627.	Royaume de Mycènes. Persée, premier roi.	1345
4843.	Royaume de Lacédémone. Aristomède, premier roi . .	1139
4872.	Royaume de Juda. David, premier roi..	1100
4877.	Royaume de Corinthe. Alètès, premier roi	1099
5086.	Monarchie des Mèdes, fondée par Arbace	886
5181.	Royaume des Lydiens. Ardys, roi	791
5219.	Fondation de Rome	753
5225.	Ère de Nabonassar chez les Babyloniens..	747
5284.	Royaume de Macédoine. Perdiccas, premier roi.	688
5340.	Royaume de Cyrène. Aristote mène une colonie à Cyrène, en Lybie, et y fonde un royaume.	632
5436.	Monarchie des Perses, succédant à celle des Mèdes. Cyrus, maître de l'Asie, fondateur	536

même. Nous demanderons donc qu'on veuille bien nous donner les preuves à l'appui.

5582. Brennus, chef gaulois, prend Rome 390
5641. Alexandre le Grand, maître de l'empire d'Asie 331
5679. Version des Septante. Livres de Moïse, traduits d'hébreu en grec 293
5923. Puissance de César. 49

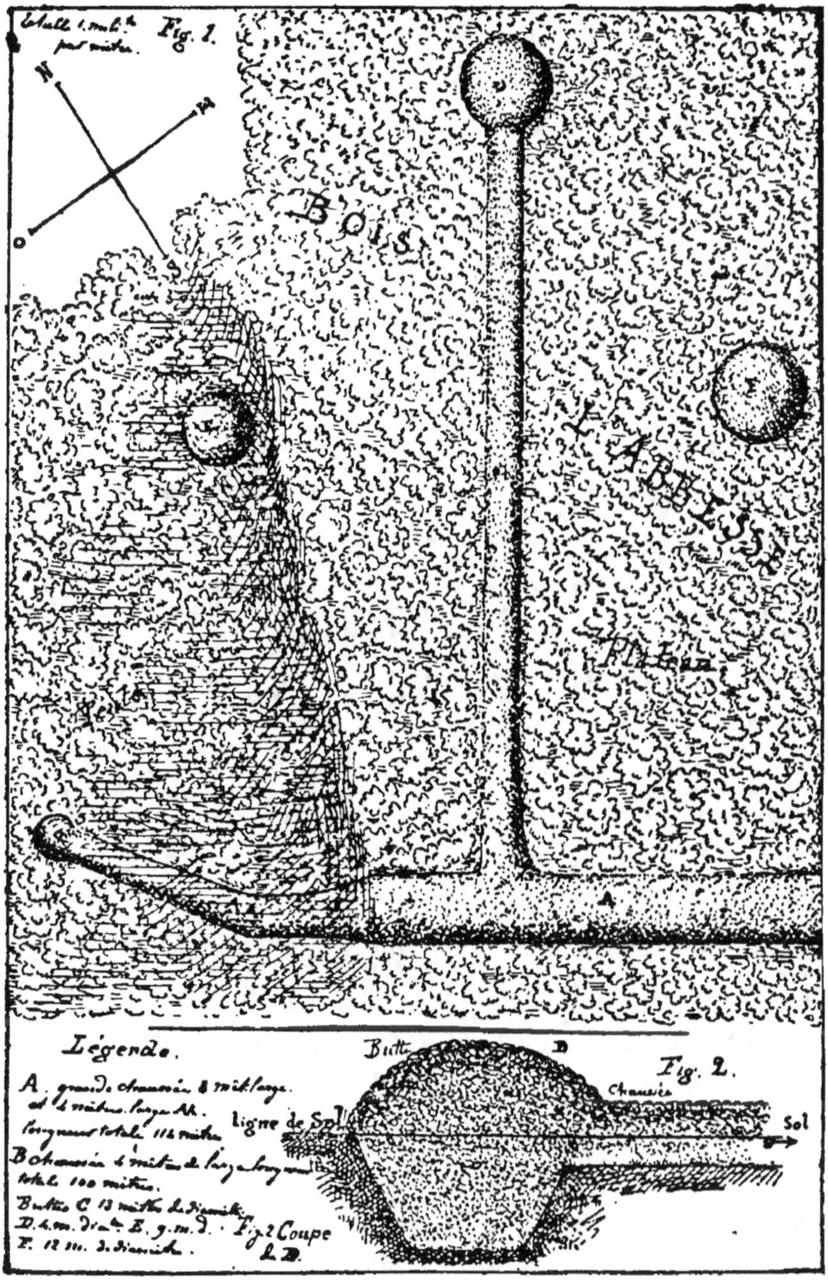

Planche VII. *Fig. 1.* Monceaux et chaussées de silex du Bois-l'Abbesse.
Fig. 2. Coupe d'une butte.

CHAPITRE X

LES MONCEAUX DE SILEX

Ce que l'on désigne sous le nom de monceaux de silex — Plateaux du Bois-de-l'Abbesse — Le Plix-Aubin — Heubécourt — Grusmesnil — Mézières — Peut-on les rapprocher des cercles rocailleux — des caïrns — des thauts de Mercure — des pyrées scandinaves? — M. Arendt d'Altona — Chaussées et éminences de la forêt de Lyons — Monnaies découvertes sous les monceaux de cailloux — Monnaies romaines du Bucaillet — de la plaine des Cherottes — Médailles celtiques du Bourg-Baudouin — Opinion de M. Brossard de Ruville sur les monceaux de silex — Monceaux du Vaurose — du Coudray — Levées de cailloux des Essarts — de Boispréaux — de Mortemer — Caillouère à Buis — Ce que sont les murgères — les caillouères — Murgères de Notre-Dame-de-l'Isle — de Daubeuf. — Différentes hypothèses sur les monceaux de silex — Le principe des cités lacustres appliqué aux chaussées et plateaux de Lyons-la-Forêt — Un conseil de M. Desnoyers — Les tombelles gauloises — Les barrows — Les galgals — MM. Mahé et Lechevallier — Les temènes — Galgals hébreux — grecs — et venètes — Enceintes grecques — romaines — et gauloises — Orientation sud à nord des chaussées de Lyons-la-Forêt — Les tertres du Colorado — du Wisconsin — de la province de Constantine — Le général de Nansouty — Caractère anté-historique des monceaux et des chaussées de silex de la haute Normandie — Palafittes terrestres — Le congrès scientifique du Havre.

Les monuments celtiques que nous venons de décrire ne sont pas les seuls dont les ruines décorent les côteaux ou les futaies de chênes de notre province normande. Voici des édifices d'un autre ordre qui, sans avoir la majesté cyclopéenne des dolmens et des menhirs, présentent néanmoins un caractère d'autant plus grand que les matériaux ayant servi à leur confection sont plus infimes; nous voulons parler des monceaux de silex que nous avons découverts en plusieurs localités, notamment au Bois-de-l'Abbesse, Grimonval, Heubécourt, au Plix-Aubin, Bois-Gauthier, etc., etc., arrondissement des Andelys (Eure).

Ces éminences artificielles n'ont pas moins de trente à quarante mètres de tour à leur base sur cinq à six pieds de hauteur, et sont entièrement formées de silex à l'exclusion de toute autre matière. Une fondation, dont la profondeur est égale à la hauteur de la butte hors de terre, forme sous l'éminence un cône renversé, de telle façon que l'ouvrage complet représente une sorte de sphère légèrement aplatie à ses deux pôles, et coupée au milieu par le plan du terrain entourant la butte.

Nous avons pensé longtemps que ces monticules dissimulés sous les profondeurs des taillis étaient de simples tombelles gauloises; mais, en examinant avec attention le sol environnant, l'on reconnaît l'existence de longues chaussées enfouies sous une épaisse couche de feuilles, et dont la direction et le tracé forment avec les buttes un ensemble variant selon chaque localité.

J'ai fait fouiller avec le plus grand soin plusieurs de ces plateaux et je n'ai absolument rien trouvé ayant pu appartenir au règne animal ou à ses produits. Dans les buttes, comme dans les chaussées, les cailloux du dessous sont très-volumineux, intacts, placés un à un à la main et recouverts d'autres lits de silex, d'abord de dimension moyenne, puis plus petits, rangés en cercle, sur lesquels des cailloux plus petits encore, forment une épaisse couche d'environ 20 centimètres, bien parée et presque unie, qui est le revêtement extérieur.

Une seule chaussée dans laquelle on ne trouve

que le lit inférieur semble ne pas avoir été terminée ou avoir été abandonnée à l'entrée d'un profond ravin.

Quant à la disposition générale, tandis qu'au Bois-de-l'Abbesse trois buttes sont placées symétriquement en triangle régulier dont elles forment les sommets, une seule, celle du milieu, est reliée par une longue chaussée de cent mètres sur quatre de large à une autre chaussée de cent quatorze sur huit, coupant la première sous un angle droit en forme de T.

Au contraire, au Plix-Aubin, la chaussée de dix mètres de long sur dix de large, est terminée aux extrémités par deux énormes plateaux de cinq mètres de hauteur, ce qui donne à l'ensemble de l'ouvrage, vu à vol d'oiseau, l'aspect d'un petit château flanqué de deux grosses tours.

Dans les bois portant le nom de forêt de Guitry, il existait un grand nombre de monceaux de cailloux ; ils ont été enlevés il y a quelques années, et nous avons pu constater qu'ils ont laissé dans le sol des creux de quatre et cinq mètres de profondeur. Ils semblent avoir été reliés les uns aux autres par quelques levées dont on retrouve les traces; elles ne présentent du reste aucun caractère précis. Au parc du Grus-Mesnil, un seul plateau de trente-six mètres de tour est complétement isolé; d'autres plateaux, de dimensions plus restreintes, se trouvent également dispersés dans les bois d'Heubécourt, dans ceux de Mézières, et tous sont situés aux fourrés les plus mystérieux, les plus accidentés des grands bois.

Ne pouvant trouver aucune analogie avec les amas de coquilles ou autres débris renfermant des instruments de silex et que l'on rencontre en Danemark et sur les côtes de l'Amérique, nous avons cherché si ces monticules ne seraient pas ce que les Celtes appelaient *twm-men*, cercles rocailleux; ou peut-être les caïrns, amas de pierres en cônes, nommés par les Romains *acervus Mercurii*, *agger lapidum*, parce que Mercure, en sa qualité de messager, avait à sa charge l'entretien des routes, toutefois lorsqu'il n'était pas occupé à conduire les âmes aux enfers, ou à en ramener celles qui avaient fini leur temps [1]. Ce seraient dans ce cas des tumuli dédiés à ce héros [2]; peut-être aussi de ces tas de cailloux élevés par chaque soldat de légion ou de cohorte sur sa route dans le but d'établir des points de repère ou pour y planter l'enseigne romaine, ou bien encore de ces plateaux circulaires construits en cailloux plats que l'on rencontre en Suède et en Norwége [3] dont parle M. Arendt d'Altona, et que Eloi Johanneau présume avoir été des pyrées, sorte d'autels où les peuples du Nord allumaient et entretenaient le feu sacré, immolaient des victimes et faisaient tous les sacrifices et toutes les cérémonies de leur culte.

[1] « Has animas Ille evocat orco,
« Pallentes alias, sub tristia tartara mittit. »

(*Virgile.*)

[2] *Mercurius, lapidum congeries*, dit saint Isidore de Séville. Comme celui qui jette une pierre dans un monceau dédié à Mercure, *sicut qui mittit lapidem in acervum Mercurii.* (*Prov.*, XXVI, v. 8.) Cependant, si la pierre est jetée, elle n'est pas placée à la main. « Hermas dicunt acervos lapidum qui in viis reperiuntur. » (*Herychius.*)

[3] Voir les plateaux scandinaves, pour le culte du feu, construits en cailloux plats, au nord de Dronthein, à cent lieues de Christiania, en Norwége.

Faut-il les assimiler aux monceaux de cailloux disposés par régions dans la forêt de Lyons et qui sembleraient se rapprocher de ceux du Bois-de-l'Abbesse ?

Bien que l'on prétende y avoir trouvé des médailles de Tétricus, empereur des Gaules, et de l'empereur Claude, datées de l'an 270 après J.-C., nous avons tout lieu de supposer que, si la chose est exacte, ces médailles ont pu y être déposées, cachées postérieurement[1]. Il est parfaitement établi que, jusqu'en l'an 250 après J.-C., on portait encore en offrande des monnaies romaines à certains dolmens, et en particulier à celui de la Pierre-du-Diable près Namur.

Du reste, l'on a plusieurs exemples de monnaies découvertes sous des tas de cailloux. Nous citerons le Bucaillet attenant à un triage nommé le Val-Piqué près Andelys, d'où l'on a ainsi déterré une quantité de médailles romaines renfermées dans des vases de poterie grossière. Un trésor encore plus précieux fut trouvé dans la plaine des Cherottes, non loin de Damville, au milieu d'un monceau de cailloux, sans vase ni récipient quelconque, propre à le renfermer ; l'on en tira une multitude de superbes médailles d'or à fleur de coin :

[1] Posthume et Tetricus, dont les médailles couvrent le sol de Normandie, ceignirent la couronne, furent gouverneurs de la seconde Lyonnaise et résidèrent à Rouen. (Bréquigny, *Histoire de Posthumus.*) — Posthumus régna de 261 à 267 ; quelques auteurs lui attribuent même une borne milliaire découverte aux environs de Rhotomagus, dans le cours du XVIIe siècle (Farin, *Histoire de la ville de Rouen*). — Tetricus, ancien sénateur, ancien consul, gouverneur de la seconde Lyonnaise, revêtit la pourpre à Bordeaux, puis vint à Rouen, où l'on frappa des monnaies en son honneur. Il régna de 267 à 273. (*Mémoires de l'Académie des inscriptions et belles-lettres*, t. XXXI.)

il y avait des Antonin, des Faustine, des Marc-Aurèle, des Lucius Vérus, etc. Nous pourrions rappeler d'autres faits analogues et même des monnaies cachées dans un seul caillou creux, comme les 26 médailles celtiques, mélange or et argent, provenant de la plaine du Bourg-Baudouin, l'antique Openès, à la partie supérieure de la forêt de Long-Boël; les soixante-cinq médailles de familles consulaires (Martia, Cassia, Julia, Pompeia) trouvées en 1761, à Neuville-Ferrières, dans un silex dont le trou était dissimulé par un enduit de ciment, et qui furent perdues depuis; les quarante monnaies gauloises, bombées d'un côté, représentant des croissants et des chevaux, recueillies en 1820 à Bosc-Edeline; celles découvertes à Enouville, en 1860, au nombre de dix, également bombées sur une face et figurant un cheval sur l'autre; les douze deniers d'argent Trajan et Vespasien, de Fresnoy-Folny à Etrimont, près de Cailly-en-Campagne, trouvés en 1866, ainsi qu'une quantité de pièces antiques provenant de Neuville-Champ-d'Oisel, celles-ci renfermées dans une pierre creuse et non dans un silex comme les autres.

M. Brossard de Ruville, dans son *Histoire de la ville des Andelys*, cherchant à expliquer la présence des médailles romaines découvertes en 1814 sous un monceau de silex du Bucaillet, s'exprime ainsi :

« En parlant, dans notre description topographique,
« de cet amoncellement de pierres, nous avons dit
« qu'il nous semblait être le produit d'un épierrement
« du champ environnant, tout en ne dissimulant pas
« notre étonnement de la découverte qui avait été

« faite dans l'aire qu'il recouvrait, pour la raison « qu'aucun auteur agronomique de l'époque romaine « n'avait parlé de cette particularité de l'enfouisse- « ment de vases contenant des médailles dans les par- « ties du sol destinées à recevoir en tas les pierres des « champs essartés. A présent, nous ne sommes pas « éloigné de penser, avec Lambiez[1], qu'il faut voir « dans les caillouaires recélant des médailles romai- « nes, des amas de pierres consacrés à Mercure, le « dieu des chemins ; non que les auteurs anciens qui « ont parlé de ces monticules factices, aient plus fait « mention de leurs trésors cachés que les agronomes, « mais parce que l'explication qu'ils ont donnée des « tas de pierres dans les champs et près des chemins « nous a paru mieux justifier la présence de médailles « sous la caillouaire du Bucaillet que celle des autres. »

De son côté, Auguste Le Prévost dit, à propos de ces médailles romaines trouvées au Bucaillet par le sieur Marais-Taillandier, petits bronzes dont quelques-uns circulent encore dans le pays :

« Il paraît que des découvertes semblables à l'occa- « sion de l'enlèvement des caillouaires n'y sont pas « sans exemple ; aussi la tradition locale prétend-elle « que ces vases remplis de médailles y ont été déposés « par Jules César à l'époque où il parcourait les Gaules, « et que chaque soldat était obligé de fournir une « pierre au monceau sous lequel on les enfouissait[2]. »

[1] *Histoire monumentale du Nord des Gaules*, in-8°, t. Ier, p. 155.

[2] *Notice historique et archéologique sur le département de l'Eure*, par M. Auguste Le Prévost.

Sans méconnaître la valeur de ces observations, nous ferons remarquer que toutes ces trouvailles prouvent que les amas de cailloux remontent au moins à la période gallo-romaine, puisque, dès ces époques, l'on y cachait des monnaies; mais nous croyons plus judicieux de nous en rapporter, pour leur haute antiquité, aux haches de silex poli trouvées récemment parmi eux. L'honorable comte Lecoulteux qui nous affirmait ce fait et en a même recueilli une sur les lieux, nous faisait observer qu'à Lyons comme à Ecos, l'administration faisait détruire et enlever ces monuments pour empierrer les routes. Que va dire la commission de la Carte des Gaules, puisque la forêt appartient à l'Etat? Puissions-nous donc signaler assez à temps cette inutile destruction pour en sauver encore quelques-uns !

J'ai voulu aller reconnaître, par moi-même, ces sortes d'ouvrages disséminés dans la forêt de Lyons et voici ce que j'ai pu constater : Dans le cantonnement de la forêt appelé Mare-aux-Bourres, au triage du Vaurose, près d'un village nommé les Maunis-de-Puchay, existent environ douze buttes dont le diamètre varie entre six, huit et douze mètres sur un à deux d'élévation. Elles affectent toutes la forme conique, sauf une, placée près de la lisière du bois, sur un versant en face le Vaurose; elle présente un contour allongé et domine une pente assez rapide.

Les monticules sont en cailloux rangés à la main, leur profondeur sous le sol égale leur hauteur sur terre. Ils sont espacés par des intervalles inégaux de

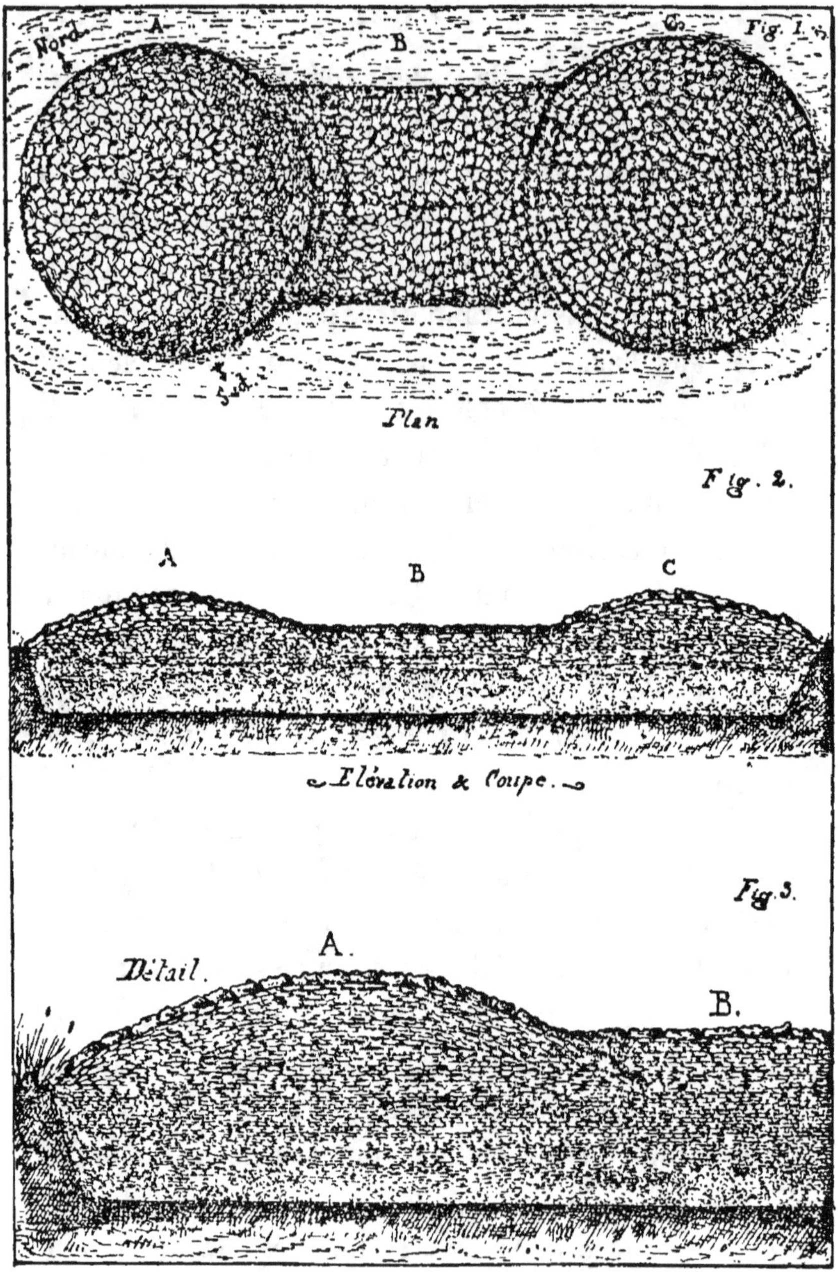

Planche VIII. Plateaux de silex du Plix-Aubin :

Fig. 1. Plan à l'échelle de 3 millimètres pour mètre.

Fig. 2. Elévation d'après la coupe, même échelle.

Fig. 3. Disposition des silex ; échelle de 6 millimètres pour mètre.

25 à 250 mètres, sans aucune ligne ni direction précises. En dehors des buttes, trois longues chaussées, cintrées sur leur arête, appareillées comme elles et placées à des distances inégales, quoique parallèles, se dirigent du sud au nord; elles ont sensiblement la même largeur, cinq mètres, et leur longueur varie de 300 à 500 mètres; une seule a, sur ce long parcours, un renflement en un point qui semble être une pénétration dans une butte.

D'autres chaussées traversent le triage des Essarts et se retrouvent, après quelques intermittences, aux bois de Mortemer, à plus de deux kilomètres de leur point de départ. Leur écartement les unes des autres varie entre 20, 40 et 80 mètres, et leur orientation est toujours rigoureusement sud à nord.

En outre des monticules situés entre le Coudray et le Boispréau, il en existe encore quelques-uns dans la partie de forêt au nord de la route du Vaurose, ainsi qu'une chaussée très-étendue se prolongeant jusqu'aux terres du Boispréau. L'on rencontre aussi un certain nombre de buttes de l'autre côté de la route des Maunis, et des amas de pierres en très-grande quantité dans les taillis du Boispréau, chez M. de Corny. On nous a signalé des buttes analogues dans la forêt d'Evreux, variant de deux à six mètres de diamètre ; d'autres plus élevées dans celle de Montfort-sur-Risle, sous les bois voisins de la forêt de la Londe, et dans quelques localités; nous ne saurions en donner une description, ne les ayant pas visitées. D'autres ont disparu depuis longtemps, mais en donnant au triage qu'elles occupaient un nom de nature à en perpétuer le souvenir. Dans le canton des Andelys, non loin du Camp-Pallon, près des anciennes coutumes du hameau de la Paix, incultes autrefois, actuellement exploitées, un monceau de cailloux appelé la Caillouaire-à-Buis a donné son nom aux pièces de terre voisines.

Nous devons à l'extrême obligeance du commandant Delarue, de l'abbaye de Mortemer, la communication du levé spécial de cette partie de la forêt de Lyons qu'il a bien voulu dresser pour joindre à notre travail, et sur lequel on peut suivre, comme sur les autres plans exécutés par M. Chanoine, les diverses formes de buttes et de chaussées que nous avons étudiées.

En examinant ces dessins avec attention, l'on est frappé de la différence qui existe entre les ouvrages du canton d'Ecos et ceux de la forêt de Lyons ; car si les buttes sont semblables entre elles dans les deux localités, il n'en est pas de même des chaussées : dans le premier cas, elles se relient intimement avec les monceaux de silex, tandis que dans la forêt elles en sont absolument distinctes.

Avant de rechercher quelle a pu être la destination des chaussées de silex, nous poserons d'abord en principe l'absence complète d'un phénomène géologique ancien ou moderne; on ne saurait non plus les confondre avec les murgets ou murgères, avec les caillouères, tas de pierres ramassées pêle-mêle et disposées comme des murailles dans le but de séparer les champs, de nettoyer la terre, ou bien élevées en ados pour cultiver la vigne.

Aux environs de Vernon, de Notre-Dame-de-l'Isle et autres lieux, nous avons vu de ces amas vraiment monstrueux ; il en existe plus de cent de Notre-Dame-de-l'Isle à Daubeuf : ce sont des silex recueillis dans les champs en mars et avril, et jetés sans aucune symétrie dans le seul but de faciliter la fauche des herbes, luzernes, etc ; on les enlève à certaines époques pour empierrer les routes.

Les levées de cailloux ne sont pas des limites de tribus gauloises, puisque tantôt elles se répètent en plusieurs sens dans un espace restreint et tantôt elles affectent des formes parallèles sur une grande étendue sans conserver aucun rapport avec les bornes qui pourraient être interprétées dans ce sens. Elles ne présentent aucun caractère stratégique, car leur construction, avec absence de ciment pour fixer les silex et donner du corps à l'ouvrage, leur enlève toute solidité; l'élévation était, de plus, insuffisante pour un travail de défense. Il en est de même de l'hypothèse de dépôts de matériaux anciens pour recharger des voies gauloises ou autres au passage des forêts, car pourquoi cet appareil reproduisant partout une inutile régularité? pourquoi surtout ces creux profonds propres à retarder le transport bien plutôt qu'à l'accélérer? et qui donc eût été cacher un trésor sous un tas de matériaux pouvant être enlevés d'un moment à l'autre?

Ces chaussées dont le volume varie entre deux et trois mille mètres cubes, ces éminences de cent et cent cinquante mètres de silex, tous posés un à un à la main, de telle sorte que l'on ne saurait en ajouter ou en supprimer sans rompre l'équilibre de l'ensemble; ces constructions tellement symétriques, composées de matériaux si tassés que chaque coup de pioche cause un véritable effondrement dans la masse, nous ont fait présumer que nous pourrions bien être en présence d'édifices fort anciens, peut-être contemporains des derniers âges de la pierre taillée, comme les dolmens le sont du silex poli, et les tumuli de la période gauloise.

Cette hypothèse, bien entendu, s'applique à une époque postérieure au transport naturel des silex, qui, tout en étant remaniés, subsistent sur les plateaux, postérieure au diluvium formé des argiles charriées dans la plaine, et où il constitue le loess.

Il se pourrait que ces ouvrages eussent été construits dans le but d'isoler du contact de la terre les habitations de tribus nomades ayant choisi de préférence les forêts pour y fixer leur résidence. Les plateaux circulaires, généralement plus élevés, semblent commander les chaussées, et avoir été réservés aux chefs et à leurs familles.

Il existe, en effet, une grande similitude entre l'idée qui fit ériger les cités lacustres, ainsi que leur destination, et celle des vastes chaussées de Lyons et des forêts environnantes. Dans l'un et l'autre cas, le choix de l'emplacement était motivé par le besoin de s'élever, de se garantir; peut-être même, les habitants lacustres, prenant possession de nos bois, continuèrent le système d'isolement adopté par eux dans leur propre contrée. Les monceaux de silex, comme les palafittes, ne furent que des fondations; ils ont subsisté, bien que les maisons qu'ils soutenaient aient disparu depuis bien des siècles.

Faut-il voir, dans ces prodigieux amas, d'immenses dépôts de projectiles disposés en silos creusés profondément sous le sol, dans le but de les dissimuler, de les dérober à la vue de l'ennemi? Ne semble-t-il pas probable que les obstacles naturels tels que la Seine, l'Epte ou la Bresle aient servi de tout temps de limites aux différentes tribus de l'Ouest, et que, par conséquent, les falaises bordant certaines parties de ces cours d'eau, aient été, comme nous l'avons dit, d'importantes positions stratégiques qui les commandaient?

Aux menhirs, cromlechs, dolmens, nous verrons succéder les tumuli, les oppida, et sur les ruines de ces derniers remparts de l'occupation romaine, les châteaux-forts viendront, au moyen âge, couronner de leurs donjons ces mêmes sommets.

Le silex était la matière première des peuplades préhistoriques; elles y trouvaient leurs instruments indispensables aussi bien que les armes pour le combat. Les Gaulois après elles se servirent de frondes; les Romains, comme les Grecs et les Carthaginois, avaient encore des compagnies de frondeurs qu'ils engagaient aux îles Baléares; cependant, nous devons ajouter que sur les bas-reliefs figurés à la colonne trajane, les pierres que les hommes portent dans leurs saies, ou même que quelques-uns lancent à la main, paraissent sphériques et appareillées de grosseur; puis pourquoi des provisions de silex, puisqu'il suffisait de se baisser pour en recueillir autant que l'on pouvait en employer ?

Un de nos amis, savant hors ligne et de plus académicien, nous disait dernièrement : « Fouillez, fouillez vos monceaux de silex, vous y trouverez certainement quelque chose ! »

Mais, monsieur Desnoyers, j'ai creusé, fouillé en tous sens, je n'ai absolument rien trouvé, et c'est ce qui fait ma force, car je puis, du moins, dire que ce ne sont pas de vulgaires tombelles gauloises ; j'ai détruit inutilement trois de mes plus précieux monuments, et j'en suis désolé. Aussi n'essayerai-je plus de chercher, quand même je devrais être plus heureux dans un quatrième.

Du reste, si les plateaux circulaires sont des tombelles, nous devons leur retrouver un rapport avec les édifices d'une destination analogue : qu'est-ce donc qu'une tombelle ou Galgal ?

Un galgal, dit M. Mahé, est un monceau énorme de cailloux, sans mélange de terre, sans liaison de ciment, et qui a la forme conique et l'élévation des plus grands barrows (tumuli)[1]; mais ces cailloux sont jetés sans ordre les uns sur les autres, ajoute M. Lechevallier[2].

Les barrows sont des monticules formés de cailloux, mélangés de terre ou d'autres matériaux; dans nos éminences, au contraire, les cailloux, loin d'être accumulés à la pelle comme dans les tertres funéraires, sont placés un à un, ce qui motivait l'emploi de cen-

[1] *Essai sur les antiquités du Morbihan*, par M. l'abbé Mahé.
[2] « Je m'approche et je vois qu'il n'est pas, comme les autres, un monticule couvert de gazon, mais un amas énorme de cailloux posés *sans ordre* les uns sur les autres. (*La Troade*, p. 167, Lechevallier.)

taines de bras occupés à ramasser, à appareiller par grosseur, à charrier et à poser les milliers de silex qui entrent dans un pareil travail.

De plus, les couches superposées ne sont pas à plat, mais disposées en cintre ; si l'on pouvait faire une coupe de haut en bas, ce qui n'est pas possible à cause de l'écroulement, l'on obtiendrait une section elliptique, figurant les différentes couches d'un œuf.

Quant à ceux des monticules situés sur une pente rapide, leur appareil dénote un profond raisonnement, car ils devaient nécessairement glisser, si les rangs de silex n'eussent été renversés en arrière.

Nous ne retrouvons aucun de ces calculs dans l'édification des tombelles qui sont, du reste, essentiellement funéraires, et diffèrent en cela des monuments tantôt religieux, tantôt funéraires, commémoratifs ou expiatoires, désignés plus spécialement sous le nom de galgals. Les galgals sont aussi anciens que le monde, et l'on en retrouve les traces aux premiers récits de la Genèse.

Jacob dit à ses frères : « Apportez des pierres, et ils en amassèrent un monceau (*Genèse*, ch. XXXI.)[1] » Xénophon rapporte, dans la retraite des Dix mille, que lorsque les soldats virent le Pont-Euxin, ils élevè-

[1] Une de ces pierres, peut-être celle sur laquelle Jacob dormit, fut portée en Ecosse, probablement par les croisés, et déposée au château de Slone, près de Perth : durant des siècles, elle servit au couronnement des rois. A l'adjonction de la couronne d'Ecosse, qui se fit sous Jacques VI, elle fut transportée à Westminster où elle figure au couronnement des rois d'Angleterre. On l'appelle *coronation stone*. De même, la pierre noire que l'on croit tombée du ciel et qui fut touchée par Abraham, est déposée à la Caaba, le plus ancien des temples de la Mecque et même du monde entier, où le capitaine Burton a pu la voir au péril de ses jours.

rent un monstrueux galgal en signe de joie, et comme souvenir de leur délivrance ; de même, d'après Hérodote, le conseil des Amphyctions, composé des députés des peuples de la Grèce, ordonna l'érection d'un colossal amas de pierres en l'honneur de Léonidas et de ses 306 Spartiates, tués au passage des Thermopyles.

Quant aux galgals de la Bretagne, ils sont purement funéraires et renferment les cendres des Venètes.

De même que les galgals, les chaussées avaient plusieurs destinations. Les unes étaient sacrées, et les autres profanes. Les Grecs avaient coutume de consacrer aux dieux certaines portions de terre qu'ils séparaient des lieux profanes par des enceintes nommées temènes (Τεμενῆς, du verbe Τεμνω, séparer). Ils y élevaient souvent des temples; les témènes des Romains étaient formées de murailles, celles des anciens Bretons se composaient de levées en terre.

Quelquefois, l'on rencontre encore au milieu des enceintes des temples ou autres édifices commémoratifs ou religieux ; telles sont, dans les Vosges, ces enceintes fortifiées aussi bien que religieuses, construites en pierres brutes sans ciment, avec fossés de trois à cinq mètres ; elles entourent un dolmen qui paraît remonter à la même époque.

Toutes ces chaussées, murailles ou levées de terre forment un circuit de contours et de dimensions variables autour d'un espace réservé, elles impliquent toutes une idée de conservation, de protection ou de respect; or, nous le demandons, peut-on voir rien de semblable dans les levées que nous venons de signaler en Haute-Normandie? Certaines portions de nos enceintes, objectera-t-on, ont été supprimées ou défrichées dans les champs bordant les forêts; nous n'en retrouvons que des traces insignifiantes ne permettant pas de juger de l'ensemble du travail primitif? Mais alors, pourquoi ces fondations profondes? Ces interminables lignes parallèles passant sans interruption au milieu même des buttes dans une orientation constante du sud au nord? ou bien encore ces bandes coupées à angle droit et aboutissant aux monceaux de cailloux eux-mêmes?

Dans aucun des exemples cités, nous ne reconnaissons le caractère de l'enceinte sacrée ou profane; ce ne sont pas non plus de ces chaussées mêlées de terre et de pierre qui conduisaient aux dolmens, et nous persistons à voir ici un de ces ouvrages tout aussi inexpliqués que ces tertres animaux du Texas, du Colorado (jardin des dieux), éminences en terre du Bas-Missouri affectant la forme de tortue ou de serpent, ou les buttes figurant une bête démesurément allongée, des oiseaux, des reptiles, que nous avons découvertes autrefois dans les vastes territoires du nouveau monde, particulièrement près de Milwankee (État du Wisconsin), ainsi que dans d'autres localités de l'Union, et dont parle un très-intéressant rapport accompagné de plusieurs dessins[1]. Ce n'est pas seulement sur le continent américain que l'on a trouvé de ces monuments étranges dont il a été jusqu'ici impossible de donner une théorie quel-

[1] Voir le volume VII du *Smithonian contributions to knowledge, antiquities* of Milwankee. Wisconsin.

conque. L'éminent directeur de l'Observatoire du Pic du Midi, le général de Nansouty, nous a souvent parlé de l'effet produit sur lui et sur ses troupes à la vue d'un monstrueux serpent de dix mètres de large sur une hauteur de huit pieds, dont les replis tortueux se déroulaient sans interruption sur une étendue de plus de deux kilomètres. Plongeant comme les vallées, se dressant comme les collines, ce fantastique reptile fait de terre, se terminait par une tête énorme dont la silhouette se détachait sur les campagnes nues de l'Aurès, dans la province de Constantine. Le général, ainsi que ses spahis, le voyant pour la première fois en 1851, le prirent d'abord pour un ancien retranchement; mais ils reconnurent bientôt qu'ils avaient sous les yeux un travail dépourvu d'un caractère stratégique et remontant à la plus haute antiquité. Du reste, nous reparlerons de ces ouvrages de terre au chapitre concernant les tumuli.

Quoi qu'il en soit des diverses hypothèses que nous avons émises, un fait semble parfaitement acquis : les monceaux de cailloux remontent à une très-haute autiquité. La patine recouvrant le dessus des silex est en tout point analogue à celle des instruments préhistoriques de l'âge de la pierre; ceux de l'intérieur se brisent avec la plus grande facilité, absolument comme les cailloux nouvellement extraits du sol et qui n'ont jamais vu la lumière, preuve qu'ils sont entassés depuis des siècles.

Il n'est pas moins établi que nos chaussées ne sont pas des témènes, ni des murgères; qu'elles n'ont pu servir de sépultures, puisque l'on n'y trouve ni ossements, ni cendres, ni charbons; que ce ne sont pas des dépôts de matériaux pour l'entretien des routes ou les besoins de la stratégie; il ne reste donc que la supposition de campements anté-historiques, et l'on conviendra que si quelque chose ressemble à l'emplacement d'un camp, ce sont bien ces grandes lignes de Lyons séparées par des éminences jetées çà et là comme pour les surveiller.

Si au lieu des rangs de tentes de nos troupes modernes, si coquettement alignées, nous supposons les chaussées abritées de cabanes faites de longues perches écartées à la base, réunies au sommet, se touchant toutes et recouvertes de fougères, de menus branchages, de bruyères, n'aurons-nous pas aussi un campement très-confortable et très-régulier ? Les chaussées revêtues d'une couche épaisse de mousse seront d'autant plus saines que la forme de cuvette donnée à la partie inférieure de ces soubassements permettra l'écoulement des eaux, favorisé par le lit de gros silex placé dans le fond et quelques autres semblables laissés avec intention parmi les rangs; l'orientation nord-sud des lignes offrira l'exposition la plus propice du soleil levant.

Tout concourra donc à établir des habitations sûres et commodes pour des familles qui, l'hiver, pourront émigrer et se retirer dans les cavernes du sud. En effet, les toitures des charpentes n'étaient pas enduites de terre de manière à conserver la chaleur à la façon des loges de nos bûcherons, car cette terre aurait subsisté sur les cailloux et, non-seulement il n'y en a pas trace, mais aucun arbre ni même aucune herbe ne prennent racine sur les monceaux de silex.

Nous ferons remarquer, en terminant, que les cités lacustres furent placées au bord des lacs, entourées de bois profonds, comme les *cités sylvestres* établies au sein de forêts vastes et impénétrables, dans le but de dérober la présence de leurs habitants, et cette situation pourrait peut-être expliquer le silence gardé par les anciens écrivains au sujet de si remarquables ouvrages dont ils n'auraient eu aucune connaissance.

En appelant l'attention des archéologues sur ces intéressants monuments, je me permettrai d'émettre le vœu que l'Administration veuille bien prendre en considération le haut intérêt qu'ils présentent et préserver d'une ruine imminente ceux qui se trouvent dans les forêts de l'Etat ; car s'il est avantageux de puiser à même ces monceaux pour empierrer les routes, cette ressource ne peut être que momentanée, et l'économie vraiment minime qu'elle présente ne saurait être com-

Nota. — Ce chapitre dont nous avons eu l'honneur de donner une première lecture au Congrès scientifique du Havre, session d'août 1877, a excité une vive et générale surprise; M. de Mortillet, notre savant collègue dans la section d'anthropologie, a déclaré n'avoir aucune connaissance de semblables ouvrages; notre travail ne pouvait donc donner lieu à aucune polémique; un seul membre a cependant manifesté le regret que nous n'ayons pas déposé quelques silex sur le bureau. Je n'ai pas eu de peine à répondre que l'examen de ces silex n'aiderait pas plus à déterminer la nature de ces monuments inconnus, que quelques éclats détachés des pyramides d'Egypte ou du Mexique ne serviraient à donner d'indications sur la forme de ces édifices. La section a décidé, vu l'importance de la communication, l'insertion *in extenso* dans le *Recueil annuel du Congrès*, et nous regrettons que certaines feuilles telles que

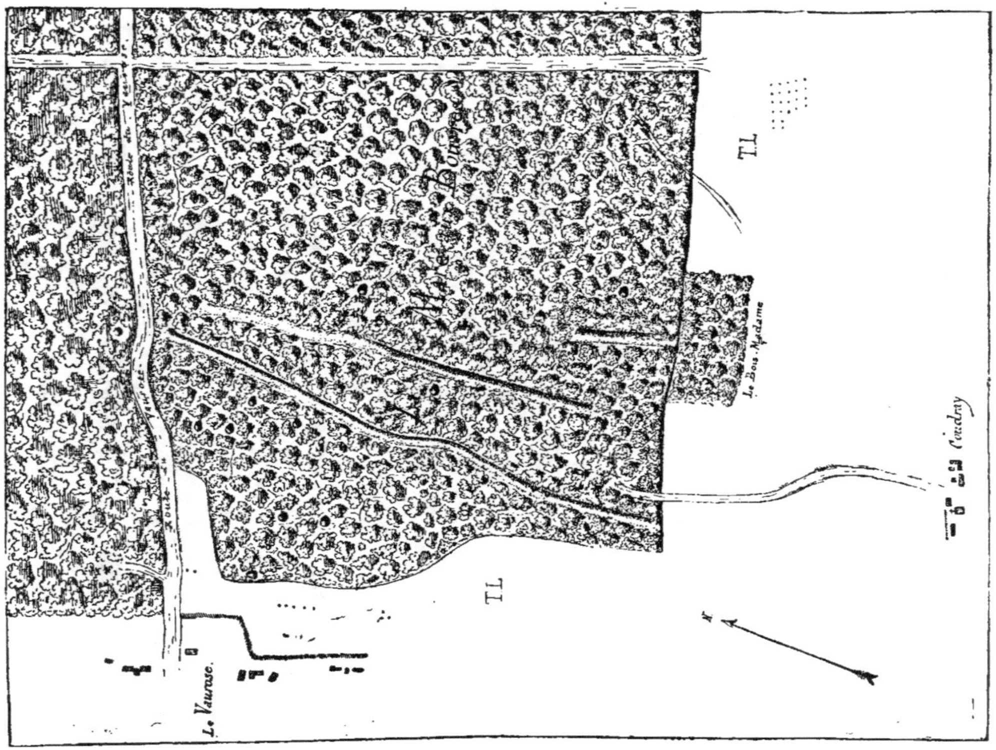

Planche IX. Monceaux et chaussées de silex de la forêt royale de Lyons.

parée à l'utilité de conserver sur notre sol déjà si ravagé des édifices fort peu connus et d'une antiquité incontestable.

la *Revue scientifique*, numéro de septembre 1877 et autres, aient cru devoir en donner une analyse aussi sommaire que prématurée.

CHAPITRE XI

TUMULI ET OPPIDA

Ce que l'on désigne sous le nom de tumuli — Tumuli funéraires à chambres intérieures — Tumuli sans chambres — Tumuli de la période romaine — Corps inhumés — corps incinérés — Rapport entre les sépultures de l'Occident et celles de l'Orient — Opinion de M. Bertrand — Tertres funéraires en Europe — en Afrique — en Amérique — Etrange découverte de tertres animaux aux Etats-Unis — Les mound-builders — Analogie de situation avec les ouvrages de la Haute-Normandie — Tombelles et tumuli — Buttes de Baudemont — Château-sur-Epte — Gisors — Souterrains du Plix-Aubin — Le lit des fées — La butte du Bois-Roger — La tour du château à Mézières — Tumuli de la Grippière — de la Maladrerie — Butte des Boquets de Tourny — Butte de Cléry — Nézé — la Bucaille — Les buttes de défense — Les mottes — Orderic Vital — Droit de motte — Butte de Villers — de Lhébécourt — Butte Malard — du Trésor — aux Anglais — butte du bois du parc — du Mont-de-Noyers — de Theillement — Eminences à souterrains — Rapport avec certains ouvrages de Provence — Mesures et dimensions des buttes normandes — Produit du travail qu'elles représentent — État des buttes, mottes, tumuli, vigies, situés en Haute-Normandie.

CAMPS — OPPIDA — EXPLORATORIA

Les camps volants chez les Romains — Les camps à demeure — Le fossé — Les remparts — Porte prétorienne — Porte Decumane — Forum — Prétoire — Augures — Camp de Vernonnet — sa belle conservation — Opinion de Napoléon Ier sur les camps de César — Camp de Port-Villez — Camp du Mont-Terrier — Camp rond de Malassis — Troupes romaines en Gaule, aux IIe et IVe siècles — Enceinte gallo-belge de Dieppe — La danse des fées — Camp de Publius Crassus — Le tombeau de Gargantua — La cité des Catelliers — Les excubiœ — Les exploratoria — Le fort aux Anglais — Le tombeau des Druides — Table méthodique des enceintes de la Haute-Normandie.

Nous sommes arrivés à la partie la plus délicate de notre tâche, celle qui concerne les *tumuli.* En effet, les objets de silex ou de bronze, les menhirs et autres édifices mégalithiques rentrent tous dans le même cadre; ils se rapportent à des périodes qui, sans être limitées, sont inscrites dans une grande époque que l'on est convenu d'appeler *préhistorique* jusqu'au moment où il sera permis de les rattacher à l'histoire;

tous ont des types particuliers correspondant à une classe spéciale. Ici, au contraire, nous nous trouvons en présence d'ouvrages dont le caractère multiple répond à différents usages fort difficiles à discerner.

Tels sont les *tumuli*, les *oppida*, les *exploratoria*, enfin toutes ces éminences de terre dont plusieurs semblent effleurer l'histoire sans appartenir complétement aux temps écrits, tandis que d'autres sont franchement postérieures à ces époques.

Le *tumulus* proprement dit est une butte artificielle plus ou moins élevée destinée à recouvrir une sépulture [1]; tantôt la butte est simple, nue ou revêtue de gazon, tantôt elle est décorée de blocs de roches disposés avec symétrie sur ses flancs.

Les *tumuli* funéraires sont de quatre sortes. Ceux qui surmontent une ou plusieurs chambres intérieures, creusées à même le tuf, et non cimentées comme on le fit plus tard, doivent être rangés parmi les plus anciens; l'on y trouve souvent des poteries d'une pâte grossière, d'une forme primitive, ne reproduisant aucun des signes gravés sur les *dolmens*.

Lorsqu'ils sont caractérisés par l'absence de chambres, on est convenu de les rapporter à l'époque du bronze; la troisième catégorie fait partie de la période romaine. Nous citerons pour exemple l'ancien tumulus de Trouville-en-Caux, sur le voisinage de la voie romaine de Julio-Bona à Gravinum, sous lequel on découvrit, il y a quarante ans, plusieurs urnes de verre enfouies dans

[1] « Terræ congestio super ossa, tumulus dicitur. » (*Servius*.)

la terre et contenant des ossements brûlés ; puis les collines artificielles de Rouville (Hallebosc) détruites en 1856, et dont la principale, de 35 mètres de hauteur, recouvrait plusieurs vases antiques, des cendres, des charbons, et un puits nommé le Puits-du-Diable ; enfin, les tumuli où se trouvent des objets de fer, comme celui de Pressagny-l'Orgueilleux, semblent postérieurs à l'ère gallo-romaine [1]. Ils sont rares en Occident, mais l'on en voit fréquemment dans l'Est. Les *tumuli* des Kourganes de la Russie et du Caucase, recouvrent un ou plusieurs corps superposés, renfermés dans des tombes de pierre ou de moellons, souvent aussi au fond de fosses cylindriques, construites en forme de puits.

Les *tumuli*, sépultures qui remontent au bronze, ont cette différence avec les *dolmens*, tombeaux de l'âge de la pierre, que, sous les premiers, les corps étaient inhumés d'après le rite de l'*incinération*, leur emplacement n'est marqué que par des restes de cendres mêlées à quelques charbons épars ; dans les seconds, les corps étaient déposés à l'état naturel, couverts des ornements ou des armes ayant appartenu au défunt, quelquefois assis ou étendus sur leur char de guerre ou de triomphe, les bigæ, les birotæ, frêles voitures à deux roues, attelées de deux chevaux maintenus au timon par un joug. Sur l'essédum, faible plancher posé contre l'essieu, et entouré de claies d'osier, le guerrier se

[1] C'est à Pressagny que l'on a recueilli, en 1865, notre belle épée de bronze, mentionnée au chapitre III, très-remarquée à l'exposition rétrospective à cause de son type particulier ; elle a été surmoulée pour le musée de Saint-Germain.

livrait aux périlleux exercices d'une voltige vertigineuse, courant sur le timon ou sur le joug des coursiers lancés à fond de train, sautant du char pour fondre sur l'ennemi, puis y remontant lestement, toujours prêt à se soustraire par une fuite simulée, tantôt avançant, tantôt reculant, semant l'effroi et la mort sur son passage.

On a retrouvé de ces sépultures dans la Côte-d'Or, dans la Marne, dans l'Aisne, en Alsace, en Suisse, en Prusse et autres pays.

Les tumuli à dolmens attribués aux *Celtes* sont peut-être même antérieurs à cette race, les autres sont positivement celtiques ou même *gallo-romains*. Il importe d'observer qu'il s'agit ici seulement des *tumuli* de nos contrées, car il est de toute évidence que plus nous nous rapprocherons de l'Orient, et plus l'ancienneté de ces sépultures devra être reculée.

Virgile qui fit de la personnalité d'Enée un héros, nous le représente élevant un immense tumulus sur la tombe de *Polydore* [1]. Du reste, la plaine de Troie est encore couverte de ces éminences et si nous quittons ces époques qui séparent les temps mythologiques des âges héroïques ou semi-historiques, nous retrouvons bien plus loin encore, dans le récit de la Genèse, la trace de ces sépultures antiques. La tombe d'Eve n'est qu'un vaste *tumulus ;* il est vrai que les Arabes ne seront pas de sitôt disposés à le laisser fouiller pour savoir s'il appartient à l'âge de la pierre

[1] Ergo instauramus Polydoro funus
Et ingens aggeritur tumuli tellus.

ou à celui du bronze. Quant à Adam, il fut, d'après saint Augustin, inhumé à l'endroit même où a été plantée la croix du Christ, et ce lieu s'appela Calvaire parce qu'il renfermait la tête du genre humain. « Le sang du Christ coula sur la tombe d'Adam pour procurer à toute sa race l'espérance de la vie éternelle[1]. » C'est par suite de cette tradition que l'on est dans l'usage de sculpter une tête de mort au pied de la croix.

Mais ce ne sont pas seulement les diverses contrées de l'Europe ou de l'Afrique qui empruntèrent autrefois à l'Orient l'usage des sépultures couvertes de buttes tumulaires; l'Amérique possède également en maint endroit des tertres funéraires remontant à la plus haute antiquité.

Lorsque, sous l'inspiration même de Chateaubriand que j'eus l'insigne honneur de connaître sur ses vieux jours, je parcourus en 1843 ces vastes solitudes encore vierges, que lui aussi avait traversées avec enthousiasme; quand, vivant comme lui de la vie des sauvages, je visitais le cœur plein d'émotion les savanes d'où cet idéal génie rapporta ces œuvres suaves empreintes d'une mélancolie si rêveuse, il m'arriva souvent de m'égarer au milieu de ces grandioses forêts du nouveau monde et de me heurter à des ouvrages dont il m'était alors impossible de m'expliquer le but. Je découvris ainsi successivement une multitude de tertres cachés au sein des profondes vallées de la rive gauche du Mis-

[1] *Saint Epiphane*, pan. XI, VI. Nous rappellerons, néanmoins, que certains étymologistes modernes, fort peu soucieux des vieux textes des pères de l'Église, ont assimilé le mont Calvaire à un crâne chauve et dénudé, d'où le nom de Calvaire (*calvus*).

sissipi, dans le Wisconsin, dans l'Illinois, dans l'Ohio, dans l'Indiana, dans le Kentucky.

Je me souviens encore de l'impression produite sur moi par ces tumuli entassés au nombre de plusieurs milliers sur les points les plus élevés des terres bordant le Grand-Fleuve et presque toujours au confluent de deux rivières. Les journaux d'Amérique firent alors quelque bruit de ces découvertes auxquelles, dans ma jeune inexpérience, j'attachais peu d'importance, et, cependant, plusieurs de ces ouvrages m'avaient paru tellement étranges que j'avais cru devoir en rapporter des croquis qui excitèrent une certaine surprise mêlée néanmoins d'une légère nuance d'incrédulité.

C'étaient de vastes éminences dont la forme, au lieu d'être conique, était découpée de telle façon que l'on eût dit la silhouette d'un incommensurable animal.

Tantôt un corps démesurément allongé se terminait par une tête dont le museau pointu semblait guetter une autre bête plus petite; tantôt un lézard monstrueux, dont la queue se profilait pendant de longs espaces, ou un renard gigantesque, un serpent aux replis les plus mouvementés, un oiseau aux contours les plus fantastiques, toutes bêtes de dimensions extravagantes couvrant le sol sur une immense étendue.

Je crus d'abord reconnaître l'empreinte des animaux dont j'avais si souvent entendu prononcer les noms parmi les tribus sauvages des *Ottawas*, des *Chippeways*, des *Tuscaroras*, des *Mohauks*, des *Iowas*, au sein desquelles je passais une existence pleine d'aventures et de périls. Je m'imaginai que le tertre animal était un hommage rendu à la tombe du vaillant guerrier portant de son vivant le nom de l'animal dont la silhouette couvrait la sépulture : armes parlantes destinées à léguer à la postérité le souvenir d'un chef illustre, *Grand Serpent*, *Faucon agile*, *Subtil Renard*, *Peau de Bison*, ou peut-être le nom de la tribu elle-même. Aujourd'hui encore, en me reportant par la pensée à cette époque reculée et me souvenant du respect que les Indiens manifestaient pour ces étranges terrassements, je me demande si mon hypothèse n'est pas la véritable explication de ces gigantesques ouvrages. J'ai souvent regretté de n'avoir point publié en France mes dessins, ainsi que quelques-unes des pages de mon voyage dans lesquelles je traçais sur les lieux mêmes les impressions du moment ; je n'hésite pas à dire que j'eusse été heureux d'avoir attaché le nom d'un Français à l'une des plus étranges découvertes de l'archéologie préhistorique.

L'on a reconnu depuis moi, l'existence de ces tertres disséminés sur plusieurs points du territoire de l'Union et plus particulièrement dans les Etats du Centre, et, on a pu le constater, ils étaient exactement comme je l'avais dit autrefois, la représentation de la figure animale. De savants archéologues américains qui les ont étudiés avec cette finesse d'observation, et cette ténacité, caractère de cette grande nation, les ont attribués, comme d'autres ouvrages affectant la forme de pyramides tronquées ou celle d'enceintes fortifiées, à des peuplades inconnues désignées par eux sous le nom de *Mound-Builders*, *constructeurs d'ouvrages de terre* [1].

Quel que soit le rapport existant entre les tumuli de même nature élevés sur les points les plus opposés du globe, nous ne saurions dissimuler notre surprise en retrouvant dans nos ouvrages de Normandie une situation absolument identique à celle des tertres funéraires accumulés dans les vallées américaines. Comme ceux-ci, nos tumuli sont faits de terre et disséminés vers les embouchures des cours d'eau ou des rivières ; comme eux ils représentent des éminences de forme conique, à la base très-étendue, entourée souvent d'un large fossé dont les matériaux ont fourni le remblai du tertre ; ceux qui ont été fouillés en Amérique ont révélé la présence d'ossements, d'instruments de silex, de débris de poterie et même de pépites ou lingots de cuivre et d'argent peut-être déposés postérieurement, et nous le savons, nos tumuli renferment des os, des poteries et du silex; enfin, ce nom de *Mound-Builders* fait allusion aux retranchements, et nous verrons plus loin la butte normande servant elle-même de défense.

Pour ce qui concerne nos éminences, il est difficile d'affirmer si la tombelle est plus spécialement gauloise, ou si le tumulus appartient à tous les pays ; nous doutons même qu'ils soient de la même époque, quoique l'on ait prétendu que l'une était légère à la poussière du pauvre, et l'autre la dernière et somp-

[1] Consulter les *Comptes-rendus du Congrès international des Américanistes*, 1re session, 2 vol. in-8, Nancy, 1875; et *The native Races of the Pacific states of North America*, by H.-H. Bancroft, 5 vol. in-8, New-York, 1875.

tueuse demeure du riche; s'il en était ainsi, le sol de la France ne serait qu'un vaste champ hérissé de buttes, comme on voit en automne, un pré couvert de milliers de taupinières.

Bien que M. Bertrand affirme que, parmi les tumuli, ceux à sépultures soient de beaucoup les plus nombreux, cette appréciation ne semble pas applicable à l'ouest, et en particulier à la Normandie ; tout au contraire, l'on y rencontre beaucoup plus de buttes de défense, d'observation, de limites, de collines factices réunies à un agger par un talus semblable à un rempart avancé, voire même de mottes féodales, que de tumuli essentiellement funéraires. Il serait cependant possible que la même butte ait servi à ces différentes destinations ou à quelqu'une d'entre elles. Telle éminence a pu exister antérieurement et avoir été, longtemps après, affectée à un système de défense appliqué à une zone de territoire; telle autre former la base d'un château fort, pour la construction duquel cette colline toute créée fournissait une réelle et très-recommandable économie, tout en diminuant la durée du travail, et assurant une fondation moins mouvante. Ainsi la butte d'Illeville-sur-Montfort a servi de base à un château au xe siècle. Il en est de même de celle de la Ferté, tertre inexpugnable dominant tout le pays de Bray, de Neufchâtel jusqu'à Beauvais, sur lequel apparaît une forteresse vers le IXe siècle, ou de celle de Chaumont en Vexin-Français actuellement détruite, base d'un château fort au xe siècle.

Les collines artificielles de Baudemont, de Château-sur-

Epte, et probablement même celle de Gisors ont également pu former dans le principe des buttes de défense; car il y aurait une inconcevable lacune entre les centres d'observation celtique figurés par les cromlechs de Beaujardin, Pierre-pétrie, Villeneuve, la période romaine des ouvrages de Vernonnet, Port-Villez, le Mont-Terrier, etc.,etc., et les xe ou xiie siècles, époque où l'on couronna ces buttes de châteaux forts.

De même l'éminence de Nézéprès Andely, considérée à juste titre comme point d'observation lors des guerres entre la France et l'Angleterre, était positivement un ancien tumulus renfermant des cendres et des charbons d'après le rapport des ouvriers chargés de le niveler.

Les tumuli à chambre funéraire sont les plus rares; nons en citerons deux situés entre le bois et la ferme du *Plix-Aubin*, si rapprochés l'un de l'autre qu'ils semblent être parallèles.

Ils mesurent chacun environ quatre-vingts mètres de tour à la base, sur trois seulement d'élévation, ce qui tient à ce qu'ils ont été en partie nivelés par la culture.

Rien n'est plus émouvant qu'une excursion au souterrain creusé profondément dans la marne au-dessous de l'une de ces buttes. Lorsque je pénétrai dans cette galerie, je fus d'abord frappé de la façon mystérieuse avec laquelle l'entrée avait été cachée au fond d'une cave, dans un coin écarté de la ferme et masquée elle-même par un épais fouillis de ronces qui la dissimulent au regard. A mesure que j'avance, le passage se resserre, le terrain devient glissant, et ce n'est plus qu'en m'aidant des ongles, des genoux et du pic que je puis me maintenir sur ce sol dont la pente escarpée est presque impraticable.

A chaque instant l'ouvrier qui me suit se sent précipité vers la cave par la seule impulsion d'un silex arraché de la craie échappant à ma main crispée. Bientôt nous ne marchons plus, nous rampons, suivant des yeux la lumière que je pousse devant moi et dont la flamme vacillante semble indiquer que l'air va lui manquer. Nous aussi, nous ne respirons qu'avec peine, et nous n'arrivons qu'après de grands efforts à un passage plus large, mais complétement obstrué par un éboulement.

En vain nous essayons de déblayer le chemin, il nous faudrait déplacer un énorme amoncellement de terre et de marne, et chaque coup de pic fait descendre des masses de glaise détrempée menaçant de nous engloutir. Tout à coup notre lumière s'éteint, nous reculons instinctivement sous la pression des terres qui nous refoulent, nous nous cramponnons aux parois visqueuses, cherchant en tâtonnant à opérer notre retraite.

Je ne saurais dire la route que je suivis dans cette course insensée où nous glissions parfois de longs espaces sans pouvoir saisir une saillie, une pierre capable de nous fixer, quand un choc violent vint m'arrêter dans mon élan ; je venais de me heurter au mur du souterrain.

Sans perdre de temps, je rallume vivement ma lumière, je consulte ma boussole, et je reconnais avec surprise que j'ai changé de direction. Nous étions dans une salle dont la voûte de plein cintre était assez élevée pour permettre de se tenir debout ; c'était la chambre des morts. Cette pièce est régulièrement taillée dans la marne, elle a près de six mètres de long sur trois de large et est orientée N.-E.-S.-O.

A une extrémité, l'on aperçoit l'entrée d'une galerie éboulée ; à l'autre un renfoncement en forme d'alcôve renferme une sorte de table réservée à même la craie ; une vieille légende lui donne le nom de *Lit-des-Fées*. Nous n'avons recueilli dans la chambre que deux ou trois débris d'ossements mêlés à quelques charbons ; les fouilles exécutées dans le sol naturel du plancher n'ont amené aucun résultat. Sous peu nous comptons les poursuivre dans la direction des souterrains éboulés.

Une autre galerie de ce même tumulus aboutit à un espace d'un mètre carré, dont les parois parfaitement dressées ont vingt pieds d'élévation ; on le nomme le Trou-du-Boisseau. Ce puits a pu servir autrefois pour descendre du tumulus dans les galeries, nous ignorons à quel point de la butte il correspond exactement. En somme et bien que nous n'ayons rien trouvé parce qu'il a été plusieurs fois visité, cet ouvrage est très-intéressant à étudier.

Comme les buttes à usage multiple, ce souterrain a dû avoir plusieurs destinations : chambre funéraire, puis crypte religieuse au moment des premiers chrétiens[1] ; la table de craie, nommée *Lit-des-Fées*, aurait à cette époque servi d'autel, enfin, de galeries secrètes au moyen âge, faisant probablement partie d'un ensemble

[1] Voir l'*Appendice* à la fin de l'ouvrage.

de cheminements destinés à relier différentes buttes du voisinage.

En tête de celles-ci nous placerons la butte du Bois-Roger près du bois de Baquet, commune de Fourges; elle est si parfaitement conservée qu'on la croirait toute récente. Ce magnifique ouvrage, d'au moins 30 pieds d'élévation au-dessus du sol, est formé d'un cône tronqué de 120 mètres de tour à sa base sur 50 à son sommet légèrement dérasé. Il est entouré, à la manière de certains *barrows* anglais, d'un vaste fossé de 8 mètres de large, 4 au fond et 3 de haut. Plusieurs personnes de la localité nous ayant affirmé qu'il recouvrait de très-vastes chambres dans lesquelles on était descendu autrefois, mais que l'on avait vivement rebouchées en entendant la voix des esprits souterrains, nous ne pûmes résister au désir de le fouiller; d'autant, qu'après avoir cubé avec le plus grand soin le fossé en tenant compte de l'éboulement du cône, nous avions constaté que le cube du tumulus était beaucoup plus considérable; or, comme il ne pouvait avoir été établi qu'avec la terre du fossé, tout indiquait un espace vide dont le creux correspondait au surplus de la terre. Après avoir cherché le centre du tertre, je fis ouvrir un puits perpendiculaire, de manière à traverser l'axe supposé de la chambre.

Le travail marchait régulièrement, on était déjà descendu à 9 pieds, lorsqu'au bout de trois jours l'ouvrier me revient pâle, défiguré, incapable de prononcer une parole, en un mot, dans le plus pitoyable état : — « Mais, enfin, qu'y a-t-il? lui dis-je, êtes-vous blessé? »

Ah oui! blessé, c'est bien autre chose!.. Voici ce qui lui était arrivé : il venait, avant de quitter son chantier, d'enfoncer une gaule pour sonder le terrain lorsqu'au moment de l'enlever il avait senti qu'on la tirait par en bas . . . Plus il faisait d'efforts pour la remonter, plus elle descendait! Ce n'est pas tout! Une voix était sortie du sein de la terre par le trou, elle disait : « Hou! hou! hou! »

Remonter précipitamment et courir la nuit, pendant deux lieues, pour me donner cette nouvelle, voilà ce qu'avait fait mon homme! Mais plus il courait, plus il était poursuivi par les halbuchets! Avez-vous quelquefois rencontré, le soir, le halbuchet dont les ailes sont armées de griffes, d'ongles aigus qui s'accrochent dans les cheveux de votre fille?

Le soir, dans la grande salle où la famille est réunie, il entrera tourbillonnant dans l'espace et soufflera les lumières en poussant un ricanement étrange... C'est le halbuchet!

Inutile de dire qu'aucun ouvrier des environs ne voulut continuer ni pour or ni pour argent. Cependant la panique finit par se calmer comme toutes les crises aiguës, et après trois semaines d'interruption, je pus trouver deux *courageux* citoyens qui, pour la modique somme de 10 francs par jour, consentirent à reprendre le travail. J'y fus encore cette fois pour 80 francs, je l'avoue, mais je ne découvris absolument rien. Nous étions à 40 pieds au-dessous de la plate-forme du tumulus, c'est-à-dire 10 pieds plus bas que le sol naturel, le tremblement inévitable occasionné par le treuil pouvait d'un moment à l'autre faire fendre cette masse de terre désagrégée, je craignis un éboulement et fis reboucher le puits.

Je pus, du moins, constater que la terre de la butte avait été jetée du haut vers le bas, car les couches étaient renversées, et, comme elles commençaient par la marne pour finir à l'humus, j'en ai conclu qu'il y avait bien réellement des caves; le puits avait probablement passé à côté.

Il existe encore sur le territoire de Mézières de fort belles buttes protégées jusqu'ici par les épais taillis vers la limite de la forêt. L'une d'elles, nommée *tour du Château*, quoique fortement dégradée par la charrue, qui l'a défrichée depuis peu, a conservé les traces d'un fossé. Son circuit de 100 mètres, tout en étant important pour un tumulus, semble bien restreint pour avoir pu servir de base à un édifice fortifié du moyen âge; tout au plus un château de l'époque *franque* eût-il pu élever sur cette butte sa maigre silhouette; il nous paraîtrait plus logique de l'appliquer à la période romaine en raison des nombreux débris de poterie recueillis dans les environs.

En nous égarant dans les bois qui bordent le chemin de la Grippière à la Maladrerie, nous avons remarqué deux grands tumuli parfaitement conservés, séparés l'un de l'autre par une distance d'environ 400 mètres. L'on pourrait croire que ce nom de Grippière a quelque rapport avec le triage où se trouvent ces éminences, il n'en est rien cependant. La chronique locale a voulu rappeler la mésaventure d'un propriétaire,

M. de Boville, dit-on, qui aurait, il y a bien des années, laissé construire un groupe de cabanes sur sa terre. Quelques habitants, ayant malicieusement attendu les délais de prescription consacrée par la vieille coutume de Normandie, *grippèrent* légalement le sol, d'où ce nom de Grippière. Nous ignorons ce qu'il peut y avoir de fondé dans cette histoire; mais, chose positive, les heureux possesseurs des deux tumuli ne semblent nullement disposés à suivre l'exemple de ce bon M. de Boville, en se laissant *gripper* (dépouiller). En effet, bien que nous trouvions partout l'accueil le plus bienveillant, le plus empressé, quand il s'agit de fouilles souvent très-coûteuses, entreprises toujours à nos frais pour le seul profit de la science, ici, nous avons honte de le dire, nos ouvriers ont été poliment éconduits sous le prétexte que je cherchais à m'approprier *le trésor!*

Cependant ils avaient travaillé, et le petit nombre de débris qu'ils apportaient me démontra l'existence dans la terre extraite de l'une des buttes d'une quantité de matériaux de l'époque gallo-romaine. Ce tumulus est entouré d'un fossé. Comme hauteur et dimensions, il est en tout semblable à celui du Bois-Roger. Quant à l'autre, il est beaucoup plus étendu, de forme irrégulière, et protégé d'un côté par un vallum très-large et d'une grande profondeur. Le bois qui recouvre ces ouvrages, en les garantissant contre les dégradations des eaux, leur a conservé leur forme primitive. Au triage de la Planchette, dans le bourg même de Tourny, se trouve une butte dite des Boquets, de 100 mètres de tour à sa base sur 50 au sommet; elle a été élevée à mi-côte et entourée d'un fossé; à moitié aplanie par une fouille où l'on n'a rien découvert, elle mesure encore 3 pieds d'un côté (sud), et 4 de l'autre (nord).

Nous pourrions citer plusieurs tumuli tout aussi remarquables, mais la même incertitude sur les époques nous oblige à nous limiter; nous rappelerons toutefois que depuis Château-Gaillard il existait une suite de buttes fort imposantes ayant pu appartenir à un système de défense ou d'observation.

On peut voir celles de Cléry, de Nézé, de la Bucaille, du bois de la Vieux-Ville, dont quelques-unes sont plus ou moins aplanies à leur sommet, probablement à la suite d'un changement de destination, elles ont également toutes un fossé de ceinture, et celle de Cléry même baigne encore dans l'eau.

Les buttes de défense usitées en Normandie pendant les guerres qui désolèrent les premiers siècles de notre monarchie avaient tous les caractères de celles-ci: même appareil, même forme et fossé analogue; la description donnée par les anciens chroniqueurs est en tout conforme à ce que nous retrouvons aujourd'hui. Orderic Vital ayant, comme on le sait, écrit à la fin du XIe siècle, nous dit à propos de ces ouvrages :

« Les mottes sont de grands monceaux de terre
« faits ou de gazon ou de terreau bien battu; elles
« étaient rondes, finissaient en pointe et étaient revê-
« tues d'un retranchement; on s'en servait comme des
« forts, en les environnant d'archers ou d'arbalétriers
« qui, en s'élevant au-dessus les uns des autres, pou-

« vaient tirer sans s'incommoder. Les Anglais faisaient « beaucoup usage de cette fortification, car en Gascogne « on les attribue vulgairement aux *Rudigons*, nom que « l'on y donne aux Anglais. »

Le mot motte vient du latin *meta,* borne, et rien ne ressemble plus à une petite butte que la célèbre *Meta Sudans* qui existe encore à Rome près le Colysée, et contre laquelle les gladiateurs venaient se plonger dans l'eau froide.

Au moyen âge la motte était le siége de la justice, elle était élevée à proximité du château et symbolisait le droit qu'avait le seigneur à la possession du sol.

Le droit de motte était dû à certaines seigneuries et « consistait dans l'obligation de la part des vassaux « de curer les fosses des châteaux fortifiés. On l'appelle « quelquefois l'*hérissonnage* parce qu'il était d'usage « de *hérisser* les fossés des maisons fortes par des ou- « vrages de bois ou de fer ; les ordonnances de Henri « IV en 1595 et de Louis XIII en 1629 ont anéanti « ces corvées [1] ».

Nos buttes existaient donc au temps d'*Orderic Vital;* car son explication est très-claire, très-précise; mais elles remontaient bien au-delà, et ce n'est pas exagérer de les reporter à l'âge du bronze. Tout concourt à nous le démontrer : les cendres et charbons de la

[1] *Dictionnaire du droit normand*, par M. Houard, avocat, 1871. — *La Coutume d'Auvergne*, art. 47, comprend dans les manoirs ou *frecynets* la motte. Un arrêté du parlement de Paris, rendu en 1654, a condamné un particulier à détruire un colombier et des murailles où il avait pratiqué des créneaux et des meurtrières; toutes les ordonnances sur les maisons fortes ont été depuis strictement observées.

butte de Nézé, les quarante haches de bronze trouvées à la *Vieux-Ville*, celles découvertes à la Bucaille, le nom même de Bucaille qui vient de *buscaïum*, *buisson*, prouve qu'elle était déjà ancienne et couverte de bois au temps des Romains ; enfin le terme banal mais juste, appliqué par les gens du pays à celle de la *Vieux-Ville*, nommée butte aux chaudronniers, semble rappeler que plusieurs fois elle fut exploitée avec profit comme mine de cuivre, d'airain ; la légende prétend même que ces batteurs de cuivre y viennent encore à certaines heures de la nuit et principalement les vendredis et les jours de la Saint-Jean.

Cependant, nous pouvons l'affirmer, elles furent aussi buttes de combats ; l'on a conservé la tradition de ces sortes d'engagements dans lesquels elles jouaient le rôle de places fortes, et quand on consulte les habitants sur leur usage, ils répondent qu'autrefois l'on se poursuivait de l'une à l'autre pour se *pierrer*. Ici, on le voit, elles ne sont plus tumulaires, mais des ouvrages d'agression et de défense.

En résumé, voici le résultat de nos observations sur les diverses buttes que nous avons étudiées.

Les buttes du *Plix-Aubin* sont des tumuli à chambres souterraines ; celle de *Nézé* est positivement de l'âge de l'incinération : cette éminence mesurant 100 mètres à sa base sur six d'élévation est coupée en deux par suite d'un récent partage de propriétés ; un côté est resté intact, l'autre est complétement nivelé. C'est dans cette portion que l'ouvrier a découvert vers le milieu, et à 3 mètres du sol, un lit de cendres avec charbons de l'épaisseur de 5 centimètres et de l'étendue de 1 mètre 1/2. Au-dessus de ces cendres il existait, comme il nous l'a expliqué sur les lieux, un monceau de gros silex dont le volume peut être estimé à 20 mètres cubes. C'était, on le voit, un petit tumulus, recouvert d'un autre beaucoup plus élevé, il ne se trouvait pas au centre du tertre, aussi, bien probablement, il y en a de semblables dans la moitié de la butte restée debout, et non explorée.

Les buttes de Mézières, de la Grippière ont servi aux Romains ou Gallo-Romains ; celle de Villers-sur-Andely, de 50 mètres de tour, est formée entièrement de terre; elle a pu provenir de la fouille d'une cave fort ancienne ayant existé près de là; en effet, son sommet dérasé par la charrue, est fait d'argile plastique, tandis qu'au-dessous se trouve la terre végétale.

La butte de Lebécourt a fourni des tuiles romaines et même une aiguille d'ivoire finement travaillée; néanmoins, on y avait recueilli dans les fouilles précédentes des haches de bronze.

On a reconnu la présence de murailles et de tuiles romaines bien conservées dans la butte Malard. Cette éminence, en forme de cône allongé de 30 mètres de long sur 10 de large, représente très-probablement l'emplacement d'une villa antique ; les pierres sont appareillées en chantille, comme le seraient les moellons d'une voûte ; des traces de peinture rouge et noire adhèrent à quelques restes de ciment, et l'on reconnaît au fond de la fouille, c'est-à-dire au niveau du sol voisin, l'aire d'une salle où on a enlevé des pavés de marbre blanc et vert, dont on retrouve certains fragments mêlés à des débris de poterie et, en particulier, de vases de terre de Samos.

Autour de cette butte existent quatre autres tertres moins élevés, probablement de la même origine. Celle de Tourny, celle du Trésor, dans la forêt d'Annezy, la butte aux Anglais de Lyons-la-Forêt, demandent à être explorées pour en déterminer exactement la nature. Et à ce propos nous ferons observer que ce nom d'Anglais distribué ici un peu partout, pourrait impliquer le souvenir de quelque fait historique de nature à préciser une époque.

La butte aux Anglais est située dans la forêt de Lyons, près d'un bourg nommé le Tronquay; elle a 3 mètres d'élévation, 90 de circonférence, et est entourée d'un fossé peu profond. Non loin d'elle existe une mare du même nom, ainsi qu'une ferme appelée *la Motte*. On remarque une analogie entre cette butte, dite aux Anglais, et d'autres éminences figurant dans l'histoire à une date positive. La *butte Olivet*, d'Hardencourt, petite commune du canton de Pacy-sur-Eure, portait, pendant la bataille de Cocherel, le pennon du *captal de Bush*, au moment où les Anglais et les Navarrais furent mis en déroute. Duguesclin, il est vrai, qui avait su par une feinte habile attirer dans la vallée le captal campé sur les hauteurs dominant la rivière d'Eure, ne lui laissa probablement pas le temps d'élever une motte pour y placer son pennon.

Nous citons le fait comme une attestation, un visa imprimé au XIVe siècle sur une motte, évidemment plus ancienne, confirmation de ce que nous avons dit plus haut des destinations successives de certains tertres artificiels.

Au canton de Conches, la butte de Glisolles entourée d'un fossé servit de motte à l'antique fief *de Heurteloup*. Celle de *Villez-Champ-Dominel*, sur Damville, dissimulée sous un épais taillis est encore ceinte d'un fossé. A Saint-Mards-de-Fresne, canton de Thiberville, c'est un tumulus qui dresse son dôme majestueux au milieu de la campagne ; près du petit village de Merey (Pacy) une éminence retranchée, munie d'une motte, a pu servir de vigie pendant les guerres du moyen âge. A Christophe-sur-Condé, canton de St-Georges-sur-Vièvre, l'on voit encore une butte dans un bois. A Ecaquelon et à St-Philbert-sur-Risle il en existe également ; cette dernière même, qui fait face à Montfort, a conservé son profond fossé et porte le nom significatif de *Butte-au-feu*.

Au mont d'Etrépagny, on a recueilli sur la butte du Bois-du-Parc [1] des briques et un fragment de meule à bras qui paraissent d'origine romaine ; il en est de même des objets trouvés sur celle du Mont-de-Noyers, située dans le Champ-des-Cateliers [2].

On y a reconnu la présence d'assises en maçonnerie alternant avec des couches de terre, puis des fragments de poterie calcinée, des médailles romaines, une roue en pierre dentelée et perforée dans son milieu, des débris de pierre de taille avec empreinte de sculptures

[1] Plan cadastral des Andelys (commune), section C, 645.
[2] Plan cadastral, section B, 848 et 848 *bis*.

et un fragment d'inscription en marbre blanc déposé au musée d'Evreux. La butte de *Theillement*, au canton de Bourgtheroulde, est une éminence de 150 mètres à sa base, elle est entourée d'un fossé; l'on y a recueilli une soixantaine de monnaies romaines. Quant aux éminences de *Fleurigny-la-Bucaille* et de la Vieux-Ville, elles ont certainement servi de buttes de défense; leur grande étendue (environ 200 mètres de tour à la base sur 8 de haut), leur profond vallum, et la largeur du parapet encore existant ne peuvent laisser subsister aucun doute. L'une d'elles, celle de la Bucaille, avait, derrière son parapet et en dedans de l'ouvrage, un mur circulaire de 13 pieds d'épaisseur, ancienne fondation d'une tour, peut-être d'une villa romaine servant à la fois de vigie militaire, de château seigneurial et de lieu de refuge, ou destiné à soutenir les terres du parapet; de plus, elle est flanquée sur le devant d'une demi-lune également entourée d'un vallum, ce qui représente une position stratégique d'une certaine importance pour l'époque où elle reçut cette destination. Plusieurs buttes, telles que Bois-Roger, Mézières, etc., ont été faites avec la terre du fossé; dans celles-là, au contraire, beaucoup plus étendues, le vallum n'a fourni que le parapet, et le milieu, formant le creux, a pu permettre de s'y réfugier et même de s'y dérober aux regards. Non-seulement ces tertres fortifiés ont servi de défense sous les Anglais mais aussi sous les Normands, probablement même jusqu'à la fin du moyen âge. En effet, nous avons été frappé, en étudiant les différents villages des environs, de trouver dans chaque localité possédant une butte une entrée de cave n'ayant aucun rapport avec les celliers du pays et dont il est difficile d'expliquer la destination.

Malgré la grande distance qui sépare la Bucaille, Nézé, le Bois-Roger et la Ferme-de-la-Motte, autre tumulus sur lequel on a construit un domaine rural à Mézières, chacune de ces communes renferme un escalier monumental avec voûte d'un remarquable appareil. Cet escalier, à deux paliers, descend à plus de 10 mètres sous terre, et aboutit à trois caveaux d'une très-faible étendue, 2 mètres à peine, nullement en rapport avec la majesté de l'escalier. Ces caveaux forment le transept et semblent être le vestibule d'un souterrain actuellement condamné ou éboulé, creusé à cette profondeur dans le but de passer sous le fond des fossés pour pénétrer au centre du tumulus. Dans les trois communes, les buttes sont élevées aux environs de ces escaliers construits tous sur un modèle uniforme.

En admettant, fait établi par la tradition, que ces buttes servirent de défense jusqu'aux guerres de la Fronde, on ne sera pas surpris que les escaliers datant du xve siècle aient pu communiquer d'un côté sous l'éminence et de l'autre dans une maison du pays, laissant entre les deux entrées un souterrain de fuite; il n'y aurait donc là rien de bien surprenant, malgré la distance de près de 100 mètres qui sépare les tumuli de l'entrée de l'escalier; mais la forme même du vestibule des caves divisées en transept nous donne lieu de penser qu'elles ont une origine beaucoup plus reculée.

On a découvert en Provence des allées couvertes dont la disposition est tellement analogue à nos ouvrages, que nous y voyons un rapprochement utile à signaler ici. Ces allées fort étendues, situées dans les environs d'Arles, sont creusées dans le calcaire ; leurs parois inclinées sont recouvertes de larges dalles et l'on y pénètre par un escalier aboutissant à un *vestibule en forme de croix*. Voici, du reste, ce que dit M. Cazalis de l'une de ces grottes, celle de Cordes :

« On y descend d'abord par des escaliers fort gros-
« siers dans une avant-cour aujourd'hui découverte
« qui s'étend *en croix sur la direction générale* comme
« la *garde d'une épée*. De là on pénètre par une gale-
« rie de 6 mètres de longueur dans la grotte propre-
« ment dite ; celle-ci large de 3 mètres 80 à l'entrée
« va en se rétrécissant ; les parois sont en surplomb.
« Cette tranchée qui a 24 mètres de longueur est recou-
« verte par des dalles rapportées et le tout *surmonté*
« *d'un tumulus* aujourd'hui amoindri ; la longueur
« totale ne mesure pas moins de 54 mètres. »

Il a été trouvé dans une grotte analogue et fort rapprochée de celle-ci, nommée le Castelet, des squelettes, des instruments de silex et de bronze et de la poterie faite à la main.

Il existe, on le voit, une grande analogie entre les deux vestibules, ce qui nous permet de supposer que l'un des bras du transept menait à une galerie. Quant à l'escalier, on a pu profiter, au moyen âge, de la descente primitive pour y substituer une nouvelle et plus commode montée; plus tard on aurait condamné le souterrain pour y faire une cave de son entrée. Du reste, le propriétaire de l'une de ces buttes, qui l'est également de la cave correspondante, a non-seulement consenti à nous y laisser faire des fouilles, mais encore il a manifesté le désir d'entreprendre le travail à ses frais, ce qui n'est jamais à dédaigner.

Pour faire comprendre l'importance et le nombre des ouvrages de terre encore debout sur notre sol, nous avons dressé le tableau ci-joint[1] dans lequel sont classées les principales buttes signalées en haute Normandie, ainsi que celles par nous explorées et citées pour la première fois dans ce travail. On observera que sur 120 à 130 localités, il y en a 17 où les tertres ont complétement disparu. Parmi les autres, 7 peuvent être appliqués à l'époque celtique ou gau-

[1] Etat des plus remarquables buttes, mottes, vigies, tumuli existant sur le territoire de la haute Normandie.

Epoque celtique ou gauloise, y compris tumuli à chambres : Auppegard * — Bailleul-la-Vallée * — Bois-Roger-sur-Fourges ? — Ricarville, motte en partie détruite, avec cercle de pierres tufeuses à sa base — Le-Plix-Aubin-sur-Ecos, deux tumuli — Nézé-sur-Mézières — Saint-Waast-d'Equiqueville.

Epoque romaine : Beauville-la-Cité — Bretteville-la-Chaussée — Cany — Catelier-Pelletot * — Cottevrard — Criquebeuf-l'Esneval — Crosville-sur-Durdent — Doudeville * — Dieppedale * — Beaumesnil — Bielleville * — Envermeu — Epouville — la Grippière — la Bucaille — la Vieux-Ville — le Mont d'Etrépagny — L'Hébécourt — le Mont-des-Noyers — Maniquerville * — Mézières — Rouvray-Catillon — Saâne-Saint-Just, plusieurs catelets — Malard-sur-Harquenzy — Radicatel — Rieux — Saint-Maclou-de-Folleville —Saint-Mards-sur-Fresne — Serans — Tourny — Theillemont — Villers-sur-Andelys — Villez-Champ-Dominel.

Mottes ou vigies du moyen âge : Ancourt — Auberville-la-Renaud — Bréauté * — Bellefosse — Bermontville — Carville — Croixmare — Denestauville * — Glisolles — Hardencourt — Monterollier — Montmain — Neuf-Bosc — Offranville — Pelletot — Roquefort — Saint-Aubin — Routot — Saint-Denis-le-Thiboust — Saint-Rémy-en-Rivière — Saint-Victor-l'Abbaye, plusieurs y ont été détruites.

Nota. — Cette marque * indique ceux de ces ouvrages qui ont disparu.

loise, 32 à la période romaine, le moyen âge en compte 20, et 25 ayant servi de base à des châteaux, donjons, forteresses ou autres enceintes; enfin, 42 sont d'un âge incertain ou indéterminé.

Bien que ces diverses époques aient été dûment constatées sur la plupart de ces éminences, nous ne saurions trop répéter que la fouille est le seul moyen de fixer l'âge exact d'une butte, puisque presque toutes ont eu plusieurs destinations; quant au nivellement complet, nous le réprouvons énergiquement : c'est une méthode barbare et fort coûteuse consistant à faire disparaître un superbe ouvrage, pour atteindre un résultat bien souvent insignifiant.

Nos tumuli ne sont pas seulement les témoignages du profond respect professé par les anciens pour

Buttes ayant conservé des vestiges de forteresses : Auffay — Alvimare — Beaudemont — Beaunay — Beauvoir-en-Lyons — Bolbec — Château-sur-Epte — Cailly — Chaumont-en-Vexin — Cleuville — Criquebeuf — Criquetot-sur-Ouville — Heuqueville — Houdetot — Gisors — Illeville-sur-Montfort — Conches, fort de Bulle — la Ferté — Mérey — Oherville — — Rugles — Pomerval — Saint-Aubin-le-Vertueux, butte de Roquemont — Sainte-Marguerite-d'Ouchy — Tiergeville — Touberville — Tocqueville-sur-Criel * — Wanchy-sur-Capval.

Eminences indéterminées ou d'époques incertaines : Angiers — Anglesqueville — Autretot * — Auvilliers — Auzouville-l'Esneval * — Annezy — Barville — Bec-au-Cauchois — Bec-de-Mortagne — Beaumont — Beuze-Mouchel * — Bertrimont — Blangy — Bornanbusc * — Bosc-Geffroy — Blosseville — Bondeville-sur-Fécamp — Bures — Cléry — Clais — Cretot — Condé-sur-Risle — Dancourt — Dieppe — Manéhouville — Melamare — Melleville — Mirville — la Queue-d'Hayes-sur-Haricourt — Motteville-les-Deux-Clochers — Notre-Dame-de-Gravenchon — Notre-Dame du-Bec — Notre-Dame-de-Lisle — Houetteville — le Tronquay — Ecaquelon — Oinville — Oudalle — Rançon — Roncherolles-en-Bray — Sainte-Croix — Saint-Philbert-sur-Risle — Saint-Christophe-sur-Condé — Touffreville-la-Corbeline — Touffreville-en-Caux * — Valliquerville — Villequier, trois buttes au bois de Bellemare — Vatteville-Bremont — Vatteville-la-Rue — Vicquemare, deux tertres énormes — Pressagny-l'Orgueilleux.

Presque toutes ces buttes ou tumuli sont entourés d'un fossé plus ou moins comblé, et plusieurs des localités ci-dessus désignées renferment un certain nombre d'éminences.

leurs morts, ils nous représentent encore ce qu'était l'art funéraire à ces époques reculées. Rien ne saurait peindre le grandiose de ces simples monceaux de terre semés çà et là dans la campagne où ils dressent fièrement leurs dômes encore couverts de verdure, comme un symbole de perpétuelle jeunesse. C'est grand, comme tout ce que faisaient nos ancêtres, et les plus beaux monuments de la Via Appia sont loin d'approcher, comme effet, de cette austère majesté.

Qu'ils soient celtiques ou gallo-romains, ou qu'ils appartiennent aux premiers temps du moyen âge, on ne peut se lasser d'admirer leurs belles proportions et surtout le génie pratique qui a présidé à leur confection. Et s'ils sont encore debout après deux mille ans, s'ils ont résisté aux fontes de neige, aux orages, à la gelée, aux ouragans, aux tempêtes, n'est-ce pas à la manière dont ils ont été exécutés qu'ils le doivent ?

Nous avons mesuré l'angle de plusieurs de ces ouvrages, et tous dépassent la limite extrême de 45 degrés [1]; ceux qui les élevaient savaient donc qu'en dessous de cet écart les terres glissent et s'éboulent ; leur théorie était si judicieusement appliquée que certains fossés nous sont parvenus presque intacts ; n'auraient-ils pas dû être comblés vingt fois depuis ce temps ? Et sait-on ce qu'une butte représente de main-d'œuvre, ce qu'il a fallu de bras pour l'élever ?

Un tertre du volume de celui de Bois-Roger ne cube

[1] Tous les tumuli que j'ai mesurés l'ont été par la méthode dite de *coutellation* qui, sans être rigoureusement exacte, l'est suffisamment pour ces sortes d'ouvrages; ce serait, du reste, compliquer inutilement e bagage de l'excursionniste que de le charger d'un éclimètre.

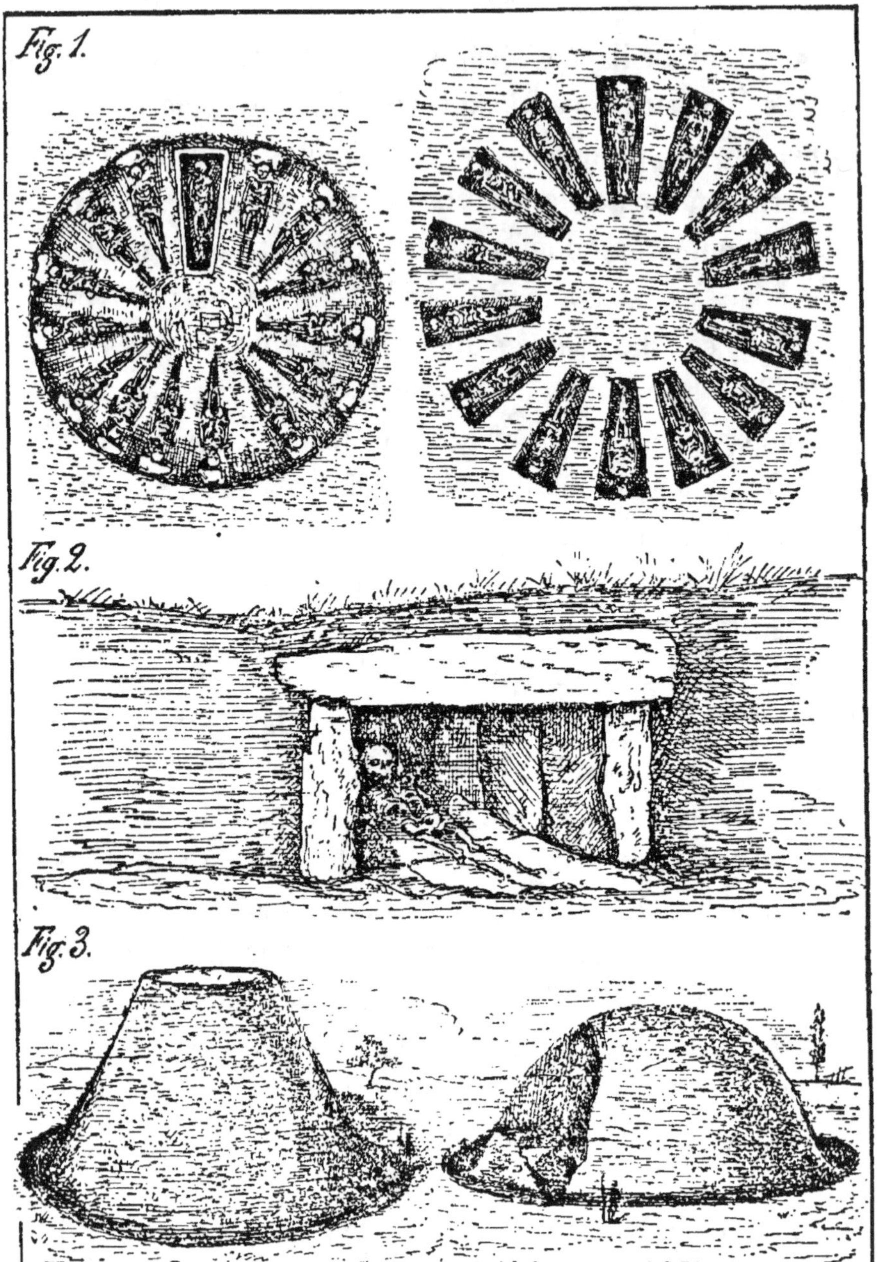

PLANCHE X *Fig. 1.* Sculptures circulaires dites *rondes de danseurs*, 1, découverte à Pressagny; 2, trouvée à Grimonval.
Fig. 2. Tombeau souterrain à Saint-Rémy (détruit).
Fig. 3. 1, tumulus du Bois-Roger; 2, tumulus de Nézé.

pas moins de 7,000 mètres. Son enceinte en mesurant 120, ne pouvait guère comporter plus du même nombre d'hommes occupés à creuser le fossé, car, en les rapprochant davantage, ils se seraient nui mutuellement.

En fixant à 4 mètres cubes en moyenne ce que chaque ouvrier peut fouiller et remblayer par jour, on arrive au chiffre de quinze jours pour achever le tumulus tel qu'il est aujourd'hui.

Mais à mesure que l'ouvrage monte, il devient impossible de jeter la terre, il faut la transporter à bras, car les anciens ne connaissaient pas la brouette : tout au plus formaient-ils des relais lorsqu'ils ne portaient pas sur la tête les corbeilles remplies de terre; on double donc le nombre d'hommes en les échelonnant sur la butte, et comme la difficulté augmente en raison de la distance, la somme de travail exécuté diminue chaque jour. Or ce tertre, aujourd'hui dérasé, pouvait avoir 12 à 15 mètres d'élévation à son origine, soit de 8 à 10,000 mètres cubes; il est, en définitive, le produit de quinze à seize journées de 200 ouvriers ; ce nombre, il est vrai, peut se réduire de beaucoup, si l'on admet que les travailleurs se relayaient trois ou quatre fois par heure; néanmoins, il reste un terme exact d'évaluation de la main-d'œuvre réclamée par un tumulus.

Bien que la vanité d'outre-tombe soit le cachet de l'époque actuelle, avons-nous beaucoup de tombeaux même parmi les plus somptueux, qui représentent ainsi trois mille journées de travail et n'avions-nous pas raison de le dire : le respect des anciens pour leurs morts se traduisit, à l'âge de la pierre comme à l'époque du bronze, par des œuvres demeurées, malgré le temps, des plus remarquables de nos contrées.

CAMPS OPPIDA [1].

On a beaucoup abusé de ce nom de camp romain, car chaque localité de la France réclame pour elle le bénéfice d'un de ces établissements, marque d'asservissement plutôt que titre de gloire; il ne faut pas, néanmoins, se le dissimuler, il en existe encore plusieurs, et la controverse ne saurait s'engager que sur le nom particulier à donner à ces places selon le nombre des troupes qu'elles pouvaient contenir, ou le temps qu'elles y séjournaient. Pour la question d'époque, l'on est à peu près fixé sur ce fait : les camps de la conquête sont excessivement rares, tandis que ceux de l'occupation sont relativement communs.

Au nombre des premiers nous citerons le camp occupé par Viridorix lorsqu'il combattit (56 av. J.-C.), à la tête des Eburoriques, des Lexoviens et des Armoricains, le lieutenant Q. Titurius Sabinus envoyé par César pour soumettre nos provinces insurgées. Le camp romain et le camp gaulois ont été retrouvés dans la Manche sur les limites du canton de Périers et de la Haye-au-Puits. Quant aux seconds, nous verrons plus

[1] Cicéron explique ainsi le mot *oppidum* : « *Oppidum dictum ab eo quod opem det confugientibus.* »

loin que notre territoire en renferme plusieurs d'une très-vaste étendue.

En général, ces enceintes fortifiées sont de deux sortes : les camps volants construits pour les besoins d'un moment, et les ouvrages fixes postérieurs au deuxième siècle de notre ère. Ceux-ci, nommés *castra stativa* avaient souvent une grande importance, et plusieurs d'entre eux ont été l'origine de villes encore existantes, protégées par le profond fossé dont les Romains avaient entouré le camp.

Autrefois le vallum était couronné intérieurement d'un chemin de ronde, fortifié d'une palissade derrière laquelle s'abritaient les soldats, archers, frondeurs, etc. De hautes tranchées, pratiquées dans l'enceinte, aboutissaient aux portes du camp qui étaient au nombre de quatre. L'on retrouve encore l'emplacement de ces ouvertures disposées toujours d'une manière régulière aux extrémités de deux larges routes se coupant à angle droit : c'étaient la porte *prétorienne* ou entrée d'honneur faisant face à la *décumane;* à droite, la *dextre*, et la *senestre* à gauche.

La distribution intérieure des camps romains était ordonnancée de telle façon que chaque homme, chef ou soldat, occupait toujours la même position relativement aux autres; ainsi les tentes de toile ou les logements couverts de chaume étaient rangés en longue file aboutissant de la porte *prétorienne* au *forum*. Chaque tente de ces lignes (*strigæ*) était occupée par une escouade de 10 hommes (*contubernales*) sous le commandement d'un sous-officier nommé decan (*decanus*).

Le forum renfermait au centre la tente du général appelée prétoire, à droite de laquelle était le lieu sacré où les auspices et les aruspices tiraient, sous les ordres des augures [1], des présages du vol ou du chant des oiseaux, des éclairs, de la foudre, des orages, ou autres phénomènes; plus loin la tente du lieutenant, puis celle du questeur. Tous ces divers services étaient séparés du rempart par un large espace formant chemin de ceinture.

Les *castra stativa* étaient établis de manière à loger un certain nombre de légions [2], ainsi que les services qui s'y rattachaient; les autres camps moins importants présentaient des dimensions plus restreintes. L'on rencontre encore plusieurs de ces ouvrages en Haute-Normandie; il nous suffira d'en décrire quelques-uns pour faire juger de leur importance.

Le camp de Vernonnet est situé dans une merveilleuse position, entre cette ville et Giverny, près l'ancienne chapelle de Saint-Michel. Son emplacement sur un plateau élevé lui permettait, non-seulement de dominer la Seine sur une immense étendue, mais encore

[1] Augures (*avium garritus*, chant des oiseaux); auspices (*aves respicere*, étude des oiseaux); aruspices (*aras respicio*, science des autels). Les cérémonies augurales étaient fort anciennes; les Romains les empruntèrent aux Grecs qui les tenaient eux-mêmes des Phéniciens et des Chaldéens.

[2] La légion romaine se composait de six mille hommes, divisés en dix cohortes, dont une de cavalerie. Chaque cohorte de six cents hommes comportait trois manipules ou compagnies de chacune deux centuries sous les ordres d'un centurion. Les cohortes légionnaires étaient formées de soldats romains, les prétoriennes de la garde du général et les auxiliaires des alliés; l'ordre des soldats était : au premier rang, les principes; au deuxième, les hastati; au troisième, les triarii; enfin, les vélites, hommes armés à la légère; puis, les frondeurs, les valets et les gens de service.

de surveiller les routes reliant Rhotomage, capitale des Veliocasses, à celle des Parisii, l'ancienne Lutèce, de protéger le pays des Eburoviques, où se trouvaient des établissements d'une haute importance, Condate Bratuspantium, Uggade, Mediolanum Aulercorum, et surtout d'empêcher ce peuple de se joindre aux puissantes tribus des Bellovaces et des Veliocasses, car cette vaste enceinte en occupait les limites. Aussi rien n'avait été négligé pour la rendre absolument imprenable.

Protégée au sud par la Seine et ses falaises escarpées, elle était couverte à l'ouest, vers Rouen, par un vallon naturel dont les pentes inaccessibles lui valurent le nom de *val du Diable;* à l'est par un déchirement de la falaise, appelé Orgival, en souvenir du trésor (*or gît au val*) que le menhyr dressé à la pointe de Giverny était censé recéler, et au nord par un profond vallum creusé de main d'homme. D'immenses et impénétrables forêts dissimulaient ce camp du côté de la plaine.

D'après la tradition locale, les Romains auraient occupé sept ans le camp de Vernonnet; mais il est bien probable, vu les proportions de cet ouvrage, que cette période a été beaucoup plus longue.

Rien n'est plus imposant que ce retranchement, dont les glacis sont si bien conservés, après tant de siècles, qu'ils sont encore infranchissables.

A une époque où les ressources de la balistique moderne étaient complétement inconnues, les ouvrages de terre jouaient un grand rôle dans la défense des armées ; les Romains y attachaient une telle importance qu'ils ne s'établissaient jamais dans une position, ne fût-ce que pour une seule nuit, sans y élever un retranchement. Dans la campagne contre Arioviste, César fait ranger son armée en bataille sur trois lignes, et pendant que les deux premières attendent sous les armes l'ennemi à peine distant de six cents pas, la troisième s'occupe à fortifier un camp en présence même des Germains.

L'homme le plus compétent pour apprécier cette question, l'empereur Napoléon Ier, dit à propos du cinquième livre des *Commentaires de César* : « Les « Romains doivent la constance de leurs succès à la « méthode dont ils ne se sont jamais départis, de se « camper tous les soirs dans un camp fortifié, de ne « jamais livrer bataille sans avoir derrière eux un « camp retranché pour leur servir de retraite et ren-« fermer leurs magasins, leurs bagages et leurs bles-« sés. La nature des armes dans ces siècles était telle « que dans ces camps ils étaient non-seulement à l'abri « des insultes d'une armée égale, mais même d'une « armée supérieure; ils étaient les maîtres de com-« battre ou d'attendre une occasion favorable. Marius « est assailli par une nuée de Cimbres et de Teutons, « il s'enferme dans son camp, y demeure jusqu'au « jour où l'occasion se présente favorable, il sort alors « précédé par la victoire. »

Lors de la lutte contre Ambiorix, ce chef hardi à la tête des confédérés gaulois attaque les quartiers d'hiver de Cicéron; l'ennemi est tellement nombreux qu'il réussit à élever en moins de trois heures un rempart de 11 pieds flanqué d'un fossé de 15, sur une longueur de quinze mille pas autour du camp romain, et cependant, ne possédant pas les outils de ses adversaires, il est réduit à couper les gazons avec l'épée et à porter la terre dans les mains et dans la saie.

Bientôt le camp romain est incendié à l'aide de balles d'argile rougies au feu et de javelines enflammées, et Cicéron est obligé de sortir avec ses troupes; mais César a été prévenu, il accourt en toute hâte, prend position en quelques heures, en présence des Gaulois qui, quatre fois plus nombreux, ont quitté Cicéron pour l'attaquer. César attend tranquillement derrière ses remparts improvisés; il essuie patiemment les insultes d'un ennemi qu'il ne veut pas combattre encore, puis tout à coup fait une sortie furieuse par toutes les portes, et, culbutant les Gaulois, remporte sur eux une de ses victoires les plus éclatantes.

On le comprend, cet usage de se fortifier, même lorsqu'ils étaient en marche, rendit les Romains très-habiles dans la confection des camps à demeure, et l'on a lieu de supposer que tous ceux qui subsistent encore doivent leur être attribués, car moins bien établis ils ne fussent pas parvenus jusqu'à nous.

Le camp de Vernonnet, nommé Camp-de-César, peut être rangé dans cette catégorie; c'est aussi l'opinion de M. Gaillard qui le regarde comme un camp du haut empire. En outre de sa position exceptionnelle, de l'immense étendue de ses remparts, dont les parapets ont encore aujourd'hui près de douze mètres de commandement sur le fond du fossé, il était entouré d'ouvrages moins importants, mais se reliant si intimement avec lui, qu'il semble difficile de ne pas les rattacher à la même époque et au même système stratégique. Ainsi le camp de Port-Villez, couronnant les hauteurs d'Aconville, sur la rive gauche de la Seine, correspondait avec celui de Vernonnet, établi sur la rive droite ; tous deux dominaient le fleuve au point même de l'embouchure de la rivière d'Epte ; et si certains auteurs, comme M. Cassant, s'appuyant sur la découverte d'armes et de monnaies du règne d'Edouard III, ont cru devoir placer sa fondation au XIVe ou XVe siècle, les médailles d'Antonin le Pieux, que l'on y a recueillies, lui assignent positivement pour date la période romaine.

Plus loin, dans le Vexin français, une éminence dominant les vallées de *Buhy* et du Vaumion, aussi bien que les plateaux environnants, est couronnée de retranchements qui ont tout le caractère d'un camp d'observation. Cette colline, nommée le Mont-Terrier, est peu éloignée de la voie romaine qui joignait l'antique *Lutèce* à la grande cité du pays des *Rhotomages*. Situé à une faible distance de Saint-Clair, qui fut de tout temps une position militaire importante, il pouvait communiquer aisément par les vallées de l'Aubette et de l'Epte avec Vernonnet.

Le nom de Mont-Terrier, autrefois Mont-Terrible, *mons terribilis*, suffirait à démontrer l'ancienne prépondérance de ce point stratégique, élevé à cent cinquante-six mètres au-dessus du niveau de la mer, si nous n'avions des preuves plus positives de son occupation à l'époque de la conquête.

M. de Magnitot nous a longuement entretenu au sujet des fouilles que son père a entreprises et dans lesquelles il a recueilli une foule d'objets, tels que bracelets, colliers, miroirs métalliques, etc., d'origine romaine. Il a trouvé dans les fonds de Ducour (*ducum curia*) une quantité de monnaies, dont plusieurs en argent, de la famille des Antonins, et beaucoup de pièces rares qui lui ont permis de former une remarquable collection provenant de cette seule localité.

En outre des camps volants et de ceux à demeure, il y avait autrefois des fortifications plus restreintes, sortes de postes avancés dont les retranchements dénotent, par leur forme, une origine semblable, et qui, par leur situation, appartenaient au même système de défense.

Au milieu des bois qui couvrent les falaises de la commune de Sainte-Geneviève, se trouve un espace circulaire de trois cents mètres de circonférence, appelé camp rond de Malassis. Cet ouvrage, aussi bien conservé que le camp de César, est défendu par des remparts fort élevés traversés par deux portes, l'une au sud, l'autre au nord. Contre celle-ci l'on voit encore élevée en pénétration dans le camp une butte de six mètres de haut sur vingt de large, sorte d'échauguette qui permettait de surveiller les abords du retranchement. Nous avons pu constater en mesurant le creux des fossés, qu'ici, comme au camp de César, le rempart et le parapet étaient construits avec la terre provenant de ces fossés.

Bien que l'on ait affirmé que le camp de Vernonnet, ainsi que ceux des environs, appartenaient à la XIe légion, il est probable que tous ces retranchements ont été utilisés à différentes époques, et après les Romains, les Francs, comme les Normands, ont dû occuper tour à tour des positions aussi fortes et surtout si avantageusement situées.

Lorsque l'on exécuta au mont Terrier les fouilles dont nous avons parlé plus haut, on découvrit parmi des objets d'origine positivement romaine, une paire de charmants flambeaux de bronze, considérés jusqu'ici comme romains, et qu'un examen plus attentif fit rattacher à l'art bien postérieur du XIIe siècle. Nous pourrions citer une foule de preuves analogues à l'appui de ces diverses occupations.

La Gaule, au IIe siècle, n'avait que 1,500 hommes de troupes romaines, dont on avait formé une seule cohorte, la 24e prétorienne ayant son siége à Lyon; elle était divisée au IVe siècle en plusieurs grands commandements militaires; la Normandie faisait partie d'une de ces circonscriptions, appelée *Tractus armoricanus*, était exercée par un dux, et s'étendait depuis Boulogne et ses environs jusqu'à Bordeaux.

Parmi les nombreux retranchements existant dans nos contrées, plusieurs remontent à cette époque, quelques-uns même paraissent lui être antérieurs.

Un des plus importants ouvrages de la Haute-Normandie est l'enceinte gallo-belge de l'arrondissement de Dieppe, nommé Camp-de-César où Cité-de-Limes; elle renferme encore près de soixante hectares. Ce camp est défendu d'un côté par une haute falaise dont la mer ronge chaque jour les crêtes escarpées, de l'autre par un vallum établi sur un fossé large et profond de quinze mètres. Une particularité bien intéressante de cette vaste enceinte consiste dans une suite de petits tertres ou tumuli élevés dans l'intérieur des remparts, et sous lesquels les fouilles exécutées à diverses époques ont révélé la présence de charbons, de poteries primitives, d'ossements et de débris de bronze et de fer. M. Féret, le dernier explorateur, désigne ces buttes sous le nom de tombels; il les regarde comme les anciens tombeaux des premiers Celtes, dont les habitations auraient été établies dans les fossés du dedans. Il a pu même, par une étude comparative, rétablir le circuit des « tuguria, » dans lesquels il a recueilli plusieurs objets de silex. Des pièces gauloises, des médailles de Constantin le Jeune et de Flavius Constans, des bronzes allant d'Auguste à Flavius Valens, le dernier empereur dont on retrouve des monnaies en Normandie, sembleraient indiquer que ce point stratégique était encore occupé par les Romains au IVe siècle.

Un autre ouvrage qui a les plus grands rapports avec celui-ci est l'enceinte de Fécamp, désignée par le peuple sous le nom de *Canada*, comme il nomme l'autre la *Danse des Fées*. De même que la cité de Limes, ce camp peut être attribué à la période gauloise, car on y a trouvé des monnaies d'or de ce type déposées au musée de Rouen, ainsi qu'une hachette de bronze.

Le camp de César de Sandouville est encore plus vaste que ces deux enceintes, car il ne renferme pas moins de 150 à 200 hectares; néanmoins, on n'y a pas découvert de débris de l'époque gauloise, mais quelques poteries remontant aux Romains. Les hautes falaises de la Seine, les vallées d'Oudalle et de Mortemer et des fossés de près de 20 mètres rendaient inexpugnable cette enceinte qui paraît avoir été le camp de Publius Crassus, à qui les Romains durent la soumission des Calètes. Comme plusieurs autres positions stratégiques importantes, il servit postérieurement aux Normands.

Le catelier des Veulettes, nommé tombeau de Gargantua, avait autrefois une étendue considérable; aujourd'hui il est en partie tombé à la mer. Bien que ce camp soit attribué à la période gauloise, on y a recueilli des bronzes du bas empire, actuellement au musée de Rouen.

A Saint-Pierre-de-Varengeville, la cité des Cateliers est un camp de César de 150 hectares, remontant également aux Gaulois. Il est fortement assis au-dessus des falaises de la Seine qui le défendent d'un côté, tandis qu'il est protégé de la plaine par un triple fossé d'une grande profondeur.

En dehors de ces enceintes aux vastes proportions, il en existe un grand nombre ayant servi de points d'observation, de redoutes, de vigies; les Romains les désignaient sous le nom d'*excubiæ*, *exploratoria*, et plusieurs d'entre elles peuvent être assignées aux époques de la conquête. Quelquefois elles étaient simples, ne contenant que peu de terrain (1 hectare environ), comme le camp rond de Malassis; souvent aussi elles comprenaient dans leurs remparts 20 et 30,000 mètres, et se composaient de différents ouvrages se commandant mutuellement, échelonnés à de faibles distances et protégés tous, comme les camps, par des fossés profonds.

Dans les arrondissements de Louviers et d'Evreux, près de Bérengeville-la-Campagne, on voit encore une série de retranchements développés sur une longueur de plusieurs kilomètres à travers les bruyères et les bois de la commune de Tourneville. La première redoute figurant un pentagone est couronnée d'une plate-forme de 40 à 50 ares; elle est éloignée d'un kilomètre d'une enceinte de la même étendue, mais disposée en rectangle; le fossé de la première est de 12 pieds, celui de la seconde est de 25, puis une éminence circulaire dont les fossés ont 40 pieds se trouve à 1 kilomètre de celle-ci, et enfin, à une distance triple, est le dernier retranchement de près de 2 hectares avec fossés de 30 pieds.

Ces ouvrages, qui semblent commander la vaste plaine située entre Evreux et le Neubourg, auraient, dit-on, servi de campement à une légion qui, occupant la quatrième enceinte, aurait détaché une cohorte dans la seconde. Bien qu'une voie romaine passant non loin de là soit de nature à assigner une origine romaine à ces retranchements, nous pensons que le séjour d'une légion, même de passage, a dû motiver un espace beaucoup plus étendu que celui de ces enceintes, et nous considérons cette explication comme une hypothèse un peu hasardée.

A Serquigny, se trouve aussi un retranchement en forme de losange; il est précédé d'une demi-lune également fortifiée, et rappelle l'ouvrage que nous avons exploré à la Bucaille.

Il en est de même du fort aux Anglais attenant au bois de Sainte-Barbe près Louviers, et dont la redoute carrée, protégée par un rempart très-élevé, est précédée d'une butte circulaire d'une moindre importance.

A Brionne, sur la colline du Vigneron, une enceinte dans laquelle on a trouvé beaucoup de sépultures portait le nom de *Tombeau des druides*. A Notre-Dame-de-l'Isle, en face du hameau du Goulet, situé de l'autre côté de la Seine, et non loin de cette ile aux Bœufs, célèbre par la forteresse de *Botte-avant*, construite par Richard Cœur de Lion, s'élève un plateau retranché portant le nom de Camp-de-César; même ouvrage à Bacqueville; à Caorches, où l'enceinte, de forme triangulaire, était protégée par des retranchements actuellement nivelés, mais dont on retrouve encore quelques vestiges; à Saint-Denis-du-Bosc-Guerard, dont les redoutes, situées sur un point élevé de la lande, affectaient des formes et des dimensions différentes, comme celles de Bérengeville, et portaient au moyen âge le nom significatif de Cateliers.

Il existe encore dans nos contrées une quantité de ces ouvrages en terre, et si quelques-uns ont pu être élevés au moment de l'invasion normande ou pendant les guerres du moyen âge, nous pensons que la plus grande partie doit être attribuée aux périodes gauloise et romaine. On comprendra sans peine que, pour arriver à se maintenir comme ils le firent pendant un si long espace, les Romains aient été forcés d'élever beaucoup de redoutes, de fortifications, de lieux de refuge, d'observation et surtout de camps à demeure destinés à loger les troupes chargées de surveiller un immense territoire.

Du reste, la plupart de ces terrassements ont été fouillés et ont fourni des produits de l'industrie romaine; ils remontent donc à cette époque, et si quelques auteurs n'ayant jamais visité ces enceintes ont pu dire qu'elles n'auraient pu se conserver après tant de siècles, ils ignorent ce fait : les levées de terre sont beaucoup plus résistantes que les ouvrages de pierre, et la pente des glacis, comme les bois ou les bruyères qui se sont succédé sur leur vallum, les ont rendues absolument indestructibles.

En outre de ces considérations, il existe parmi tous ces travaux d'art un ensemble de vues de nature à frapper l'observateur étudiant sur les lieux mêmes les diverses conditions dans lesquelles ils ont été élevés. Les camps ou grandes enceintes d'origine romaine sont tous établis sur une base qui ne peut donner prise à une attaque directe : en général, un fleuve aux falaises abruptes et escarpées, ou des rochers baignés par la mer, les protégent d'un côté contre toute surprise ; de l'autre, un système de castramétation les isole complétement en rendant leur abord inaccessible.

A une certaine distance, un camp de dimensions restreintes mais défendu par un vallum de même hauteur correspond avec une redoute encore plus éloignée; quelquefois une vigie, élevée à plusieurs kilomètres, complète cet ensemble de défenses dont les remparts de 12 à 15 mètres et les fossés, larges et profonds, sont toujours établis sur un principe uniforme. Le camp principal ne semble pas avoir de dimensions arrêtées dans ses contours, souvent même il épouse les mouvements de terre en se pliant aux inflexions des vallées ou se redressant comme les collines. Les ouvrages détachés sont tantôt prismatiques, tantôt quadrangulaires; seules les vigies sont généralement coniques. Enfin, il ne paraît pas possible de tirer quelque indice de l'orientation des divers ouvrages, car elle varie à l'infini et se prête plutôt aux exigences de la contrée qu'il s'agissait de surveiller. Ainsi, les redoutes du camp de Bosc-Guerard sont élevées au nord-est et au nord-ouest, celle de Serquigny est au sud-ouest, celle de Caorches à l'ouest, tandis que Baquet et Malassis, retranchements détachés du camp de Vernonnet, se dirigent du sud au nord comme les falaises des bords de la rive droite de l'Epte.

Nous terminerons ce chapitre en donnant le nom des localités de la Haute-Normandie où des enceintes nous ont été signalées, et celui des ouvrages de terre que nous avons étudiés, bien que quelques-uns soient déjà nivelés; quant aux origines nous indiquerons celles qui sont positives, en rappelant toutefois que les plus récentes sont susceptibles de changer de date par suite d'observations ultérieures, car, nous l'avons expliqué, elles ont été pour la plupart occupées militairement à différentes époques.

La lettre G, signifie gaulois; R, romain; F, franc; N, normand; I, d'époque incertaine ou indéterminée.

R. — Archiemont : enceinte retranchée.

I. — Aumale : enceinte fortifiée sur la ferme de la Motte.

I. — Acquigny : enceinte retranchée au bois de Becdale dite Fort aux Anglais.

I. — Bacqueville : ruines d'un camp retranché nommé dans le pays *Gendarmerie*.

I. — Bouquelon : restes de deux enceintes retranchées.

I. — Berville-sur-Mer : plusieurs enceintes retranchées.

I. — Bermenville : vestiges d'une enceinte retranchée.

I. — Bois-Martel : enceinte retranchée.

R. — Bérengeville-la-Campagne : quatre enceintes y compris Tourneville faisant partie du même système ; fossés profonds.

R. — Brionne : sur la colline des Vignerons, camp romain, dit tombeau des Druides, fossés.

I. — Bernay : deux retranchements dits Puits des Buttes, faisant partie du même ouvrage.

I. — Bosgouet : traces d'enceinte fortifiée.

I. — Bosgouet-le-Chastel : vestiges de retranchements.

I. — Bosbénard-Commin : enceinte retranchée au hameau du Neubourg.

I. — Bec-au-Cauchois : enceinte carrée.

I. — Bois-Himont : enceinte fortifiée fossoyée.

F. et peut-être romaine. — Blosseville, Bon-Secours : terrassements considérables avec fossés profonds.

R. — Chesnay-sur-la-Roche, Vexin français : retranchements.

R. — Château-Bicêtre : retranchements.

I. — Chapelle-Bayvel : anciens retranchements dits les redoutes, actuellement défrichés.

R. — Campagny : vestiges de retranchements.

I. — Caorches : vestiges d'enceinte fortifiée sur la ferme de Bulle, vastes fossés et restes d'autres ouvrages appartenant au même système.

R. — Condé-sur-Iton : le camp ou les montagnes du camp, immenses amas de débris de fonderies romaines, remplis d'objets de bronze.

I. — Corneville-sur-Risle : vestiges d'anciennes fortifications.

I. — Champ-Dolent : vestiges d'un camp, campus dolens.

I. — Condé-sur-Risle : enceinte retranchée.

R. — Criquetot-l'Esneval : camp d'Azélande avec fossés.

I. — Chéronvilliers : fortifications anciennes au hameau des Landes.

R. — Douvrend : enceinte de quatre hectares.

Gallo-Belge. — Dieppe : cité de Limes, enceinte dite camp de César, de soixante hectares au bord de la mer.

I. — Epreville en Lieuvin : plusieurs enceintes.

Moyen âge. — Etretat.

I. — Francheville : enceinte retranchée nommée la *Goubertière.*

I. — Freneuse-sur-Risle : vestiges de retranchements militaires.

I. — Feuquerolles : enceinte de trente à quarante ares.

I. — Fatouville-près-de-Jobles : petite enceinte carrée attribuée aux Anglais.

I. — Fort Monville et Triqueville : nombreux retranchements attribués aux Anglais.

R. — Fourges, camp rond de Malassis : redoute avancée du camp de Vernonnet.

G. — Fécamp : grande enceinte nommée *camp de César*, contenant plus de soixante hectares.

R. — Grand-Camp est le nom d'une commune du canton de Broglie, on y a trouvé des tuiles romaines.

Moyen âge. — Garennes : vestiges de nombreux retranchements; à la Croix-Tuetin, les monticules sont les tombes des soldats tués à Ivry-la-Bataille.

I. — Gouy : camp retranché, entouré de deux fossés.

I. — Houetteville-sur-Iton : enceinte fortifiée située dans un bois de la commune.

I. — Heugleville-sur-Scie : camp circulaire.

R. — Illeville-sur-Montfort : restes de fortifications, enceinte carrée dans la forêt.

Gaulois ou Romain. — Incheville , enceinte fossoyée, dite camp de Mortagne, urnes funéraires avec ossements brûlés.

R. — Jumiéges : trace d'un camp.

I. — Louviers : deux enceintes, une carrée, l'autre circulaire, moins importante, parties du même ouvrage avec fossés profonds, près le bois de Sainte-Barbe, au triage du fort aux Anglais.

I. — La Ferrière-sur-Risle : restes de fortifications sur une hauteur qui domine le bourg.

I. — Les Minières : retranchement isolé dans un bois.

I. — La Pyle : vestiges d'un ancien camp.

I. — Louvetot : enceinte carrée d'un hectare environ sans traces de fossés.

I. — Plusieurs levées de terre dans les bois du château de Pontavesnes, Vexin français, aujourd'hui détruites ; une autre également détruite au bois de Fabry près de Mont-Oisel.

I. — Le Chesne : restes d'enceinte retranchée au village de Poligny.

R. — Mézières, Vexin français, vestiges de retranchement.

Romain et Gaulois. — Mont-Terrier : vestiges d'un camp très-important.

I. — Montreuil : retranchements.

I. — Merey : éminence retranchée avec motte sur l'ouvrage.

I. — Manneville-le Raoult au hameau des Catelets : vestiges de fortification avec enceinte.

I. et peut-être normand.—Notre-Dame-de-l'Isle : restes d'un camp retranché commandant la pointe du Goulet.

I. — Plessis-Mahiet : enceinte carrée nommée *camp de César.*

I. — Plessis-Sainte-Opportune : le camp retranché de Tirou doit se confondre avec le précédent.

R. et moyen âge.—Port-Villez: enceinte dite camp de César.

G. — Quievrecourt : fossés considérables dans le bois de la Justice.

R. — Serquigny : camp retranché nommé *fort de Saint-Marc*; près de cette enceinte en forme de losange qui renferme environ un hectare, autre retranchement appartenant au même système.

R. — Sainte-Fosse en Vexin français, retranchements dits camp de César.

R. — Saint-Pierre-ès-Champs en Vexin français : buttes, restes de boulevards.

I. — Saint-Denis-du-Bosc-Guerard : trois enceintes faisant partie du même système sur une bruyère nommée *les Cateliers*, la plus grande de près d'un hectare.

I. — Saint-Aubin-de-Thenney : vestiges d'enceinte retranchée.

I. — Saint-Aubin-le-Guichard : restes d'un camp près la ferme de Saint-Léger.

I. — Saint-Etienne-l'Allier : fortifications élevées sur la côte.

I. — Saint-Grégoire-du-Vièvre : anciens retranchements.

Moyen âge.— Saint-Martin — Saint-Firmin: retranchements qui furent usités à l'époque de la Ligue.

I. — Saint-Samson-de-la-Roque : enceinte fortifiée nommée le *Champ des Anglais.*

I. — Saint-Christophe-sur-Avre : vestiges de fortifications.

I. — Sainte-Colombe-près-Vernon : vestiges d'un retranchement.

I. — Saint-Pierre-d'Autils (voir Notre-Dame-de-l'Isle).

I. — Saint-Aubin-Celloville : camp indéterminé.

I. — Sainte-Geneviève-en-Bray : terrassements ayant tous le caractère de fortifications.

G. — Saint-Nicolas-de-la-Taille : enceinte de Boudeville nommée *le Catelier*, dans un bois au bord de la Seine ; ancien camp.

I. — Saint-Ouen-sous-Bailly : terrassements se rapprochant d'un camp antique sur une côte dominant le Bailly-Bec.

I. — Saint-Ouen-du-Breuil : fortifications en forme de camp.

G. — Saint-Pierre-de-Varengeville : camp de César nommé *cité des Cateliers*, plus de cent cinquante hectares avec triple fossé, domine la Seine.

R. — Sandouville : camp de César au bord de la Seine, près de deux cents hectares, fossés de vingt mètres a pu être le camp de Publius Crassus.

N. — Tiergeville : vastes terrassements au bois de Graville désignés sous le nom de *vieux château* ; autres fortifications au Camp Carré et au Mont-de-Grès.

G. — Toussaint : voir le camp de César de Fécamp.

I. — Touffreville-la-Corbeline : enceinte fortifiée nommée *Camp de la Salle*, au bout du Val-de-Seine ; redoute ovale à trois enceintes de fossés.

I. — Verneuil : vestiges de fortifications au Vieux-Verneuil.

R. — Vernon : vaste camp de César à Vernonnet, domine la Seine, puissants remparts, on dit qu'il a logé la XIe légion.

I. — Valliquerville : enceinte fossoyée attribuée au moyen âge.

I. — Valmont : camp de forme carrée nommé *le Vieux-Château.*

I. — Varneville-les-Grès : enceinte avec double fossé, nommée *le camp de la Bouteillerie.*

G. — Veulettes : le catelier des Veulettes ou tombeau de Gargantua, restes d'une immense enceinte sur le bord de la mer, qui se dégrade chaque jour.

I. — Villequier : enceinte fortifiée des Cateliers, autrefois triple enceinte, au village de la Guerche.

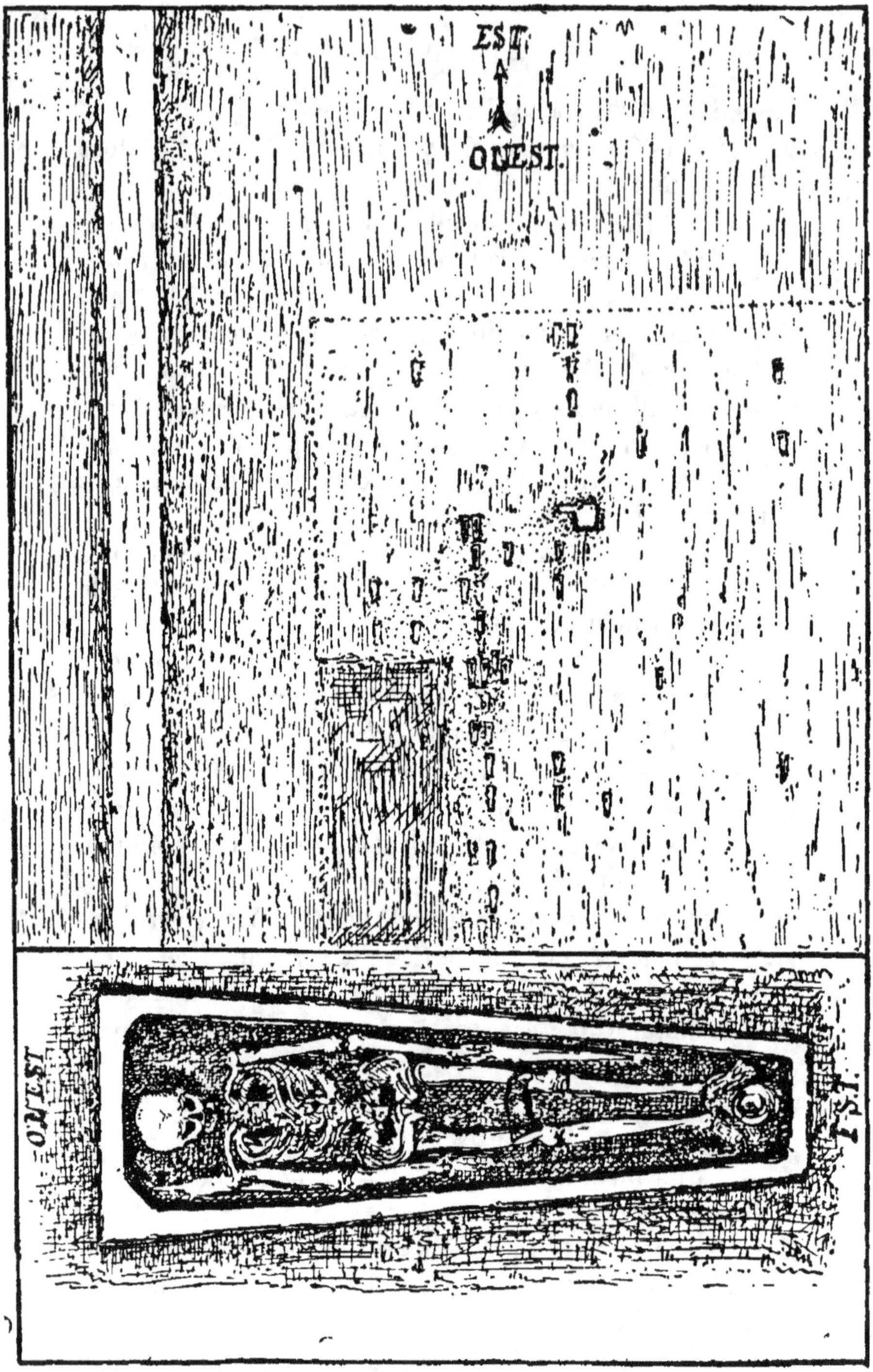

Planche XI. Cimetière romano-franc du Chesnay :
Fig. 1. Plan de la nécropole, indiquant la portion explorée.
Fig. 2. Sarcophage de pierre avec corps de guerrier franc armé de la francisque.

CHAPITRE XII

SÉPULTURES ANCIENNES

Les sépultures anciennes avec absence d'ouvrage extérieur — Les rondes de danseurs — Les ruines souterraines — Manière de procéder à des fouilles — Nécropole romano-franque du Chesnay — Les sarcophages de pierre de taille — Les tombes de pierre dure — Les hommes d'autrefois — Ce qu'il faut penser des géants — L'incinération durant les trois premiers siecles — Vases funéraires — doliums — Cratères — urnes — trépieds — biberons — plateaux — tétines — lagènes — Découverte d'un ustrinum — Les culinæ — Manière dont on brûlait les corps — Le bûcher des anciens — Enceintes et concessions — Une cérémonie funéraire au temps des Gallo-Romains — Les pleureuses — L'urne cinéraire et les vases complémentaires — Les ossements brûlés — Les mets funèbres — Les ampoules lacrymatoires — Les vases à offrandes — à libations — à parfums — Les coupes de Samos — Les barillets de verre — Principaux cimetières gallo-romains de la Haute-Normandie — Les sépultures à inhumation du IVe siècle — Les tombes violées — Urnes brisées intentionnellement — Cimetières francs-mérovingiens — Les Francs-Neustriens aux IVe et Ve siècles — Le guerrier franc dans sa tombe — *Sua cuique arma* — Considérations anthropologiques — Framées francisques — Scramasaxes — Poignards — Couteaux — Fibules — Agrafes — Bagues — Colliers — Clous — Coquilles — Cimetières francs de la Haute-Normandie.

SÉPULTURES GALLO-ROMAINES, ROMANO-FRANQUES ET MÉROVINGIENNES

Si les civilisations préceltique, celtique ou gauloise nous ont laissé des monuments impérissables comme témoignage de leur antique puissance, il n'en est pas de même de celles qui les ont suivies et dont le passage n'est marqué que par des tombes souterraines, des cités ensevelies, des fragments de route ou quelques villas éparses, enfouies çà et là sous les couches épaisses de l'humus des grands bois, quelquefois aussi dans les plaines cultivées où elles révèlent leur présence par une teinte plus foncée, par une plus grande vigueur que les plantes puisent dans ces ruines malgré le nombre de siècles accumulés sur elles. Il est difficile de préciser l'époque où les Gaulois commencèrent à élever des édifices religieux ou des ouvrages militaires dans l'Ouest; mais ils durent cesser d'en construire après la conquête de César, quand Tibère, persécutant les Druides, interdit leur culte en Gaule. Les tumuli, les tombelles gauloises sont les dernières manifestations extérieures de l'art funéraire, et si les Germains ou les Francs professèrent le même respect pour leurs morts, ils ne surmontèrent pas dans nos contrées leurs sépultures d'édifices ou d'éminences propres à en perpétuer le souvenir, ou, s'ils le firent, ces ouvrages ne sont pas parvenus jusqu'à nous. Il est possible que les barrows que l'on rencontre encore fréquemment en Angleterre aient couvert des tombes saxonnes; pour moi, je n'ai jamais trouvé en Normandie de tumuli de l'époque franque, en exceptant toutefois celui de Pressagny qui reste douteux.

Tacite, dans son ouvrage sur les mœurs des Germains, a pu parler de monuments [1] couverts de gazon qui désignent bien probablement des buttes funéraires; mais la véritable époque franque n'a commencé dans nos provinces que vers la fin du ve siècle, par conséquent plus de trois cents ans après cet historien.

Nous sommes donc réduits, pour poursuivre les ves-

[1] Monumentum cespes erigit. (*Tacite.*)

tiges de l'art, à interroger l'intérieur du sol; cette poussière du temps n'est-elle pas le livre le plus vrai, le recueil le plus complet qu'il soit permis de consulter pour connaître l'histoire d'un passé n'ayant laissé que des traditions. Ce livre, sur lequel chaque siècle a gravé une page, nous révèlera ce qu'étaient nos ancêtres; il nous indiquera quelles étaient leurs races, leurs origines; il dira leurs mœurs, leurs habitudes, leur industrie; une seule médaille nous fixera sur l'époque d'une tombe, un vase sur la coutume du peuple qui l'a exécuté, une arme sur son caractère; et tous ces objets nous dévoileront dans leur ensemble les secrets des artistes de ces époques si reculées.

C'est donc en fouillant la terre que nous comblerons les grandes lacunes de l'histoire; mais il ne faut pas croire ce travail aussi simple qu'on le pense généralement: tout au contraire, il réclame une patience, un esprit d'observation qui ne permettent pas d'abandonner aux ouvriers les chances plus ou moins heureuses de réussite. Telle localité, classée à première vue dans une période déterminée, changera d'aspect sous un examen plus approfondi et révèlera finalement une époque complétement différente.

On ne saurait apporter trop de circonspection et de prudence dans l'exposé des résultats obtenus en pratiquant une fouille. La terre que nous foulons sous nos pieds est un vaste cimetière dans lequel les générations se succèdent, se superposent; rien ne serait plus aisé que de les reconstituer telles qu'elles étaient au début, si des causes diverses ne venaient sans cesse altérer ces précieux dépôts; souvent les éléments, les pluies, les infiltrations ont dénaturé les corps dont les restes se brisent au moindre toucher; quelquefois aussi la cupidité, la haine, la vengeance, la guerre, en un mot toutes les plus hideuses passions de l'homme, ont armé les vivants contre les morts eux-mêmes; les sépultures violées présentent alors une confusion telle qu'il faut une véritable sagacité pour arriver à discerner les conditions primitives de l'inhumation. Cependant, malgré tant de chances contraires, le nombre assez considérable de cimetières antiques trouvés dans notre province, a permis de les rattacher aux grandes époques des différentes phases de l'art.

De toutes les nécropoles explorées en Haute-Normandie les plus anciennes sont les cimetières gallo-romains. On a attribué, il est vrai, aux Celtes ou aux Gaulois certaines sépultures circulaires dont un chroniqueur du XIIe siècle a dit que les corps formaient comme une ronde de danseurs [1]. J'en ai mentionné une dont j'ai découvert les restes au hameau de Grimonval; mais je n'ai pu établir si elle avait été ou non recouverte d'une butte tumulaire; les débris de poterie que j'y ai trouvés semblaient indiquer la période post-romaine, bien que la forme circulaire parût étrangère à cette époque. Quant à celle que j'ai signalée à Pressagny-l'Orgueilleux, et tout aussi inédite, la présence d'un instrument de fer pourrait être de nature à exclure

[1] Guibert de Novioni, *de Villâ suâ*, lib. II, c. I.

l'idée d'une origine celtique; j'ajouterai même que cet objet de fer, ressemblant, malgré sa faible dimension, à un angon, déposé dans un sarcophage de pierre plus étroit d'un bout que de l'autre, rappelle plutôt la période franque que l'époque gauloise.

Ce n'est pas que les Celtes ou les Gaulois n'aient fait usage du fer; ils purent l'employer conjointement avec le bronze, peut-être même le connurent-ils avant, si l'on se souvient des monuments que leurs frères d'Orient ne devaient pas toucher avec le fer[1]. L'absence de ce métal dans les sépultures des époques reculées est due à sa prompte destruction; le fer peut également avoir été considéré comme impur, car il s'oxide promptement au contact de la terre humide. Le déposer dans les tombes, où tout était en ordre pour une longue durée, eût pu par son altération offusquer les familles qui les visitaient sans cesse. Les Celtes et les Gaulois l'auraient alors remplacé intentionnellement par le silex et par le bronze, comme le firent les Égyptiens dans leurs hypogées.

Outre les rondes de danseurs, il existe certaines sépultures attribuées aux mêmes époques, dont la disposition présente des formes non moins bizarres.

Le cimetière gaulois découvert en 1868, aux Crons, dans les environs de Vertus, par MM. Lebœuf et Henri du Cleuziou, est un bien singulier exemple, de la plus étrange fantaisie, dans l'arrangement des corps confiés à la terre.

[1] Monumentum, quod ferrum non tetigit.

Le nom de cron vient du celtique, *crom,* courbe; il rappelle une quantité de buttes tumulaires élevées sans ordre et recouvrant des tombes, tantôt simples, tantôt doubles ou superposées, de telle façon que l'on dirait, à voir les corps, une sorte de danse macabre, dont les diverses figures sont notées par les lettres fantastiques d'un funèbre alphabet.

Ici, un corps allongé est flanqué de deux autres appliqués l'un à la tête, l'autre au pied, de manière à former la lettre E. Là, une tombe se greffe sur le milieu d'une autre, de telle façon que l'ensemble représente un T; à côté, deux corps se croisent comme les jambages d'un X; plus loin, ils sont juxtaposés dans la même fosse et réunis des pieds au bassin, puis, s'écartant violemment à ce point, ils se tournent mutuellement le dos en formant un Y. Il semble que cette tombe eût voulu perpétuer le souvenir d'une haine profonde. Par intervalle, quelques corps sont inhumés seuls, I; d'autres, au contraire, sont réunis deux dans la même fosse ou dans deux tombes geminées, II.

Les uns ont des vases de terre près de la tête ou entre les pieds, d'autres une fibule sur chaque épaule ou l'épée à droite; des torques aux bras, des colliers au cou; les frères d'armes sont unis par le même bracelet. Tous ces objets sont en bronze, seuls les glaives sont de fer. Dans ce cimetière, comme aux rondes de danseurs, il y a absence complète d'orientation.

On a beaucoup écrit depuis quelques années sur les

ruines souterraines, comme sur les sépultures que la charrue de l'homme met chaque jour à découvert. L'on sait combien notre contrée est remarquablement riche en débris des premiers âges de l'ère actuelle. La Seine et ses affluents, comme les grands fleuves, *ces routes qui marchent*, dit Pascal, n'ont-ils pas amené à toutes les époques des flots d'envahisseurs sur ses rives enviées, où conquérants et conquis se sont maintes fois disputé le sol fertile ?

Nous croyons donc inutile de rappeler les merveilles de l'art antique semées en profusion par les Romains sur le sol normand aux deuxième et troisième siècles de notre ère, ces palais, ces thermes, ces temples, ces théâtres, ces aqueducs exhumés des fouilles du Vieil-Evreux, et ayant donné à ce village une telle importance que l'on crut y voir la capitale même des Eburoviques; la superbe mosaïque découverte à Lillebonne, véritable chef-d'œuvre, abandonnée d'une façon regrettable sous un hangar humide et délabré, où elle sera bientôt complétement anéantie; puis, le grand cirque, le balnéaire et un columbarium qui, sans avoir la forme et l'étendue de ceux des vieilles cités italiennes, est tout aussi complet, et dont on a extrait une quantité de larges et belles urnes funéraires que nous avons pu voir encore pleines d'os calcinés, mêlés de terre et de charbons.

Nous ne citerons pas ces délicieuses villas aux longues galeries toutes couvertes de peintures murales, avec leurs riches pavages, leurs piscines, leurs statues, leurs hypocaustes, ni ces voies stratégiques à triple chaussée[1] qui sillonnaient ce pays dans toutes les directions et dont plusieurs aboutissaient à l'antique *Condate* actuellement Condé-sur-Iton; cette ville où les montagnes de résidus de fer, mêlés d'armes, de monnaies et d'objets de toute espèce prouvent l'importance d'une station, principal établissement métallurgique de la deuxième Lyonnaise, au temps des Romains; Evreux, renommée au IVe siècle comme la plus belle ville après Rouen et Tours[2], célèbre autrefois par la résistance que les Aulerques Eburoviques opposèrent à César, et dont on retrouve des murs d'enceinte remontant à la conquête, construits de débris d'édifices, de fragments de statues, de colonnes arrachées probablement à des temples plus anciens encore que les murailles; Brionne dont les beaux vases gallo-romains comptent parmi les plus remarquables qui aient été découverts sur le territoire de la Gaule; la vieille Uggade, actuellement enfouie sous les villes d'Elbeuf et de Caudebec, qui a fourni assez de statuettes de Mars, de Mercure, de Minerve, de Latone, assez de médailles, de lampes,

[1] Les voies romaines comportaient jusqu'à quatre étages de matériaux. C'était, en commençant par le fond de la tranchée, le statumem, fait de pierres à bain de mortier; puis le radus, de même appareil; le nucleus ou noyau de la route, composé de cailloux et de mortier, le tout fortement tassé; et enfin le summum dorsum, ou chaussée proprement dite, était une aire pavée et quelquefois sablée. L'on comprend l'immense supériorité d'un travail si remarquable, qu'on le retrouve encore en maint endroit; il est peu probable que l'on puisse en dire autant de nos routes après deux mille ans et même beaucoup moins.

[2] « Secundam enim Lugdunensem Rhotomagi et Turoni Mediolanum ostendunt et Tricassini (*Ammien. Marcellin*, lib. XV.) — « C'est par erreur, dit Auguste Le Prévost dans sa *Notice historique et archéologique sur le département de l'Eure*, que Troyes figure ici dans la seconde Lyonnaise, tandis qu'il appartenait réellement à la première, dont il ne sortit plus tard que pour passer dans la quatrième. »

de fibules, de styles, de meules à broyer, d'amphores, d'urnes de terre, de vases aux parfums et aux libations funéraires, d'ampoules de verre, pour pouvoir en composer un musée ; enfin, cette multitude de ruines, de sépultures, d'inscriptions, de sarcophages signalés sur mille points différents et cités ou décrits avec soin dans les ouvrages spéciaux.

Nous pensons qu'il convient de renvoyer le lecteur aux écrivains qui ont traité si savamment cette intéressante matière. En consultant de Cambris, l'abbé Rever, Bonnin, Le Prévost, Emmanuel Gaillard, Deville, l'abbé Cochet et tant d'autres; en compulsant les mémoires de la Société des Antiquaires de Normandie, on pourra se rendre compte de ce que fut l'art dans notre province aux époques gallo-romaine et franque.

Notre but étant d'initier le savant et l'artiste, ainsi que le public éclairé, aux monuments ou objets d'art quelconques, nouveaux ou peu connus révélant une civilisation éteinte, nous allons décrire le grand cimetière romano-franc que nous avons trouvé, il y a deux ans, au Chesnay même, nous étant réservé à cette époque de joindre cette découverte à celles que nous avons déjà faites, et qui sont mentionnées pour la première fois dans cet ouvrage. Toutefois, les détails étant aussi nombreux que variés, nous demanderons la permission de conserver à notre récit la forme de journal quotidien.

Depuis bien des années, j'avais observé que le propriétaire d'un champ contigu à la terre du Chesnay-Haguest éprouvait, chaque fois qu'il labourait, de grandes difficultés causées par des blocs de pierre étrangère au terrain et contre lesquels la charrue venait constamment buter.

Guidé par l'orientation de cette pièce et soupçonnant qu'elle devait receler quelque sépulture antique, je résolus d'en faire l'acquisition afin de la pouvoir fouiller en toute sécurité.

La terre du Chesnay-Haguest est d'un seul tenant et occupe le sommet et les pentes d'un plateau dont le château et le parc forment le centre. A 1000 mètres environ de ce point, dans la direction de l'est, est le champ nouvellement acquis; son plan, fortement incliné au sud, aboutit à un marais appelé la Bourdonnière; il est formé de terre calcaire, d'une épaisseur moyenne de 35 à 40 centimètres et semé à sa surface, aussi bien qu'à l'intérieur, d'une multitude de menus fragments de pierre dont la présence a valu à ces sortes de terrains le nom de Groues.

Ce fut à cet endroit que je me transportai, le 9 mars 1875, dans le but de commencer mes recherches; mais je reconnus bientôt qu'il était impossible de rien entreprendre tant que le champ, couvert de chaume, ne serait pas défriché.

Le lendemain matin, 10, je fais venir le fermier du Chesnay, homme très-expérimenté dans la culture, et nous attelons à une forte charrue de fer trois de ses plus vigoureux chevaux. Nous avions donné au soc plus d'entrée qu'on ne l'avait fait jusqu'ici dans les précédents labours, aussi le résultat ne se fit pas attendre, et dès les premiers tours, plusieurs grosses pierres apparurent à la surface, produisant sur l'attelage un choc qui arrêta les chevaux.

A ce moment je fis planter par un homme, suivant la charrue, une branche de pin dans le sol, afin de marquer l'endroit où le choc avait eu lieu, et nous continuâmes notre marche jusqu'à un nouvel arrêt, où l'on piqua une nouvelle branche et ainsi de suite. Nous avions eu soin de diriger notre travail du nord au sud, pensant bien que les tombes orientées d'est à ouest se découvriraient plus aisément par le travers que par l'extrémité.

Vers le soir, lorsque les hommes et les chevaux exténués par ce rude défrichement eurent quitté le terrain, la moitié de la pièce était à peu près labourée, car j'avais fait réserver un mètre de terre entre chaque raie, aucune sépulture ne pouvant échapper dans une si faible largeur. Je fis le recensement des branches, et ce fut seulement alors que je reconnus, à mon grand étonnement, un immense cimetière là où je croyais trouver quelques tombes éparses.

Ce vaste quartier d'une nécropole de plus d'un hectare dont je ne connaissais encore que deux côtés, n'avait pas moins de 71 mètres de long sur 53 de large! Près de 4,000 mètres carrés couverts de sépultures! C'était plus qu'il en fallait pour commencer les fouilles. Aussi le lendemain 11, quand le fermier vint pour continuer le labour, je calculai qu'il valait mieux conserver une partie de la pièce en friche pour des recherches ultérieures; je fis donc retirer l'attelage et je me mis immédiatement, avec mes deux habiles terrassiers, à remuer la terre aux places que nous avions jalonnées la veille.

Tout d'abord nous soulevâmes des éclats de calcaire ne présentant aucun caractère précis : c'étaient plutôt des moellons propres à construire que des pierres ayant pu servir de sépulture ; mais bientôt je reconnus dans ces morceaux disséminés les débris des couvercles des tombes que je ne devais pas tarder à découvrir. En effet, après quelques tâtonnements, nous mettons au jour deux magnifiques sarcophages que la charrue avait effleurés, car ils étaient à peine recouverts de quelques centimètres de terre. C'étaient de vastes auges de pierre de taille du bassin de la Seine ; l'une avait 2 mètres de long sur 60 centimètres à un bout et 30 à l'autre ; la seconde, 62 et 40. Toutes deux mesuraient 30 centimètres de haut en dehors et 20 de creux ; un faible espace de 10 centimètres séparait ces tombes jumelles, dont le couvercle de pierre dure avait été brisé, comme je viens de le dire, par les précédents labours.

Aussitôt, laissant pioches et pelles, nous nous précipitons avec ardeur vers l'une des auges et nous cherchons à enlever la terre qui la remplit, si tassée et si dense que nos couteaux refusent de la pénétrer. Je songeais alors mélancoliquement aux coquilles employées pour les fouilles de Carthage et de Pompeï et dont je fis moi-même usage autrefois aux environs de Naples lorsque le prince de Syracuse voulut bien faire ouvrir pour moi quelques tombeaux étrusques : mais le sol était bien différent ; ici, cette terre refoulée dans le sarcophage depuis des siècles présentait autant de résistance que le terrain même du cimetière.

Cependant, après bien des efforts, nous voyons apparaître un os long, un fémur je crois, puis une clavicule, puis une tête mutilée ; nous continuons avec une ardeur fébrile et peu à peu nous exhumons une quantité d'os, les uns intacts, les autres brisés, tous mêlés, enchevêtrés de telle façon qu'ils se croisent en tous sens, comme le feraient des ossements plusieurs fois remaniés. Enfin, nous atteignons le fond de la tombe, où nous constatons la présence d'un squelette entier, mais en si mauvais état qu'il est absolument impossible d'en sauver aucune pièce ; le crâne lui-même se brise au contact de nos mains.

Nous cherchons inutilement dans ce tas de décombres : aucune arme, aucun objet ne viennent frapper nos avides regards. A une époque antérieure, il faut le croire, la sépulture avait été fouillée et l'on avait replacé pêle-mêle dans l'auge les débris provenant d'autres tombes.

Le 12. — Bien que nous ayons été complétement déçus dans nos espérances, nous commençons ce matin avec une nouvelle ardeur l'exploration du second sarcophage, et quoique le résultat soit le même qu'hier, nous remarquons que le squelette du fond est mieux conservé. Ce corps, de 1 mètre 65 centimètres de long, a été inhumé sur le dos, les pieds à l'est et la tête à l'ouest, par conséquent regardant le levant; les bras et les mains sont allongés le long des hanches; tout l'indique, le fond de l'auge n'a jamais été visité, et cependant, malgré les plus minutieuses recherches, nous ne découvrons absolument rien dans la terre mêlée de pierres remplissant la tombe.

En dégageant avec précaution le dehors des deux sarcophages, nous trouvons un mur de 50 centimètres d'épaisseur, formé de pierres posées debout, qui les entoure complétement. A la suite du mur et de chaque côté, d'autres fosses se découvrent; ce ne sont plus des auges, mais des rangées de pierres, de groues, de la grandeur d'un pied carré fichées de champ. Quelquefois celle qui supporte la tête présente une cavité dans laquelle le crâne se trouve incrusté à la façon carlovingienne. Le fond est également pavé de pierre dure; certains corps ont la tête déposée entre les pieds.

A mesure que nous poursuivons nos recherches, nous remarquons dans l'intérieur du sol une quantité de débris de poterie; ce sont de grosses tuiles plates à côte épaisse, d'autres cintrées sur leur longueur, des fonds, des rebords, des anses, des morceaux de vases aux formes les plus variées. Les uns sont faits d'argile rouge ou blanche; d'autres de glaise noire, de grès brun; tous d'une pâte excessivement fine, et, chose singulière, chaque fragment appartient à un vase différent. Nous commencions à désespérer de trouver un seul de ces récipients intacts, lorsque tout à coup nous découvrons, vers le bas d'une nouvelle tombe, d'abord une, puis deux, puis trois charmantes urnes funéraires, l'une en terre brune, l'autre blanche, et la troisième grise. Leur hauteur variait entre 9 et 10 centimètres, et leur grosseur de 10 à 11. Elles étaient toutes trois superposées entre les pieds du mort, celle de dessus retournée, et les deux autres renversées de côté; ces dernières remplies d'une terre dure et tassée, l'autre d'une sorte de terreau noir très-léger.

Au premier abord je crus voir dans cette tombe une sépulture gallo-romaine, car les Francs-Mérovingiens, les Anglo-Saxons ou les Germains ne déposaient jamais beaucoup plus d'une urne aux pieds de chaque corps, contrairement aux Gallo-Romains, qui en plaçaient souvent plusieurs disséminées dans toute la tombe; mais en examinant les vases avec plus d'attention, je n'eus pas de peine à me convaincre qu'ils n'avaient pas la finesse de pâte, le galbe, l'extrême élégance, en un mot ce cachet de haute distinction que les Romains donnaient à tous leurs produits et qui en faisaient de véritables objets d'art. Ici la forme avait quelque chose de barbare; de primitives moulures espacées de losanges, d'entrelacs ou semées de billettes, rappelaient, à s'y méprendre, les ornements sculptés sur nos cathédrales romanes et reproduits même sur les plus simples églises de nos campagnes antérieures au XIe siècle. Ils étaient enduits d'une couverte noire en plombagine ou mine de plomb, et exhalaient au contact de l'eau une odeur forte et pénétrante.

Il me semblait fort difficile de fixer une date à ce cimetière sur le simple examen de ces vases. Je retournai donc à mes sarcophages, que je mesurai de nouveau. Je les trouvai beaucoup moins massifs que ceux que j'avais vus à Rouen, à Evreux, à Lillebonne; ils n'avaient pas la coupe épaisse, carrée, presque majestueuse qui donne à cette dernière demeure du Gallo-Romain l'aspect d'un monument imposant et impérissable. Bien qu'ils ne portassent aucune inscription, ni le *Diis Manibus* des païens, ni la croix des premiers chrétiens, ils paraissaient postérieurs aux Romains, mais de beaucoup antérieurs aux Carlovingiens, et, comme l'étude des vases permettait une appréciation identique, je conclus provisoirement à des sépultures de Francs-Neustriens, les contemporains des Anglo-Saxons, des Helvètes, des Allemani, des Burgondes, dont les hordes barbares inondèrent l'Europe du IVe au VIe siècle.

Mais alors, que pouvaient signifier ces débris de poteries fines, évidemment gallo-romaines; ces tuiles à larges bords, ces *imbrex*, ces restes d'énormes *doliums*, de *cratères*, d'*urnes funéraires*, de *trépieds*, d'*amphores*, de *biberons*, de *plateaux*, de *tétines*, de *lagènes*, etc., semés en quantité entre toutes les tombes et disséminés sur la surface du sol? Il y avait là une énigme dont je ne pouvais saisir le sens, et plus les fouilles avançaient, plus cette question semblait s'obscurcir. Le lecteur va bientôt voir comment le hasard seul me dévoila le mystère, en me mettant sur la trace d'une découverte du plus haut intérêt.

Le 13. — Aujourd'hui, désirant nous rendre compte de la disposition des tombes sur les différentes parties du cimetière, nous changeons de direction en entamant le sol à 50 mètres plus au sud; à notre grande surprise nous trouvons, au lieu de sépultures, un travail tout à fait nouveau.

Une fosse de plus de 2 mètres de profondeur a été creusée sous terre; trois de ses côtés, enduits de glaise, ont été tapissés de pierres plates minces, au-devant desquelles on a élevé un mur de 25 centimètres d'épaisseur, maçonné en mortier de glaise. Le quatrième côté, qui n'a pas de mur, aboutit à un corridor également souterrain. Une voûte dont le dehors excède faiblement le niveau du champ, laisse, entre elle et le pavage de cette petite chambre, un espace de 3 pieds et demi de haut, 6 de large dans le sens du corridor et 3 dans l'autre.

Le corridor, de 2 mètres de long sur 1 de large, précède la chambre et s'y termine par une extrémité; il est à ciel ouvert. Son sol naturel commence au niveau du cimetière, puis descend, par un rapide plan incliné, jusqu'à la loge dont le pavage, établi sur un remblai de 50 centimètres de matériaux poreux et fait de pierres plates, offre une surface plane. Le grand axe du corridor et de la chambre, qui a 4 mètres de long, est orienté du nord au sud, son côté droit est en ligne avec le mur de la chambre, celui de gauche présente une excavation de 60 centimètres à 3 pieds de l'entrée.

Après avoir enlevé les moellons de la voûte, effondrée à l'intérieur, nous examinons les murs avec beaucoup de soin et nous découvrons, dans celui du fond faisant face au passage, un conduit de 7 à 8 centimètres de diamètre formé de tuiles plates et de faîtières ou couvre-joints cimentés de glaise. Il prend naissance à quelques pouces au-dessus du pavage et s'enfonce dans la maçonnerie, puis s'élève entre elle et le tuf, contourne l'angle gauche de la chambre et, après avoir rampé sous le sol pendant 6 pieds, il aboutit au point même où le corridor débouche dans la chambre à une excavation de 1 pied cube, dans laquelle nous trouvons un vase d'une forme nouvelle posé sur des débris de poterie consumés par le feu. C'est une marmite de terre noire très-fine, ayant 18 centimètres et supportée par trois petits pieds. Elle n'a pas d'anneaux pour recevoir une anse, pas de couvercle, mais elle est surmontée de deux tuiles en forme de toit terminé à fleur de terre par un trou recouvert d'un gros obturateur de pierre dure parfaitement cylindrique.

Nous avons cherché longtemps quelle pouvait être la destination de ce réduit élevé dans l'enceinte même du cimetière. Nous avons d'abord pensé aux officines où l'on brûlait les mets funéraires[1], et nous étions d'autant plus portés à admettre cette hypothèse que nous avions ramassé, sur le sol de la chambre, une mâchoire de sanglier, puis de petits ossements indéterminés, des moules et des huîtres dont la nacre brillante les aurait fait prendre volontiers pour des coquilles récemment sorties de la mer; mais la découverte inattendue d'une chaîne de fer, jointe à la grande quantité de cendres et de charbons répandus sur le pavage de la chambre, nous ont tout à coup révélé la vérité: nous avions sous les yeux un *ustrinum*, un four destiné à l'incinération des morts. Cette chaîne était

[1] Les *culinæ* dont parle Festus.

composée de trois mailles : la première, en forme d'étrier, avait 7 centimètres de long ; la seconde, ovale, 7, et la troisième, triangulaire, 5. Une large bride de 6 centimètres évasée sur ses deux bords est reliée à la troisième maille par deux anneaux mobiles. C'est exactement le modèle de la chaîne que nous voyons encore de nos jours suspendue au-devant des fours à chaux ou à plâtre, et qui sert à l'ouvrier pour enlever et avancer dans le foyer les fagots, qu'il saisit à l'aide d'une tringle passée dans la bride terminant la dernière maille.

Maintenant, trasportons-nous par la pensée à l'époque de notre *brûloir*, c'est-à-dire vers l'un des trois premiers siècles de l'ère chrétienne. La nouvelle religion commence à pénétrer dans les grandes cités de la Gaule, mais les campagnes sont encore soumises aux coutumes du paganisme, et le rite de l'incinération, c'est-à-dire la destruction du corps par le feu, est le dernier hommage rendu au mort. Un riche Gallo-Romain ou quelque chef de cohorte de l'antique Scamnis[1], peut-être même un simple particulier, vient de mourir. A la nouvelle des funérailles, la foule envahit le cimetière, témoignant par son recueillement du respect que l'idée du trépas inspirait à nos ancêtres.

Cependant l'ordonnateur de la cérémonie (*designator*) est arrivé à la maison mortuaire ; il a fait placer sur une civière (*feretrum*) richement décorée le corps exposé depuis huit jours sur un lit de parade, revêtu de ses

[1] Actuellement Ecos.

habits de fête, de ses armes, de tous les insignes de sa dignité; puis, au son d'une mélopée plaintive, le cortège, précédé des musiciens, des pleureuses (*præficiæ*[1]), s'est mis en marche pour arriver lentement au pied du sinistre corridor. C'est là que le personnage (*laudator*) chargé de rappeler la vie du défunt va prononcer l'oraison funèbre au milieu du plus profond silence; mais bientôt les sanglots entrecoupés interrompent son discours, qui se termine au bruit des cris lamentables poussés par les parents, les amis, les serviteurs de celui que le fatal trépas vient d'enlever à leur amour, à leur affection.

A ce moment, les membres de la famille qui, la tête voilée, se sont rangés de chaque côté du sombre passage, reçoivent de la main des pleureuses le compte des larmes qu'elles ont versées, avec les vases lacrymatoires qui les renferment; puis, les porteurs (*vespillones*) enlèvent prestement la dépouille mortelle et la font glisser, à l'aide d'une planche, sur la pente aboutissant au four. Un bûcher composé de branches et d'arbres résineux a été allumé par l'entrepreneur des funérailles, le (*libitinarius*)[2], et arrosé, comme le corps, d'huile et d'essences contenues dans de grandes amphores.

C'est alors que l'employé spécial (*pollinctor*)[3], sai-

[1] *Designator*, *feretrum*, *præficiæ*, voyez Horatius Flaccus, Sénèque, Ovide, Virgile, Plaute, Varron.

[2] Libitinarius de Libitina, déesse des enterrements.

« Qui circumcidis omnem impensum funeris
« Ne quid de tuo faciat lucrum. »

(Phædre.)

[3] *Laudator Vespillio, pollinctor:* lire Cicéron, Tite-Live, Martial, Suétone.

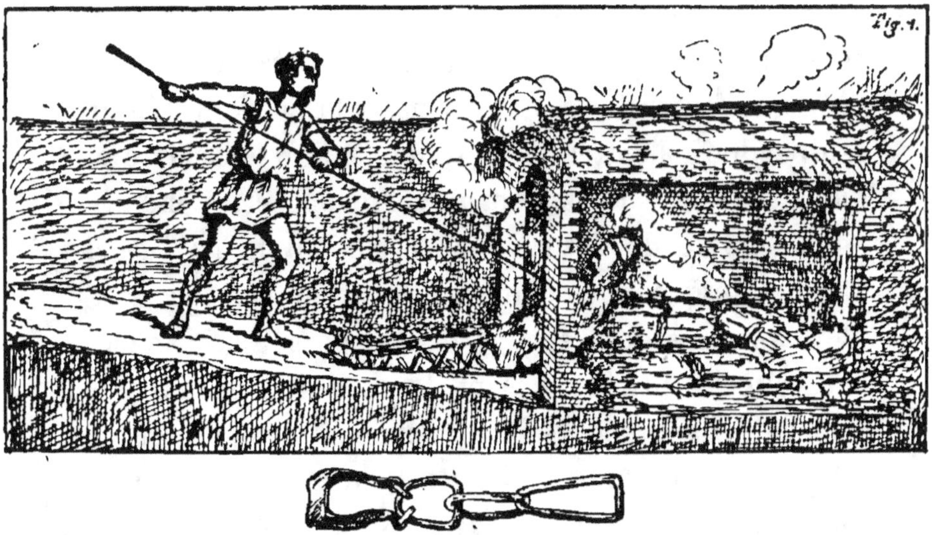

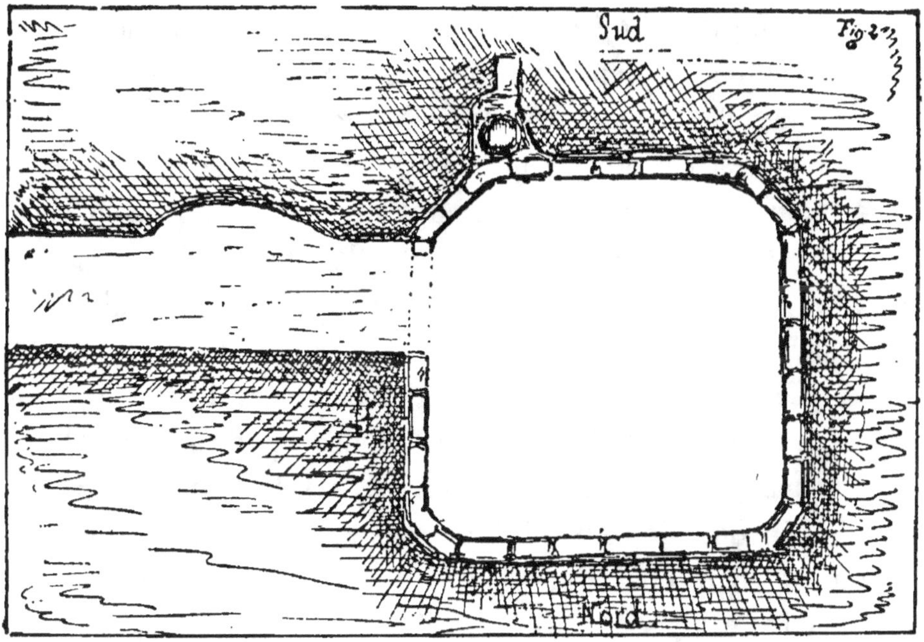

Planche XII. *Fig. 1.* Brûloir gallo-romain pour l'incinération des corps ; chaîne destinée à suspendre la fourche.
Fig. 2. Plan du même indiquant l'anfractuosité où se retirait le pollinctor.

sissant l'extrémité d'une longue tige de frêne terminée par une fourche et passée dans la bride de la chaîne suspendue à l'entrée de la voûte, enlève le cadavre et le fait arriver successivement sur le bûcher. A mesure que l'œuvre de destruction s'accomplit le *pollinctor*, avancé jusque dans l'anfractuosité du passage, soulève le corps qu'il engage davantage sur la flamme, et celle-ci, pénétrant dans le conduit ainsi avec la fumée, chauffe le récipient plein d'aromates et en dégage les parfums qui se mêlent aux odeurs délétères. La combustion achevée, les cendres du défunt sont placées dans une urne funéraire et remises à la famille; puis, les *prœficiœ* aspergent par trois fois les assistants de la branche purifiante du laurier, en prononçant le mot : *Ilicet*. Le cortège, avant de s'éloigner, répète encore plusieurs fois, en versant d'abondantes larmes, le touchant adieu : *Salve œternum!* et la cérémonie est terminée. Nous verrons plus loin ce que devenaient ces urnes renfermant des débris d'os mêlés de cendres et de charbons, et de quelles délicates attentions les Romains entouraient un aussi fragile souvenir.

Le 15. — Hier, dimanche, les habitants d'Ecos qui s'intéressent particulièrement à mes fouilles, étaient venus en masse, espérant deviser sur la taille et les proportions de ceux qu'ils prennent, à tort ou à raison, pour leurs ancêtres. Chacun se promenait avec son mètre, comparant, allant de l'un à l'autre, tout surpris

Térence, Sidoine Appollinaire et tous les auteurs latins qui ont écrit sur les sépultures.

de ne trouver sur ces squelettes que les mesures de son propre corps. Ils oubliaient que les géants ont eu leur temps comme toutes les inepties exploitées au grand profit de la sottise humaine.

Ignoraient-ils donc que le cadavre du roi des Cimbres, *Teutoboccus*, dont la taille était si élevée que sa tête dépassait même les trophées fixés aux lances, aux jours de victoire, n'était autre qu'un éléphant fossile de l'époque tertiaire, déterré sur les rives du Rhône, puis exhibé par le docteur Mazuyer au grand ébahissement des candides qui faisaient pleuvoir leur argent dans sa bourse vide; et le *Genou d'Ajax*, promené triomphalement dans toute la Grèce, et le corps d'*Oreste* de 12 pieds de haut, celui de *Polyphème*, du *Géant de Lucerne*, dont les dents avaient 1 pied de long, et tant d'autres, tous éléphants fossiles renvoyés finalement au Muséum et rangés avec ces animaux après l'avoir été parmi les héros !

Depuis *Pline* jusqu'aux derniers siècles, on a écrit des volumes sur les prétendus colosses et il suffit de lire quelqu'un de ces livres tels que le *Traité des Géants*, de Cassanion[1], pour être édifié sur la valeur de ces histoires. Du reste, Pline y croyait aussi bien

[1] *De Gigantibus*. Basil., 1580.

Un bien curieux manuscrit de la Bibliothèque nationale attribué à un moine de Foucarmont (canton de Blangy), qui écrivait au XIIe siècle, raconte : « l'histoire plaisante et recreative faisant mention des prouesses « et vaillances du noble Syperis de Vinevaux et de ses dix-sept fils », et explique dans ce roman de geste comment le colossal géant Foucard, fondateur de Foucarmont, fut tué par le vaillant Syperis de Vinevaulx, qui donna son nom à une partie de la forêt d'Eu. On prétend que l'on a trouvé ses ossements et son grand sabre dans le pays, vers la fin du siècle dernier; on aurait vraiment bien dû les conserver !

que Pausanias ; Théophraste, plus prudent, voyait dans les ossements fossiles une production de la terre[1]. Quant à Virgile, il admire avec complaisance les *ossements majestueux exhibés des tombes antiques*[2].

Il n'a fallu rien moins que la science de Blumenbach et de l'immortel Cuvier pour réduire à néant ces inventions faites pour exploiter la crédulité populaire.

Que de bêtes, par ignorance ou par naïveté, ont eu la célébrité d'appartenir à la race humaine ! Nous nous rappelons encore le succès fou d'hilarité qui accueillait Constant Prévost lorsqu'il nous dessinait, sur le grand tableau de la Sorbonne, la tête plate et la longue échine de la bête d'*Œninghem*, l'*homme témoin du Déluge*, le *prédécesseur d'Adam*[3], qui n'était autre qu'une salamandre monstrueuse.

Après avoir exercé la sagacité de tous les savants de l'Allemagne pendant soixante ans, elle devint tout à coup sous le souffle puissant de Cuvier la risée de l'Europe entière. Et ce fut vraiment fâcheux, car c'eût été un précieux argument en faveur du *transformisme :* les hommes rampants issus du reptile, les gens malins descendant du singe ![4]

[1] « . . . . . et ossa e terra nasci
« Invenireque lapides osseos. »

(Theophraste, lib. XXXVI.)

[2] « . . . . . Galeas pulsabit inanes
« Grandiaque effossis mirabitur ossa sepulchris. »

(Virgile, *Géorgiques*, IV, 496.)

[3] « Homo diluvii testis », de Scheuchzer, non moins fantastique que l' « homo nocturnus » de Linné, ou que l' « homo caudatus » qu'il accepta.

[4] Les partisans de la libre pensée qui ont su exploiter les doctrines de Darwin au profit du matérialisme, lui attribuent à tort l'idée transformiste. Schalver d'Osnabruck enseignait à Iéna, vers la fin du siècle

. . . .

Nous disions que quelques hommes ayant voulu soulever mes deux sarcophages jumeaux achevèrent de les briser. Cette mutilation involontaire me mit à même de constater ce matin qu'ils avaient été disposés sur un pavage fait de tuiles romaines, maçonnées avec du mortier à base de chaux et de sable.

De nouvelles tombes sont successivement découvertes et explorées ; elles sont toutes établies sur des rangs parfaitement réguliers, et comme alignées au cordeau. Chaque rang est séparé du suivant par un espace vide de 60 centimètres ; assez souvent, deux sépultures d'enfants, mises au bout l'une de l'autre, interrompent la symétrie en dépassant le rang de quelques centimètres.

Voici un magnifique sarcophage dont la dimension est supérieure à celle des autres, il a 30 centimètres de profondeur ; le bloc de pierre dans lequel il a été creusé est travaillé avec plus de soin ; les angles internes sont évidés non pas à la gouge, mais au ciseau. Le

dernier, les rapports de l'homme et du singe. Il est vrai que, pour lui, l'homme était un singe dégénéré.

Bien avant, de Maillet affirmait, malgré les dénégations de Voltaire, que l'homme descendait du poisson. Les savants n'ont-ils pas cru longtemps qu'un certain coquillage, dont la forme rappelle celle de l'oiseau, donnait naissance à la macreuse, et, pour cette raison, ils le nommèrent *anatife*, dérivé du latin *anas*, canard.

Ici, du moins, il n'y a qu'erreur.

Les théories de Darwin, inclinant à l'origine simienne aussi bien que la lutte pour la vie, la concurrence vitale, le *Struggle for life*, qui mènent fatalement à la loi de Malthus, ces théories rendues célèbres par le charme du style, le prestige personnel de l'auteur et l'étendue de ses connaissances, ont si malheureusement détourné une grande partie de la jeunesse lettrée des responsabilités sociales, que les plus simples et universels principes du bien et du mal leur sont devenus étrangers, et d'affreux forfaits tout récents en sont la preuve manifeste et inquiétante.

dehors comme le dedans ont été ébauchés à la pioche volante, l'ouvrier a commencé par équarrir le bloc, puis il l'a fini au ciseau, et après avoir dressé les quatre arêtes à la règle, il a tracé le creux à l'aide d'une jauge de 10 centimètres d'écartement et enlevé la pierre de l'intérieur avec les mêmes outils qui ont servi à façonner le dehors ; il est encore facile de reconnaître les traces laissées par l'instrument.

Nous soulevâmes d'abord une partie de couvercle qui ne semblait pas avoir été dérangé, puis mes deux hommes commencèrent à retirer avec toute la précaution possible les décombres dont l'intérieur était rempli. Je leur avais abandonné cette tâche délicate, sachant par expérience que ma présence était inutile tant que l'on n'était pas arrivé à la terre noire mêlée de cendre humaine; mais emportés par leur zèle, ils venaient d'enlever cette précieuse enveloppe et lorsque je revins, le corps était complétement à découvert.

C'était un homme de haute taille (1 mètre 80), il était inhumé sur le dos dans une pose empreinte d'une véritable majesté. Sa main droite avait tenu une framée, dont on voyait le fer, admirablement conservé, dressé au-dessus de l'épaule et s'allongeant le long du cou ; vers le côté se trouvait un couteau beaucoup plus oxidé que la lance; sur ses jambes était déposée une francisque et entre ses pieds un petit vase funéraire semblable à ceux que nous avons décrits.

A la vue de ce guerrier couché depuis quatorze siècles dans cette tombe de pierre qui, loin d'être muette, révélait tout à coup le rite funéraire des fiers Germains de notre première monarchie, je demeurai saisi d'une indicible émotion. Cet homme, couvert encore de ses armes comme à l'heure du combat, me parut grand comme le monde !

Je fus tellement impressionné que j'hésitai quelque temps à continuer la fouille, et lorsque je me penchai pour explorer ce sanctuaire de la mort, je me sentis honteux d'une profanation que je réprouvais intérieurement.

J'enlevai d'abord la lance en observant, d'après la direction légèrement oblique, que sa hampe avait dû être brisée en deux pour entrer dans le sarcophage, car ce ne pouvait être un javelot ; -puis, j'examinai le devant de la poitrine et je trouvai entre les côtes deux pattes de fer en forme de fibule. Cette agrafe qui avait servi à maintenir la tunique, était fortement oxidée, et je dus la traiter plus tard par le feu pour reconnaître l'ornementation primitive. Plus bas, une boucle de bronze indiquait encore la place du ceinturon.

La sépulture était si parfaitement intacte que l'on retrouvait ainsi chaque pièce à l'endroit où elle avait été déposée ; seuls les vêtements, de même que les chairs, étaient anéantis. J'interrogeais avec anxiété cette éloquente poussière, causant avec le guerrier de sa vie de luttes, de ses croyances, de ses coutumes, cherchant autour de lui quelqu'un de ces mille objets qui accompagnaient dans la tombe le barbare des époques les plus reculées. Le bouclier de bois recouvert de cuir, placé d'ordinaire à la gauche du corps, n'existait plus, mais on reconnaissait une masse oxidée et informe qui pourrait avoir été l'*umbo* ou cône saillant, occupant le centre de l'arme défensive; peut-être était-ce le cimier d'un casque; le *scramasaxe*, sorte de long couteau également rongé par la rouille, avait aussi gardé sa position.

C'était bien le guerrier *franc* confirmant le récit que Tacite faisait des mœurs de ses ancêtres[1] par la présence de ses armes disposées sur sa dépouille mortelle, comme elles le furent de son vivant; peut-être un chef, à en juger par la richesse de sa fibule, vieux représentant de cette race chevelue qui s'imposa par la violence et fit succéder la barbarie aux siècles de génie qui avaient fait de nos cités normandes des émules dignes de l'Italie et de la Grèce.

Etait-ce un des sicaires que la farouche Frédégonde envoya à Rouen égorger l'évêque Prétextat au pied même des autels, ou un noble chasseur de cette sombre forêt Bleue, de celle de Chelles ou de la forêt royale de Lyons, qui retentirent si souvent alors des joyeuses fanfares de nos premiers rois mérovingiens? Etait-il chrétien? était-il idolâtre? Aucun signe ne pouvait le dire. Qu'avait renfermé le vase funéraire déposé à ses pieds? De l'eau lustrale, s'il était païen, et peut-être bénite dans le cas contraire. Cet usage existait encore au XIIIe siècle; s'il faut en croire un liturgiste de cette époque, cette eau avait pour but de chasser les obsessions de l'esprit mauvais:

.... *Ne dæmones ad corpus accedant*[2].

[1] « Sua cuique arma. »(Tacite, *De Moribus Germanorum*.)

[2] « Deinde corpus ponitur in speluncâ, in quâ in quibusdam locis po-

Quoi qu'il en soit, la plus modeste monnaie eût pu nous renseigner positivement, mais je n'en ai pas trouvé de traces.

Nos fouilles ont duré ainsi toute cette semaine, et c'est seulement à la fin de la suivante, le 27 mars, que nous les avons suspendues, comptant bien les reprendre au premier jour. Nous avons pu, pendant ce long travail, vérifier plusieurs faits d'une grande importance.

La portion de cimetière que je viens d'explorer sur quelques points, et dont je ne connais pas encore exactement les limites, occupe environ 4,000 mètres carrés. J'estime que dans ce vaste périmètre il pouvait exister vingt rangées de tombes, c'est-à-dire, en en comptant près de vingt-cinq au rang, cinq cents sépultures, toutes orientées est à ouest. Cependant, il faut déduire de ce nombre une fosse commune assez vaste, située au nord du champ mortuaire, elle dut contenir plusieurs couches de corps superposés, car la terre en était absolument noire ; l'on n'y rencontrait même aucun de ces fragments de pierres qui couvrent tout le sol environnant. En dehors de la fosse, le cimetière ne renfermait qu'une seule épaisseur de tombes édifiées ou posées à une faible profondeur et reposant sur le calcaire ; un certain nombre contenaient plusieurs squelettes ou des ossements remaniés replacés sur le corps. Les unes étaient des sarcophages de

nitur aqua benedicta et prunæ cum thure ; aqua benedicta ne dæmones qui multùm eam timent ad corpus accedant. »

(Durandus Rational, *Divin. Offic.* lib. VII, c. xxxv.)

pierre tendre, dite du bassin de Paris, pouvant provenir des carrières de *Saint-Gervais*, *Nucourt*, *Serans* ou autres, dont les produits sont compris sous le nom générique de *Vergelé;* les autres faites de pierres dures, plates, extraites dans les environs, fichées en terre debout, fortement évasées par en haut, se touchant toutes, pavées dans le fond et représentant aussi un sarcophage, non d'une seule pièce, mais de vingt morceaux différents.

Les tombes de pierre de taille formaient plus particulièrement une ligne sur le milieu du cimetière. Cependant, les autres se mêlaient parmi elles ou se prolongeaient sur leurs côtés. J'ignore si celles-ci ont eu des couvercles; elles ont pu renfermer des bières[1] de bois, à en juger par la quantité de longs clous de 10 à 15 centimètres que j'y ai trouvés; néanmoins, je ne saurais affirmer le fait; je pense même que la dimension de ces clous, indiquant une épaisseur de planches de 4 à 5 centimètres, m'a semblé restreindre la place réservée à un corps inhumé, vêtu et armé.

L'examen des ossements m'a également paru de nature à présenter quelque intérêt au point de vue anthropologique. Bien que plusieurs squelettes fussent excessivement friables, j'ai pu étudier un petit nombre de crânes qui se rapportent à la forme dolycocéphale, caractérisée par un grand développement de la partie

[1] Certains auteurs prétendent que les anciens ensevelissaient leurs morts dans des bières de bois, et le mot *sandapila* dont parlent Martial et Suétone, semble devoir désigner des cercueils analogues aux nôtres.

postérieure. L'arcade sourcillière en était très-prononcée, le front déprimé et la mâchoire légèrement fuyante ou prognate avec un menton aigu, à peine sensible. L'angle facial est inférieur de quelques degrés à la moyenne dominante. Les autres os paraissaient bien équilibrés.

Voici certaines dimensions prises au hasard parmi des corps sans distinction, mais plus particulièrement adultes :

Humerus	30 à 31	centim.	fémur	45 à 46	centim.
cubitus	27 à 28	—	tibia	35 à 36	—
radius	25 à 26	—	péroné	36 à 37	—

Les attaches paraissent vigoureuses : au fémur du muscle poplité et du triceps fémoral, au tibia du jambier antérieur. On remarque aux humérus la crête rugueuse de l'implantation du deltoïde, la surface d'insertion du brachial antérieur.

Enfin, la ligne âpre du fémur, les trochanters, la crête du tibia sont fortement accusés.

Au résumé, taille au-dessus de la moyenne, avec présomption d'une grande force physique, jointe à des spéculations intellectuelles médiocres. Telles sont les données semblant ressortir d'un examen que les recherches ultérieures pourront modifier, sans toutefois les annuler complétement. Les ossements mesurés, je dois le noter ici, proviennent moins de tombes de pierre dure que de sarcophages ayant pu être plus spécialement affectés à des guerriers ou à des chefs, probablement sujets choisis.

Les objets trouvés dans les tombeaux répondent à cet esprit grossier, à cette absence de conceptions artistiques résultant de l'observation des contours de la boîte crânienne. Les haches sont pesantes (600 grammes) ; l'ouverture réservée pour l'emmanchement manque de méthode ; tantôt elle est allongée comme le serait une mortaise, tantôt arrondie comme pour recevoir un tenon cylindrique ; dans les deux cas elle est évasée au-dehors pour permettre de frapper un coin dans une fente pratiquée à la tête du manche. Malgré cette imperfection due à l'ignorance du forgeron, car, autant que la rouille m'a permis d'en juger, ce n'étaient que des pièces de forge n'ayant jamais été polies ni ajustées, ces haches étaient bien en main ; mais le sentiment de la forme, le galbe, a été sacrifié au besoin de résistance ; d'un côté amincies en coin d'une grande pénétration elles se terminent de l'autre par une masse lourde et meurtrière. Les deux extrémités sentent également la mort.

Ce sont bien ces armes terribles que les Germains du temps de Childéric maniaient avec tant d'adresse et qui causaient de si cruels ravages dans les rangs de l'ennemi. Isidore de Séville vivant à la fin du VIe siècle, et les chroniqueurs du temps les désignent sous le nom de francisques, c'est-à-dire provenant des Francs [1].

Les lances sont légères, la hampe ne pouvait avoir plus de 2 centimètres 1/2 de diamètre, d'après l'ouverture de la douille ; nous n'en avons pas retrouvé

[1] « Secures quas Hispani ab usu Francorum per derivationem franciscas vocant. » (Isid., lib. XVIII.)

de vestiges ; cette faible épaisseur devait les rendre flexibles et incapables de résister à un choc violent. Le fer, en forme de feuille plate très-acérée, présente sur chaque face une forte côte qui vient la renforcer et se perdre dans la douille. Celle-ci n'est ni soudée, ni brasée sur la longueur, et comme les deux bords s'écartent d'autant plus qu'ils s'éloignent de la lame, l'emmanchement, il est permis de le supposer, se faisait pendant que le fer était chaud. La dimension totale du fer est de 28 centimètres sur 3 1/2 à la plus grande largeur ; le poids varie entre 250 et 260 grammes. On ne s'explique pas l'ouverture béante de la douille tellement prononcée qu'elle laisse à découvert plus de deux tiers de l'épaisseur de la hampe au lieu de l'emboîter complétement. Malgré le clou rivé à chaud et formant tête saillante de chaque côté, qui fixe la lance à la hampe, il y a dans cette arme un vice de construction qui a dû nuire à sa solidité ; on serait presque tenté de la prendre pour une arme de parade.

La lance est la framée des Francs. Lorsque la base de la lance est munie de deux crochets recourbés en arrière en forme de harpon, on la nomme angon ; toutefois l'on ne paraît pas d'accord sur ces deux désignations [1]. Je n'ai point trouvé d'angons dans mes fouilles.

Après les francisques et les framées, l'arme qui remplaçait le sabre à la ceinture du Franc, était le long coutelas dont j'ai recueilli un fort bel échantillon.

[1] Voir Wylie. *Remarks on the angon or barbed Javelin of the Franks.* London, Nichols, 1853. *Archeologia*, vol. XXXV.

C'est une lame épaisse, légèrement cintrée comme un coûtre de charrue, très-longue et pointue, coupant d'un seul côté, ayant près de 5 centimètres de large sur 55 de long, y compris le manche. Cette arme redoutable était portée dans un étui de bois ou de cuir. La poignée sans garde était également de bois ou autre matière dure ; il est inutile d'ajouter que je n'ai trouvé ni fourreau, ni poignée. On se demande comment les hommes qui ont une enveloppe si fragile, ont pu mettre en œuvre pour se détruire des instruments aussi formidables. Et cependant la largeur et la force de ces coutelas ne semblèrent pas suffisantes à nos farouches ancêtres ; plusieurs de ces armes portent le long de la lame une et quelquefois deux rainures dans lesquelles, au dire de Grégoire de Tours, on introduisait du poison[1] : on les nommait scramasaxes[2].

Une autre sorte de couteau retrouvé dans les tombes est formé d'une lame de 10 à 15 centimètres ajustée dans un manche consommé par le temps. Ces objets que l'on rencontre en profusion dans les sépultures franques étaient d'un usage général chez les divers peuples de ces époques ; on les portait à la ceinture, suspendus dans une gaîne, plutôt comme instrument indispensable que comme arme[3].

J'ai recueilli également un poignard fort élégant de

[1] « Cum cultris validis quos vulgò scramasaxos vocant infectis veneno utraque latera ei feriunt. Greg. Turon., *Hist. Franç.*, lib. IV, C. 46.

[2] « Cultellos per maximos quos vulgariter scramasaxos nominamus. » Rico apud Ducange, *Glossarium*, t. II, p. 694. Il est bien probable que le mot massacre dérive de scramasaxe.

[3] La loi salique, ce code primitif des Francs-Saliens, qui fut instituée dès le commencement du Ve siècle, a consacré un de ses 400 articles à

25 centimètres, dont la lame est tranchante d'un seul côté. Cette lame devait être placée dans une gaîne en cuir ou autre matière spongieuse conservant l'humidité, car elle est fortement oxidée tandis que le fer de la garde, d'un joli travail, est presque intact.

Après les armes, les pièces les plus intéressantes à étudier sont celles destinées à la parure ou aux vêtements; elles sont rares en général, car la faible épaisseur du métal, la perméabilité et surtout le peu de profondeur du gisement, ne leur ont pas permis d'arriver jusqu'à nous. Je citerai en première ligne une belle fibule en fer forgé, ayant servi d'agrafe pour soutenir la tunique, celle-là même que j'ai trouvée dans le sarcophage d'un chef. Bien que ses deux larges pattes fussent complétement oxidées, je suis parvenu, en les faisant rougir au feu, à distinguer sur l'une d'elles un très-riche dessin formé de petits carrés quadrillés, séparés vers le milieu par une suite de rosaces s'enlaçant entre elles d'une façon très-harmonieuse. Ces ornements sont de filigrane d'argent incrusté sur l'acier, assez semblables à ceux qui furent en si grande mode dans l'antique Byzance. La finesse de travail et le goût artistique de ces sortes de bijoux nous portent à croire qu'ils n'étaient pas fabriqués par les ouvriers francs ou barbares, mais qu'ils venaient directement de l'Orient, peut-être même du Nord, car on les retrouvait plus tard sur les Danois qui ravageaient la Normandie

ces sortes de meubles d'un usage journalier. « Si quis cultellum alienum furaverit sexcentis denariis qui faciunt sol. XV culpabilis judicatur. » (*Legis salicæ*, tit. XXXIX, art. XII ; Baluze, t. I ; *Capitulaires*, vol. 299.)

comme l'Heptarchie anglaise. Cette industrie des filigranes encore vivante dans la Suède et la Norvège, est fort ancienne dans ces contrées.

D'autres fibules, des boucles, des bagues de bronze et plusieurs objets indéterminés, plus ou moins altérés par l'oxide, complètent la collection des pièces métalliques recueillies dans notre cimetière. Une seule médaille en provient, mais les caractères en sont frustes et indéchiffrables ; l'on y distingue néanmoins une tête ceinte de la couronne de lauriers ; du reste, ce bronze a pu tomber incidemment dans une tombe, nous ne le notons que pour mémoire ici, car il ne saurait dans aucun cas suffire pour fixer sérieusement une époque.

De toutes ces découvertes la plus intéressante est, sans contredit, celle du local destiné à détruire les corps par la combustion.

En prenant possession de leur conquête, les Romains apportèrent chez les Gaulois leurs mœurs, leurs coutumes et leurs usages ; ils conservèrent, autant que le climat le permettait, leur manière de vivre, et le cérémonial adopté à Rome pour les funérailles fut suivi par les municipes de nos provinces. Bien que la Gaule confédérée allât jusqu'à l'Escaut, ce que l'on ne saurait oublier, et que la législation et les coutumes romaines y aient été tardives, l'incinération devint la loi générale durant les trois premiers siècles. Cependant, il est présumable que ces bûchers dont parlent tous les auteurs, n'étaient que des foyers de parade, destinés aux têtes couronnées, aux chefs, aux gens riches et puissants dont les parents pouvaieut supporter les frais très-onéreux, quelquefois aussi appliqués aux sacrifices publics, aux cérémonies religieuses, aux grands criminels, enfin, à cette pompeuse mise en scène des différents degrés de l'expiation : ils étaient construits à plusieurs étages de bois sacrés, cyprès, genevrier, mélèze, l'if surtout dont l'extrême lenteur de croissance devait nécessairement doubler le prix. Sur ces essences odoriférantes on répandait à profusion l'encens, l'aromate, l'huile, le vin, le miel. Ils étaient souvent élevés dans un lieu spécial, entourés d'une enceinte; certains particuliers en possédaient même à eux, comme nous voyons encore de nos jours les sépultures de famille élevées sur des concessions perpétuelles. Mais les gens qui n'étaient ni princes, ni chefs, ni puissants, il fallait bien les brûler aussi puisque c'était l'usage; l'on avait alors recours à l'ustrinum où quelques modestes fagots faisaient l'office de bûcher. Nous supposons même que dans les campagnes, le brûloir servait aux uns comme aux autres, aux riches comme aux pauvres.

Bien que nous ayons vainement cherché quelque texte à l'appui de notre assertion, ce qui est loin de prouver qu'il n'en existe pas, nous avons pu établir, à l'aide d'une étude minutieuse, que ce four n'avait aucune espèce de rapport avec les constructions usitées pour une industrie quelconque : aliments, brique, poterie, chaux, etc; ce n'était pas un hypocauste destiné à chauffer une villa romaine ou à tout autre service. Nous avons alors voulu vérifier par nous-même, en nous couchant sur l'aire, les différentes phases de l'opération que nous avons décrite plus haut. Notre pollinctor, placé dans le renfoncement ménagé sur la gauche du corridor, manœuvrait avec aisance une tringle suspendue dans la bride de la chaîne, et le corps put se développer dans toute sa longueur sur la flamme d'un foyer... imaginaire !

L'épaisseur des couches de cendres recouvrant le sol du four démontre qu'il a dû servir à bien des cérémonies funèbres; mais que devenaient ces os calcinés recueillis sur les cendres chaudes et enfermés précieusement dans des urnes remises à la famille? Ici les renseignements abondent, et les fouilles pratiquées dans les cimetières romains et gallo-romains explorés en Normandie viennent nous donner les détails les plus précis.

On a retrouvé dans la terre non-seulement l'amphore funéraire contenant les débris d'ossements [1], mais encore une multitude d'autres vases enfouis autour de celle-ci, comme pour lui faire une garde d'honneur. Ces vases de toutes formes, de toutes dimensions avaient renfermé des mets délicats, des liqueurs, des vins, du lait, du miel, en un mot tous les aliments que le défunt avait préférés, de même que dans l'amphore on joignait à ses restes mortels les objets qui lui avaient plu, ceux qui lui servaient journellement : des bagues, des bijoux, des fibules de bronze, des tablettes et des styles à écrire, des aiguilles d'ivoire et jusqu'aux

[1] Les Romains désignaient les vases funéraires sous les noms de : *urnæ*, *urnulæ*, *ossuaria*, *urnæ lacrymales*, *vasa lacrymarum*, *ampullæ*, etc.

ampoules lacrymatoires ayant contenu les larmes des pleureuses.

Au cimetière gallo-romain de Lillebonne, ce sont d'énormes *doliums* enfouis en terre et contenant des ossements brûlés accompagnés de vases, dont un en forme de *lagène* excessivement remarquable par son galbe et ses jolis enroulements de feuillage; puis, un vase encore plus rare représentant deux chasses superposées, l'une au lièvre, l'autre au chevreuil. Les reliefs obtenus par le procédé de l'engobe rendent ces pièces particulièrement précieuses. A Caudecôte, près Dieppe, Feret découvre, en 1826, un emplacement gallo-romain rempli d'urnes funéraires; en 1845, l'abbé Cochet exhume de Neuville-le-Pollet une quantité d'amphores cinéraires entourées de vases aux formes les plus variées, dissimulés sous des blocs de silex taillés et de tuiles romaines; à Cany, le célèbre abbé trouve, en 1849, les mêmes urnes couvertes de plateaux de terre rouge enfermées également avec leur cortége de petits vases dans des maçonneries de silex; il recueille des cendres déposées dans des ampoules de verre, d'autres dans des urnes placées au fond de grandes jarres de terre grossière, pêle-mêle avec des coupes, des flacons, des barillets, des trépieds, des cratères.

A Fécamp, de riches ampoules trônant au milieu d'assiettes, de plateaux en fine terre de Samos, contrastent avec l'urne du pauvre accompagnée d'une simple et modeste cruche. Tantôt ces vases complémentaires sont au nombre de 4 à 6 comme aux Loges ou à Fécamp, tantôt de 12 à 15 comme au Pollet, quelquefois disposées dans des caisses de terre cuite, ainsi qu'on l'a constaté près de l'église Saint-Léonard en 1852, ou des auges de pierre dure comme celles provenant des fouilles d'Evreux et déposées au musée de cette ville; souvent aussi dans des coffres de bois dont il ne subsiste que la trace.

Or, toutes ces urnes recueillies à Cany, à Lillebonne, à Caudecôte, à Fécamp, aux Loges, au Mesnil, à Neuville et en maint endroit de la Normandie; à Beaumesnil, Maulévrier, Tancarville, Saint-Denis-le-Thibout, Neufchâtel, Saint-Valery-sous-Bures, Saint-Valery-en-Caux, Notre-Dame-de-Bliquetot, Cauville, Saint-Nicolas-de-la-Haye, Saint-Aubin, Yébleron, Tiétreville, Epineville, Saint-Saëns, Saussemare, Gravenchon, Bellencombre, Saint-Martin-Omonville, Fauville, le Havre, Touffreville-la-Corbeline, la Cerlangue, Grainville-l'Alouette, Fontenay, Ingouville, Rouen, ces vases aux formes les plus variées, aux contours les plus capricieux, dont ont parlé l'abbé Cochet, Auguste Le Prévost, Noël de la Morinière, du Bocage, Pothier, Ferret, Deville, Lesage, Fauquet, Emmanuel Gaillard, Guilmeth, l'abbé Rever et tant d'autres, nous les retrouvons tous ici.

Voici bien le *dolium* aux proportions gigantesques avec sa large panse dont les débris indiquent qu'il avait près de 2 mètres de tour; il est fait d'une terre rougeâtre, grossière comme celle des tuiles romaines et presque aussi épais qu'elles; l'urne noire en signe de deuil, l'amphore cinéraire, la lagène au col élancé, le vase aux offrandes, aux libations funéraires; puis les plateaux en terre fine de couleur orangée; les coupes de Samos, si gracieuses, si légères; les ampoules de verre, les fibules lacrymatoires qui renfermèrent les larmes mensongères, les larmes achetées, les pleurs de commande, et jusqu'aux cruches à col rond, et aux tétines ou biberons que la mère désolée déposait pieusement près des restes du petit enfant sitôt ravi à sa sollicitude, à son amour.

Voici encore quelques restes de ces barillets de verre fondu et coulé, d'autres qui avaient contenu le vin aromatisé et sur lesquels la main de l'artisan gravait ces mots :

Bibe, bibas felix! Buvez, buvez heureux!

comme pour rappeler aux générations futures un dernier appel des vivants aux jouissances des élus de Caron, aux félicités sans fin de la nouvelle vie d'outre-tombe!

Ici c'est un élégant trépied en terre noire; là une moitié de coupe en forme de cratère, vernissée, de fabrication samienne, sur le bandeau de laquelle une tête de lion, très-artistement modelée, dissimule l'ouverture qui aboutit dans sa gueule. Tous ces débris sont là, tantôt dispersés sur le sol et tantôt réunis pêle-mêle dans quelque trou où, parmi vingt morceaux différents, l'on n'en saurait rencontrer deux ayant appartenu au même vase.

Quelle fureur aveugle et criminelle a donc pu armer le bras impie qui a brisé toutes ces urnes et jeté au vent les cendres qu'elles renfermaient? Y a-t-il encore quelque espoir de retrouver intacte une seule de ces précieuses sépultures, ou tout le champ a-t-il subi la loi implacable du vainqueur dont la haine et la vengeance ont poursuivi l'ennemi jusque dans la tombe? Et cependant ne semble-t-il pas que le Romain, en accueillant avec une telle faveur le rite de l'incinération, ait cherché à soustraire son corps à la profanation, aux violences de l'envahisseur qui, comme lui, serait tenté de s'asseoir au foyer de l'allié, du voisin dont il convoita aussi l'héritage? Peut-être, en détruisant ces objets précieux, les premiers chrétiens ont-ils voulu anéantir les traces d'une coutume païenne, de même qu'ils renversèrent les dolmens et les autels du culte idolâtre dans le but de faire disparaître les derniers emblèmes de la religion des Gaules. Les exemples d'une semblable profanation sont néanmoins fort rares, et si l'on a quelquefois rencontré dans les nécropoles gallo-romaines des débris de vases, l'on est généralement porté à croire que les parents les brisaient eux-mêmes sur les cendres de leurs morts. N'avons-nous pas déjà signalé, sur certaines haches de silex, des cassures intentionnelles qui feraient croire à une coutume analogue chez les tribus celtiques?

Lorsque les Francs s'établirent dans la cité scamnienne où les Romains, qui les précédèrent, avaient remplacé les Gaulois, ils consacrèrent à leurs sépultures le champ funèbre qui avait été adopté avant eux; bien que l'on ait fort peu d'exemples d'un cimetière franc substitué à un gallo-romain, nous pouvons citer la commune d'Eslettes, près Monville, arrondissement de Rouen, où Deville a découvert une nécropole participant ainsi aux deux époques. Cependant nous devons faire ici une observation.

La coutume de brûler les corps finissant avec le IIIe siècle[1] et les sépultures franques ne commençant qu'au ve, il exista une période de 100 ans pendant laquelle on pratiqua le rite de l'inhumation, mais avec tous les caractères de la coutume gallo-romaine; or, nous ne retrouvons aucune trace de cette époque, qui suivit directement l'*âge du feu*.

Nul débris de ces vastes et belles tombes massives dans lesquelles on déposait, avec le corps, cet innombrable cortége de vases destinés à recevoir les provisions de voyage, puis les armes, les bijoux et jusqu'à l'obole, le *naulus* que la main pieuse plaçait dans la bouche, quelquefois sur les yeux du défunt, afin de lui rendre favorable le fatal nocher du Styx[2].

Peut-être pourrait-on expliquer cette lacune qui comprend tout le IVe siècle, puisque l'inhumation redevint générale à partir de Constantin, par la présence dans les tombes mérovingiennes d'ossements superposés en désordre sur un corps non remanié ; ces débris seraient ceux d'une sépulture gallo-romaine remplacée par la tombe franque. Mais alors que devinrent ces sarcophages monumentaux que l'on

[1] Macrobe qui écrivait au ve siècle, dit qu'à son époque il y avait déjà bien longtemps que l'on ne brûlait plus les corps.

« Licet urendi corpora defunctorum usus nostro tempore nullus sit. »

(*Saturn.*, lib. VII, cap. VII.)

[2] On a découvert aux environs de Vernon, en 1844, une vingtaine de tombes du IVe siècle, dont les corps avaient été inhumés armés de lances de fer; les fosses orbitaires de chaque tête étaient littéralement couvertes de monnaies à l'effigie de Constance, de Trajan, d'Antonin.

rencontre encore à Etretat, à Quatremares, à Rouen, à Evreux ?

Le Romain de la transition aurait-il été inhumé ici dans un coffre de bois assemblé avec les clous que nous retrouvons en profusion, ou ces clous servirent-ils à fixer les caisses funèbres des enfants que la loi romaine défendait de brûler au-dessous de sept ans ?

Faut-il appliquer aux sépultures à ustion ces nombreuses coquilles d'huîtres, de moules, qui se trouvent mêlées aux débris d'ossements et de vases disséminés sur toute l'étendue du champ, ou bien étaient-elles un des mets funéraires que les Romains de la fin du Haut-Empire plaçaient parmi les provisions de leurs chers morts, comme un des mets les plus recherchés ?

Est-il permis d'assigner à l'époque franque-mérovingienne la fosse commune dont nous avons donné la description ?

Enfin, doit-on voir dans les quelques tombes de calcaire dur, dont une pierre forme cavité pour recevoir la tête, des sépultures carlovingiennes, bien qu'elles soient intercalées dans le rang même des sarcophages mérovingiens ?

Telles sont les questions que l'on est amené à se poser en étudiant avec attention les diverses phases de nos sépultures romano-franques, et cet intéressant problème ne pourra être résolu que par des fouilles ultérieures. Nous rappellerons, en terminant, que de toutes les nécropoles découvertes en Haute-Normandie, nous ne connaissons que celles d'Eslettes, de Cahaignes et la nôtre, où tant d'époques se trouvent accumulées sur le même emplacement. Nous ajouterons que sur plus de deux cents localités explorées avec fruit, en Haute-Normandie, l'on ne compte qu'un nombre insignifiant de cimetières gaulois, à peine dix à quinze, moins encore de carlovingiens, tandis que la période mérovingienne est représentée par plus de cent. De même le Romain de l'âge de l'inhumation ne figure que pour quinze, quand les champs funéraires à ossements brûlés, renfermés dans des urnes cinéraires, atteignent le chiffre de quatre-vingts.

Il nous semble inutile d'énumérer ici cette lugubre nomenclature. Nous avons déjà pénétré trop avant sur le terrain de l'histoire; mais il était indispensable de relier les derniers vestiges de l'art funéraire chez les anciens avec les remarquables ouvrages des générations anté-historiques qui les précédèrent sur notre sol.

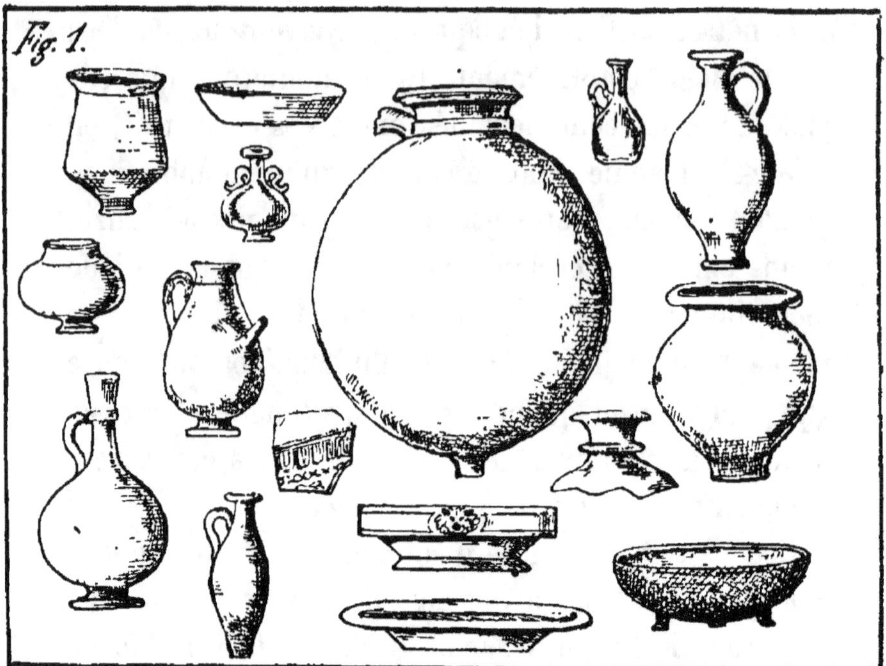

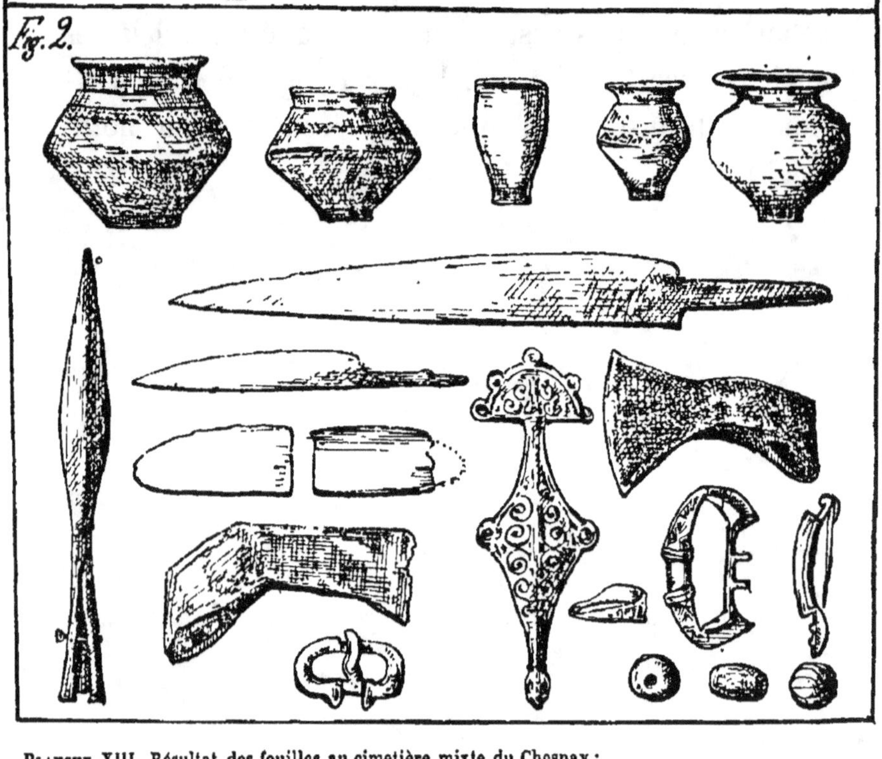

PLANCHE XIII. Résultat des fouilles au cimetière mixte du Chesnay :

Fig. 1. Poteries gallo-romaines. Dolium — biberon — cratère samienne — tetine — amphore — cinéraire — trépied — olla, etc.

Fig. 2. Poteries, armes et ornements de l'époque franque-mérovingienne — vases funéraires — scramasaxe — francisque — framées — fibules — boucles — grains de colliers, etc.

CHAPITRE XIII

RÉSUMÉ ET CONCLUSION

Les premières migrations venues de l'Orient, berceau du genre humain — L'homme quaternaire — Les âges de pierre — de bronze — et de fer — Cités lacustres — Cités sylvestres — Les divinités forestières substituées au culte monothéiste — Le menhir-Dieu — Theut — Le droit de thor et de ver — Dolmen, pierre de sacrifice — Les offrandes et les prémices — Cromlechs — Le sabéisme — Le Dieu — l'autel — et le temple — Hypogées funéraires — Sculptures lapidaires — Le *Domini mansile* — Les tumuli — Les long-barrows — Les round-barrows — Rites funéraires — Inhumation et incinération — Les buttes — Les mottes — Les camps volants et à demeure — Les tombes gauloises et romaines — Le *Sta viator* — Le *Sub Ascia* — Sépultures gallo-romaines et franques — La Haute-Normandie aux âges anté-historiques — Suprématie de l'Occident aux époques anciennes — Conclusion.

Nous avons cherché à expliquer dans cette rapide esquisse sur l'art préhistorique comment l'homme issu d'un couple unique, conformément au récit de la Genèse, s'était étendu autour de son centre d'apparition et avait peu à peu occupé les contrées les plus éloignées de ce point, appropriant sa nature aux différentes zones dont les climats si variés modifièrent à la longue ses formes, sa constitution et sa couleur même.

A la suite d'une de ces innombrables migrations, une population jusque-là errante et nomade se fixe dans nos contrées.

Quel était ce peuple? Trouva-t-il dans la Gaule les tribus d'une migration précédente, ou fut-il le premier possesseur du pays ? Il est impossible de le préciser aujourd'hui. Les débris et ossements de ces premiers pionniers ne portent jusqu'ici d'autre nom que celui des localités où ils ont été recueillis : la race de l'homme des cavernes échappe à la science actuelle ; il en est de même de l'âge de son apparition ; toutefois il fut contemporain des grands mammifères dont les espèces ont disparu de la surface du globe.

Le troglodyte, et nous parlons ici de l'homme des cavernes, et non d'un prétendu anthropomorphe à forme plus ou moins simienne, d'un précurseur, d'un être intermédiaire entre la bête et l'homme, en un mot de l'homme issu de la bête, le troglodyte dont on retrouve les restes mêlés à ceux des anciens animaux d'une race éteinte, n'ayant apparu en Gaule qu'après les premières migrations de l'Orient, il ne semble pas impossible avec l'aide de l'anthropologie, de l'ethnologie, de la linguistique, et surtout de la chronologie biblique d'arriver à déterminer à quelques siècles près cette première époque. Car, il faut bien le reconnaître, la vie a fait son apparition sur la terre refroidie dans l'esprit même de la Genèse, c'est-à-dire en raison directe de la perfection organique : les poissons, les reptiles, les oiseaux, les mammifères et enfin, triomphe de la création, l'homme. Les premières dates fixées par les Écritures sont seules contestables, si on les prend au pied de la lettre ; cependant, il n'est pas nécessaire de recourir à la science badine et ironique des savants du siècle dernier pour observer que les six jours dont parle Moïse, n'étaient pas des espaces de vingt-quatre heures, mais des époques géologiques ; bien avant eux on avait signalé ce que chaque érudit peut vérifier, la synonymie des mots *jour* et *période* dans la langue des Hébreux. Quant à la géologie, n'est-ce pas au-dessus de ses forces de lui demander quelle fut la durée de ces époques, et l'âge des couches successives qui constituent l'écorce de notre planète[1] ?

L'homme a donc paru sur la terre au moment indiqué, puis ; la loi de rayonnement, le besoin de vie

[1] Pour quiconque lit la Bible avec une sérieuse et profonde attention, il ressort ce fait que le récit de Moïse est en complète harmonie avec les données de la science.

Mettant de côté les hypothèses douteuses qui, comme celles de Buckland et du docteur Chalmers, placent avant le récit de la Genèse les diverses phases par lesquelles a passé notre globe, nous trouvons dans la théorie des *jours-périodes*, non-seulement une concordance entre la succession des époques géologiques, mais encore une latitude qui permet d'assigner un nombre illimité d'années à chaque période, et la preuve est que le septième jour où Dieu se reposa, dure encore.

Cela posé, il est une observation qui frappera tous les érudits, c'est la coïncidence entre les époques géologiques et les jours de la création. Il y a plus : la grande théorie de Laplace sur la nébuleuse primitive à l'état de gaz avant sa condensation en globe terrestre se trouve expliquée dans ce mot de « terra invisibilis et incomposita » (*Septantes*) du deuxième verset. Or, admettant que les deux premiers *jours-périodes* aient été consacrés à la création de la terre *nébuleuse*, puis à son passage à l'état pâteux et solide, nous reconnaissons les quatre premières périodes de *l'âge primaire* ou *paléozoïque : laurentien, cambrien, silurien, devonien.*

Le troisième jour où furent créés les arbres et les plantes correspond bien à la période *carbonifère*, et le quatrième, qui rendit visible à la terre le soleil voilé jusque-là par d'épaisses vapeurs, peut donner le *permien* qui complète les six périodes de *l'époque primaire.*

L'époque *secondaire* ou *mésozoïque* formée du *triasique*, du *jurassique* et du *crétacé*, rappellera par ses immenses reptiles du *lias*, par ses poissons et ses monstrueux oiseaux l'œuvre du cinquième jour : *reptificent aquæ reptile animæ viventis et volatile volent super terram;* enfin le sixième jour où les grands mammifères (à placenta) furent créés, répond bien à l'époque *tertiaire* ou *cenozoïque*, comprenant : *eocène, miocène, pliocène, post-pliocène.* L'homme formé à la fin du sixième jour, et apparaissant en effet dans les terrains quaternaires, vient confirmer d'une façon frappante l'exactitude du récit de Moïse.

Les Anglais, aussi savants que nous en géologie et beaucoup plus respectueux pour les récits bibliques, ont traité ces questions d'une façon magistrale; on peut consulter le livre du révérend Gerald Molloy, docteur en théologie, surtout la seconde édition (1875) traduite et remarquablement annotée par l'abbé Hamard, prêtre de l'Oratoire. (Géologie et révélation.)

nomade ayant fait émigrer les descendants du couple primitif et unique, car il n'y a pas eu création multiple, pas d'autochtones attachés à chaque contrée comme on a cherché à l'insinuer, quelques-uns ont atteint les confins de l'Occident, où nous les trouvons entourés des débris de leur industrie primitive ; c'est le début de l'âge de la pierre. Commun à tous les peuples qui l'ont importé de la patrie mère, l'Orient, il se manifeste à diverses époques dans telle ou telle région, selon qu'elle a été peuplée plus ou moins tard.

Il est possible qu'un *âge du bois* ait précédé les *âges de la pierre*, car l'Écriture nous dit que Caïn fit usage d'une massue pour tuer son frère Abel [1]; l'homme a pu ramasser ensuite la pierre pour s'en faire une arme ; il a pu débuter dans cette vie de luttes contre les animaux en se servant des ossements mêmes des bêtes féroces pour les combattre, ou se défendre ; ce n'était alors que de l'instinct ; l'industrie a commencé au jour où il travailla le silex. De ce jour, où il façonna sa première hache, il posa le premier jalon de l'histoire rétrospective, et ce précieux témoignage, recueilli ici comme dans toute la Normandie, prouve, malgré l'absence de cavernes, que l'homme quaternaire a fréquenté notre contrée.

Bientôt des instruments plus finis, mieux appropriés à ses besoins, vont remplacer la pierre que de grossiers

[1] La mythologie, en donnant une massue à Hercule, a copié la tradition de l'Écriture, qui en arma le bras de Caïn.

Les habitants des *atolls* du Pacifique, qui n'en sont même pas à l'âge de la pierre, puisqu'elle leur fait défaut sur leurs récifs à polypiers, font usage de la massue qu'ils façonnent dans de jeunes cocotiers.

éclats enlevés par un choc répété ont ébauchée en hache massive; le silex taillé succèdera à la pierre éclatée[1]; il prendra la forme du ciseau pour ouvrager le bois, du grattoir pour le polir, il s'aiguisera en flèche pour atteindre l'oiseau, en crochet barbelé pour capturer le poisson, en poinçon pour percer les dents d'animaux, les coquilles dont l'homme formera des colliers, des bracelets pour orner sa compagne, car il aime déjà la parure; il va plus loin et cherche à développer son intelligence en reproduisant sur des os d'éléphants, des bois de rennes, des scènes empruntées à sa vie de combats. Des chasses, des plantes, des animaux, l'éléphant à crinière, le grand ours des cavernes, l'aurochs, nous révèlent les mystères de cette faune éteinte, et confirment par de vagues essais artistiques les merveilles de la paléontologie créée par l'immortel Cuvier.

Mais une nouvelle crue de peuples va se détacher de l'Orient, apportant avec elle les principes d'une civilisation et d'une industrie beaucoup moins rudimentaires. Au Nord, elle envahit les territoires encore vierges de la Scandinavie; à l'Ouest, elle couvre des régions immenses des flots sans cesse renouvelés de

[1] On a cherché depuis peu à établir un âge de la pierre *étonnée* antérieur à la pierre *éclatée*, pour y ranger les silex trouvés près Pont-Levoy (Loir-et-Cher), au-dessous du miocène moyen; mais comme il était impossible d'admettre l'existence de l'homme à une période ayant précédé l'âge du renne, le diluvium, le boulder-clay, l'époque glaciaire, le forest-bed, le pliocène même, où l'on a découvert des ossements incisés d'éléphant méridional (à Saint-Priest, Chartres), et jusqu'aux miocènes supérieur et moyen, qui ne renferment aucuns mammifères identiques aux époques actuelles; on a imaginé le précurseur de l'homme taillant les silex à l'aide du feu.

ses légions envahissantes. Leurs armes, leurs amulettes, leurs outils qui sont la pierre polie et le bronze, trouvés en profusion sur notre sol normand, sont là pour attester combien cette nouvelle période fut longue. Tous ces objets portent un cachet d'origine irrécusable; on en retrouve les types en Asie mineure et jusque dans les tombeaux de la vieille Egypte; tous ont un fini, une perfection que la pierre taillée fut loin d'atteindre; ils indiquent des inspirations puisées à une source étrangère et, à ce point de vue, ils méritent de fixer sérieusement notre attention.

A mesure que ces nouveaux occupants prennent racine dans le pays, ils y fondent des établissements durables, et si ces campements ne sont pas parvenus jusqu'à nous, du moins nous pouvons apprécier les conditions dans lesquelles ils furent édifiés, car nous en retrouvons les fondements : les palafittes, immenses terre-pleins artificiels, construits sur pilotis au milieu des eaux, assez isolés pour préserver leurs habitants des incursions des grands fauves, et néanmoins à proximité des forêts qui permettront l'alimentation de la colonie au moyen de la chasse.

Bien que plusieurs de ces cités lacustres produisent uniquement la pierre polie, d'autres le bronze, ou la pierre et le bronze et même le fer, elles furent probablement construites vers les mêmes époques et habitées par des tribus différentes.

Dans nos forêts de l'Ouest, les peuplades de la pierre polie élevèrent également des campements isolés du sol et posés sur des buttes artificielles, véritables cités sylvestres, si toutefois on veut bien partager notre opinion au sujet des monceaux et chaussées de silex que nous avons signalés à Lyons-la-Forêt, Mortemer, Bois-l'Abbesse, Evreux, Montfort-sur-Risle et autres lieux, et dont nulle autre hypothèse ne saurait, à notre avis, mieux expliquer le but.

Peu à peu les successeurs de l'homme quaternaire appliquant à leur usage les matériaux de nos contrées, remplacent les instruments de pierre polie exotique par ceux de silex poli indigène. De vastes ateliers souvent superposés à ceux de l'âge du renne, comme à Goincourt, Garennes, Ivry, ou isolés comme à Marettes, Bernouville, Lammerville, Olendon reçoivent de nombreux ouvriers qui confectionnent tantôt les armes de combat, les haches de bûcheron, peut-être même de labour, tantôt les outils pour préparer les peaux ou pour broyer les grains.

A cette époque remontent les premiers essais de poterie cuite au feu, succédant aux vases d'argile grossièrement façonnés à la main, et durcis à la chaleur du soleil[1]. On retrouve dans les tombes de Lery, d'Hérulé, de Trye-Château, quelques échantillons de ces pièces fragiles, d'un travail tout primitif, car le tour du potier n'apparaît que vers la fin de l'âge du bronze; quant au verre, usité de tout temps en Orient, il ne semble pas avoir laissé de traces en Occident avant l'avénement des périodes gauloise ou romaine[2].

[1] Les Ninivites, les Babyloniens, les Egyptiens, quelquefois même les Grecs et les Romains, se servirent de briques crues dans leurs monuments.

[2] D'après Philostrate et Pline, les Gaulois des rives de l'Océan fabri-

Le bronze apporté en lingots, par des nomades étrangers, est fondu sur place, puis coulé ou martelé selon les usages auxquels on le destine; des haches à ailerons et à douilles de tout volume, des épées, dagues, poignards, lances, javelots de toute dimension et de formes infiniment variées, sont là pour attester le goût de ces premiers forgerons; il n'y a pas de tâtonnement, d'essai, de progression comme au travail de la pierre; l'artisan apporte ses modèles et ses moules d'une contrée où les métaux sont connus et usités depuis des siècles. L'industrie du bronze est une, elle est homogène, et si l'on s'est hâté en classant ses produits par périodes, on reconnaît déjà que ces espaces sont du moins fort limités.

On retrouve en Normandie comme dans tout l'Occident, les objets de bronze préhistorique, quelquefois mélangés aux produits de l'industrie gallo-romaine, car les progrès de celle-ci n'empêchaient pas les Gaulois d'apprécier ce qu'il y avait de bon dans l'héritage de leurs devanciers. Les lots de haches de L'Hébécourt, la Vieuxville, Flipou, Gasny; les épées trouvées dans la Seine à Pressagny, Vernon, Pont-de-l'Arche, Rouen, ont cela de remarquable que plusieurs de ces pièces sont d'un modèle encore pratique; elles ne seraient pas déplacées dans nos équipements modernes, et présenteraient même sur le fer l'avantage d'une conservation illimitée. Après avoir séjourné trois mille ans dans les

quaient les émaux en fondant des matières vitrifiables appliquées sur de l'airain fortement chauffé; ils émaillaient également les grains d'argile destinés aux colliers. (Philostrate, lib. I, cap. XXVIII; Pline, lib. XXXIV, cap. XXVI, lib. V, cap. XLVIII.)

milieux les plus défavorables, elles se retrouvent absolument intactes. L'airain des anciens était inaltérable, et ce fut un des grands caractères de cette époque : tout ce que l'homme a mis en œuvre, tout ce qu'il nous a laissé comme preuve de son passage aux âges néolithiques avait été calculé pour une durée sans bornes, le silex et le bronze dans les outils, la pierre dans les monuments, les monuments surtout. Et ce n'est pas exagérer de dire que ces premiers rudiments de l'architecture nationale, construits de blocs monolithes sans fondations ni ciment, devaient survivre aux édifices élevés par tous les peuples si la main de l'homme ne les arrachait à plaisir.

La tradition, aidée du rapprochement entre certaines langues encore parlées de nos jours, désigne sous le nom de Celtes, les tribus qui occupèrent avec les Kymris l'ouest de la Gaule plusieurs siècles avant l'invasion romaine. Rien ne peut établir si elles furent séparées de l'homme quaternaire par une race préceltique.

Quant à leur origine, on a cherché à la rattacher a une grande migration qui aurait quitté les hauts plateaux du Thibet et envahi les territoires de l'Occident ; cependant, il est peu probable, comme nous l'avons expliqué, que les Aryens aient ainsi traversé tout le vieux monde, quand la race sémitique n'avait que la Méditerranée ou l'Arménie à franchir pour atteindre le sud et le nord de l'Europe [1].

[1] Une preuve nouvelle des migrations des peuples sémitiques existe chez les Lapons ; on retrouve des mots hébreux dans leur langue curieuse et antique.

Les philosophes de la fin du siècle dernier et, à leur suite, les érudits d'outre-Rhin, en exaltant les origines aryennes, poursuivaient le but de substituer les légendes de l'Inde aux traditions de la Bible, mais le texte de Moïse a trouvé des défenseurs plus éclairés que Voltaire, moins prévenus que l'exégèse allemande, dans les Orientalistes anglais qui ont étudié ces grandes questions sur les lieux mêmes, et confirmé ce que nous avaient déjà appris des savants de premier ordre, tels que Pictet, de Rougé, Champollion, de Saulcy, à savoir les rapports intimes existant entre les récits ninivistes, babyloniens, arabes et les Ecritures. M. Oppert a retracé dans un remarquable travail[1] le véritable rôle du peuple aryen; il a indiqué le point où devait s'arrêter le rayonnement exagéré de ce peuple que les Indianistes persistent à prendre pour base de l'humanité.

Les Celtes inaugurèrent sur les côtes de l'Atlantique leurs traditions puisées en Orient; la confédération celtique fut pendant une longue période le centre intellectuel et religieux de l'Europe, et il faut bien le reconnaître, peu de pays ont conservé plus de traces d'une aussi haute suprématie à des époques si reculées : les mystérieuses avenues de Carnac, Anglesey, Iona, Jersey, puis Orkney, Stonehenge, et bien d'autres stations disparues, réunirent pendant des siècles toutes les tribus indépendantes de la Gaule, accourant à la voix de leurs prêtres, les druides retirés au sein des

[1] Discours d'ouverture de son cours à la Bibliothèque impériale.

vastes forêts de l'Armorique, du pays chartrain, de la Normandie, de la Grande-Bretagne. Là se célébraient les cérémonies du gui sacré recueilli sur le chêne, emblême du dogme de l'immortalité de l'âme [1], l'adoration des divinités sauvages et forestières, des génies des puissances secondaires, toutes personnifications du Créateur unique, remplaçant le primitif culte monothéiste de Theut [2], synonyme de Dieu chez les Celtes dont on fit plus tard Theutatès.

Les menhirs ne furent pas tous des bornes de tribus, des gnomons ou des cippes funéraires; plusieurs, peut-être les premiers élevés, étaient des pierres sacrées, images de la divinité matérialisée, comme le firent les enfants d'Israël [3]. A la pierre brute, menhir des vieux Celtes d'Orient et des Gentils, succéda chez les Hébreux la bête, le veau, et, chez les Assyriens, le taureau copié par les Egyptiens, chaque peuple ayant donné un corps

[1] Pline l'Ancien, liv. XVI, chap. XXXXIV.

[2] « Les peuples celtes (dit Pelloutier, *Histoire des Celtes*, t. V), avaient « une juste idée de Dieu et de ses perfections. Quel nom donnaient-ils « au premier principe? C'est celui de *Theu* ou de *Teis*, d'où a été formé « celui de Dieu. Les Gaulois lui donnaient le nom de *Theut* ou *Theutat*, « Dieu le père. Les Germains lui donnaient aussi le nom appellatif *God*, « *Vod*, *Voden*, *Odin*, c'est-à-dire le bon. Les Thraces l'appelaient *Tis* ou « *Gotit*, le bon *Tis*; les Grecs, Δις Ζευς ou *Theos*; les Italiens, *Dis Tus*, « *Deus*, et quelquefois Mantus, le bon *Tus*, *Alfader*, le père de tout. »

[3] « Nec insignem lapidem ponetis, in terra vestra ut adoretis eum. » (*Lev.*, cap. XXVI, vers. 1.)

Les sauvages du Pacifique qui sont revenus à l'état de nature par l'isolement volontaire, ont conservé la tradition du culte de la pierre qu'ils adorent comme fétiche. On peut lire dans James Dana (Corals and Coral Islands, London, 1872) les curieux détails sur les habitants des *Atolls*, récifs à polypiers du Pacifique qu'il visita lors de l'exploration du commodore Wilkes, en 1840. Ces îles, à peine émergées de la mer, se couvrent d'une végétation luxuriante, suffisant aux besoins des populations accourues des îles voisines. Un bloc calcaire, entouré de nattes, est leur dieu.

à la divinité, les uns la *vovifiant*, les autres la *bovifiant :* Apis, manifestation d'Osiris qui se révélait sous la forme d'un veau aux vingt-huit marques d'origine céleste; Apis, la tête coiffée du disque lunaire, est Osiris lui-même, le Dieu bon par excellence, et c'est ravaler d'une manière calomnieuse le caractère de nos aïeux les païens, de croire et d'enseigner que leur adoration fut limitée à la bête, qui n'en était que le symbole, du moins pour le sacerdoce éclairé.

Apis, couronné de la lune, était une heureuse image de l'agriculture dont les féconds travaux accomplis à l'aide du bœuf sont favorisés par une saison propice sous l'influence connue de l'astre des nuits ; source d'abondance, bœuf des Egyptiens, il devint le Thor, taureau des Gaulois; leur vénération pour le taureau et même le sanglier fut si profonde qu'elle se traduisit par le *droit de tor et de ver* inscrit au Coutumier normand, sorte d'immunité attribuée au moyen âge au taureau et au verrat en souvenir du caractère sacré de ces animaux sous les anciens habitants de la Gaule [1].

[1] Ce droit féodal de *tor* et de *ver* que l'on retrouve inscrit dans le Coutumier normand des XIIIe et XIVe siècles et même très-antérieurement, semble réellement dérivé des mots taureau et verrat, dont *tor* et *ver* sont les radicaux. Souvenir de l'antique vénération pour le sanglier et le taureau, ce droit donnait de telles franchises à ces animaux, que l'on pendait quiconque maltraitait un porc dans les rues de Paris, où les moines de Saint-Antoine avaient seuls le privilége de les laisser circuler sans que personne eût à s'en plaindre. (Voyez Sauval, *Antiquités de Paris.*)

Dans les forêts de Normandie, et celle d'Évreux en particulier, lorsqu'un porc était surpris errant en liberté, on était tenu de le renfermer dans une fosse spéciale, sorte de fourrière, et sévèrement puni si l'on venait à le tuer. Il faut se souvenir aussi que les Gaulois usaient d'une liberté que n'avaient pas les Hébreux, celle de consommer la viande du porc, interdite à ceux-ci comme impure.

Après le menhir, roche sacrée, pierre Dieu, nous trouvons le dolmen, autel à Dieu, pierre de sacrifices. Le sacrifice remonte à une haute antiquité. Le sentiment de culpabilité substituant la victime innocente au vrai coupable en expiation, c'est le dogme de la réversibilité. Il suivit le culte des offrandes et des prémices plus ancien que les temples même, comme le prouvent les offrandes d'Abel. Les peuples les plus reculés l'ont pratiqué : les Chinois offraient dans leurs fêtes publiques les prémices des fleurs au printemps et des fruits à l'automne; les Perses, les Indiens, ont observé les mêmes usages. Telle fut l'origine du dolmen.

Cette roche brute posée sur deux blocs non ouvragés, autel primordial, symbole d'apaisement, elle apparaît au sommet du Liban, d'où elle rayonne à l'Est vers les pics des Indes, à l'Ouest vers nos forêts, nos landes, ou les îles sauvages de l'Océan. Quelquefois le dolmen recouvre une sépulture, allée couverte, cave aux fées, évoquant de sombres légendes ou le spectre de quelques fantômes blancs, souvenir des prêtresses redoutées. Plus loin est le cromlech, enceinte sacrée où les vieux druides étudiaient le cours des astres, peut-être même les adoraient à l'exemple des peuples d'Orient adonnés aux pratiques du sabéisme; car si l'astronomie qu'ils tenaient des Chaldéens n'était pas la base exclusive de leur culte, du moins ils réservaient dans leurs cérémonies une grande part à l'observation des corps célestes, à leurs positions multiples, à la mesure du temps et des périodes astronomiques. Plusieurs de ces monuments coïncident par le nombre de leurs monolithes avec certains cycles de l'antiquité; d'autres dépourvus de pierres levées semblent avoir servi de lieux de réunion.

Enfin lorsque ces blocs sont disposés en longues lignes, ce sont les avenues; et la pierre *qui vire*, oscillant sur sa base sous l'effort de la main, est la pierre probatoire, la pierre d'épreuve qui doit condamner ou absoudre le coupable selon qu'il réussira plus ou moins à l'ébranler.

Or, tous ces édifices de formes et de destinations si diverses, nous les avons en Normandie : tantôt pierre aux dames, pierre aux charmeuses, temple des fées, pierre merveille, roche percée, lit des fées, palais de la vierge; tantôt pierre des druides, cave du diable, pierre aux honneurs, marche du trésor, porte de l'enfer, pierre de justice, mauvaise pierre, table du diable; tous se présentent à nos yeux surpris sous les aspects comme sous les noms les plus bizarres, frappant surtout par l'association constante de deux monuments, menhir, dolmen, auxquels se joint quelquefois le cromlech; ici le dieu, là l'autel, plus loin le temple.

Ailleurs se dresse fièrement le menhir tribune, sur lequel les vieux bardes, échos et conservateurs des traditions héroïques, entonnaient leurs chants de bravoure, ou quelqu'un de ces doux hymnes dont les poëmes de Fingal et d'Ossian ont apporté jusqu'à nous les suaves mélopées.

De tous côtés se rencontrent les débris de ces édifices primitifs dont la grandeur nous étonne moins encore que le sentiment du génie puissant qui les fit ériger.

Quelquefois un ouvrage, élevé sous l'inspiration d'un groupement consacré, offre un ensemble des plus étranges, dont le but nous échappe. La pierre branlante de Baudemont, la pierre tournante d'Aveny, ne sont pas de simples menhyrs; elles furent flanquées de deux monolithes plus petits disposés symétriquement, et cette forme qui n'est pas arbitraire, ouvre des horizons nouveaux aux recherches des savants.

Nos hypogées funéraires sont aussi de précieux sujets d'étude, car ils présentent un caractère particulier propre à l'occident de l'Europe.

En Bretagne, en Angleterre, en Ecosse, en Irlande, aux îles de la Manche, dans la mer du Nord comme sur l'Océan, on découvre chaque jour de nouvelles allées souterraines dont les murailles monolithes sont couvertes de dessins inconnus, signes mystérieux d'un langage auquel la science ne nous a pas encore initiés. Rien de la nature; point d'animaux, point de plantes, pas de scènes empruntées à la vie et destinées à rappeler, ainsi que dans les tombes de la Thébaïde, les mérites du défunt, ou à retracer les divers incidents du passage de son âme dans un autre séjour. Des cercles, des ovales simples ou concentriques, analogues à la coupe de l'œuf, des carrés isolés ou réunis, des assemblages de lignes droites, courbes ou brisées, tels sont les principaux signes de cette symbolique secrète dont quelques-uns présentent par exception une grossière image du serpent ou l'empreinte creuse de séries de haches de silex, sous la forme de primitifs caractères cunéiformes.

Bien que la Bretagne soit à peu près la seule contrée de la France où l'on ait jusqu'ici signalé authentiquement de ces étranges gravures, nous en avons découvert de précieux spécimens en Normandie, au dolmen de Dampmesnil. D'autres plus curieux encore, tracés sur les blocs de l'allée couverte de Boury, feraient supposer, vu leur relief exceptionnel, que les Celtes, à la manière des Assyriens, firent usage des acides végétaux pour exécuter cet ouvrage remarquable.

De tous les édifices funéraires du Morbihan, du Finistère, du Yorkshire, du Stirling, du Torword, du Lancashire, de ceux des îles de Man, d'Edey, de Guernesey, le dolmen de Gavrinis est celui qui présente le plus bel exemple de sculpture lapidaire, et qui rappelle le mieux les procédés de glyptique appliqués par les Egyptiens aux hiéroglyphes de certains sarcophages. Quel fut le système exact employé pour ce travail délicat ? Il est difficile de le préciser. La race puissante qui éleva Lock-Maria-Ker, la table de César ou Carnac, en décorant partout ses tombeaux et non les pierres levées de dessins conventionnels, diffère des tribus qui ciselèrent seulement les rochers naturels en Italie, sur les côtes d'Afrique ou de la Colombie, et cependant leurs procédés semblent avoir été les mêmes; du reste, on est parvenu à graver sur les granits d'Aberdeen comme sur ceux de la Bretagne, des signes analogues à ceux de Gavrinis, à l'aide du ciseau de silex et du percuteur.

Quoi qu'il en soit, et malgré l'inutilité des efforts tentés jusqu'ici pour déchiffrer le sens de ce langage secret, l'on ne saurait mettre en doute que tôt ou tard on n'y réussisse ; c'est pourquoi il est intéressant de relever avec le plus grand soin ces caractères cryptographiques sur les monuments que l'on arrache de toutes parts. Du moment où il sera permis de les lire couramment, l'Occident préhistorique rentrera dans le domaine de l'histoire. Car il n'y a pas à s'y méprendre, tant de signes semblables gravés sur les édifices les plus éloignés les uns des autres, indiquent une communauté de pensées traduites par des images identiques, et les découvertes que nous signalons dans cet ouvrage permettront de relier notre province normande à ce grand livre de pierre dont on a retrouvé les feuillets épars des confins de la Scandinavie à l'extrémité de la vieille Armorique.

Il est un autre ordre d'études sur lequel nous avons appelé l'attention : nous voulons parler de la disposition particulière des édifices mégalithiques élevés le long des cours d'eau, et principalement sur les rives de l'Epte.

Là, sur ces charmants côteaux qui bordent la rivière, des dolmens, des menhyrs, des allées couvertes, des monceaux de silex s'échelonnent sur une vaste étendue, semblant graviter autour d'une région dont le canton d'Ecos et surtout le territoire de Dampmesnil serait le centre.

Assis au flanc d'une falaise escarpée, dominant au loin les plaines entrecoupées de bois, Dampmesnil porte un nom qui, dans le langage des Celtes, indiquait un *séjour de domination* (Dam'maën); plus tard, il formait la limite de trois peuples de la Gaule : Bellovaces, Eburovices, Véliocasses, et les Romains, respectant le prestige attaché par la tradition à cette localité, la nommèrent *Domini mansile* c'est-à-dire *Domaine du maître.*

Certes, jamais dénomination ne fut mieux justifiée ; aussi, lorsque guidé par cette révélation inattendue, nous entreprîmes des recherches autour de ce pays inexploré, nous ne tardâmes pas à retrouver les vestiges de son antique puissance accusée par une quantité de ruines celtiques dont aucun archéologue n'avait encore soupçonné l'existence.

Dampmesnil aurait-il été le lieu consacré dont parle César, où les druides avaient coutume de s'assembler à une époque fixe de l'année[1] ? On ne saurait l'affirmer, et cependant nulle localité ne répond mieux à la vague désignation du conquérant, aucune ne renferme autant d'édifices différents accumulés sur un espace aussi restreint, aucune surtout ne saurait revendiquer pour cette époque les préférences du premier apôtre du Vexin, de saint Nigaise, choisissant évidemment une importante station consacrée à l'ancien culte, pour en faire un foyer de propagande en faveur de son apostolat[2].

Quelques kilomètres à peine, semés de dolmens et de menhirs, séparent deux immenses cromlechs, *pierre*

[1] César. *De Bello gallico,* lib. VI, cap. XIII.

[2] Voir dans l'Appendice, à la fin de ce volume, les détails sur le martyr de saint Nigaise, premier apôtre du Vexin, à Ecos, en l'an 95 de J.-C.

pétrie et montagne des pierres tournantes, élevés dans d'imposantes proportions et dominant au loin le pays d'alentour; puis une enceinte moins étendue, une avenue, une source et un bois sacré complètent ce précieux ensemble dont les édifices deviennent plus rares à mesure que l'on s'éloigne du centre. Des obstacles naturels de toute sorte formaient autour de ce point une ceinture infranchissable; d'immenses futaies désignées plus tard sous le nom de forêt bleue; celles de Chelles, de Lyons, la forêt Yveline, dont les lambeaux sont actuellement éloignés de plusieurs lieues, conservaient alors sous leurs ombrages séculaires cette remarquable station druidique, assemblage étrange, d'autant plus digne d'observation que de tous les monuments celtiques, les allées couvertes sont les seules dont on reconnaisse exactement la destination. Quant aux dolmens, lichavens, enceintes sacrées, avenues ou pierres oscillantes, s'ils semblent complétement étrangers aux rites ou pratiques funéraires, on est plus indécis sur leur raison d'être et surtout sur le but mystérieux d'un groupement aussi rapproché.

Les ancêtres ne nous ont pas légué seulement les édifices mégalithiques en témoignage de leur puissance et de leur long séjour sur notre sol, les tumuli viennent encore attester les vastes conceptions des Celtes, des Gaulois et autres peuples qui occupèrent autrefois l'Occident de l'Europe. Ces éminences situées principalement au bord des eaux, et jusque sur les rives de la mer, furent essentiellement funéraires; ou s'il en existe de commémoratives, elles sont fort rares. Celles de l'Armorique recouvrent les cendres des Venètes, les long-barows de la grande Bretagne remontent aux âges néolithiques, les round-barrows renferment plus spécialement les produits de l'industrie du bronze. Rien de plus majestueux que ces masses imposantes élevées par des peuples chez qui le culte de la mort, expression de la croyance à une autre vie, se traduisit par des ouvrages impérissables; de ces innombrables populations antérieures à la période romaine, aucune habitation n'est parvenue jusqu'à nous, seules les tombes devaient leur survivre.

Les tumuli, étant d'époques différentes, donnent de précieux renseignements sur les grands rites funéraires: l'inhumation et l'incinération. Tantôt ils recouvrent des corps orientés ou disposés symétriquement, soit en lignes parallèles soit en cercle, comme des rondes de danseurs; tantôt ils recèlent des urnes où sont placées les cendres du défunt; quelquefois ils reçurent plusieurs destinations successives : d'abord tertres funéraires, puis buttes d'observation, de vigies, de limites, de défense; car on a conservé dans le pays la tradition de certaines éminences sur lesquelles les archers, les arbalétriers s'échelonnaient pour combattre l'ennemi; souvent même, mottes féodales au moyen âge. Les Romains, puis les Normands, les utilisèrent également en les convertissant en buttes stratégiques destinées à couvrir d'autres ouvrages nommés *castra*, *oppida*, camps volants ou à demeure, défendus eux-mêmes par de hauts remparts dont le profond *vallum* les protégeait contre toute surprise.

L'état toujours remuant des peuplades de l'Ouest, frémissant sans cesse sous le joug de l'étranger, motiva la création d'un grand nombre de ces enceintes désignées sous le nom de camps de César. Plusieurs existent encore aujourd'hui : le camp de Vernonnet, de Port-Villez, le mont Terrier; l'enceinte gallo-belge, dite cité de Limes, une des plus importantes de la Haute-Normandie, si remarquable par ses nombreux tombels remontant aux anciens Celtes; celle de Fécamp, de Sandouville, dont la surface ne mesurait pas moins de cent cinquante hectares, peut-être camp de Publius Crassus, à qui les Romains durent la soumission des Calètes; la cité des Cateliers, de la même étendue, et tant d'autres d'une moindre importance, ont conservé leurs remparts, demeurés infranchissables malgré les deux mille ans qui nous séparent de leur création.

Tous ces grands ouvrages en terre, dispersés encore çà et là dans nos forêts de l'Occident, furent les dernières manifestations extérieures de l'art chez nos ancêtres. La colline artificielle ne couronna plus la dépouille du chef illustre; dès que les Gaulois eurent adopté le rite romain pour leurs sépultures, ils surmontèrent leurs tombes de modestes édifices élevés de préférence au bord des routes, afin de faire appel aux pieux sentiments du passant, du voyageur attiré par la formule *Sta, viator*.

Les chrétiens, n'ayant aucun motif pour respecter les tombes de païens dont ils voulaient détruire jusqu'au souvenir, brisèrent de tous côtés les stèles funéraires érigées sous les Romains, malgré la dédicace de *la hache;* car le *sub ascia dedicavit*, gravé spécialement sur les tombes de la Gaule, était un rappel de l'âge de pierre des siècles de barbarie, du silex qui creusait le sillon aussi bien que la fosse lors de l'arrivée du conquérant. Celui-ci consacra ce souvenir par un outil de fer : l'*ascia*; et quiconque fouillait un monument portant cette formule, était puni des peines les plus sévères, suivant les lois romaines.

Après les Gaulois, la longue période des âges dits préhistoriques est close. Nous avons néanmoins pensé être agréable au lecteur en décrivant quelques-uns des chefs-d'œuvre trouvés sous les ruines de ces remarquables établissements que les Gallo-Romains fondèrent de tous côtés dans l'Ouest, quelques sépultures mixtes, ustrinum, objets d'art remontant aux premières époques de la Gaule des Francs. L'incertitude sur les dates, l'intérêt que présentent des ouvrages nouveaux ou peu connus, nous ont permis de les faire rentrer dans le cadre de notre travail.

Conclusion. L'homme du premier âge quaternaire, contemporain de la faune éteinte, a vécu dans nos contrées de l'Occident, puisque l'on y retrouve les plus anciens vestiges de son industrie, la pierre éclatée de sa main; quant aux silex rongés par un prétendu homme à tête de singe, notre précurseur, dit-on[1], l'absence de ces pièces à conviction sur notre terri-

[1] Cet anthropoïde, le *Dryopithecus Fontani*, à qui l'on attribue les silex de Thenay, ayant vécu à une époque où les montagnes seules et quelques plateaux élevés émergeaient du sein des mers, on se demande comment ces objets ont été trouvés précisément dans les parties les plus basses des plaines, c'est-à-dire dans un terrain qui, d'après les dernières données

toire nous a permis d'échapper jusqu'ici à cette fantastique origine.

La science actuelle marche à pas bien précipités; elle a découvert à peine quelques débris d'ossements, quelques restes de mâchoires[1], et trois races surgissent tout à coup, distinctes, indiscutables. Plus de limites à l'apparition de l'homme sur la terre, et deux cent cinquante mille années sont la dernière date assignée au précurseur de Thenay; que dis-je au précurseur! il y en a déjà deux[2]. Sans doute, bientôt on nous dira : « A chacun son singe. »

Nous n'avons pas à discuter ici ces théories toutes nouvelles, expression de la libre-pensée. Les rapports intimes existant entre les récits des plus anciennes nations et les Écritures, les vieux monuments découverts dans l'univers entier, en Asie, en Afrique et jusqu'aux extrémités de l'Amérique du Sud, ces édifices élevés par des peuples chez lesquels les traditions et les souvenirs étaient alors relativement récents, repro-

de la géologie, fut enfoui sous une prodigieuse masse d'eau; car, on le sait, l'Europe était immergée en moyenne de près de cinq cents mètres de hauteur à la période pliocène.

[1] Sur la mâchoire de la naulette, on a constaté l'absence de l'*apophyse geni*, fait dont on a exagéré l'importance s'il n'est pas accidentel, en y trouvant la preuve que la race de Neanderthal avait un langage articulé tout à fait rudimentaire ; qui donc oserait, même de nos jours, appliquer, non à une race, mais seulement à une famille, comme cachet typique de cette race ou de cette famille, une particularité ostéologique trouvée sur un seul individu.

[2] Aux gens à front droit, aux brachycéphales pouvant réclamer l'Asie comme patrie de leurs pères, les singes à tête large, l'orang et le gibbon ; à ceux à tête allongée, aux dolycocéphales, pensant descendre de l'Afrique, le chimpanzé et le gorille ; il y aura des ancêtres précurseurs pour toutes les têtes. Mais au père ayant les deux types dans ses enfants que répondra-t-on?

Atavisme !

duisant sur leurs murailles ce qui se lit chaque jour sur les inscriptions cunéiformes de Ninive, les scènes empruntées aux premiers âges du monde, à ceux qui précédèrent le déluge, les épisodes même de la création de l'homme, sculptés et gravés tous dans le sentiment de la Genèse, ces monuments et ces textes répondront pour nous.

Nous avons seulement cherché à expliquer le rôle que ce coin du monde a joué aux époques les plus reculées; nous avons constaté l'association de l'occident de l'Europe aux grandes phases des migrations venues de l'Orient, point de départ de l'humanité, et démontré sa prépondérance comme foyer de l'art et centre intellectuel rayonnant des rochers de Sein, des côtes et îles de l'Océan, trait d'union entre les deux mondes jusqu'à la province normande. Nous y avons retrouvé, non-seulement les traces de l'industrie quaternaire et néolithique, silex, bronzes, monolithes gravés et tumuli, mais encore les oppida de l'époque romaine confirmant l'existence sur ce sol du lieu consacré des vieux druides, et la suprématie d'une grande confédération de peuples, nos ancêtres, qui, par leur puissance et leur unité, occupèrent longtemps le rang le plus élevé de l'Europe, et surent même pendant plusieurs années résister aux légions du plus audacieux, du plus téméraire des conquérants de l'ancien monde.

APPENDICE

ÉCOS AUX ÉPOQUES GALLO-ROMAINE ET FRANQUE

Le Vexin habité dès les âges préhistoriques — Les Romains succèdent aux Celtes — les Francs aux Romains — L'arrondissement des Andelys séjour des rois francs de la première race — Comment la découverte d'un cimetière conduit à celle d'une ville — Ecos, l'antique *Scamnis* — Etymologie celtique d'*Ecos* — latine de *Scamnis* — Périmètre de la ville aux époques gallo-romaines — Ce qui prouve l'étendue du vieil Ecos — Fait remarquable — Le martyr de saint Nigaise — L'abbé de Bouclon et Goubert — Lieu de sépulture des saints Nigaise, Quirin et Scuvicule — Gasny, *Vadiniacum* — Les voies romaines — La voie de Lutèce à Rotomage a dû passer par Ecos — Routes stratégiques — Les *mutationes* — Ce que l'on doit penser de l'importance des transactions par les débris antiques recueillis sur le territoire — Objets de trafic — Tuiles du pays de Bray — Les poteries de Samos — Les sarcophages — Les coquilles — La tradition assigne huit mille âmes à l'ancien Ecos — Etendue de la ville l'époque franque — Cimetière franc-mérovingien sous les maisons actuelles — Les 24 communes du canton : Fours, *forum*, marché — Civières : *Cives errantes*, population flottante — Cahaignes : *Caër gai* — Les vases gallo-romains encore en usage aujourd'hui — Dampmesnil : *dam maën, domini mansile*, séjour du maître — Le Chesnay-Haguest ou Haguignest — Le Bus-Saint-Remy — La ville du coq sauvage — Bagaudemont et la porte *Bagaudarum* — Fourges — Clairville — Ancienne ville de Thoisy — Gasny — Bois-Jérôme-Saint-Ouen — Giverny, la plus ancienne commune du canton — Pressagny-l'Orgueilleux — Panilleuse — Mézières — Médailles de la Sarrazine — Tilly — Tourny — Forest — Guitry — Heubecourt — Cantiers — Les sites environnants — Le *Mont de Jupiter*, Mont-Javoult — L'*Autel de Vénus*, Authevernes — Bois-d'Ennemetz ou *de Némésis* — Cérifontaine, *Source de Cérès* — La *Colline de Diane* — Le Mont terrible — La Villa de Minerve — Le Séjour d'Hébé — Temple d'Apollon, à la Roche-Guyon — de Cybèle, à Mantes — d'Isis, à Vernon — autel d'Hercule, à Harquency — Conclusion.

LE CANTON D'ÉCOS ET LE BOURG CHEF-LIEU, AUX ÉPOQUES GALLO-ROMAINE ET FRANQUE.

Lorsque les maîtres du monde eurent divisé leur conquête d'au-delà des Alpes en provinces, ils désignèrent sous le nom de seconde Lyonnaise l'ensemble des peuples dont le territoire forma le pays normand [1]. C'étaient les Véliocasses, habitants des deux Vexins, avec Rouen (*Rothomagus*) pour métropole; les Calètes, qui donnèrent leur nom au pays de Caux, capitale Lillebonne *(Juliobona);* les Éburoviques, sur la rive gauche de la Seine, entre ce fleuve et la Risle, ville principale Évreux (*Mediolanum Aulercorum*); puis les Lexoviens, chef-lieu *Lexovii* (Lisieux); les Béjocasses, chef-lieu *Augustodurus* (Bayeux); les Unelli, *Constantia* (Coutances); les Veneli, *Crociatonum* (Valognes); les Viducasses, *Vadicasses* (Vieux); les Abrincatui, *Ingena* (Avranches); les Saii ou Essui, *Saie* (Séez ou Argentan) [2].

Bientôt, les populations régies par des lois et des institutions nouvelles, se conformèrent aux mœurs et aux usages des conquérants, la religion druidique se fondit en partie dans le paganisme romain. Il ne fut pas difficile pour le peuple d'assimiler Teutatès à Jupiter, Thor à Mercure, Thuiston à Pluton, puisque ces divinités avaient une commune origine. A ce contact, la théologie gauloise perdit bientôt sa grandeur, et

[1] Sabinus, lieutenant de César, en soumettant l'occident de la Gaule, réunit à la Belgique les onze cités coalisées, occupant le territoire de la Normandie. Auguste forma la Lyonnaise de la partie de la Gaule dite Celtique, comprise entre la Belgique, l'Aquitaine et la grande Sequanaise; il annexa à cette contrée le Vexin, pays des Veliocasses, faisant alors partie de la Belgique. Au IVe siècle, la Lyonnaise forma quatre provinces: la première Lyonnaise, au sud-est, aujourd'hui Bourgogne, Nivernais, Forez, chef-lieu *Lugdunum* (Lyon); la deuxième au nord, Normandie, chef-lieu *Rothomagus*, *Juliobona* (Rouen, Lillebonne); la troisième à l'ouest, Bretagne, Maine, Anjou, chef-lieu *Turones* (Tours); la quatrième au centre, Orléanais, Ile de France et partie de la Bourgogne, chef-lieu *Senones* (Sens).

[2] Ptolémée d'Alexandrie (180 de notre ère) a désigné les peuples du Vexin sous le nom de *Veneliocasii*, Véliocasses (*quorum civitas Rotomagus*), et les Eburoviques sous celui de *Eburaïci* (*Aulerci Eburovices quorum civitas Mediolanum.*)

l'idolâtrie païenne fit succéder ses prêtres aux pontifes du chêne. C'est à peine si, dans les contrées reculées, la croyance à l'immortalité de l'âme et le culte du gui, symbole de l'union de l'homme à un Dieu unique relégués avec les druides proscrits au fond des forêts inaccessibles, conservèrent quelques rares adeptes[1].

En considérant le nombre de monuments druidiques signalés dans le cours de cet ouvrage, il semble que les peuples qui vécurent autrefois sur le sol normand, et principalement les Véliocasses, aient continué plus que d'autres les usages de ce culte du gui, à l'exemple de leurs voisins les Carnutes et les Armoricains[2]; et cependant ce furent encore eux qui reçurent les pre-

[1] Ce fut à la suite de l'occupation du pays par les Romains que le langage national, se mêlant au latin, forma la langue romane parlée du VIe au XIVe siècle. Le celtique, qui était l'idiome de l'Ouest, s'est cependant conservé dans la province armoricaine; les Bas-Bretons parlent encore la langue des Gaulois.

« C'est pour cela qu'il faut la conserver avec soin parmi nous, a dit M. H. Martin, « afin qu'il reste quelque chose de la parole de nos pères « et que nous ne perdions pas toute mémoire des siècles lointains. »

Cette langue à la *sauvage horreur* de laquelle il est fait allusion dans le panégyrique de Théodose par Pacatius, « *Transalpini sermonis horrorem* », était encore parlée généralement à la fin du VIIe siècle. Sulpice-Sévère, au Ve siècle, cite un Gaulois ne voulant pas s'exprimer en latin, *langue romane rustique* et auquel Posthumius dit : « Puisque tu crains de parler latin, parle gaulois. »

Grâce aux efforts du professeur Blackie, une chaire pour les langues celtiques va être fondée à Edimbourg, à la grande satisfaction des sociétés gaéliques d'Angleterre qui se sont donné la mission de conserver dans les highlands d'Ecosse la langue et les mœurs gaéliques. Il est constant que le gaël est encore généralement parlé dans les Highlands; on prêche même en cet idiome dans cent quatre-vingt-quatre paroisses, représentant une population de trois cent mille âmes. Les Celtes Kymris du pays de Galles tiennent à leur langue avec autant de tenacité que les Irlandais et les Highlanders d'Ecosse, et ce n'est pas cette chaire qui empêchera le développement de la langue nationale anglo-saxonne. Puissent nos chers Bas-Bretons conserver longtemps aussi leur idiome.

[2] Les Véliocasses et les Carnutes n'abandonnèrent complétement les pratiques de l'ancien culte pour embrasser la religion du Christ, que vers la fin du VIe siècle.

miers, et subirent le plus longtemps le joug des nouveaux envahisseurs.

En vain ils s'étaient coalisés pour résister au flot des légions victorieuses et défendre leurs retraites, jusque-là inexplorées; souvent vaincus et toujours debout, ces fiers Véliocasses luttèrent pendant plusieurs siècles contre les hordes de barbares qui convergeaient de tous les points de l'horizon vers cette terre enviée.

Et il faut bien croire que ce coin de la Normandie pouvait exciter les convoitises, puisque les rois de la première race y ont presque tous laissé des traces de leur passage, et que la plupart des villes de cette contrée, dont Andelys est devenu la métropole, semblent avoir été fondées ou habitées par eux ou leurs successeurs. Ce fut d'abord Lyons, l'ancienne *Lochonia*, élevée au sein de l'immense forêt de Telles, puis Andelys, Étrépagny, Gamaches, Neaufles-Saint-Martin, puis encore Gisors, Saint-Clair-sur-Epte, Écouis, Vernon.

En 497, Clovis soumet le Vexin normand et le joint à la Neustrie. Il venait d'épouser Clotilde, qui visita souvent ce sol privilégié. Elle y fonda Andely, et le lys que cette ville porte orgueilleusement dans ses armes, comme étant le premier et le plus ancien de la France, est un souvenir de cette auréole glorieuse que la reine sainte y reçut du ciel.

Chaque année, une touchante cérémonie rappelle aux fidèles le miracle de l'eau changée en vin dans la source qui porte son nom [1].

[1] Charmante légende, pleine de poésie, rappelant le présent du rosaire fait en songe par la sainte Vierge à saint Dominique, mais propageant

Cinq ans plus tard, saint Evode, venu à Andely sous la pressante sollicitation de sainte Clotilde, y finit ses jours en 542. Après la mort de Clovis (511), la Normandie retourne au royaume de Soissons; mais, à la suite des guerres sanglantes de Brunehaut et de Frédégonde, les descendants de Clovis signent dans cette même ville d'Andely (587) un traité de paix dont les conséquences furent de donner aux seigneurs ayant versé leur sang pour la nouvelle patrie, cette puissance à titre d'hérédité, qui devait créer le corps de la noblesse. Clotaire II ayant réuni l'Austrasie et la Neustrie[1], son fils Dagobert Ier s'installa au château d'Étrépagny pour y gouverner ses nouveaux États (622), tandis que le grand saint Éloi, qui habitait Gamaches, remplissait le pays du bruit de ses miracles. Dix ans plus tard, sous Clovis II, les maires du palais s'établissent encore à Étrépagny, et sainte Bathilde, mère de Clotaire III (656), dont elle est tutrice, vient y fixer sa résidence jusqu'au moment où elle laisse le pouvoir à Ebroïn, maire du palais.

Ce château fut ainsi habité par les rois *francs* ou les maires du palais jusqu'en 680, époque où Thierry, roi de Bourgogne et de Neustrie, le rend aux moines

comme beaucoup de légendes consacrées par un long usage des erreurs dangereuses par l'abus du *merveilleux*, qui porte atteinte à la croyance même, au *surnaturel*, essence divine de la religion, et peut amener, par analogie, à faire douter de la véracité des miracles bibliques. Certes, si le sujet le comportait, nous préférerions *écheniller* cette admirable et infortunée Clotilde, et montrer dans tout son éclat ses vertus, plutôt que de citer des légendes locales qu'il serait peut-être difficile d'appuyer sérieusement sur l'histoire ou sur la tradition.

[1] L'Austrasie Osterrych ou royaume de l'Est.

La Neustrie Westric ou royaume de l'Ouest, ou plutôt *Neuest reich*, nouveau royaume.

de Saint-Denys, auxquels Dagobert l'avait donné lorsqu'il était sur le trône[1]. Les premiers Carlovingiens choisirent également pour séjour quelqu'une de ces villes élevées sur notre territoire, et Pépin le Bref, le premier roi de cette race, tint un concile, en 755, au château de Vernon, *ad palatium Vernis;* un autre eut lieu en 844, *in Verno palatio.* Quoique les historiens soient indécis sur l'emplacement exact de ce château, attribué par les uns à la ville de Verneuil, et par d'autres à Vern, près Compiègne, il est un fait certain : les rois des deux premières races vinrent souvent chasser dans la forêt de Vernon; ce droit, aliéné pendant un temps, fut même racheté par Philippe le Bel pour : *chasse à lièvre, à gourpil et à connin tant seulement.*

Il ne faut donc pas s'étonner si le canton d'Ecos, situé entre ceux d'Etrépagny, Andely, Vernon, Magny et Gisors, contrée dont le passé fut si intimement lié aux principaux événements de notre histoire à son début, à conservé sur son sol mainte trace d'une occupation permanente, non-seulement à l'époque des Romains et des Francs de la conquête, mais encore des Gaulois, des Celtes et des tribus préhistoriques, qui se fixèrent de préférence sur son fertile territoire.

Des différentes localités de la Normandie, la moins explorée est cet arrondissement des Andelys, et sur-

[1] Le château d'Étrépagny avait encore conservé, il y a dix ans, assez de solidité dans ses épaisses murailles pour qu'il nous fut permis de tenter une restauration en harmonie avec l'époque du monument; c'eût été une précieuse étude au point de vue de l'art rétrospectif; malheureusement, l'invasion de 1871 et, peu après, la fin prématurée de son regretté propriétaire, Albert de Vatimesnil, ont interrompu les premiers essais.

tout cette vallée de l'Epte, source inépuisable de richesses archéologiques de tous les âges, autrefois pays de Telles, dont les forêts couvrant la rivière valurent à l'Epte le nom primitif de *Fluvium Tellas.* Sur ses falaises qui bordent plusieurs cantons du Vexin français et du Vexin normand [1], et bien loin dans les terres environnantes, les camps romains, les tumuli, amoncelés comme le furent les édifices préhistoriques, n'indiquent-ils pas que ces positions, si convoitées, ont dû posséder aux époques de la conquête quelqu'un de ces centres qui, sans avoir l'importance des stations découvertes sur d'autres points, présentent pour l'histoire locale un intérêt tout particulier.

Pénétré de ces considérations, nous nous sommes inspiré de la nécropole du Chesnay pour chercher l'endroit où avaient bien pu vivre ceux dont elle avait conservé les dépouilles; car s'il est permis d'affirmer que l'existence d'une ville implique nécessairement celle d'un cimetière, il est aussi juste de dire que la présence d'un cimetière révèle le voisinage d'une ville. Je fis donc dresser avec le plus grand soin un plan du territoire, indiquant tous les points où il est permis de constater encore aujourd'hui des vestiges de fondations, des amas de tuiles romaines, de briques ou de pierres cimentées, de charbons, de cendres, et alors

[1] Le Vexin, au moyen âge *pagus Vulcassinus*, prit le titre de comté vers 750, et fut réuni à la couronne en 1082, après avoir été héréditaire sous la suzeraineté du duché de France, dès le commencement du Xe siècle. Il était borné par l'Andelle, la Seine, l'Oise et le Beauvoisis; la division en Vexin français à l'est de l'Epte, et Vexin normand à l'ouest, date des ducs de Normandie.

rien ne fut plus aisé que de délimiter exactement la superficie de la cité éteinte.

Dans le vaste périmètre compris entre les côteaux du Plix, de Grimonval, de la Bourdonnière et de Civières, aux flancs de ces éminences s'étageaient de distance en distance ces élégantes villas que les Romains s'entendaient si bien à placer d'une façon pittoresque aux endroits où l'air était pur et la vue agréable. Elles étaient groupées de préférence près de ces sources limpides qui sont une des richesses de l'Ecos actuel, et s'élevaient en amphithéâtre autour de l'emplacement de ce bourg.

Au centre, sur cette surface plane nommée les Coutures, circonscrite par les bois des Martines, le Grand-Marais et les constructions modernes, se dressaient plus serrées les maisons qui formaient la cité proprement dite. A chaque instant le soc de la charrue mord les pierres dispersées de leurs murailles dont les fondements subsistent toujours. Par intervalles de vastes lacunes, de grands espaces vides, désignent les places occupées par les habitations gauloises qui, construites de terre, de roseaux, de paille et de bois simplement enfoncés dans le sol, n'ont pas laissé subsister de traces. Cependant la brique, le silex, le moellon et la large tuile, la *tegula* recouverte de l'*imbrex* remplaçaient déjà peu à peu l'argile et le chaume; c'étaient les débuts modestes de notre architecture nationale qui conserva si longtemps l'empreinte de l'influence romaine.

Ecos s'écrivait autrefois *Escos* ou *Escoz*, nom sous

lequel il est mentionné dans l'Obituaire de la Croix-Saint-Leufroy (1200), qui cite *Robert chevalier d'Escoz*, « Robertus miles de Escoz ». Il est question de Raoul d'*Escoz* dans les grands rôles de l'Echiquier de Normandie (fin du XIIe siècle) 1180, et de l'église d'*Escoz* en 1030, dans deux chartes du duc Robert Ier en faveur de la cathédrale de Rouen. Il est encore parlé de l'Eglise de Saint-Denys d'Ecos « *Ecclesia Sancti Dyonisii de Ecos* » dans le pouillé d'Eudes Rigaud, archevêque de Rouen (1255), dans le cartulaire de Saint-Wandrille (Vente par Denys de Escoz, 1220), et dans une multitude de pièces du moyen âge où il est appelé *Ecoz*, *Esquoz*, *Scoht*, *Escod, Escots*, *Escos*, et finalement *Ecos*[1]; il se nommait au temps des Romains *Scamnis,* comme on peut le lire dans la *Passio Sancti Nigasii*, document qui remonte aux premiers siècles du christianisme, ainsi que dans l'*Histoire ecclésiastique* d'Orderic Vital écrite au XIIe[2].

Ce nom *Scamnis* provenait des mots celtiques latinisés *es* près, *scod* bois, ou même *es* près, *scam*, *scau*[3], bancs, gradins, pentes de côtes ou de montagnes.

[1] Voir le pouillé de l'archevêque de Rouen, Eudes Rigaud, manuscrit de la bibliothèque nationale, n° 11.052, au fond latin ; — Registre des visites du même, n° 1245 du fond latin ; — *Les grands rôles de l'Echiquier de Normandie*, Stapleton, in-8° 1850 ; — *Collection des historiens de France*, par Dom Bouquet (1248) : Charte de Jean de Escos, archives de l'Eure, 1297, actes de l'abbaye du Bec, de 1200 à 1300 ; — Rôle de la Débite, aux archives de Rouen, 1416 et nombre d'aveux du XVe au XVIIIe siècle.

[2] L'*Histoire ecclésiastique* d'Orderic Vital, qui commence à Jésus-Christ et se termine en 1141, se trouve dans les *Scriptores historiæ Germaniæ*, édit. de Leprevost, 1844.

[3] Par une erreur qu'il est difficile d'expliquer, deux des quatre manuscrits d'Orderic Vital portent pour le nom d'*Ecos*, au lieu de *Scamnis*, *Scausius*, qui est le mot celtique *Scau* latinisé, et ce grossier barbarisme a été reproduit dans les savants dictionnaires géographiques de Gireau

Cette seule origine suffirait pour établir son existence au temps des Gaulois, si nous n'avions trouvé dans la présence des haches de silex et des tumuli découverts sur l'emplacement même qu'il occupe aujourd'hui, une preuve évidente et palpable de sa très-haute antiquité.

Ecos fut donc désigné par les Romains sous le nom de *Scamnis* car, dans leur langue comme en celtique, ce mot rappelait la position d'un pays assis entre plusieurs collines échelonnées. C'était alors un centre important, puisque nous retrouvons, à défaut de documents historiques, les ruines de ses édifices caractérisés par l'existence des tuiles romaines, disséminées sur une longueur de près de quatre kilomètres et une largeur moyenne de sept à huit cent mètres; dans cette vaste étendue qui renferme plus de trois cents hectares, il faut compter, il est vrai, plusieurs villas entourées probablement de parcs ou de jardins. Dans l'une d'elles on a reconnu des conduites de terre provenant d'un hypocauste, des pavages de ciment, des débris d'ustensiles à tout usage. Sur d'autres points il a été découvert des cinéraires semblant indiquer que certains riches Gallo-Romains avaient le privilége de conserver dans leurs propriétés les restes de leurs familles.

Mais le véritable intérêt que nous présente l'antique *Scamnis* est moins dans tous ces débris amenés chaque jour à la surface du sol par les fouilles et les labours

Saint-Fargeau et de Bescherelle. Guizot, dans une note insérée dans la collection des mémoires relatifs à l'histoire de France, interprète ainsi le texte d'Orderic Vital : « *Scausius* » et non pas *Scamnis*, comme on lit dans le texte de Duchesne. » Il ajoute : « *Ecaux, que l'on écrit plus communément aujourd'hui Ecos.* »

que dans un fait historique d'une haute portée, et dont les conséquences furent de donner à cette localité une notoriété que bien des villes d'une plus grande importance lui envieraient à juste titre ; nous voulons parler du martyre de saint Nigaise.

Un homme de beaucoup d'esprit et surtout d'une tenacité infatigable mise à la recherche de tout ce qui peut relever la gloire du diocèse d'Evreux, M. l'abbé de Bouclon, a, dans une brochure récente[1], démontré d'une manière péremptoire que saint Nigaise, le grand et vénéré apôtre du Vexin, avait été martyrisé à Ecos.

Déjà un enfant du pays, Goubert, avait écrit sur ce sujet un très-remarquable travail composé de notes inédites[2] tirées de la *Passio Sancti Nigasii*, du *Manuscrit de Saint-Ouen*, des *Acta* de Orderic Vital, des *Bréviaires* et *Légendaires* manuscrits, et d'une foule de textes spéciaux. On regrette qu'une mort prématurée n'ait pas permis la publication de ce travail intéressant au point de vue des origines du canton d'Ecos.

Ce fut vers les derniers temps du premier siècle, en l'année 96, que l'empereur Domitien, voulant à tout prix détruire à sa source cette religion naissante qui menaçait déjà d'absorber sa puissance et son empire, résolut de lancer sur tous les points du territoire un édit par lequel ordre était donné aux chrétiens de sacrifier immédiatement aux idoles ou de périr par la torture. Le lieutenant Fescennius Sisinnius, aussi cruel

[1] *Les Saints du diocèse d'Evreux, saint Nicaise.* Adolphe de Bouclon, Evreux, 1864.

[2] *Notice sur saint Nigaise, apôtre du Vexin, et Dissertation sur le lieu de son martyre.* — Goubert, Paris, 1867. (Manuscrit.)

que son maître, est envoyé dans les Gaules pour faire exécuter la sentence barbare.

Il arrive à Lutèce : là le saint évêque Denys enseignait la parole du Christ avec Rustique et Eleuthère ; il les fait charger de chaînes, puis déchirer dans d'affreuses tortures.

Sans perdre un instant, le farouche Sisinnius, accompagné de ses soldats et de ses licteurs, se dirige vers Rouen, car il vient d'apprendre que le compagnon de saint Denys, le pieux Nigaise, accompagné du prêtre Quirin et du diacre Scuvicule, ont quitté depuis peu Lutèce pour se rendre dans le pays des Rothomages. C'est entre la Roche-Guyon et les Andelys, à une station nommée Scamnis, que Sisinnius rencontre les trois malheureuses victimes et leur fait subir le sort affreux du saint évêque Denys. Une femme courageuse nommée Pientia, accompagnée d'un chrétien du nom de Clair, transportèrent la nuit les précieux restes dans une île de l'Epte, et les y ensevelirent près d'un gué appelé *Vadiniacum* ou *Vadum Nigasii*, le gué de Nigaise, actuellement Gasny.

Une pieuse et imposante cérémonie, due à l'initiative du vénérable doyen Damoiseau, a rendu depuis peu à Ecos le culte de saint Nigaise, contemporain de saint Taurin, premier évêque d'Évreux, en y consacrant solennellement, par la bouche du très-éminent évêque d'Evreux, Mgr Devoucoux, le martyre du vénéré apôtre du Vexin [1].

[1] Désireux de laisser un souvenir durable de cette reconnaissance officielle du martyre de saint Nigaise à Ecos, nous avons, en 1863, reproduit

Le fait du martyre de saint Nigaise à Ecos nous confirme dans l'idée que cette ville était d'une grande étendue à cette époque. C'était probablement alors un de ces centres que traversaient les voies stratégiques des Romains, et où venaient s'établir les aubergistes pour loger les voyageurs, les relais de chevaux (*mutationes*), les maîtres de postes (*curiosi*), les marchands de blé (*frumentarii*), enfin tous les gens appelés par leurs affaires, ceux aussi qui cultivaient la terre, ceux qui l'administraient ; en un mot, une foule de monde de toutes classes et de toutes conditions.

« Scamnis, » dit M. de Bouclon, « au milieu du « plateau du Vexin normand, entre la Roche-Guyon « et les Andelys, devait être une de ces stations qui « sont marquées sur les cartes sous le nom de *muta-* « *tiones*, parce que sans doute on y changeait de che- « vaux comme dans nos relais de poste, où se formaient « des villages et s'établissaient des marchés publics. » Scamnis, situé au milieu d'une plaine fertile, dans « le voisinage de l'Epte et de la Seine, sur la route de « Lutèce à Rouen, était un centre pour les affaires, « un lieu d'approvisionnement, et devait déjà compter « une population florissante. »

Dans le but de relier les différents points de leur nouvel empire, les conquérants avaient créé un réseau très-étendu de routes parcourant dans tous les sens la seconde Lyonnaise, et mettant en communication les centres les plus importants de cette province. Elles

sur les vitraux latéraux du chœur de l'église cantonale les principaux épisodes de la vie de ce saint et de celle de saint Denys.

desservaient les camps où séjournaient les corps de troupes régulières envoyées par Auguste pour mettre fin aux soulèvements ainsi qu'au brigandage qui désolaient le pays; car, selon le langage d'un historien de l'époque, « la Gaule une fois vaincue resta sans chaleur, sans mouvement, accablée, appesantie, mais non tranquille. »

Une voie romaine venant de Lutèce, métropole des *Parisii*, future résidence de l'empereur Julien, aboutissait à Evreux (*Mediolanum Aulercorum*), capitale des Eburovices, reliée elle-même directement à Chartres et à Mantes, puis à Lisieux ainsi qu'à Lillebonne et Rouen par Brionne. Une autre route, partant également de Lutèce, suivait les falaises de la Seine, passait par Vaux, Meulan, Mantes, Mousseaux, la Roche-Guyon, et l'endroit qui devait s'appeler Sainte-Geneviève [1].

A partir de ce lieu, on perd les traces de la voie romaine qu'on ne retrouve que beaucoup plus loin, sur deux points opposés : d'abord, entre les Thilliers et Bremulle, puis à Ecouis; de là elle gagnait Radepont (*Ritumagus)*, établissement romain de notable importance, et atteignait Rouen; puis, dans une autre direction, à Lyons-la-Forêt, traversait le Petit-Andely pour atteindre également la capitale du Vexin.

[1] Chartres, *Carnutum*. Mantes, *Petro Mantalum*, dans l'itinéraire d'Antonin et *Petrum Viacum* sur la carte de Peutinger, pourrait bien désigner Magny-en-Vexin et non Mantes. — Lisieux, *Lexovii*; — Lillebonne, *Julio-bona*; — Rouen, *Rothomagus*; — Brionne, *Breviodunum*; — Vaux, *Vallis*; — Mousseaux, *Monticus*; — la Roche-Guyon, *Rupes Guidonis*.

Quoique l'on n'ait encore pu déterminer d'une manière positive la ligne que suivait la route stratégique à partir de l'Epte, tout porte à le croire, Scamnis était le lieu intermédiaire entre cette rivière et les Thilliers d'une part, et Lyons de l'autre. A ce point, la voie romaine se divisait en deux rameaux, dont l'un se dirigeait par les Thilliers où un nouvel embranchement conduisait encore à Paris, par Cléry et Pontoise, et l'autre par Tourny.

La route de Paris, par Pontoise, les Thilliers et Radepont, est une de celles dont le tracé, qui subsiste encore aujourd'hui, a été le mieux reconnu.

« Les Véliocasses, » dit l'abbé Cochet, « paraissent « avoir possédé trois ou quatre villes rangées sur la « voie romaine, qui de Troyes et de Paris gagnait la « mer à Caracotinum. Ces villes sont : *Rothomagus* « (Rouen), *Ritumagus* (Radepont ou Fleury-sur-An- « delle), *Petromantalum* (Magny) ou *Arthieul* et *Breva* « *Œsiæ* ou *Breva Isaræ*, Pontoise que plusieurs donnent « aux Parisii. Caracotinum, fixé par l'itinéraire d'An- « tonin, mais non sur la table de Peutinger, est « aujourd'hui Harfleur[1]. »

Les routes militaires des Romains étaient établies de préférence sur les sommets, et se dirigeaient, autant que possible, en ligne droite. A partir de Sainte-Geneviève, l'itinéraire le plus vraisemblablement adopté serait donc le long de la vallée du Mesnil, par laquelle on atteint, à l'aide d'une pente insensible, le haut pla-

[1] L'abbé Cochet, *la Seine-Inférieure historique et archéologique*, 1866.

teau d'Ecos conduisant à Tourny, direction toute rationnelle pour gagner les Andelys, si l'on veut éviter les circonvallations de la Seine. Il existait encore il y a quelques années sur le versant sud du bois du Plix-Aubin, entre la corne de Gasny, le Valcorbon et Ecos, un chemin que les anciens nommaient route stratégique. Serait-ce une tradition de la voie romaine? Nous n'oserions l'affirmer, bien que le savant M. Gaillard l'ait retrouvée à trois kilomètres de là et dans la direction indiquée plus haut, traversant la vallée et la rivière même de l'Epte du nord au sud, entre Sainte-Geneviève-lès-Gasny et la pointe du bois du Buquet, où est situé un camp romain. Tout dernièrement, j'ai été appelé à reconnaître une section de cette voie, à quelques pas de la gare de Gasny, dans un bois nouvellement fossoyé; elle était faite d'un béton très-dur, de cailloux pilonès à bain de mortier, et sa largeur mesurait quatre mètres. Dans le voisinage de notre cimetière gallo-romain passe également le chemin des Petrons, nom fort ancien qui signifie petite pierre, et qui paraît se rattacher à cette voie; or, on le sait, les Romains établissaient toujours leurs cimetières sur le bord des routes, afin d'attirer l'attention du passant sur le *Sta Viator* gravé en tête des stèles funèbres, quelquefois somptueux édifices [1], plus souvent modestes cippes,

[1] Le *monumentum* était l'édifice que les anciens élevaient sur la tombe, *sepulchrum*. Le défunt pouvait avoir plusieurs *monumenta*, tandis qu'il n'avait qu'une seule tombe. Le *cénotaphe*, édifice commémoratif, ne renfermait pas de sépulture. C'était un hommage rendu à un personnage privé des honneurs funèbres, parce que son corps, égaré, perdu dans quelque lutte lointaine, n'avait pu être retrouvé; on supposait que, pour

placés sous l'invocation des *Dieax Mânes* et sous la dédicace de la hache [1].

Et ne fallait-il pas une route pour relier cette cité assez importante alors, pour que les murailles seules de ses confortables villas aient fourni les pierres des maisons du bourg actuel et d'autres villages environnants, et pour alimenter un marché sur lequel il se débitait les denrées les plus rares, dont les mille débris qui couvrent le sol nous donnent un élément positif d'appréciation ?

C'étaient d'abord ces vastes et lourdes tuiles faites avec l'argile du pays de Bray ; puis ces riches poteries qui provenaient dit-on de Beauvais [2], d'Auvergne et de l'Alsace, et plus probablement de Samos, si l'on en juge par le goût artistique qui a présidé à leur décoration ; les meules de pudding servant à broyer le grain aux

cette raison, ses mânes erraient constamment sur les rives du Styx, sans pouvoir pénétrer dans le séjour des élus.

[1] Le *sub hasta* et le *sub ascia* furent deux solennelles formules destinées : l'une, à assurer les biens aux vivants ; l'autre, à conserver la propriété des morts (la tombe). Le *sub ascia dedicavit*, rappel du premier instrument qui ouvrit le sein de la terre (la hache de pierre), était spécial à la Gaule, comme nous l'avons dit. Cette consécration rendait l'édifice inviolable ; il était même absolument interdit de construire sur cet emplacement, ou tout autre point du cimetière, quand même les monuments funèbres auraient disparu.

Le *sub hasta vendidit* était une vente, faite après la guerre, du butin et de toutes choses prises sur l'ennemi. Chaque chef de corps procédait à cette opération sous une lance piquée en terre. Le droit de subhastation, ou vente militaire, fut appliqué, par extension, au civil, et pratiqué par les sergents vendeurs, les huissiers vendeurs, puis les huissiers priseurs, et finalement les commissaires priseurs.

Au moyen âge, on retrouve un souvenir du *sub hasta* dans le *ban* de *bannum*, *bannière*, qui se proclamait en déployant un étendard.

[2] On prétend avoir découvert une fabrique de poterie et de céramique fines sur le territoire de Rainvillers (arrondissement de Beauvais, Oise). A la Chapelle-aux-Pots (canton de Coudray-Saint-Germer), on a détruit d'anciens fours auprès desquels il a été recueilli beaucoup de débris de poterie rouge gallo-romaine.

époques gauloise, romaine et franque, et dont on a retrouvé un important atelier à Saint-Léonard, dans l'enceinte du bois des Hogues au milieu de nombreuses et très-profondes fosses, d'où l'on extrayait également du minerai de fer; puis ces superbes sarcophages, ne pouvant arriver des carrières du bassin de la Seine que par Magny et les Thilliers-en-Vexin, et jusqu'à ces modestes coquilles, preuve palpable que, malgré l'énorme distance de 130 kilomètres qui séparent Scamnis de la mer, on y consommait plus d'huîtres que l'on n'en débite actuellement dans toute la contrée. Du reste, il n'existe pas une maison, une villa ou une sépulture romaine de Normandie, où l'on ne retrouve la coquille de l'huître et de la moule; et si nous citons cette particularité, c'est pour démontrer que l'éloignement de la mer n'effrayait nullement les Gallo-Romains, même d'Ecos, lorsqu'il s'agissait d'y puiser un aliment de nature à satisfaire leur extrême gourmandise. Il est vrai que l'on n'a retrouvé ici ni le limpet, ni le petoncle, ni le bigorneau, ni la patelle, ni le peigne; mais l'huître étant la reine des mollusques, ils se contentaient de ce coûteux coquillage[1].

Lorsque les Romains d'Italie furent blasés sur les huîtres de Brindes, de Tarente, de Venise, du détroit de Cumes, de l'Hellespont et surtout du lac Lucrin, ils

[1] Il serait néanmoins possible que cette profusion de coquillages fût un des résultats de l'abstinence imaginée par le sacerdoce, car nous savons par la présence de saint Nigaise que le christianisme existait ici dès la fin du Ier siècle.

Il faut avoir vu les montagnards d'Ecosse pour se faire une idée de la force physique des Gaulois. Ces hommes barbares, vagabonds, ayant les habitudes violentes, les appétits indomptables du chasseur, l'Église a vu en eux des lions à apprivoiser, à mâter par la faim; elle a adouci leurs mœurs par le jeûne, et cette immense quantité de coquilles que l'on retrouve partout pourrait être un témoignage irrécusable d'abstinence séculaire.

en vinrent à faire pêcher celles de l'Océan, notamment de la côte armoricaine[1]. Et il y avait déjà bien longtemps à cette époque que les coquilles étaient un objet de trafic, puisque lorsqu'en 1871 M. Rivière découvrit l'homme fossile dans les grottes de Menton, il recueillit autour de lui une quantité de coquillages ayant servi de parure aussi bien que d'aliment, dont l'examen a démontré par leur provenance, qui est de l'Océan et non de la Méditerranée, que l'homme quaternaire des côtes de la Ligurie faisait déjà un commerce d'échanges avec celui des rives de l'Océan.

Le même amour du luxe, du beau et du confortable, guidait les Scamniens dans le choix de leurs poteries usuelles, car s'il était permis d'assimiler sous le rapport d'un article de prix les vases de Samos à ceux de Sèvres, ou aux céramiques italiennes, il pourrait être difficile de rencontrer une seule ville de notre Vexin actuel, Pontoise, Magny, Gisors, Andelys et même peut-être Rouen, où l'on pût se procurer aujourd'hui des vases de Sèvres ou des faïences artistiques de Pull, Devers, Ulysse, Jean, Deck ou de Beaumont.

Il ne faut donc pas s'étonner si la tradition locale assigne huit à dix mille âmes à l'ancienne ville d'Ecos. N'avait-elle pas été choisie pour le lieu du martyre de saint Nigaise, le grand apôtre et le premier des treize saints du Vexin[2] afin de frapper un grand coup sur une

[1] Il y avait même échange d'huîtres entre les deux mers, et Ausonius qui fut gouverneur des Gaules au IVe siècle, a écrit :
« Sunt et Armorici qui laudent ostrea Ponti! » (Auson, *Epist.* IX, v. 35.)

[2] Les saints du Vexin sont :
Ecos : saint Nigaise, premier évêque désigné de Rouen, disciple de saint Denys: saint Quirin, prêtre; saint Scuvicule, diacre, tous trois martyrisés à Ecos.

nombreuse population? Mais cet acte de barbarie, loin de ralentir le zèle des premiers chrétiens, ne fit que raviver leur foi; les saints mystères comptèrent plus d'adeptes, toutefois tant que dura la persécution les cérémonies religieuses se pratiquèrent dans les souterrains ou les anciennes carrières. D'après la tradition, saint Nigaise aurait célébré l'office divin dans une grotte profonde, située au sommet de la falaise où se dressa plus tard le château de la Roche-Guyon. Cet usage général, au temps des persécutions, reparut, dit-on, en Normandie, à la suite du martyre de saint Mauxe et de saint Vénérand, premiers apôtres de Neustrie, arrêtés à Notre-Dame-de-la-Garenne et exécutés à Acquigny par ordre de Sabinus.

Ecos possède sous son église une remarquable crypte des premiers temps de l'ère chrétienne que nous avons reconnue il y a plusieurs années. Quoique moins grande que celle découverte au Coudray en 1782, elle est plus complète; on y retrouve les détours, les étroits passages

La Roche-Guyon : saint Clair de la Roche, sainte Pience, tous deux disciples de saint Nigaise et martyrs.

Les Andelys : saint Evode, premier évêque de Rouen, mort aux Andelys; saint Space de Bayeux, prêtre martyrisé aux Andelys.

Saint-Clair-sur-Epte : saint Clair de l'Epte, prêtre et ermite, martyrisé à Saint-Clair.

Chaussy : saint Ansbert, vingt-deuxième évêque de Rouen, successeur de saint Ouen.

Vernon : sainte Noflette, vierge morte à Vernon, dans le IIe siècle ; saint Adjutor, né à Blaru, prêtre et ermite, seigneur de Vernon, inhumé à la Madeleine de Pressagny-l'Orgueilleux.

Abbaye du Trésor : saint Thibaud de Montmorency ou de Marly, abbé de Vaux-de Cernay, directeur de l'abbaye du Trésor. C'est à ses prières que saint Louis dut sa descendance.

Gasny : Sépulture des saints Nigaise, Quirin et Scuvicule, la vénérable Domanie, qui fut mariée à saint Germer de Fly, née à la Roche-Guyon et enterrée dans l'église du prieuré de Gasny.

Fig. 1.

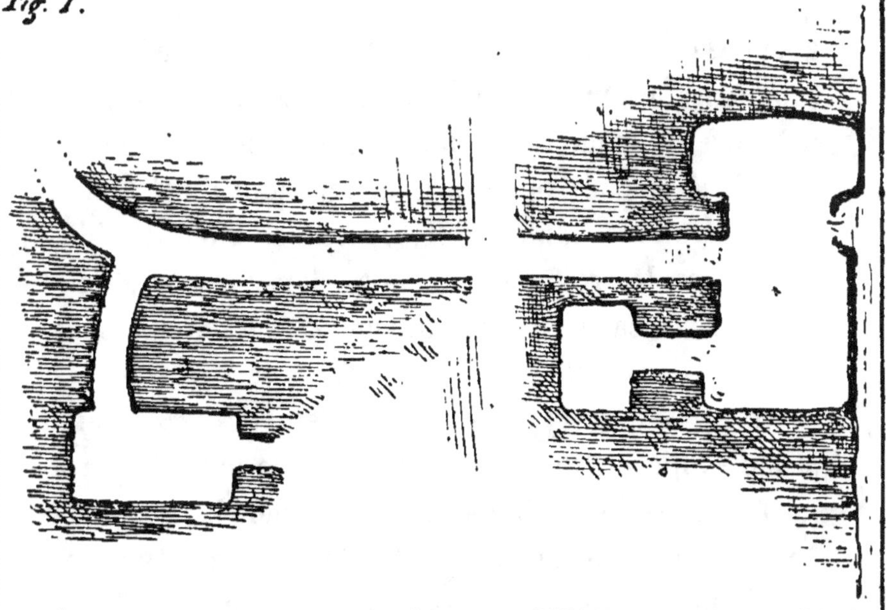

Fig. 2.

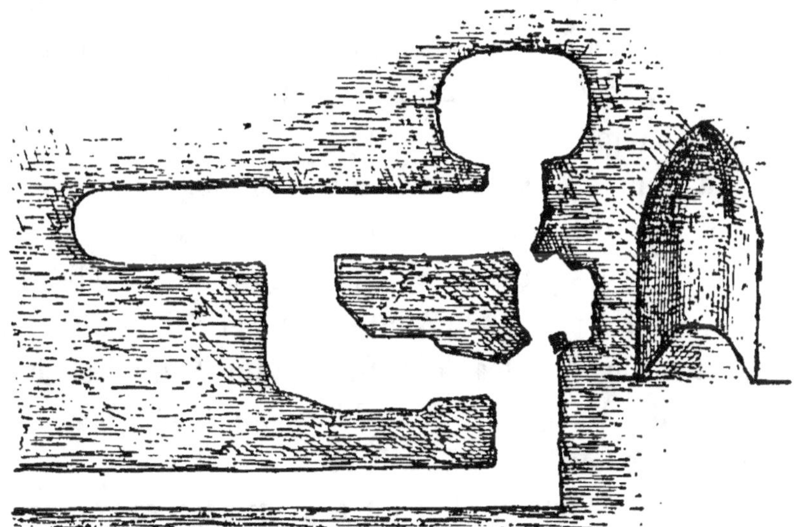

Planche XIV. *Fig. 1.* Les chambres souterraines des tumuli du Plix.
Fig. 2. Crypte sous l'église d'Ecos ; plan et élévation.

aboutissant à des *cellæ* circulaires qui prédèdent le sanctuaire proprement dit. Une porte murée conduit même à un souterrain dont nous avons vainement jusqu'ici sollicité l'ouverture, malgré tout l'intérêt que présenterait son exploration ; il serait en effet possible, comme on le croit généralement dans le pays, qu'i rejoignît la cave située à quelques cent mètres sous l'un des deux tumuli du Plix ; cette cave a tous les caractères d'une crypte, et le nom de *lit des fées*, donné à une saillie en forme d'autel réservée dans la paroi du fond, est bien de nature à rappeler les premiers âges du christianisme dans la Gaule succédant aux pratiques du culte des prêtresses du Gui. Il est inutile de faire ressortir l'importance exceptionnelle du fait de ces deux chapelles souterraines creusées sous le sol de l'ancien Ecos. Gaillard a trouvé également une excavation, ayant un caractère religieux, à Sainte-Marie-des-Champs, en Vexin, elle n'est pas surmontée d'un lieu saint, et sert de cave à une ferme. D'autres chapelles souterraines ont été découvertes en quelques localités ; les plus remarquables de la Normandie sont celles d'Héricourt, de Saint-Gervais et Saint-Godard de Rouen, de Saint-Jean d'Abbetot, Saint-Saire, Sauchay, Fécamp, Molagniès, Eu. Elles sont toutes beaucoup plus récentes que celle d'Ecos.

Mais si l'exploration du sol qui recouvre l'ancien Ecos nous vient en aide pour nous démontrer combien cette ville fut florissante sous les Gallo-Romains des quatre premiers siècles, elle nous prouve également que la cité qui subit le sort commun lorsque l'empire, sans force pour protéger ses conquêtes contre l'invasion des barbares, rappela au v° siècle ses légions, se releva aussi importante, peut-être même plus étendue à l'époque franque. Ainsi nous retrouvons non-seulement le grand cimetière décrit au chapitre VII, mais encore une autre nécropole presque aussi considérable sous l'emplacement même du bourg actuel. Un rang entier de sarcophages a été découvert dans le jardin qui fait face à la rue du Chesnay; d'autres rangs entremêlés de tombes en pierre calcaire existent également dans le même terrain, et des sépultures semblables ont été trouvées à plus de cent mètres de là dans les fondations nécessitées pour la construction de la halle, ainsi que sous les maisons voisines. Toutes ces tombes avaient la même orientation : est, ouest; quelques corps avaient la tête déposée près des pieds, et l'on a recueilli partout des vases et des armes entièrement conformes à ce que nous avons déjà décrit.

Une tombe, en particulier, découverte le 15 mai 1842, sous l'emplacement du second pilier de droite de la halle actuelle, renfermait un corps dont la tête, placée entre les pieds, portait un fort anneau de fer incrusté au milieu de l'os frontal. Cet anneau, fut-il fixé avant ou après la mort, était-ce un stigmate imposé comme flétrissure à un criminel, ou un odieux appareil de torture? Il est difficile de le préciser aujourd'hui. Ecos fut, pendant tout le moyen âge, siége de la haute justice de la baronnie de Baudemont, dont le pilori était élevé sur la place publique voisine de l'église; si la tête eut été celle d'un supplicié, elle eût été retrouvée à Thirou, sur l'autre rive de l'Epte, entre Chaussy et Saint-Leu, localité choisie pour l'exposition des corps exécutés à Ecos, et où se dressaient les fourches patibulaires ou de justice de la seigneurie; le peuple les avait même surnommées par dérision les *quatre pucelles*, sous prétexte que ce gibet n'avait jamais servi [1]. Faut-il conclure de ce fait qu'il n'y avait pas eu d'exécution capitale dans la ville depuis celles de saint Nigaise et de ses infortunés compagnons? Du reste, la présence de vases de terre déposés aux pieds des corps voisins, et de scramasaxes recueillis dans les tombes, indiquant des sépultures franques, il serait possible que la tête trouvée dans des conditions identiques remontât à la même origine [2].

Cette étendue de terre réservée par les vivants de l'époque mérovingienne à leurs défunts, et la situation du grand cimetière élevé au centre des deux pays permettraient presque de supposer que le petit village de Fours, dont le nom semble venir du celtique (*foër*, *for*), aurait été le forum d'Ecos [3] (Fours, *forum*, marché),

[1] Lorsque le marquis de la Rivière, Philippe-Antoine-Victor, baron, haut justicier de Baudemont, seigneur de Marines en Basse-Normandie, et autres lieux, fut assassiné dans son chartrier d'Ecos, le vendredi 12 février 1751, par le sieur X. de la B. M. (nous taisons le nom par décence pour la famille), celui-ci, soit à cause de sa qualité d'officier aux gardes françaises, soit par suite de l'énormité du crime, fut rompu vif sur la place publique de Rouen, et non à Ecos. La tradition ajoute qu'une bohémienne avait fait au meurtrier, enfant, cette prédiction sinistre : Un jour tu tueras ton seigneur! Quant au corps du baron, il fut inhumé dans le chœur de l'église d'Ecos.

[2] Cette tête si intéressante, à cause de l'anneau de fer, fut recueillie à l'époque (mai 1842) par M. Jeanneton, juge de paix d'Ecos, qui promit de la déposer au musée d'Evreux, mais elle n'y a jamais figuré.

[3] De *foër*, *for*, les Romains ont fait *forum*. Dans l'idiome vulgaire de certaines provinces, le mot latin *forum* s'est conservé, quoique dénaturé

peut-être même, dans une autre direction, celui de Civières, représenterait son faubourg; en effet, ce nom de *Civières* paraît dériver de *Civis errans*, *Cives errantes*, c'est-à-dire textuellement : population flottante; et si nous proposons cette étymologie, c'est que nous la croyons tout aussi admissible que celle de *Cippuariæ* qui pourrait néanmoins rappeler des tombes celtiques[1]. Du reste, on y a trouvé une grande quantité de silex taillés et polis ; l'époque romaine y est dûment constatée par ce seul fait que le maire s'est vu refuser un jour ses prestations sous le prétexte qu'elles contenaient trop de tuiles à *imbrex;* les Francs y ont laissé également des traces de leur passage, car nous avons découvert, il y a environ dix-huit ans, lorsque nous avons restauré l'église, une tombe mérovingienne de pierre de taille engagée sous le mur du nord; elle contenait trois corps déjà remaniés. Près de l'église de Civières, l'on voit encore l'ancienne fontaine que les premiers chrétiens consacrèrent à saint Martin en lui donnant son nom. Elle conserva son prestige jusqu'au siècle dernier, après avoir attiré nombre de pèlerins pendant tout le moyen âge.

A Cahaignes, qui vient à la suite de Fours, l'on a trouvé, lors de la construction de la nouvelle église, une grande quantité de poteries gallo-romaines, ainsi

par la prononciation, car la langue écrite a été de tout temps, et bien malheureusement, l'exception de la langue parlée. Au canton de Louviers, on entend souvent dire : J'men vâ au frô. As-tu point vu mon pere sû l'frô! c'est-à-dire sur le *foro* ou *forum*, sur la place du marché.

[1] Le mot *cippus*, *cipuariæ*, tombes, pierre élevée sur une sépulture, vient lui-même du breton *keff* ou *kiff*, tronc d'arbre, et du gallois *cyff*, ronc élevé debout comme le serait un monolithe.

que plusieurs sarcophages dont il a été extrait des francisques, des framées, des débris de *fibules* très-riches avec pierres fines ou fausses, des vases funéraires et une profusion de menus objets déposés à la mairie. Le nom de *Cahaignes* semble répondre au celtique *Caër gai* ville ou place de l'enceinte, en gallois *Caïrn cumulus*, amas de pierres. *Kaë*, haies enclos; *Caer* ville, peut-être ville ou *vicus*, d'une enceinte sacrée, d'un cromlech, et nous avons vu qu'il possédait un dolmen à ouverture circulaire. M. Louis Passy croit reconnaître dans les anciennes désignations, Cahagne, Chaignes, Cagny, Cahaignez, une origine franque ou latine rappelant une réunion de cabanes ou de chaumières; il est probable que son opinion serait aujourd'hui modifiée par le fait de nos découvertes préhistoriques qu'il ne connaissait pas au moment où il écrivit. Un seul trait démontrera combien ce village est riche en antiquités.

Un jour que j'étais en tournée électorale au canton d'Écos, je fus bien surpris, en entrant dans le petit et unique café qui occupe le milieu du pays, de trouver le propriétaire, épicier de l'endroit, assis devant une table de bois blanc très-primitive, tranquillement occupé à prendre son modeste repas dans de superbes assiettes gallo-romaines.

A mon arrivée, cet excellent homme se lève, et, après m'avoir salué, il atteint une magnifique *lagène* de terre de Samos; puis, versant le contenu dans deux cratères de la même origine, il m'offre le cidre de la bienvenue.

« — Mais, mon cher Monfiliâtre, lui dis-je, au comble de l'étonnement, savez-vous bien dans quoi vous buvez là?

— Dam! oui, monsieur, me répond le débitant du ton le plus naturel.

— Comment, oui?

— Mais certainement, monsieur, c'est de *la vaisselle de famille* que j'ai déterrée du fond de ma cave, où elle était enfouie. Chaque fois que je casse une de ces pièces, je la restaure de mon mieux, comme vous pouvez en juger, et lorsqu'elle n'est plus possible, je fouille de nouveau jusqu'à ce que j'en trouve une qui soit en état. »

A cette étrange réponse, je demeurai presque interdit, et certes, on le serait à moins; puis, sans témoigner une surprise exagérée, et pénétré de respect pour une illusion aussi sincère, je me confondis en compliments, et je me retirai, ayant fort peu parlé élection.

J'ignore encore aujourd'hui si la famille des Monfiliâtre remonte aux Gallo-Romains ou simplement aux croisades; mais je sais que les heureux conservateurs du Louvre et de Saint-Germain, et même du Sommerard, mon excellent ami du musée de Cluny, sont singulièrement distancés, car je doute qu'ils se permettent un pareil luxe de service de table. Je crois encore pouvoir affirmer que si MM. Ch. Blanc, Bertrand ou Ravaison venaient à connaître le fait, qui est de la plus parfaite exactitude, ils se hâteraient de quitter leurs palais pour rendre visite au modeste *débitant* du petit village de Cahaignes.

Mais laissons ce moderne gallo-romain, pour continuer notre promenade archéologique à travers le canton d'Écos, et dirigeons-nous vers le chef-lieu. Nous traverserons d'abord deux vallées bordées de côtes légèrement escarpées, dont l'une abrite le village de Réquiécourt (*Requies curia*), séjour du repos, et l'autre, Molincourt (*Molinarum curia*), la cour des Meules. La source latine de ces deux noms indique une origine romaine; nous supposons que ce dernier pays a pu réunir les ouvriers (prisonniers ou esclaves), ayant autrefois la charge pénible de broyer le blé avec les bras sur ces petites meules de pierres meulières dont on retrouve encore souvent les débris. Il serait possible que les meules de Molincourt aient servi à alimenter le marché d'Écos jusqu'à l'époque où cette bourgade fut tenue de faire moudre aux moulins banaux de la baronnie de Baudemont établis sur le cours de la rivière d'Epte, à l'emplacement de l'usine actuelle. Quelques tombes franques ont encore été découvertes ici.

Plus loin, dans un site boisé et sauvage, le territoire de Dampsmesnil rappelle par son nom (*Dam*, *Dominus*, maître; *man*, *maën*, maison) l'importance que ce séjour de domination avait acquise au temps des Celtes. Ils y ont laissé trois remarquables édifices : le menhir d'Aveny, le cromlech de la Pierre-Pétrie, et le dolmen que nous avons longuement décrit dans les chapitres V et VII; il est donc inutile de revenir sur ce point. Les Romains, après les Celtes, maintinrent dans le *Domini mansile* (d'où Dampsmesnil) le souvenir de leur ancienne prépondérance, et cette étymologie est un précieux argument en faveur du *lieu consacré* dont il est parlé dans les commentaires, et que nous persistons à placer en ces lieux, surtout en raison du voisinage de l'ancienne Scamnis, choisie par saint Nigaise pour théâtre de son apostolat, au sein d'une importante station druidique de Galls.

En quittant un endroit si rempli d'émouvants souvenirs, on aperçoit de loin le haut plateau du Chesnay[1], où les druides, d'après la tradition, avaient leur *lucus* ou bois sacré, et le nom de Chesnay-Haguest, abrégé de *Chesnay-Haguignest*, est un souvenir des *haguignettes*, que les prêtres distribuaient aux populations venues pour assister aux cérémonies sacrées du culte du chêne.

Voici Grimonval, dont la sépulture circulaire, située près de la *Cave-du-Diable*, près des plateaux de silex du bois de l'Abbesse, et non loin des ruines de maisons romaines du bois Damerme, indiquent une origine très-ancienne; Bois-Gauthier, où se trouve un puits de trois cents pieds de profondeur, creusé dans la marne, et remontant à une haute antiquité.

Val-Corbon (*Vallis corvorum*), Val-des-Corbeaux probablement, rappelle des oiseaux qui fréquentaient, en

[1] Le château du Chesnay-Haguest, élevé vers la seconde moitié du XIIIe siècle, et reconstruit à la fin du XVe siècle, fut complétement restauré par nous en 1858 dans le style brillant de sa dernière époque. Toutes les sculptures, peintures, ferronneries et plomberies artistiques sont sorties de nos mains.

Voir les articles du *Nouveau Guide de Normandie* par Johanne.

Voir aussi le rapport de M. Charles Blanc, directeur des Beaux-Arts, à Son Excellence le ministre de l'instruction publique. (Paris, Palais-Royal,, 12 août 1873.)

grand nombre, autrefois comme aujourd'hui, ces parages; Bionval (Biou, βιου, *vallis*), vallée de vie, allusion à cet air si pur du val d'Écos.

Puis, le Bus-Saint-Rémy, qui complète la station mégalithique des rives de l'Epte, avec son cromlech circulaire de la Villeneuve, sa pierre tournante, ses blocs et son tombeau celtique. Nous y avons fouillé une maison gallo-romaine située sur le bord de la route allant du village à l'emplacement nommé, on ne sait pourquoi, *Ville du coq sauvage*, dans le voisinage du *cimetière aux Anglais*. Cette vaste demeure avait dû être incendiée d'une façon complète et instantanée, car les larges tuiles occupaient sur les cendres couvrant le pavage la position qu'elles avaient sur le toit, et beaucoup d'entre elles n'étaient même pas brisées. Des restes de poterie rouge et brune, et plusieurs fragments de terre de Samos très-ornementés, remplissaient le sol, pêle-mêle, avec des charbons, des coquilles d'huîtres, des pierres et une foule de débris.

Laissant à gauche une jolie croix mérovingienne, destinée à rappeler quelque sinistre drame, et qui, plantée sur le *Courmont*, borde cet alignement celtique, que nous avons cité comme étant probablement le seul de la contrée, nous arrivons à Baudemont, dont l'ancien nom de *Bagaudemont* évoque le souvenir des Bagaudes [1], bandes de Gaulois révoltés qui, sous le

[1] Les *Bagaudes*, en gallois *Bagad* (troupe), représentèrent en Gaule la guerre sociale; plus tard, ces plébéiens, retirés sur le Mont Aventin, devinrent les Jacques et les Anabaptistes de Munster.

commandement d'Amandus et pendant le règne de Dioclétien, infestèrent le pays de leurs brigandages.

Le Vexin était depuis longtemps soumis aux Romains, lorsque les Francs le ravagèrent vers la fin du IIIe siècle. Cent ans plus tard, après la mort de l'empereur Julien, les peuples de la seconde Lyonnaise, décimés par la grande invasion franque de l'an 406, se coalisèrent entre eux pour résister aux Bourguignons et aux Suèves, alliés aux Vandales et aux Alains qui avaient traversé le Rhin pour envahir la Belgique. Telle fut l'origine de la ligue armoricaine, république indépendante composée des Véliocasses, des Eburoviques, des Abrincates, des Unelliens, des Lexoves, des Béjocasses et des Essuins. Ils restèrent unis quatre-vingts ans, jusqu'au moment où Clovis fit entrer le Vexin sous la domination des Francs (487).

Tout en reconnaissant la suzeraineté de Rome, les Armoricains s'étaient constitué aussi en bagaudes; ils élevèrent plusieurs citadelles, dont les deux principales, Saint-Maur et Baudemont, devaient couvrir, l'une Paris, l'autre Rouen. Le nom de Baudemont, cette vieille forteresse qui, malgré ses mutilations successives, a conservé assez de son architecture primitive pour nous permettre de juger de son époque, provient de Bagaudemont, le mont des Bagaudes; l'on retrouve dans l'une des entrées de l'ancien Paris cette dénomination de *Porta Bagaudarum*, appelée plus tard *Porta Bauda*, porte Baude, et l'analogie frappante existant entre ces deux noms et ceux de *Bagaudemont*, devenu *Baudemont*, confirme la réalité de cette origine, malgré le prestige qui entoure le *Validus mons*, *Mont redoutable*, de certains auteurs.

Le village de Baudemont possède une chapelle dédiée à saint Martin, dont la fondation remonte à l'établissement du christianisme en Vexin; elle fut plusieurs fois détruite, comme la forteresse qui servit aux Normands pour garder les lignes de défense de la rivère d'Epte, leur frontière.

Un fermier, en cherchant avec persistance pendant plusieurs années la jument et le poulain d'or enfouis, d'après la légende, dans le voisinage du fort, a découvert, sous le talus du fossé profond qui borde la citadelle, deux sarcophages de pierre avec couvercles prismatiques renfermant chacun deux corps dont les têtes regardaient le levant. Sur la même commune, l'on croit avoir reconnu des traces de voie romaine entre Saint-Rémy et Bray, et l'on y a retrouvé des lances dans la rivière; des fers de flèche et une médaille d'or ont également été recueillis dans la cour précédant le château.

Fourges et Gasny ont conservé des témoignages de l'ère celtique : l'un dans un menhir dressé à quelques mètres du bois de Buquet, sur un *lieu dit :* la *Vente des Buis*, monolite de grès de 1^{m},50 d'élévation, renversé depuis peu ; il recouvrait des ossements, et une hache de silex noir, de 15 centimètres, dont une extrémité portait la trace d'une cassure intentionnelle ; l'autre, dans une source consacrée, et à laquelle les premiers chrétiens conservèrent son caractère merveilleux en élevant sur ses bords une église où furent déposées les reliques de saint Nigaise, premier évêque de Rouen, de saint Quirin et de saint Scuvicule, inhumés à Gasny. Plus tard, on y construisit un prieuré. La fontaine réservée au centre du chœur fut fréquentée pendant tout le moyen âge, par une grande affluence de pèlerins attirés par les vertus miraculeuses de ses eaux, appliquées à la guérison des maladies de la vue. L'église a été détruite à la fin du siècle dernier, mais le bassin de la source existe encore.

En contemplant cette eau, qui baignait jadis la tombe d'un grand martyr, et qui coule aujourd'hui ignorée, dans un pré solitaire, on éprouve un sentiment de tristesse indicible. C'est avec un profond serrement de cœur qu'on se reporte de nos époques sceptiques à ces âges sublimes de la foi, où d'illustres pionniers avaient le courage de sceller de leur sang leur inébranlable croyance dans les vérités absolues.

Pour nous, Gasny n'a rien perdu de sa sainteté ni de sa gloire; il reste toujours « le lieu de la sépulture « des saints martyrs, un lieu saint, une terre de pro« diges. Son île a gardé fidèlement, pendant des siè« cles, des ossements tellement précieux, qu'un peuple « tout entier s'est levé pour leur conservation; qu'ils « ont été enchâssés dans l'or et couchés sur la soie en « présence des archevêques de Rouen et des évêques « d'Evreux. Ils ont été de là portés en triomphe dans « l'île de France, dans plusieurs villes, à Rouen, dans « l'Allemagne; aucun triomphateur n'a fait une marche « plus glorieuse. Voilà la gloire solide de Gasny; et je « crierai volontiers à tout voyageur qui y porte ses

« pas : *Sta viator, heroem calcas!* Arrête-toi, voya-
« geur! tu foules un sol où repose un héros, un martyr[1]. »

A Fourges, sur la rive opposée de l'Epte, au territoire de Clairville, entre Gasny et Roconval, existait un village romain; puis une ville de la même époque nommée Thoisy, à qui la tradition assigne 3,000 habitants, s'élevait entre la voie ferrée de Gisors à Vernon et les îles de Gasny, sur la rive droite de la rivière, peut-être celles où furent inhumés au Ier siècle les saints martyrisés à Écos.

Ses ruines, disséminées sur une étendue de 1,000 mètres de long et 400 de large, renfermaient une telle quantité de débris, que la culture du sol, très-fertile, fut longtemps entravée sur ces 40 hectares. La pièce la plus intéressante trouvée à l'emplacement de l'antique Thoisy est une monnaie d'or frappée à l'effigie de Justinien. Sur d'autres points de Gasny, on a recueilli des tuiles et des poteries romaines, notamment au *lieu dit* l'*Ancienne grande ferme*. Quant aux restes de la période franque, ils sont si communs dans cette belle vallée, qu'ils ont attiré depuis longtemps l'attention des archéologues.

« De Gisors à Sainte-Geneviève, près Gasny », dit Gaillard, « dans un vaste demi-cercle dont la plaine du
« Vexin forme le pied, une foule d'auges en pierre,
« qui sont autant de cercueils, sont inscrits dans les
« flancs de ces collines. On a trouvé des tombes à

[1] *Les Saints du diocèse d'Evreux*. A. de Bouclon. Évreux, 1864.

« Vesly, au triage des Tombes; à Cahaignes, sous le « vicariat, et à Sainte-Geneviève, où les cercueils sont « en plâtre, chargés de cercles inscrits l'un dans l'autre « et ayant entre chaque cercle des V ou des cinq en « chiffres romains. »

Bois-Jérôme-Saint-Ouen a fourni une belle médaille d'or du triumvirat, déposée au musée d'Évreux, et beaucoup d'autres antiquités, ce qui ne saurait surprendre, car il existe dans son voisinage deux camps de César : l'un très-vaste, défendant la tête de la rivière avec celui de Port-Villez, qui lui fait face sur la rive opposée; l'autre, plus petit, nommé le camp rond de Malassis. Giverny, le village du canton qui possède les titres les plus anciens, est mentionné, d'après Auguste Leprévost et Passy, dans un acte de 671 ou 674. C'est une cession de vignes consentie par Teulsinde, abbé de Fontanelle, au profit du comte Rothaire. *Warnaco super fluvia Sequanæ.*

Il y aurait même un testament en faveur de l'abbaye de Saint-Denis qui daterait de 620 à Giverny, nommé *Waarnacum*, et qui serait déposé aux archives de Paris.

Mais il nous semble inutile de glaner sur le terrain de l'histoire, puisque nous avons ici, dans l'enceinte même du cimetière, un édifice celtique, dolmen désigné plus tard sous le nom de pierre de sainte Radegonde, puis un menhir sur la côte dominant la Seine, auprès du vallon d'Orgival.

Plus loin, sur les bords de la Seine, Pressagny-l'Orgueilleux rappelle, comme Gasny, les époques du bronze préhistorique. L'un a fourni une magnifique épée, et l'autre des haches fort remarquables. La période romaine est ici largement représentée, et, de Pressagny à Notre-Dame-de-l'Isle, la berge de la rivière présente une suite non interrompue de débris mêlés de larges tuiles enfoncées à un mètre du sol actuel; on prétend même que Notre-Dame-de-l'Isle aurait possédé autrefois 18,000 âmes. D'un autre côté, le chemin qui mène à Panilleuse renferme des ruines romaines couvrant plus d'un kilomètre. Sur celui de Vernon, au *Val-d'Airain*, il a été découvert des conduites en terre cuite, des pavages, des murailles de brique et de pierre; il existe même, au milieu de la route, un puits que le maire a fait combler sans qu'il ait été fouillé.

Parmi les objets recueillis dans la Seine, il faut compter douze fers de flèche remontant à une époque très-reculée.

Le château de la Madeleine, ancien séjour de Casimir Delavigne, construit près de cette chapelle, où furent déposés vers la fin du XIe siècle les restes de saint Adjutor, possède plusieurs vases gallo-romains trouvés, les uns vides, les autres remplis de cendres et de charbons, par le sieur Caron, régisseur de Mme Thénard; ils étaient mêlés à des coquilles d'huîtres et de moules, des mâchoires de sangliers, etc., et provenaient de diverses fouilles pratiquées sur la route séparant les bois de la Madeleine de ceux de M. de Seguin, à trois cents mètres des tirés du duc de Penthièvre, appartenant actuellement à M. Jourdain.

Deux sépultures bien étranges furent découvertes, il y a quelques années, sur les pentes du parc de Mme Thénard : dans l'une, six corps, placés régulièrement comme les rayons d'une roue, avaient les pieds appuyés à un noyau central de maçonnerie en forme de pilier; dans l'autre, au contraire, quatre corps inhumés deux par deux étaient disposés de telle façon, que les quatre têtes se touchaient toutes comme pour une dernière et suprême accolade. Ces squelettes, dépourvus d'orientation, formaient une de ces figures fantastiques signalées au cimetière gaulois des Crons, et dont on vient de trouver, à la côte de Bures (arrondissement de Neufchâtel), un nouveau spécimen dans une sépulture double affectant la forme d'une X. On a recueilli également, dans un sarcophage, un petit vase de terre noire, renfermant une charmante croix émaillée. Celle-ci fut portée précipitamment chez le maréchal, et brisée sur l'enclume, car la soif de l'or, *auri sacra sitis*, avait fait soupçonner un *trésor* caché sous cette frêle enveloppe [1]. Sur le versant de la colline qui porte le nom lugubre de Côte-des-Morts, entre Pressagny-le-Val et Mézières, on a trouvé quantité de corps inhumés à même le sol.

A Panilleuse, des meules à bras semblent rappeler ce nom de *Panillosa*, provenant évidemment de *panis*, pain. Les bois défrichés de M. Garnuchot, maire de Vernon, y sont encore remplis de ruines romaines.

[1] En remaniant tous ces ossements amoncelés dans une cave de la Madeleine, nous avons remarqué une coquille de peigne (*pecten jacobœus*) provenant de l'une des tombes.

Il en est de même de ceux de Mézières, que leur ancien propriétaire, M. Leroux, avait mis gracieusement à ma disposition. Connaissant tout l'intérêt qu'il portait à la science, je lui donnai des indications de nature à lui permettre de commencer des fouilles; elles amenèrent, dès le début, la découverte de vases samiens et de diverses pièces intéressantes, déposées de son vivant au pavillon qu'il avait fait élever dans le bois. Du reste, de toutes les communes du canton, celle-ci est la plus riche en tumuli; ils se poursuivent même sur les pays environnants de la Grippière, de Nézé, la Vieux-Ville, la Bucaille; et je dois encore mentionner ici un propriétaire de cette commune, M. Hébert, qui a bien voulu faciliter, avec la plus grande bienveillance, nos recherches archéologiques sur sa terre. J'en ai déjà fait connaître le résultat.

Entre Mézières et Surcy, dans un triage nommé la Sarrazine, un cultivateur découvrit il y a quelques années un grand vase de terre noire, qu'il s'empressa de briser; il contenait de quarante à cinquante livres de petits bronzes, d'une belle conservation, où quelques pièces moins communes se trouvaient mêlées à des profusions de Nerva, de Probus, de Dioclétien, d'Aurélien, Gallien, etc.; toutes ces monnaies avaient été déposées neuves dans l'urne qui les renfermait. Et je dois bien ici une mention à ce brave homme, car après avoir cassé le pot, il courut m'apporter *son trésor* cousu dans un sac. Je ne pus lui faire comprendre que le vase qu'il avait sottement brisé avait une valeur supérieure à son contenu. Il n'en voulut pas démordre. Il descendait peut-être aussi de quelque Romain de l'antique *Sauriciagora* (Surcy), car son regard brilla d'une lueur étrange à la vue de ses gros sous, qu'il croyait bien un peu contenir de l'or, et dont le cuivre avait été gratté par places, mais vainement. Comment lui en faire un reproche? Il ignorait! Ne voit-on pas encore de nos jours de vrais savants briser de superbes dolmens, arrivés par miracle jusqu'à nous, pour en extraire un maigre fragment d'os ou quelque éclat de silex, dont il existe actuellement des échantillons au nombre de centaines de mille dans tous les musées ou les collections particulières?

A Forêt-la-Folie, de même qu'à Hébécourt et à Tilly, on a constaté la présence des instruments appartenant aux âges de la pierre et du bronze, Sur les friches de cette dernière localité, on a recueilli des meules romaines. Tourny, autrefois *Thorniacum*, dont la racine Thor emprunte une ressemblance frappante au nom du dieu des Scandinaves, fils d'Odin et de Frigga, Tourny a également sa butte, de même que la Queue-d'Hayes. Entre la commune et Guitry, existait un puits où l'on a découvert une hache de silex des premiers âges; nous savons aussi combien M. Besnard en a recueilli sur ce territoire de Guitry. Dans les bois de la commune, ancienne forêt de l'État, nous avons trouvé plusieurs fosses profondes dont on a extrait une grande quantité de cailloux amoncelés; elles sont absolument conformes à celles de la forêt de Brotonne, où le brigadier-garde Pichou découvrit trente monnaies romaines du temps de Marc-Aurèle, disséminées sous le monceau de silex qui remplissait la fosse.

A la ferme du Feuillis, l'on rencontre une grande quantité de tuiles romaines ; il en est de même du triage des Terres Noires, entre Tourny et Aubigny, et la route qui sépare ce pays de Civières semble indiquer par son nom de *chemin d'entre deux villes* leur antique et mutuelle importance ; il se pourrait, cependant, que l'ancien *Albiniacum* (Aubigny) n'eût été que l'emplacement d'une villa gauloise ; une médaille de Néron, grand bronze, et une de César, en argent, ont été trouvées dans les environs.

Château-sur-Epte, l'ancienne forteresse de Guillaume le Roux, appelée Fuscelmont au XIIe siècle, indique par le nom de *Novum Castrum* sous lequel on la désignait à cette époque, et d'où l'on fit Chastel-Neuf-sur-Epte, qu'il remplaçait alors un camp antique, *castrum antiquum*, une vieille enceinte.

Enfin les haches de bronze d'Heubécourt et de Bordeaux-Saint-Clair, celles de pierre, de Cantiers, complètent ce tableau du canton d'Ecos aux temps qui précèdent l'histoire.

Mais ce ne sont pas seulement les menhirs, les dolmens, les cromlechs, les monceaux de silex, les tumuli, les villas ou les cités enfouies, qui font de ce pays un sujet d'études aussi intéressantes que variées, sur l'art aux époques les plus reculées, sa situation même mérite encore d'attirer l'attention à cause des souvenirs qui l'entourent de toutes parts. Ce canton, adossé à la base du Vexin normand, séparé du Vexin français par la vallée d'Epte, bordé d'un côté par le territoire des Eburoviques et de l'autre par celui des Bellovaces, était bien digne par sa position de fixer les diverses tribus qui se sont succédé sur son sol.

Du sommet du plateau couronnant au nord le chef-lieu actuel, l'œil embrasse une étendue de plus de deux cents kilomètres, et chaque point de ce vaste horizon porte encore un nom qui rappelait aux Romains de la Gaule le culte des divinités multiples adorées par leurs ancêtres dans la patrie d'au-delà des Alpes.

Voici la montagne de Jupiter, le Mont-Javoult (*Mons Jovis*); dominant tout le pays, il fait songer à la puissance du grand dieu de l'Olympe ; puis l'autel de Vénus, Authevernes (*Altar Veneris*), dont les flammes éclairaient les sombres futaies du bois de Némésis (*le Bois d'Ennemetz*), fatal mystère du rapprochement de Némésis et de Vénus. Ici la fontaine de Cérès, Cérifontaine (*Cereris fons*), rappelle que la fille de Saturne est la *Source* de tous les biens. Plus près est la colline consacrée à Diane, Dennemont (*Dianæ mons*); plus près encore, le mont Terrible, Montreuil, mont Terrier (le *mons terribilis*); puis la villa où l'on sacrifiait à la déesse de la guerre, Menerville (*Minervæ villa*), et sous nos pieds même, le ravin de Bacchus, qui joint le Grusmesnil à Val-Corbon, et rappelle ces plateaux plantés de vignes dont les anciens du pays ont conservé le souvenir.

Le séjour de la fille de Junon, la douce Hébé, était à Hébécourt, qui fut plus tard une des sept villes de Bleu ; à la Roche-Guyon s'élevait un temple à Apollon ; à Mantes, un autre voué à Cybèle ; la tradition en attribue même un à Isis, sur l'emplacement de la ville de Vernon.

A Harquency, petit village situé à moins d'une lieue de Forêt-la-Folie, existait aussi un autel dédié à Hercule; ce monument a été retrouvé, et voici comment. Dans une pièce de terre voisine du Bourgout, ancienne commanderie de Templiers, au bas de la côte des *Livrées* et à quelques mètres d'une ruine antique, dite le château *de la Bove*, on découvrit, en février 1865, trois sarcophages placés sur une même ligne, orientés au levant; les tombes avaient été précédemment violées, mais on put recueillir dans la terre adjacente les ossements enfouis pêle-mêle avec des fibules, des débris d'ornements en bronze et un vase de terre, indiquant une sépulture franque du ve siècle. Or, l'un de ces tombeaux était formé de deux pierres de taille, et l'une d'elles représentait un homme nu, aux prises avec un lion. La sculpture, quoique mutilée lorsqu'on appropria la pierre au sarcophage, ne peut laisser subsister aucun doute; c'est un Hercule terrassant le lion de Némée, provenant d'un autel romain dédié à ce dieu, et dans lequel les Francs creusèrent un de leurs tombeaux.

M. Chassant, dont chacun connaît les importants travaux paléographiques, a pu, grâce à cette découverte, établir l'étymologie d'Harquency, écrit *Erquinciacùs* et *Herquinceium* au XIIIe siècle (1255-1269), ce qui signifie Herc. *Quintii-Acus*, c'est-à-dire (autel) dédié à Hercule par Quintius, nom du personnage qui aura probablement érigé le monument. De Herc. *Quintii* est venu Herquency, de même que Mercure a fait *Mercatus* ou marché. On peut voir ce précieux morceau aux Andelys, chez M. Lelièvre, qui s'en est rendu acquéreur. On a découvert depuis (1874) l'emplacement d'une villa ainsi que les vestiges d'une voie romaine qui traversait cette localité.

De tous côtés, l'on retrouve ainsi quelques souvenirs de cette mythologie païenne, dont les symboles poétisaient toute la contrée environnante, et lorsque les Francs succédèrent aux Romains, ils conservèrent à ces lieux leurs noms, de même qu'ils habitèrent les positions que ceux-ci avaient enlevées aux Celtes; car toutes les communes dont le territoire a fourni soit des édifices celtiques, soit des instruments des âges de la pierre et du bronze, sont celles où l'on rencontre le plus de ruines romaines ou de sépultures franques; le type primitif s'est même conservé parmi les familles de certaines localités. Un savant anglais, M. Lewis, professeur à l'Université de Cambridge, a publié, dans une revue scientifique étrangère, une intéressante notice, où il explique que la commune de Forêt-la-Folie en particulier présente encore dans les caractères, les tendances, les noms et les prénoms de ses habitants, des indices remontant à une haute antiquité. Nous connaissons, en effet, dans ce pays plusieurs Trajin, des Dyon (*Dionys*), des Ancourt *(Ancursius)*, puis des Clovis, des Sarrazin, etc.; nous avons été maintes fois à même de vérifier la justesse des observations de M. Lewis.

On retrouve ainsi, dans quelques bourgades, un ensemble de traits particuliers qui les distinguent des populations voisines et rappellent une origine étrangère quelquefois fort ancienne.

Les Andelys, et le Vexin en général, renferment encore aujourd'hui une race à part au sein du pays normand. Les hommes y sont intelligents et actifs ; les femmes, aptes au négoce, l'emportent généralement pour la direction des affaires. Le mari dit volontiers : « Voyez notre femme. » Il n'en est pas de même à Louviers, où la femme remplit un rôle plus secondaire. Les hommes, forts et vigoureux, s'expriment dans un langage et avec un accent étranges, tout particuliers à cette contrée. Entre Louviers et le Neubourg, les habitants des campagnes sont grands; toutefois, les femmes ont les traits fortement accentués. A Nonancourt, Saint-André, Dreux, la race est petite, les femmes brunes, intelligentes, alertes, sont généralement jolies; celles de Bernay, vives et enjouées, ont les traits moins réguliers.

A Routot, le type est accusé par une saillie exagérée du maxillaire inférieur. Cette forme carrée de la mâchoire leur fait donner le nom de *talons de sabots ;* c'est bien évidemment le cachet d'une très-vieille colonie, peut-être de l'ancienne Belgique, conservé intact parmi ces populations. Au contraire, à Pont-Audemer, en Roumois, en Lieuvin, les hommes, grands, beaux, à la taille élevée, aux puissantes épaules, aux membres fortement charpentés, rappellent, comme ceux de Bayeux, les races scandinaves de ces peuples du Nord dont les rituels des XIIe et XIIIe siècles disaient :

Et ab ira Normanorum libera nos Domine.

Quelquefois deux pays très-rapprochés diffèrent complétement : Evreux n'a conservé aucun caractère saillant, tandis qu'au Vieil-Evreux une race superbe porte encore, comme à Forêt-la-Folie, des noms datant de deux mille ans. Des Concedieu (*Concidius*), des Tatin (*Tatinus*), des Petin (*Petinus*), des Aubin (*Albinus*), des Aquin (*Aquinus*), des Marcel (*Marcellus*), des Quentin (*Quintinius*), des Dibon (*Dibonus*), des Boves (*Bos*, *Boves*), et autres, qui constituent à ce pays privilégié une bien précieuse autonomie.

Pour résumer en quelques mots cet aperçu sur le canton d'Ecos aux époques anciennes, rappelons que trois grands faits viennent se grouper pour démontrer l'importance qu'avait l'antique *Scamnis* l'an 96 de J.-C., comme cité gauloise surtout : le voisinage d'un vaste cimetière gallo-romain et l'existence, sous le sol, de deux cryptes souterraines ; la proximité d'ouvrages stratégiques d'une immense étendue ; puis, et surtout, cette grande figure de saint Nigaise qui apparaît tout à coup ici, pour dissiper tous les doutes, pour détruire tous les arguments que l'absence d'une mention dans les *Commentaires* pourrait faire naître dans les esprits, sur l'authenticité des témoignagnes que nous invoquons[1].

Un siècle et demi de domination n'avait pas transformé les mœurs celtiques ; si donc, on veut bien relever par la pensée les nombreux monuments mégalithiques du Vexin, dont je me suis plu à dépeindre les vestiges et la situation, et se rappeler les diverses

[1] Tout ce que l'on sait sur saint Nigaise est tiré d'un seul document : *Passio Sancti Nigasii martyris, et Sociorum ejus*, manuscrit du XIIe siècle, n° 101 de la Bibliothèque d'Evreux, intitulé : *Passiones seu legendæ Sanctorum de Ecclesiâ Beatæ Mariæ Ebroïcensis.*

remarques par moi faites, pour déterminer l'état de civilisation probable à chaque grande époque, on reconnaîtra aisément ce qu'était notre pays à l'aurore du christianisme.

C'est à ce moment que vient l'apôtre, il choisit notre station druidique pour y exercer son ministère; et il fallait bien qu'elle eût alors une certaine importance, car c'était la coutume des disciples du nouveau culte de rechercher les grands centres pour y propager leur doctrine. Saint Paul va à Ephèse et à Athènes, saint Pierre à Rome, saint Jacques à Antioche, saint Lazare à Marseille, saint Denys à Lutèce.

— D'où vient-il? quelle est sa mission?

Grec d'origine, il fut converti à Athènes par saint Paul lorsqu'il proclamait la foi devant l'aréopage et le sénat. Là il connut Denys, le futur missionnaire des Gaules; Denys qui, dans ses nombreux voyages, fut témoin des prodiges des apôtres, qui connut la mère du Christ à Jérusalem, et conversa avec les morts ressuscités par le Rédempteur.

Tous deux se rendent à Rome où le pontife Clément, disciple de Paul, occupe la chaire de saint Pierre, dont il est le troisième successeur. Doué d'une haute intelligence et d'une immense science, évêque d'Athènes, et président de l'aréopage où il brillait par une éloquence superbe, Denys était bien l'apôtre désigné pour la grande mission de l'Occident.

Après avoir sacré Nigaise évêque des Veliocasses, saint Clément envoie l'aréopagite chez les Parisii; il donne aux Senones Eutrope, aux Bellovaces Lucien;

les Eburoviques reçoivent pour premier évêque Taurin ordonné par saint Denys, assisté de Nigaise et de Gaugéric, évêque de *Cameracum* (Cambrai), et ces courageux messagers, chargés de porter aux confins de la terre la nouvelle de la rédemption du genre humain, se séparent pour ce long voyage si glorieux pour l'apostolat, car ils en sortiront tous martyrs.

Nigaise porte un nom prédestiné : il veut dire *vainqueur* ; c'est son unique sauf-conduit. Sans licteurs, sans escorte, il arrive dans ce pays de forêts, pour y propager cette religion qui, (dit Tacite) : « *réprimée un* « *instant, débordait tout à coup comme un torrent ayant* « *rompu ses digues.* » Je l'ai dit : les *Pierres-Dieu* sont debout, le druidisme trône dans tout son éclat ; il commande à de nombreuses tribus confédérées ; les Galls sont des lions chevelus et terribles, d'autant plus redoutables que chez eux l'autorité religieuse et sociale ne font qu'un ; que le culte de leurs dieux comprend celui de la famille, et l'ingérence de la femme dans le sacerdoce donne aux sentiments religieux un caractère profond que relève encore l'apostolat de la poésie. Malheur à qui oserait attaquer toutes ces forces sociales que les Romains mêmes ne peuvent abattre ni déraciner !

Nigaise qui vient, comme saint Paul, parler du *Dieu inconnu*, brave et provoque à la fois le *Druide* et l'*Augure* : les dieux de l'Orient et ceux de l'Occident ; il a appris les grandes choses de la *légion de l'Alouette*, il veut voir ce peuple de plus près.

Il parle grec comme tous les nobles patriciens de

Rome, sacrifiant volontiers le latin à la langue d'Homère ; à peine connaît-il quelque mot de celtique, cette langue mère qui, avec ses grammairiens et ses poëtes, résume à elle seule des siècles entiers de civilisation ; bien différente du français, bâtarde du celte, du latin et de l'allemand. Il s'avance dans un pays sauvage, inconnu, entouré de figures menaçantes, de vieillards respectables, mais ses ennemis, d'un peuple entier en transition, sans autre arme que la foi et la parole inspirée de l'apôtre.

C'est le *Christo-foro*, l'homme à l'intime conviction d'une vérité qui est le salut public, le salut du monde ; il va se jeter follement entre deux camps encore hostiles, aigris par cent cinquante années de représailles et de luttes acharnées ; héroïque témoin : le siége d'Alesia ! duel entre le saint et les religions d'autant plus fatal, plus audacieux, que le pressentiment de leur ruine rend les pontifes des deux cultes implacables, de même que le sentiment de la propriété, si vif chez tous, devient plus irascible dans ces deux sacerdoces qui se voient près d'être dépouillés du monopole de l'enseignement, des fleurs et des fruits de l'autel, car c'est l'éternelle histoire : on se dispute l'humanité.

Nigaise, accompagné du prêtre Quirin et du diacre Scuvicule, arrive à Triel ; il passe Meulan et Mantes, annonçant l'avénement du *Fils de l'homme* aux nombreuses bourgades échelonnées sur la voie romaine qui relie Lutèce à Rothomage. Il séjourne à Vaux (*Vallum*) et à Monceaux (*Monticus*), arrive aux *Rochers de Guidon* (*Rupes Guidonis*, *La Roche-Guyon*) où pendant longtemps il célèbre les saints mystères dans une crypte souterraine; puis, quittant cette retraite, il laisse la belle vallée de Seine pour entrer sur le pays des Veliocasses, et se diriger vers le chef-lieu, siége de son apostolat.

Ce fut sur les bords de l'Epte que les saints personnages rencontrèrent la grande station druidique, et résolurent de convertir ce centre important dont *Escod* (Ecos) était alors la principale bourgade.

. . . .

Charmant fleuve Tellas, pourrais-tu redire ce que répétaient si souvent alors les échos de tes falaises? ces chants de bardes, ces accents mélodieux qui accompagnaient les redoutables mystères du culte du gui sacré, ou célébraient les glorieux souvenirs des héros, leurs ancêtres? Pourrais-tu refléter les images de ces belles prêtresses de Teutatès qui se mirèrent si souvent dans tes ondes, auprès de ces grands autels de pierre, ou de ces primitives idoles suspendues à tes rivages enchanteurs? As-tu conservé la mémoire de ces majestueuses enceintes dont les rocs frémirent tant de fois aux cris de vengeance de ces farouches et indomptables guerriers? dans les bois qui t'entourent, débris des antiques forêts, quelque vieux chêne sur lequel ne pousse plus le rameau vénéré, fut-il témoin, comme l'arbre fatidique de Dodone, des arrêts solennels rendus par l'oracle au pied de la source consacrée?

Non, tout n'est pas détruit ici, malgré les dix-huit siècles qui nous séparent de ces temps légendaires! les blocs rocheux sont encore debout quoique dévastés, et dans cette éloquence muette du monument en ruines, ils disent ce que fut ce passé si lointain, et confirment des traditions qui ne sauraient s'éteindre.

. . . .

Cependant, l'apôtre est arrivé : il sourit en voyant les colosses de pierre dressés sur les pics arides dans les forêts, à Dampmesnil, à Cahaignes, à Giverny, et les cimes du Mont-Javoult et d'Authevernes dorées par les premiers rayons du matin lui font secouer la tête avec dédain ; il se dit : la parole de vérité fera crouler ces géants, comme Jéricho s'écroula ; je suis l'avant-garde de l'armée chrétienne, qui se frayera passage dans ce sombre pays à la trace de mon sang. Je vais certainement y succomber sous les coups de l'épée comme saint Paul ou saint Jean, peut-être serai-je lapidé comme saint Etienne. Toute retraite est impossible. Le fleuve *Séquanais* est gardé ; le fleuve est romain depuis *Melodunum* (Melun) jusqu'à la mer ; mais, que j'aie seulement le temps de convertir quelques amis à *Es-Scod*, important marché et centre religieux des Galls, à Rothomage, à Julio-Bona, cités fameuses et romaines, la route sera préparée aux pionniers qui doivent me suivre. Les fleuves sont des chemins qui portent où l'on veut aller ; c'est le canal de la vérité dans l'avenir, comme celui des invasions, ce fleuve de la Gaule ! Ce pays couvert de cités et de villas a des philosophes nombreux qui peuvent me comprendre ; quand les chefs galls, les *Tierns*, adoptent une croyance, leurs serfs, leurs tenanciers les suivent. Convertis, ils vont m'apprendre leur langue superbe, mais difficile et rude aux oreilles latines; j'arriverai bientôt plus fort, plus capable d'argumenter avec les lettrés et d'instruire les masses... au sortir des cirques, si l'on ne me jette pas moi-même en pâture aux fauves !...

Difficile et noble entreprise ! ou plutôt, insigne mais sublime folie : *folie de la croix*, délire du dévouement, si l'on considère cette conquête morale au point de vue humain; et cependant, cet inconnu, comme les *Douze* qui se sont partagé le monde, n'a pas même un bâton à la main, et il va conquérir les âmes par sa parole et par sa mort. L'exemple est si puissant. . . . Depuis longtemps le cruel Domitien faisait surveiller les progrès de l'apôtre dans la Gaule celtique. Craignant de le sacrifier au chef-lieu de sa mission, à Rouen, il préfère frapper un coup terrible sur les populations gauloises, en l'arrêtant au centre même de leur station. Ce fut là, à Es-Scod, qu'on lui fit subir, ainsi qu'à ses compagnons, le dernier supplice, après les avoir honteusement fustigés de verges, selon la coutume barbare des Romains.

Les Galls voulurent connaître ce Dieu de l'Orient, leur berceau, pour lequel on mourait si noblement et si volontiers. Ils l'ont bientôt adoré dans leurs cavernes, refuges rustiques des peuples et de leur foi contre les invasions destructives; et maintenant ils portent encore des fleurs à l'autel de l'apôtre martyr. Oui, les autels sont des tombeaux et des mémoriaux.

Si l'on nous demande : qu'a-t-il donc fait ce saint ? Nous pouvons répondre avec l'admirable simplicité dans la grandeur de notre compatriote Corneille : *Il mourut*... Il mourut pour nous sauver. C'est à lui que nos aïeux durent la paix chrétienne, pendant que Lutèce était fécondée par le sang de saint Denys[1], et si nous résumons par la pensée toutes les institutions charitables, tous les monastères royaux ou non qui ont illustré la Normandie, et qui sont maintenant en ruines, nous pouvons le dire sans exagération : le fondateur premier fut à *Scamnis*.

Quand le culte salutaire des grands souvenirs se ranimera dans nos pays, plus attentif à l'avenir qu'au passé, cet apôtre martyr aura sans doute une statue et un autel plus dignes de lui, et de nous-mêmes. Les pierres parlent.

Il est grand le nom qui survit comme une épave au flux et au reflux de dix-huit siècles. Gloire aux premiers artisans de l'unité chrétienne succédant à l'immense confédération des peuples occidentaux basée sur la force et le patriotisme, mais non sur la vérité sociale éternelle. Saint Nigaise est un Livingstone, un François Xavier, et le lieu de son martyr, Ecos, comme Gasny, emplacement de sa sépulture, seront toujours une terre sainte pour le chrétien, malgré l'oubli que tant de siècles ont accumulé sur leurs ruines.

Un important travail que nous nous proposons de publier sur l'*Art dans l'Ouest*, *principalement en Haute Normandie*, *au moyen âge et aux temps modernes*, exposera, dans un chapitre spécial, le rôle que ce beau

[1] An du Christ 96, malgré les documents erronés des critiques des XVIIe et XVIIIe siècles, qui placent à la fin du IIIe siècle l'apostolat de saint Denys, de saint Nigaise et de saint Taurin.

canton a joué à ces diverses époques. Nous montrerons qu'après avoir possédé une remarquable prépondérance pendant une longue période, il perdit peu à peu ses forteresses, ses châteaux, ses couvents, ses prieurés, ses abbayes ; puis, nous expliquerons comment ce riche territoire dont le chef-lieu vit élever jusqu'à trois églises, se dépeupla au point de ne plus compter actuellement qu'un nombre d'habitants à peine égal à celui de la seule ville d'Ecos aux premiers temps de l'histoire.

Deux choses néanmoins ont survécu à toutes ces ruines : la richesse des paysages qui encadrent de puissantes cultures, et surtout la pureté de la race qui habite ce sol privilégié [1] ; car depuis plus de trente ans que nous sommes dans l'administration municipale, nous avons pu constater, soit comme maire de Civières, soit comme maire d'Ecos, que chaque fois que la révision ramène ici les chefs civils et militaires du département, nous recevons ce compliment : que notre contingent des jeunes hommes du canton d'Ecos est le plus beau de l'arrondissement, même de plusieurs autres cantons limitrophes; et c'est pour l'artiste une douce compensation à la tâche rude et bien souvent ingrate de l'archéologue.

[1] Lorsque la loi permettait le rachat du service militaire avant le tirage, les compagnies d'assurance prenaient deux cents francs de moins par homme du canton d'Ecos parce que le contingent y montait moins haut qu'ailleurs.

TABLE DES MATIÈRES

PRÉFACE 1

CHAPITRE PREMIER

CONSIDÉRATIONS GÉNÉRALES

Tableau de la nature aux époques antéhistoriques — Opinion de Buffon sur l'homme des premiers âges — Découverte de M. Boucher de Perthes — Ce que c'est que l'archéologie préhistorique — M. de Quatrefages — L'homme tertiaire et l'homme quaternaire — Les déluges d'Europe — Les animaux antédiluviens contemporains de la créature humaine — La période glaciaire — Théorie du docteur Agassiz — Déluge asiatique — Date de ce déluge d'après les traditions des plus anciens peuples — Opinion du baron Cuvier — M. de Humboldt — Confirmation des récits de la Genèse — Epoque de l'apparition de l'homme — Système des monogénistes et des polygénistes — Différence entre l'espèce et la race — Les hybrides et les métis — Mutabilité de l'espèce — Causes de la coloration de la peau — Action des milieux extérieurs — Caractères des races fossiles — L'angle facial — Dolycocéphales et brachycéphales — Race de Canstadt — Race de Cro-Magnon — Race de Furfooz — Rapprochement entre les races antédiluviennes et celles actuelles — Conformation du troglodyte — Capacité crânienne — Anciens habitants des cavernes — Opinion de M. Broca — Croyances religieuses — La trépanation — Rondelles enlevées sur le crâne, du vivant de l'homme — Caractères — habitudes — coutumes — usages — industrie — essais artistiques des premiers hommes — Noms des principaux promoteurs de la science archéologique — Exposé du plan de l'ouvrage. 1

CHAPITRE II

L'AGE DE LA PIERRE EN HAUTE NORMANDIE

Les trois grandes époques de l'industrie humaine — Ages de la pierre — du bronze — et du fer — Différence entre les âges préhistoriques de l'Orient et ceux de l'Occident — Disparition successive des grands mammifères — Système de M. Lartet — Les trois périodes de la pierre — la pierre éclatée — la pierre taillée — et la pierre polie — Types de Saint-Acheul — de Moustiers — de Solutré — de la Madeleine — Caractères propres à chacune de ces époques — Aperçu topographique du Vexin — Distribution locale des produits des trois âges de la pierre — Les deux premiers âges exclusivement composés de silex — Richesse relative des différentes localités — Ateliers préhistoriques — Succession des trois âges dans le même atelier — Absence des cavernes — Objets remontant à l'époque de l'homme des cavernes — Provenance des haches de silex et de celles de roches étrangères — Appréciation des instruments de toute nature recueillis sur le territoire au point de vue de l'art — Proportion des objets de l'âge de la pierre polie à ceux des périodes éclatée et taillée — Rapport entre les haches polies de pierre éclatée et celles de silex — Industrie de la poterie — Poteries durcies au soleil — Poteries cuites à feu nu — Déformations — Le tour du potier remplace l'industrie manuelle — Décorations — Estampages — Poteries des dolmens — Poteries gallo-romaines — Origine du verre — Absence du verre préhistorique dans l'Ouest — Fabrication orientale — Le verre à Ninive, à Memphis et à Thèbes — Le verre chez les Romains — Les vases Murrhins — Le vase de Portland — Verreries gallo-romaines d'Evreux — Grains de colliers émaillés — Enumération des collections particulieres des âges de la pierre les plus remarquables de la Haute Normandie — Collections publiques — Musées — Evreux — Rouen — le Havre, etc. — Conclusion 35

CHAPITRE III

L'AGE DU BRONZE ET LES MÉTAUX PRÉCIEUX

Apparition du bronze — Différence entre l'âge du bronze en Gaule et en Orient — Ce que l'on doit entendre par préhistorique — Les périodes du bronze — Période dite de transition — Les instruments de bronze contemporains de ceux de la pierre — Classification de M. de Mortillet — Epoque de Morges ou du fondeur — Epoque de Larnaud ou du marteleur — Description de quelques-uns des plus beaux types découverts en Haute Normandie — Haches d'Heubécourt — de Giverny — de Bordeaux-Saint-Clair — de Lhébécourt — de Gasny — de la Vieuxville — de Flipou — d'Annebault — Dépôts de haches de bronze — Opinion de M. Chantre — Courtiers du commerce du bronze— Les Bohémiens— Leurs légendes— Leur origine— Découverte de M. de Ujfalvy Objets d'échange — Localités de production du métal— Stations et fonderies de bronze — Armes — Outils — Parures — Gisements apparents — Grottes — Dolmens — Cités lacustres — Gisements cachés — Fonderies — Tombeaux souterrains — Cimetières — Trésors — Lit des fleuves — Composition du bronze — Groupes de provenance — Ouralien — Danubien — Méditerranéen — Produits de la Haute Normandie — Le Val-d'Airain — La Cave-du-Diable — Progression de l'art dans la substitution du bronze à la pierre — Invasion du bronze oriental — Opinion de M. Bertrand sur l'époque de l'apparition du bronze — Influence des stations Romaines des rives de la Seine sur la production du bronze en Haute Normandie — Les métaux précieux — Casque d'or d'Amfreville — Bracelets — Torques — Chaînes — Colliers d'or — Vases d'argent ciselé de Villarez — Trésors de monnaies précieuses — Grands — moyens — et petits bronzes — Objets d'art gallo-romains — Collection des musées — L'âge du fer — Son antiquité — Le fer chez les Egyptiens — chez les Grecs — chez les Gaulois ou Gallo-Romains. 83

CHAPITRE IV

MONUMENTS ANTÉRIEURS A L'HISTOIRE

Tendance des différentes migrations à occuper le bord des eaux — Situation de la vallée de l'Epte et des pays environnants — Le séjour de domination — Importance des monuments nouvellement découverts — Groupes concentriques d'édifices mégalithiques — Ce que l'on doit entendre par monuments mégalithiques — Leur distribution sur tous les points du globe — Des menhirs ou peulvens — Menhir de Lock-Maria-Ker — Pavé des geants — Des lichavens ou trilithes — Des dolmens et demi-dolmens — Dolmen, pierre de douleur — Dolmens du Nord et du Midi — Dolmens de l'âge de la pierre polie et de la période du bronze — Des allées couvertes ou grottes des Fées — Allées à vestibule — à chambre funéraire — Palais des géants — Tables du diable — Rite de l'inhumation et de l'incinération — Sépultures simples — multiples — successives — Des cromlechs ou enceintes sacrées —

Stone-Henge de Salisbury, cor gour ou danse des Géants — Des alignements ou avenues — Le grand mallus de la Bretagne — Des pierres branlantes ou tournantes — La pierre d'Uchon — Le Rocking stone de West-hoad-ley — Légendes païennes et chrétiennes des monuments antérieurs à l'histoire — Chaussées de pierre — Murailles de blocs monolithes — Fosses de justice — Opinion de l'abbé Cochet — Tables des forêts — La table de marbre — Le droit de gruerie — Tables féodales, pierres d'acquit — Juridictions d'Evreux et de Rouen 127

CHAPITRE V

STATION MÉGALITHIQUE DES RIVES DE L'EPTE

Allée couverte de Dampsmesnil — Son étendue actuelle — Ce qu'elle était dans le principe — Figures étranges ciselées sur l'un de ses jambages — Leur rapprochement de sculptures semblables trouvées sur d'autres monuments — Comparaison des différentes sculptures découvertes en plusieurs localités sur les édifices dits celtiques — Signes cryptographiques de Bretagne — d'Angleterre — d'Ecosse — d'Irlande — de Suède — Leur rapport avec ceux de Dampsmesnil — Le docteur Wilson — Classification adoptée par M. de Closmadeuc — Nomenclature de M. Simpson — Combinaisons des lignes — droites — brisées — courbes — circulaires — hexagonales concentriques — Elliptiques concentriques — Signes cupuliformes — pédiformes — jugiformes — pectiniformes — celtiformes — scutiformes — asciformes — Ensemble de dessins imitant des plans topographiques en creux — Systeme de M. de Vesly sur l'origine des arts graphiques — Similitude entre les signes de Dampsmesnil et les tatouages océaniens — Opinion de M. Mérimée — Le serpent indien et égyptien — Analogie avec certain passage de la Genèse — Tradition arabe — Hypothèse de M. Fergusson — Conclusion de M. Simpson — Parallèle entre les monuments mégalithiques de l'Ouest — La pierre percée — Ce que l'on peut supposer concernant l'ouverture — De Cambris — Ouvertures rondes — Ouvertures ovales — Rapport entre la pierre percée et la destination de certaines allées couvertes 151

CHAPITRE VI

COMPLÉMENT DE LA STATION DES RIVES DE L'EPTE

Menhir d'Aveny — Sa ressemblance avec une pierre oscillante — Les deux monolithes qui forment son complément — Où l'on retrouve la combinaison trinaire des anciens temples — Le nombre fatidique trois — Les triades de l'antiquité — Le taureau trigarane — Rapport des trois pierres levées d'Aveny avec le taureau aux trois grues et certains monuments égyptiens — Origine commune des diverses triades — Tradition de l'Orient — La pierre pétrie — Vaste cromlech entouré d'un fossé — Opinion de M. de Caumont sur les rocs naturels consacrés par les Celtes—La fontaine de Madame-de-Cacaux-Rouges— Tombeau celtique à Saint-Remy— Similitude avec quelques dolmens souterrains de la Bretagne — Dolmen du Chesnay-Haguest — Sa réédification — Manière dont on procédait à la mise au levage des monolithes — Système des anciens Assyriens — Ouvrage du docteur Layard — Cromlech de la Villeneuve — Détails rappelant les Standing-Stones sur la mer d'Irlande — Comment il serait aisé de le restaurer — Les mountains-rocs de l'Ecosse — Différence d'époque entre le cromlech de la Villeneuve et celui du Wiltshire — Evaluations diverses de l'âge du monument — Alignement de la Villeneuve — Les avenues et les alignements — Pierre tournante de Baudemont 177

CHAPITRE VII

MONUMENTS MÉGALITHIQUES DE LA HAUTE NORMANDIE

Edifices celtiques du Vexin français — Allée couverte de Boury — Signes ciselés sur les jambages de l'allée — Gravure aux acides végétaux — Ce qui distingue les caracteres lapidaires dits celtiques des hiéroglyphes égyptiens — Le dolmen de Boury, malgré M. Brongniard — Différence entre les dessins des cavernes et les signes graphiques des dolmens — La montagne des pierres tournantes — La pierre percée de Trye-Château — A quoi tient le sort d'un dolmen — La pierre frite — Le tombeau d'Héronval — Dolmen de Chérence — Edifices du Vexin normand — Dolmens de Cahaignes et des Andelys — Autel païen appliqué aux cérémonies chrétiennes — Menhir d'Authevernes — Pierre de Sainte-Radegonde — Menhir de Port-Mort — Gargantua et l'Hercule pantophage — Eloi Johanneau — Légende du gravois de Gargantua — Lichaven de Saint-Ethbin — Menhir de Bézu-la-Forêt — Du danger de chercher un trésor sous un menhir — Pierre de la Gour — Légende de la pierre de Bosc-Gouet — Menhir de Lorey — de Saint-Léger-de-Rôtes — de Saint-Etienne-du-Vauvray — de Tilleul-en-Ouche — Légende de la pierre de Neaufles-sur-Risle — La pierre Lee — Dolmen de Breteuil-sur-Iton — de Rugles — de Damville — de Verneusses — du Bois-de-la-Tasse — La Cave-au-Diable — La pierre tournante du Bourg-Achard — La pierre de Rouville — Les pierres — coulée — coupelée — courcoulee — La pierre d'Aubevoye — La pierre aux dames — La longue pierre — La mauvaise pierre — La grosse pierre — La pierre grise — La pierre de Saint-Didier-des-Bois — La pierre percée de Conches — La Fosse-a-la-Roche — Les dolmens d'Harrouard — Les menhirs de Cocherel — La marche du trésor, porte de l'enfer 213

CHAPITRE VIII

OBSERVATIONS SUR LES ÉDIFICES PREHISTORIQUES

De l'orientation — Ce qu'il faut penser de la direction dans laquelle les édifices celtiques ont été élevés — Orientation comparée des divers monuments — Hypothèses sur la destination des édifices mégalithiques — M. Edouard Charton — Les autels ou pierres de sacrifices — Traditions primitives de tous les peuples — Les doctrines des druides — M. Amedée Thierry — Buts multiples des menhirs — Les pierres levees et les pierres posées — M. Henri Martin — Provenance des matériaux ayant servi à élever les monuments mégalithiques — Roches friables — Roches compactes — Roches inaltérables — Influence sur la conservation — Disparition des edifices dits celtiques — Anciennes ordonnances relatives à leur suppression — Parallele entre la France où l'on détruit les anciens monuments, et l'Angleterre ou on les restaure — Les differents styles d'architecture — Manifestation de l'art dans l'architecture dite celtique — Variété de forme des divers édifices — Opinion de M. Worsaë — Association du cromlech, du dolmen et du menhir — Combinaison trinaire des édifices de la vallée d'Epte — Communauté d'origine — Dates assignees par M. Fergusson à certains monuments préhistoriques — Le grand collège des druides de la frontiere des Carnutes — Le pays de Madrie et Baudemond — Itinéraire d'Antonin — Table de Peutinger — Le champtier de la justice et le siege de la haute justice — Localité ou l'on peut placer le lieu consacré dont parle César 263

CHAPITRE IX

LES DRUIDES ET LES CELTES

Le Chesnay et les plateaux environnants — Les druides et le culte du chêne — Etymologie du mot druide — Son rapport avec le chêne — Les Dryades et les Hamadryades — Le gui sacré — Une cérémonie druidique en Haute Normandie — Assemblee de nobles — Iarles — Druides — Grand-prêtre — Eubages — Senanis — Ovates — Bardes — Sacrifices — Victimes — Un prêtre de l'âge des dolmens — Druidesses — Cueillette du gui — Ho gui la né — Aiguilænœuf — Les Haguignettes — Etymologie du mot Chesnay-Haguest — Appel de la pierre pétrie.

LES RACES ARIANE ET CELTIQUE

Les tribus japhétiques de l'Asie centrale — Les rameaux indo-germanique — knor — et indo-européen — Le Zend-Avesta, texte sacré des Perses et l'Aryana Vaëga —

Le berceau du genre humain — Les bords du Barady — Vallée de Damas — Marche de l'émigration sémitique — Les récits bibliques — Les Celtes — Les Pelasges — Les Teutons — Habitants des cités lacustres — Origine commune des Egyptiens — des Indiens — et des Celtes — Analogie des religions primitives — Similitude entre les monuments mégalithiques qui ont précédé les grandes civilisations éteintes — Le Thauth des Egyptiens devenu le Thor et le Teutatès des Gaulois — La tour de Babel — Les idoles de tharé — La maison des mystères — Les cycles de l'antiquité — Les cromlechs, lieux d'observations astronomiques — Edifices funéraires des Egyptiens et cromlechs des Celtes — Rapport entre les architectures primitives — Similitude des monuments celtiques de la Haute Normandie et des anciens édifices de l'Egypte et de l'Inde. 317

CHAPITRE X

LES MONCEAUX DE SILEX

Ce que l'on désigne sous le nom de monceaux de silex — Plateaux du Bois-de-l'Abbesse — Le Plix-Aubin — Heubécourt — Grusmesnil — Mézières — Peut-on les rapprocher des cercles rocailleux — des caïrns — des thauts de Mercure — des pyrées scandinaves? — M. Arendt d'Altona — Chaussées et éminences de la forêt de Lyons — Monnaies découvertes sous les monceaux de cailloux — Monnaies romaines du Bucaillet — de la plaine des Cherottes — Médailles celtiques du Bourg-Baudouin — Opinion de M. Brossard de Ruville sur les monceaux de silex — Monceaux du Vaurose — du Coudray — Levées de cailloux des Essarts — de Boispréaux — de Mortemer — Caillouère à Buis — Ce que sont les murgères — les caillouères— Murgères de Notre-Dame-de-l'Isle — de Daubeuf. — Différentes hypothèses sur les monceaux de silex — Le principe des cités lacustres appliqué aux chaussées et plateaux de Lyons-la-Forêt — Un conseil de M. Desnoyers — Les tombelles gauloises — Les barrows — Les galgals — MM. Mahé et Lechevallier — Les temenes — Galgals hebreux — grecs — et venètes — Enceintes grecques — romaines — et gauloises — Orientation sud à nord des chaussées de Lyons-la-Forêt — Les tertres du Colorado — du Wisconsin — de la province de Constantine — Le général de Nansouty — Caractère anté-historique des monceaux et des chaussées de silex de la Haute Normandie — Palafittes terrestres — Le congres scientifique du Havre. . . 349

CHAPITRE XI

TUMULI ET OPPIDA

Ce que l'on désigne sous le nom de tumuli — Tumuli funéraires à chambres intérieures — Tumuli sans chambres — Tumuli de la période romaine — Corps inhumés — corps incinérés — Rapport entre les sepultures de l'Occident et celles de l'Orient — Opinion de M. Bertrand — Tertres funéraires en Europe — en Afrique — en Amérique — Etrange découverte de tertres animaux aux Etats-Unis — Les mound-builders — Analogie de situation avec les ouvrages de la Haute-Normandie — Tombelles et tumuli — Buttes de Baudemont — Château-sur-Epte — Gisors — Souterrains du Plix-Aubin — Le lit des fées — La butte du Bois-Roger — La tour du château à Mézières — Tumuli de la Grippiere — de la Maladrerie — Butte des Boquets de Tourny — Butte de Cléry — Nézé — la Bucaille — Les buttes de défense — Les mottes — Orderic Vital — Droit de motte — Butte de Villers — de Lhébécourt — Butte Malard — du Trésor — aux Anglais — butte du bois du parc — du Mont-de-Noyers — de Theillement — Eminences à souterrains — Rapport avec certains ouvrages de Provence — Mesures et dimensions des buttes normandes — Produit du travail qu'elles représentent — État des buttes, mottes, tumuli, vigies, situés en Haute-Normandie.

CAMPS — OPPIDA — EXCARATORIA

Les camps volants chez les Romains — Les camps à demeure — Le fossé — Les remparts — Porte pretorienne — Porte Decumane — Forum — Prétoire — Augures — Camp de Vernonnet — sa belle conservation — Opinion de Napoléon Ier sur les camps de César

— Camp de Port-Villez — Camp du Mont-Terrier — Camp rond de Malassis — Troupes romaines en Gaule, aux IIe et IVe siècles — Enceinte gallo-belge de Dieppe — La danse des fées — Camp de Publius Crassus — Le tombeau de Gargantua — La cité des Catelliers — Les excubiœ — Les exploratoria — Le fort aux Anglais — Le tombeau des Druides — Table méthodique des enceintes de la Haute-Normandie. 371

CHAPITRE XII

SÉPULTURES ANCIENNES

Les sépultures anciennes avec absence d'ouvrage extérieur — Les rondes de danseurs — Les ruines souterraines — Manière de procéder à des fouilles — Nécropole romano-franque du Chesnay — Les sarcophages de pierre de taille — Les tombes de pierre dure — Les hommes d'autrefois — Ce qu'il faut penser des géants — L'incinération durant les trois premiers siècles — Vases funéraires — doliums — Cratères — urnes — trépieds — biberons — plateaux — tetines — lagènes — Découverte d'un ustrinum — Les culinæ — Manière dont on brûlait les corps — Le bûcher des anciens — Enceintes et concessions — Une cérémonie funéraire au temps des Gallo-Romains — Les pleureuses — L'urne cinéraire et les vases complémentaires — Les ossements brûlés — Les mets funèbres — Les ampoules lacrymatoires — Les vases à offrandes — à libations — à parfums — Les coupes de Samos — Les barillets de verre — Principaux cimetières gallo-romains de la Haute-Normandie — Les sépultures à inhumation du IVe siècle — Les tombes violées — Urnes brisées intentionnellement — Cimetières francs mérovingiens — Les Francs-Neustriens aux IVe et Ve siècles — Le guerrier franc dans sa tombe — *Sua cuique arma* — Considérations anthropologiques — Framées francisques — Scramasaxes — Poignards — Couteaux — Fibules — Agrafes — Bagues — Colliers — Clous — Coquilles — Cimetières francs de la Haute Normandie. 421

CHAPITRE XIII

RÉSUMÉ ET CONCLUSION

Les premières migrations venues de l'Orient, berceau du genre humain — L'homme quaternaire — Les âges de pierre — de bronze — et de fer — Cités lacustres — Cités sylvestres — Les divinités forestières substituées au culte monothéiste — Le menhir-Dieu — Theut — Le droit de thor et de ver — Dolmen, pierre de sacrifice — Les offrandes et les prémices — Cromlechs — Le sabeïsme — Le Dieu — l'autel — et le temple — Hypogées funéraires — Sculptures lapidaires — Le *Domini mansile* — Les tumuli — Les long-barrows — Les round-barrows — Rites funéraires — Inhumation et incinération — Les buttes — Les mottes — Les camps volants et à demeure — Les tombes gauloises et romaines — Le *Sta viator* — Le *Sub Ascia* — Sépultures gallo-romaines et franques — La Haute Normandie aux âges anté-historiques — Suprématie de l'Occident aux époques anciennes — Conclusion. 465

APPENDICE

ECOS AUX ÉPOQUES GALLO-ROMAINE ET FRANQUE

Le Vexin habité dès les âges préhistoriques — Les Romains succèdent aux Celtes — les Francs aux Romains — L'arrondissement des Andelys séjour des rois francs de la première race — Comment la découverte d'un cimetière conduit à celle d'une ville — Ecos, l'antique *Scamnis* — Etymologie celtique d'*Ecos* — latine de *Scamnis* — Périmètre de la ville aux époques gallo romaines — Ce qui prouve l'étendue du vieil Ecos — Fait remarquable — Le martyr de saint Nigaise — L'abbé de Bouclon et Goubert — Lieu de sépulture des saints Nigaise, Quirin et Scuvicule — Gasny, *Vadiniacum* — Les voies romaines — La voie de Lutèce à Rotomage a dû passer par

Ecos — Routes stratégiques — Les *mutationes* — Ce que l'on doit penser de l'importance des transactions par les débris antiques recueillis sur le territoire — Objets de trafic — Tuiles du pays de Bray — Les poteries de Samos — Les sarcophages — Les coquilles — La tradition assigne huit mille âmes à l'ancien Ecos — Etendue de la ville à l'époque franque — Cimetiere franc-mérovingien sous les maisons actuelles — Les 24 communes du canton : Fours, *forum*, marché — Civières : *Cives errantes*, population flottante — Cahaignes : *Caër gai* — Les vases gallo-romains encore en usage aujourd'hui — Dampmesnil : *dam maën*, *domini mansile*, séjour du maitre — Le Chesnay-Haguest ou Haguignest — Le Bus-Saint-Remy — La ville du coq sauvage — Bagaudemont et la porte *Bagaudarum* — Fourges — Clairville — Ancienne ville de Thoisy — Gasny — Bois-Jérôme-Saint-Ouen — Giverny, la plus ancienne commune du canton — Pressagny-l'Orgueilleux — Panilleuse — Mézières — Médailles de la Sarrazine — Tilly — Tourny — Forest — Guitry — Heubecourt — Cantiers — Les sites environnants — Le *Mont de Jupiter*, Mont-Javoult — L'*Autel de Vénus*, Authevernes — Bois-d'Ennemetz ou *de Némésis* — Cérifontaine, *Source de Cérès* — La *Colline de Diane* — Le Mont terrible — La Villa de Minerve — Le Séjour d'Hébé — Temple d'Apollon, à la Roche-Guyon — de Cybèle, à Mantes — d'Isis, à Vernon — autel d'Hercule, à Harquency — Conclusion. 489

Evreux, Ch. Hérissey, imp. — 1079

www.ingramcontent.com/pod-product-compliance
Lightning Source LLC
Chambersburg PA
CBHW051339220526
45469CB00001B/31
9782012726727